Rom – die Errichtung des Weltreiches

...h. v. Chr.	Entwicklung Roms zu einer Stadt
500 v. Chr.	Ende der Königsherrschaft und Beginn der Römischen Republik
...–270 v. Chr.	Ständekampf und Eroberung Italiens
...–202 v. Chr.	Zwei Kriege gegen Karthago
.../122 v. Chr.	Reformversuche der Gracchen und Beginn der Krise der Republik
...–79 v. Chr.	Bürgerkrieg und Sullas Diktatur
... Chr.	Beginn des ersten Triumvirats: Caesar, Pompeius und Crassus
...–45 v. Chr.	Bürgerkrieg: Caesar gegen Pompeianer
...–44 v. Chr.	Caesars Diktatur und Ende der Republik
3. 44 v. Chr.	Caesars Ermordung
...–42 v. Chr.	Bürgerkrieg: Caesaranhänger gegen Caesarmörder
...–31 v. Chr.	Bürgerkrieg: Octavian gegen Antonius und Kleopatra
... v. Chr.	Erster Kaiser des Römischen Reiches: Augustus

5. Frühe Reiche im Mittelalter

4.–5. Jh.	Völkerwanderung in Europa, Ende des Weströmischen Reiches
490	Chlodwig erster christlicher Frankenkönig
510	Gründung des Benediktinerordens
570	Geburt Mohammeds, des späteren Propheten des Islam
632	Tod Mohammeds, Beginn der Kalifenherrschaft
662	Spaltung der Muslime in Sunniten und Schiiten
711	Eroberung Spaniens durch die Muslime
732	Schlacht von Poitiers, Ende des Vormarsches der Muslime nach Westeuropa
751	Ernennung von Pippin zum König der Franken
768	Ernennung von Karl dem Grossen zum König der Franken
800	Ernennung von Karl dem Grossen zum Kaiser
814	Tod Karls des Grossen, Sohn Ludwig der Fromme alleiniger Erbe
842	Aufteilung des Frankenreiches unter den Söhnen Ludwigs

6. Europa im Hoch- und Spätmittelalter

843	Teilung des Frankenreiches in West-, Mittel- und Ostfränkisches Reich
910	Gründung des Klosters Cluny als Ursprungsort wichtiger Kirchenreformen
962	Krönung von König Otto I. zum Kaiser
1077	Gang von König Heinrich IV. nach Canossa, Lösung des Kirchenbannes
1099	1. Kreuzzug und Eroberung Jerusalems durch die Kreuzritter
12. Jh.	Beginn der Städtegründungen
1158	Gründung der ersten Universität Europas in Bologna, Italien
1223	Anerkennung des von Franz von Assisi gegründeten Bettelordens
1348	Erste grosse Pestwelle in Europa, Judenverfolgungen

Vor Christi Geburt

Nach Christi Geburt

MENSCHEN IN ZEIT UND RAUM 6

BEWEGTE ZEITEN
Frühzeit bis Mittelalter

Katrin Brupbacher, Manuel Hediger, Emanuela Jochum

Autorinnen und Autor	Katrin Brupbacher Manuel Hediger Emanuela Jochum
Konzept	Felix Boller Peter Gautschi Albert Tanner
Entwicklung	Pädagogische Hochschule der FHNW, Institut Forschung und Entwicklung
Lektorat	Roman Schurter
Projektleitung	Felix Boller Renate Fischer Roman Schurter
Fachberatung	Philippe Della Casa Luis Calvo Salgado Lukas Thommen
Begleitkommission	Ewald Boss Felix Meier Elisabeth Mülchi Anne-Käthi Spielmann Therese Wyder
Gestaltung und Satz	Bernet & Schönenberger, Zürich
Bildbeschaffung	Susanne Borer, MOTIV, Zürich
Karten, Grafiken	CAT Design, Hünenberg
Herstellung	Roland Kromer

ilz Lehrmittel der Interkantonalen Lehrmittelzentrale

© 2008 by Lehrmittelverlag des Kantons Aargau,
CH-5033 Buchs

1. Auflage 2008. Printed in Switzerland
Alle Rechte vorbehalten
Das Werk und seine Teile sind urheberrechtlich geschützt.
Jede Verwertung in anderen als den gesetzlich
zugelassenen Fällen bedarf der vorherigen schriftlichen
Einwilligung des Verlags.

ISBN: 978-3-906738-77-2
Bestell-Nr. 11445
www.lmvag.ch

Liebe Schülerin, lieber Schüler

Das Geschichtsbuch «Bewegte Zeiten» führt dich in die Zeit von der Frühzeit bis ins Mittelalter. Es gibt dir einen Einblick in vergangene Ereignisse, die unser Leben heute immer noch stark prägen. Damit du dich darin zurechtfindest, zeigen wir dir zu Beginn, wie die Bände der Reihe «Menschen in Zeit und Raum» aufgebaut sind.

Quellen

Im Buch begegnen dir verschiedene Materialien wie Bilder, Grafiken, Karten und Texte. Diese Spuren der Vergangenheit werden auch Quellen genannt. Sie zeigen dir, wie wir zu unserem Geschichtswissen kommen. Und sie weisen darauf hin, woher die Autorinnen und der Autor dieses Buches ihre Informationen bezogen haben. Oft zeigen die Quellen aber auch eine andere Blickrichtung auf als die Texte des Autorenteams. Das führt dich dazu, dir immer wieder die Frage zu stellen, welche Sichtweisen betont und welche weniger stark berücksichtigt sind. Die Textquellen sind farbig gedruckt. Alle Quellen sind kapitelweise nummeriert.

Texte des Autorenteams

Die Texte der Autorinnen und des Autors laufen meist über den unteren Teil der Seiten. Du erkennst sie auch an der schwarzen Schrift. Sie verknüpfen die Quellen miteinander und machen aus der Vergangenheit Geschichte. Auch die meisten Bildlegenden sind vom Autorenteam verfasst. Zwar sind alle Aussagen des Verfassers und der Verfasserinnen wissenschaftlich abgestützt. Dennoch gibt es einen Spielraum für Gewichtungen. Deshalb spiegeln diese Texte auch die persönliche Meinung und den Stil der einzelnen Schreibenden wider.

Sechs Kapitel

Das Autorenteam hat aus dem behandelten Zeitabschnitt sechs wichtige Themen ausgewählt. Du findest je ein Thema in einem Kapitel. Alle Kapitel sind wie folgt aufgebaut:

Inhalt betrachten

Ein Einstiegsbild ermöglicht dir eine erste Begegnung mit dem Inhalt des Kapitels. Anschliessend findest du ausgewählte Materialien, die dich ebenfalls zu einer ersten Betrachtung des Themas einladen.

Methoden erlernen

Diese Seiten zeigen dir, mit welchen Methoden du Materialien der Vergangenheit besser verstehen und daraus sinnvolle Informationen gewinnen kannst.

Wissen erarbeiten

Dann folgt der Hauptteil, in dem du das Wichtigste zum Thema erarbeiten und dir Wissen aneignen kannst. Er beginnt immer mit einer Seite, die dir einen Überblick verschafft.

Aus den vielen Quellen, die in diesem Teil immer oben auf der Seite stehen, erfährst du etwas über die behandelte Zeit und ihre Menschen.

Die Texte der Autorinnen und des Autors, die unten auf der Seite stehen, lassen aus einem Thema ein zusammenhängendes Ganzes entstehen.

Am Ende jedes Abschnitts in diesem Teil findest du leichtere und schwerere `AUFGABEN` zum Gelernten.

Ein Portfolioauftrag am Schluss dieses Teils zeigt dir, wie du dich selbstständig mit dem Thema des Kapitels beschäftigen kannst.

Thema ausweiten

Im letzten Teil des Kapitels findest du zusätzliche Materialien, die das Thema ausweiten. So kannst du dir selber weitere interessante Zusammenhänge erschliessen.

Weitere Informationsmöglichkeiten

Am Schluss des Buches findest du ein Glossar. Dort sind schwierige Begriffe und Fremdwörter erklärt. Die im Glossar aufgeführten Wörter sind im Text mit einem Asterisk (*Sternchen) markiert, wenn sie das erste Mal vorkommen.

Im vorderen Buchdeckel sind die wichtigsten Daten zu den Ereignissen, die in diesem Buch behandelt werden, in einer Zeittafel zusammengestellt. Sie gibt dir einen zeitlichen Überblick. Im hinteren Buchdeckel zeigt eine Weltkarte, welche Gebiete der Erde damals in unserem Kulturkreis schon bekannt waren. Sie gibt dir einen räumlichen Überblick. Die Karte entstand wahrscheinlich um 1300 in einem Kloster.

Wir wünschen dir bei der Beschäftigung mit Vergangenheit, Gegenwart und Zukunft viel Vergnügen und einen grossen Lernerfolg.

Inhalt

1. Die Evolution des Menschen 6

Inhalt betrachten

Alltag bei unseren Vorfahren 8

Methoden erlernen

Rekonstruktionen:
Wie sahen die Neandertaler aus? 10

Wissen erarbeiten

Die Evolution des Menschen 12
   Die «Erfindung» der Evolution 13
   Vor den Menschen 15
   Die Ersten der Gattung Mensch 18
   Der Homo erectus,
   die Jagd und das Feuer 19
   Die Neandertaler 22
   Homo sapiens – der moderne Mensch 24
   P Experiment zur Sprache 27

Thema ausweiten

Schöpfungsgeschichten 28
Spuren aus der Urzeit 30

2. Europa entsteht 32

Leben im Oppidum 34

Texte lesen:
Jagd und Ernährung 36

Europa entsteht 38
   Mit Pfeil und Bogen 39
   Erste Bauern 41
   Kupfer- und Bronzezeit 44
   Einflüsse aus dem Mittelmeerraum 46
   Die Römer in Mitteleuropa 49
   Bewegte Zeiten 51
   P Werbebroschüre für ein Museum 53

Das Bild, das wir uns machen 54

3. Griechenland – die Entstehung der Demokratie 56

Götter, Helden und der einfache Mann 58

Zeitenstrahl:
Geschichte der griechischen Antike 60

Griechenland – die Entstehung
der Demokratie 62
   Der Beginn der schriftlichen
   Überlieferung 63
   Die Menschen der archaischen Zeit 65
   Das Ringen um politische
   Mitbestimmung 69
   Die Perserkriege 72
   Die athenische Demokratie 75
   Die Klassik – kulturelle Höhepunkte 78
   P Plakat zur griechischen Götterwelt 81

Alltag im klassischen Griechenland 82

4. Rom – die Errichtung eines Weltreiches — 86

Errungenschaften der Römer — 88

Berechnung: Distanzen in der römischen Welt — 90

Rom – die Errichtung eines Weltreiches — 94
- Die Anfänge Roms — 95
- Der Kampf um die Herrschaft über Italien — 97
- Die Römische Republik — 100
- Der Aufstieg zur Weltmacht — 102
- Die Krise der Römischen Republik — 104
- Der Untergang der Römischen Republik — 107
- Der Weg zur Monarchie — 110
- P Stadtkarte des antiken Rom — 113

Die römische Religion — 114
Die Anfänge des Christentums — 116

5. Frühe Reiche im Mittelalter — 120

Islamische und christliche Welt im Mittelalter — 122

Quellen: Alltag im Frühmittelalter — 124

Frühe Reiche im Mittelalter — 126
- Die arabische Halbinsel — 127
- Die Gemeinschaft der Muslime — 129
- Die Kalifenherrschaft — 133
- Das Frankenreich der Merowinger — 136
- Das Frankenreich der Karolinger — 140
- Die Gesellschaft im Frühmittelalter — 145
- Mönchtum und Klosterherrschaft — 148
- P Von der Karte zum Landschaftsbild — 151

Die Karolinger in der Schweiz — 152

6. Europa im Hoch- und Spätmittelalter — 154

Siedlungen im Mittelalter — 156

Karte: Siedlungsentwicklung — 158

Europa im Hoch- und Spätmittelalter — 160
- Die Erben des Frankenreiches — 161
- Das Leben auf dem Land — 164
- Der Aufstieg der Städte — 167
- Das Leben in der Stadt — 170
- Die Macht der Kirche — 174
- Krisen im Spätmittelalter — 179
- P Grafik zur Pest im Mittelalter — 181

Zeit und Raum im Mittelalter — 182

Glossar — 186

Inhalt betrachten · Methoden erlernen · Wissen erarbeiten · Thema ausweiten

1. Die Evolution des Menschen

Was tut der Junge im Vordergrund? Was machen die anderen Menschen auf dem Bild?

Beschreibe alle Gegenstände, die von den Menschen auf dem Bild verwendet werden. Welchem Zweck dienen sie?

Erstelle eine Liste mit Gegenständen, die dir im Alltag wichtig sind, und überlege dir, was den Menschen auf dem Bild wichtig war. Vergleiche die beiden Listen.

Erstelle einen Grundriss des Lagers. Zeichne ein, wo die Menschen schlafen, wo der Wächter sitzt, wo die Feuerstelle ist.

Hast du auch schon im Freien übernachtet oder möchtest du das gerne einmal tun? Wie war das oder wie stellst du dir das vor? Illustriere deine Erinnerungen oder Wünsche mit Fotos oder mit einer Zeichnung.

Der Junge am Feuer hört im nahen Wald Äste knacken. Spielt die Szene mit einer Gruppe von sechs bis acht Personen weiter.

Am Morgen sitzen alle an der Glut des Feuers und besprechen den neuen Tag. Spielt die Szene und überlegt, was die Menschen wohl für den Tag planen.

Diskutiert in Gruppen, was euch am Leben der Menschen auf dem Bild gefallen würde und was nicht.

Alltag bei unseren Vorfahren

Leben mit Feuer. Der Illustrator André Houot zeigt eine Gruppe von Frühmenschen der Art Homo erectus. Der Mann im Vordergrund fertigt einen Faustkeil, hinter ihm brennt ein Feuer.

Kleiner-Weg macht Feuer

Kleiner-Weg fühlte sich zuversichtlich wie schon lange nicht mehr. Auf seinem Abstieg zum Höhlenbach las er unterwegs im Geröll einen knolligen, schwarz-gelb glänzenden *Pyrit auf. Der Stein lag schwer in der Hand. Er federte sicher gut, wenn man mit ihm *Flint bearbeitete. Kleiner-Weg liess sich auf Hutses, des Werkzeugmachers, Sitzstein am Sims vor dem Höhlennest nieder und hieb mit dem Pyritstein von einem Flintbrocken scharfe Abschläge. Es ging mit der rechten Hand nicht so gut wie mit der linken. Nach einigen ungeschickten Schlägen sprang der Flint im Kern auseinander, und der Junge warf die Bruchstücke ärgerlich in die Tiefe hinab. Eine Spanne entfernt von seinen Zehen sah er einen blassen Rauchfaden aus dem *Moder aufsteigen und streckte unwillkürlich die Hand aus, um das glimmende Laub auszudrücken. So lernten es bereits die Kinder. Es kam nicht häufig vor, aber beim Bearbeiten des Flints geschah es manchmal, dass plötzlich ein heisser Funkenflug aus den Steinen sprang und im trockenen Gras oder Moos zündete. Etwas von der Seele des roten Tieres steckte in den Flintsteinen, das wusste der Junge. Der schwarz-gelbe Knollenstein hatte es aufgeweckt und hervorgelockt.

«Du musst gleich seinen ersten Atem ersticken, bevor es grössere Kraft hat und das Feuertier die Menschen in der Felsenhöhle frisst», hatte Graubart gelehrt, wenn die Kinder versuchten, ihren ersten Faustkeil zu schlagen. Doch jetzt zog Kleiner-Weg seine Hand zögernd von dem winzigen, schwach schwelenden Brandnest zurück.

Arnulf Zitelmann: *Kleiner-Weg.* Weinheim: Beltz, 2001.

Aas als Nahrungsquelle. Eine Gruppe von Australopithecinen beim Sammeln von Nahrung. Neben Pflanzen stellt *Aas eine wichtige Nahrungsquelle dar. Ein Mitglied der Gruppe hält auf einem Baum Ausschau nach gefährlichen Tieren. Illustration Giorgio Bacchin.

Erste Werkzeuge. Ein Mensch der Art Homo habilis stellt ein Steinwerkzeug her.

Neandertaler auf der Jagd. Auf der Illustration von Maurice Wilson verwenden die Menschen vor allem Holzspeere, um den Hirsch zu erlegen.

Neandertalermänner und -frauen besprechen an einem wärmenden Feuer die Jagd. Im Gegensatz zu Bild 5 lebt diese Gruppe während einer Kälteperiode und schützt sich mit genähten Kleidern vor der Witterung. Illustration von Henri Bidault.

Rekonstruktionen: Wie sahen die Neandertaler aus?

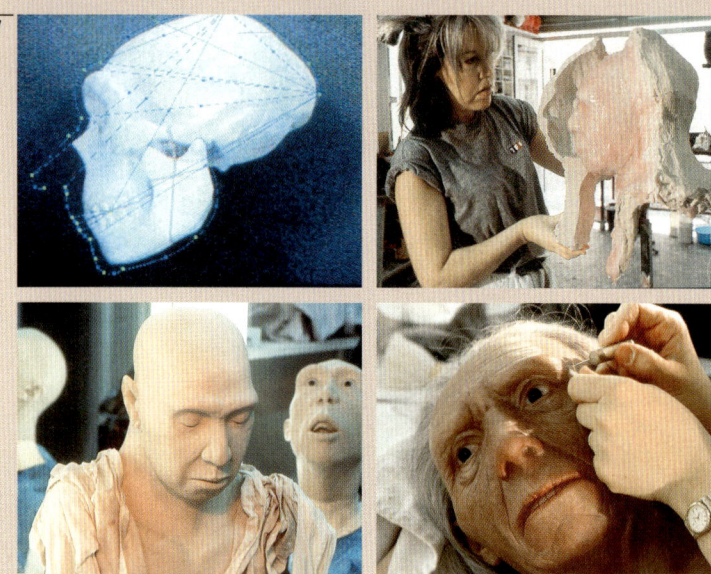

Rekonstruktion des Schädels einer Neandertalerfrau. Auf dem Abguss des Schädels formt die Künstlerin die Muskeln und Gesichtszüge nach. Am Schluss versieht sie den Kopf mit Haaren und Augenbrauen.

Ein Neandertaler in einem modernen Anzug. Diese Figur entstand in den 70er-Jahren des zwanzigsten Jahrhunderts. Sie will die Ähnlichkeit des Neandertalers mit dem heutigen Menschen betonen.

Rekonstruktionen sind Figuren oder Bilder. Sie machen es uns einfacher, eine Vorstellung der Menschen und der Umwelt vor vielen Jahren zu entwickeln. Im Gegensatz zu Fotografien sind Rekonstruktionen keine echten Abbilder. Vielmehr gründen sie auf dem Wissen der Künstlerin oder des Künstlers über diese Zeit. Rekonstruktionen geben uns nur eine Vorstellung vom tatsächlichen Aussehen.

Unsere eigenen Vorstellungen und Erfahrungen beeinflussen das Bild, das wir uns von unseren Vorfahren machen. An Rekonstruktionen zur Gestalt der Neandertaler lässt sich dies gut beobachten. Die ersten Bilder betonten besonders stark die Wildheit und *Primitivität des Neandertalers. Mit diesem wilden Wesen konnte sich der Mensch von heute eine Verwandtschaft nicht vorstellen.

Spätere Darstellungen betonen die Ähnlichkeit des Neandertalers mit den Menschen von heute. Im Aussehen, der Haltung und dem Verhalten sehen Neandertaler auf diesen Bildern aus wie wir. Die Bilder wollen zeigen, dass der Neandertaler der nächste Verwandte des heutigen Menschen ist. In moderne Rekonstruktionen fliessen viele neue Forschungsergebnisse ein. Manche Dinge über das Leben und Aussehen der Neandertaler wissen wir aber immer noch nicht – es bleibt Raum für die Künstler, eigene Vorstellungen zu entwickeln und in eine Rekonstruktion einzuarbeiten.

Forscherinnen und Forscher versuchen heute, den frühen Menschen «ein Gesicht zu geben» – sie rekonstruieren ihr Aussehen. Die gefundenen Knochen sind oft in viele Einzelteile zerbrochen. In einem ersten Schritt müssen diese Teile zusammengesetzt werden. Fehlende Teile werden so gut wie möglich ergänzt. Dann wird vom Schädel ein Abguss aus Gips oder ein *Modell aus Kunststoff hergestellt. Darauf werden mit *Plastilin zuerst die einzelnen Muskeln geformt. Über die Muskeln wird eine Haut aus Wachs gelegt. Es werden Augen eingesetzt. Zuletzt formt der Künstler oder die Künstlerin die Lippen, wählt eine Hautfarbe aus und ergänzt den Kopf mit Haaren und Augenbrauen.

In manchen Bildern in diesem Kapitel siehst du Vormenschen und Menschen in ihrer Umgebung, beim Sammeln, Jagen oder beim Herstellen von Werkzeugen. Um solche Bilder malen zu können, kombinieren die Künstler und Künstlerinnen viele Informationen. Wie hat die Umwelt damals ausgesehen?

Methoden erlernen

Welche Tiere lebten, welche Pflanzen wuchsen? Bei Ausgrabungen werden Tierknochen oder Pflanzenreste gefunden. Daraus lassen sich Rückschlüsse auf die Art der Umwelt zur Zeit der Vor- und Frühmenschen ziehen.

Lebensbilder und Rekonstruktionen sind erst in neuerer Zeit entstanden. Sie können deshalb nicht wie eine schriftliche Quelle «gelesen» werden. Vielmehr zeigen sie die Vorstellung und das Wissen des Künstlers oder der Künstlerin von der damaligen Zeit.

Anleitung

Gehe nach den folgenden Schritten vor, um möglichst viel über die Rekonstruktion zu erfahren (mögliche Antworten sind jeweils angefügt):

1. Finde heraus, zu welcher Zeit und zu welchem Zweck die Rekonstruktion eines Neandertalers angefertigt wurde, die auf Bild 8 zu sehen ist.
   Die Figur wurde in den 70er-Jahren des zwanzigsten Jahrhunderts hergestellt. Die Figur wurde mit einem Anzug bekleidet, um zu verdeutlichen, wie ein Neandertaler im heutigen Geschäftsalltag gewirkt hätte.
2. Wie wirkt die Rekonstruktion auf dich, welches Gefühl vermittelt sie?
   Der Neandertaler sieht aus wie ein moderner Geschäftsmann. Der Anzug steht ihm gut, seine Frisur sitzt tadellos, seine Hände sehen gepflegt aus. Er wirkt ruhig, sympathisch und vertrauenerweckend.
3. Hatte der Künstler oder die Künstlerin eine Absicht beim Erstellen der Rekonstruktion? Was wollte er oder sie vermitteln?
   Der Künstler oder die Künstlerin wollte zeigen, dass ein Neandertaler in Kleidern von heute wahrscheinlich gar nicht auffiele, wenn wir ihm auf der Strasse begegneten.
4. Welche Tätigkeit wird an der Rekonstruktion dargestellt? Mit welchen Gegenständen stattete der Künstler oder die Künstlerin die Rekonstruktion aus?
   Der Neandertaler auf dem Bild übt keine Tätigkeit aus. Er ist stehend dargestellt. Er trägt einen modernen Anzug und eine Zeitung in der Tasche. Der Künstler oder die Künstlerin wollte damit den Eindruck von Alltag und Normalität erwecken.

Versuche nun, diese Fragen für die Bilder 9 und 10 zu beantworten.

Eine der ersten Rekonstruktionen von Neandertalern. Ein Neandertaler mit einer Keule versteckt sich hinter einem Felsen. Diese Rekonstruktion entstand 1909, nach der Entdeckung von Neandertalerknochen in La Chappelle-aux-Saints in Frankreich.

Lachende Neandertaler. In diesem Bild haben die holländischen Künstler Adrie und Alfons Kennis die Neandertaler zum ersten Mal lachend dargestellt. Es entstand im Jahr 2000.

Die Evolution des Menschen

Die Evolution des Menschen erfolgte über einen langen Zeitraum. Es dauerte 4,5 Millionen Jahre, bis sich aus den ersten aufrecht gehenden Vormenschen der moderne Mensch, Homo sapiens, entwickelte. Aus diesem langen Zeitraum sind nur relativ wenige *Fossilienfunde überliefert. Ein grosser Teil der menschlichen Evolution spielte sich auf dem afrikanischen Kontinent ab. Dort entstanden vor 2,4 Millionen Jahren die ersten Frühmenschen und vor 2 Millionen Jahren Homo habilis, «der geschickte Mensch». Homo habilis war die erste Art, die Werkzeuge herstellte und aufbewahrte. In Europa entwickelten sich vor 200 000 Jahren die Neandertaler. Diese Menschenart wurde schliesslich von den modernen Menschen, Homo sapiens, verdrängt. Sie entstanden in Afrika, vor 160 000 Jahren – und besiedeln seit rund 60 000 Jahren die ganze Welt und damit auch Europa.

LERNZIELE

1. Du kennst die Entwicklungsgeschichte des Menschen in groben Zügen.
2. Du gewinnst einen Überblick über die zeitliche Abfolge einzelner Vor- und Frühmenschenarten.
3. Du kannst einige Arten von Vor- und Frühmenschen benennen.
4. Du weisst, wie der Lebensraum der Frühmenschen aussah und wovon sie sich ernährten.
5. Du kennst die wichtigsten «Entdeckungen», die in der Entwicklungsgeschichte gemacht wurden.
6. Du weisst, wann die modernen Menschen entstanden und wie sie sich verbreiteten.

ZEITLICHE ÜBERSICHT

40 Mio. Jahre vor heute	Erste *Primatenarten
7 bis 5 Mio. Jahre vor heute	Erste Hominidenarten in Afrika
4,5 bis 1,2 Mio. Jahre vor heute	Verschiedene Arten von Australopithecus in Ostafrika
2,4 bis 1,8 Mio. Jahre vor heute	Frühmenschen der Art Homo rudolfensis in Ostafrika
2 bis 1,5 Mio. Jahre vor heute	Homo habilis in Ostafrika, Herstellung erster Werkzeuge
1,8 Mio. Jahre vor heute	Homo erectus in Ostafrika, Ausbreitung nach Ostasien
800 000 Jahre vor heute	Erster Gebrauch von Feuer durch Homo erectus
200 000 bis 27 000 Jahre vor heute	Homo neanderthalensis in Europa und im Vorderen *Orient
160 000 Jahre vor heute	Homo sapiens, der moderne Mensch, in Afrika
60 000 bis 50 000 Jahre vor heute	Erste Gruppen von Homo sapiens im Vorderen Orient und in Asien
45 000 bis 40 000 Jahre vor heute	Wanderbewegungen von Homo sapiens nach Europa
35 000 Jahre vor heute	Erste vom Menschen geschaffene Malereien und Kunstgegenstände

RÄUMLICHE ÜBERSICHT

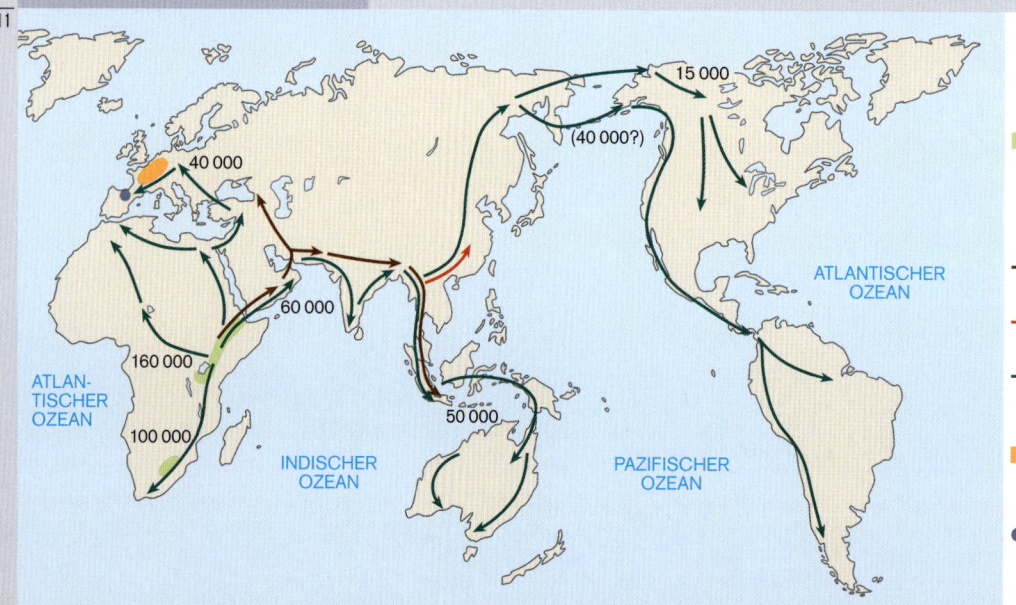

Verbreitung der Hominiden.

Wissen erarbeiten

Carl von Linné (1707–1778). Ölgemälde des Malers Alexander Roslin.

Rätselhafte Funde. Immer wieder fanden Menschen Objekte, deren Herkunft sie sich nicht erklären konnten. In dieser Darstellung aus dem 15. Jahrhundert zeigt ein Künstler, dass Tiere und Objekte in magischem Boden wachsen können.

Erste Hinweise auf die Evolution

Die erste Theorie, dass der Mensch das Ergebnis eines langen Entwicklungsprozesses sei, stammt aus dem Jahr 1797. John Frere beschrieb in einer Untersuchung Werkzeuge aus *Silex, die er in dreieinhalb Metern Tiefe bei einem englischen Dorf ausgegraben hatte. Frere, ein Urahn von Mary Leakey, schrieb, die Werkzeuge wären «von Menschen gefertigt und verwendet worden, die kein Metall kannten [...]. Die Tiefe der Fundstelle lässt uns vermuten, dass sie einer sehr entfernten Periode zuzuordnen sind, einer Periode, die vielleicht sogar älter ist als unsere derzeitige Welt.» Freres Erkenntnis – und sein Mut – blieben bis in die Mitte des neunzehnten Jahrhunderts unbeachtet.

Richard E. Leakey: *Wie der Mensch zum Menschen wurde.* Hamburg: Hoffmann und Campe, 1978. Mary Leakey war eine berühmte *Anthropologin. Richard E. Leakey, der Autor dieses Textes ist ihr Sohn – er ist ebenfalls Anthropologe.

Eine unangenehme Wahrheit

Als die Gemahlin des *Bischofs von Worcester an einem schönen Juninachmittag im Jahre 1860 vernahm, dass der Mensch vom Affen abstamme, soll sie gesagt haben: «Du meine Güte! Wir sollen vom Affen abstammen? Wir wollen hoffen, dass das nicht stimmt – aber wenn es wahr ist, dann wollen wir beten, dass es nicht bekannt wird.»

Richard E. Leakey: *Wie der Mensch zum Menschen wurde.* Hamburg: Hoffmann und Campe, 1978.

Die «Erfindung» der Evolution

Im 18. Jahrhundert beschäftigten sich viele Forscher mit der sogenannten *Systematik: sie versuchten, die Lebewesen in Klassen, Gruppen oder Arten einzuteilen. Allmählich setzte sich ein neues Weltbild durch: Pflanzen, Tiere und mit ihnen auch der Mensch haben sich im Laufe von Jahrtausenden entwickelt. Diese Entwicklung wird auch Evolution genannt. Vorher war man der Meinung gewesen, die Erde und ihre Bewohner seien genau so erschaffen worden, wie sie heute aussehen.

Eine erste Einteilung

Der schwedische Naturforscher Carl von Linné teilte Pflanzen und Tiere in ein Ordnungssystem ein. Jedes bekannte Lebewesen bekam von ihm einen zweiteiligen lateinischen Namen. Dieser besteht aus dem Teil für die Gattung und einem Teil für die Art. So gehört der Wolf (Canis lupus) zur Gattung «Canis» und zur Art «lupus». Der Haushund (Canis familiaris) gehört auch zur Gattung «Canis», aber zur Art «familiaris». Dieses System wird noch heute verwendet. Linné fasste die Menschen (die Gattung «Homo») zusammen mit den Affen und Halbaffen zu der grösseren Gruppe der *Primaten zusammen. Wir heutigen Menschen gehören zur Gattung «Homo» und zur Art «sapiens»: Homo sapiens.

Linné verglich die Skelette und erkannte die Verwandtschaft zwischen Mensch und Affe. Seine Idee wurde aber von vielen Menschen angezweifelt. Bis dahin war man nämlich der Meinung gewesen, der Mensch stelle die Krönung der Schöpfung dar und stehe deshalb über allen Tieren. Linné selbst war noch überzeugt, dass die Pflanzen- und Tierwelt zusammen mit der Erde erschaffen wurde und sich nicht verändert habe.

Charles Darwin (1809–1882). Diese Fotografie von Charles Darwin entstand um 1870 in England.

Kritik an Darwin. Diese Karikatur zeigt Darwins Kopf auf einem Affenkörper. Mit dieser Zeichnung sollten er und seine Ideen lächerlich gemacht werden.

Das Forschungsschiff Beagle, auf dem Darwin fünf Jahre lang um die Welt reiste und forschte. Holzstich nach einer Zeichnung von Robert Taylor Pritchett aus dem Jahr 1831.

Funde führen auf die richtige Spur

Immer wieder fand man *Fossilien. Das Aussehen dieser Knochen passte aber nicht zu den bekannten lebenden Tieren. Langsam setzte sich bei Wissenschaftlern die Idee durch, dass es eine Entwicklung in der Tier- und Pflanzenwelt gegeben haben musste. Diese Erkenntnis hatte einen grossen Einfluss auf das Bild, das sich die Menschen von der Erde machten. Denn eine vergangene Entwicklung bedeutet auch, dass es eine weitere Entwicklung geben kann. Die Tier- und Pflanzenwelt ist nicht unveränderlich. Es dauerte eine gewisse Zeit, bis sich dieses dynamische, also bewegliche Weltbild durchsetzen konnte.

Der Engländer Charles Darwin gilt als Begründer der Evolutionslehre. Er hatte auf einer mehrjährigen Weltreise auf dem Forschungsschiff «Beagle» eine riesige Menge Material und Proben von Pflanzen, Tieren und Gesteinen gesammelt. 1859 erschien sein Buch über die Entstehung der Arten. Er beschrieb darin seine Theorie, dass sich nicht nur Pflanzen und Tiere, sondern auch der Mensch aus anderen Formen heraus entwickelt hätten.

Viele Menschen hatten damals Mühe mit den Theorien Darwins. Für sie war die Vorstellung, dass wir Menschen nicht in der heutigen Form erschaffen worden waren, sondern von einem affenähnlichen Vormenschen abstammen sollten, unerträglich.

AUFGABEN

1 *Erkläre in eigenen Worten, was Carl von Linné machte.*
2 *Beschreibe die Theorie von Charles Darwin. Was war neu an seiner Idee?*
3 *Was ist der Unterschied zwischen dem ursprünglichen Weltbild und dem dynamischen Weltbild, das sich allmählich durchsetzte?*
4 *Nenne einige Pflanzen oder Tiere, die zur selben Gattung gehören könnten.*

Wissen erarbeiten

Urwaldrand in Afrika. Die Landschaft zur Zeit der ersten Primaten kann man sich ähnlich vorstellen, wie sie der Fotograf Chris Johns in Tansania, Afrika vorgefunden hat. Am Rand des Urwalds bildeten sich halboffene, licht bewaldete Lebensräume.

***Savannenlandschaft.** In Savannen wie hier in Tansania, Afrika findet man vor allem Gräser, Dornbüsche und einzelne Bäume, die mit dem eingeschränkten Wasserangebot zurechtkommen.

Vor den Menschen

Vor etwa 20 Millionen Jahren gab es erste Primaten, die nicht mehr nur im Urwald lebten, sondern sich auch in die neu entstandenen Savannenlandschaften hinauswagten. Aus ihnen bildeten sich vor über 4,5 Millionen Jahren die ersten Australopithecinen. Diese Vormenschen konnten bereits auf zwei Beinen laufen. Sie lebten aber häufig noch auf Bäumen, denn dort waren sie vor Feinden geschützt. Sie sammelten Pflanzen und Insekten und benutzten wahrscheinlich Äste und Stöcke als Werkzeuge.

Unsere Urahnen – die Primaten

Bereits vor mehr als 40 Millionen Jahren entwickelten sich in den Urwäldern Afrikas Halbaffen und Affen, aus denen sich dann allmählich die Primaten herausbildeten. Vor etwa 28 Millionen Jahren begann ein weltweiter Klimawandel. Das Eis in der Antarktis dehnte sich aus. Auf der ganzen Erde kam es zu Veränderungen. Zwischen den dichten tropischen und subtropischen Wäldern bildeten sich immer mehr Savannen- und Graslandschaften. Es entstanden viele neue Lebensräume.

Diese neuen Landschaften waren eine Herausforderung für alle Lebewesen, da sich das Nahrungsangebot veränderte. Viele Tierarten starben aus, weil sie sich nicht an die veränderten Lebensbedingungen anpassen konnten. Es entstanden aber auch neue Tier- und Pflanzenarten, die in der Savanne und Steppe sehr gut leben konnten. Zu ihnen gehörten auch einige Primatenarten, die vor rund 20 Millionen Jahren die Savannen Afrikas zu besiedeln begannen. Zwischen sieben und fünf Millionen Jahren vor heute entstanden erste *Hominidenarten in Afrika.

Australopithecus

Vor 4,5 Millionen Jahren gab es eine grosse Anzahl von Primatenarten. Dazu gehörten auch die frühesten Vormenschen –

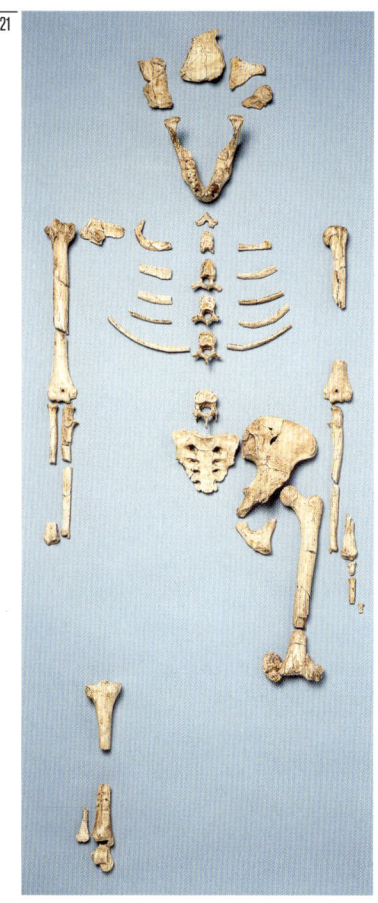

Das Skelett eines Australopithecus. Der Forscher Donald Johanson fand dieses Skelett im Jahr 1974 im Nordosten von Äthiopien, Afrika. Unter dem Namen «Lucy» ist es heute einer der berühmtesten Vormenschenfunde, ausgestellt im Nationalmuseum in Addis Abeba.

Rekonstruktion von «Lucy». Die holländischen Künstler Adrie und Alfons Kennis haben Lucy aus den gefundenen Knochen rekonstruiert. Die Skizzen dokumentieren einige ihrer Arbeitsschritte.

die Australopithecinen. Australopithecus bedeutet «Südaffe». Der Name ist zusammengesetzt aus dem lateinischen Wort australis für «südlich» und dem griechischen Wort pithekos für «Affe».

Der Australopithecus war die erste Art, die sich längere Zeit auf zwei Beinen fortbewegte. Auch Menschenaffen bewegen sich oft auf zwei oder drei Beinen fort. Wenn Schimpansen Nahrung, Äste oder ihre grösseren Kinder tragen, richten sie sich für kurze Zeit auf und bewegen sich auf drei oder zwei Beinen. Auch wenn sie ihre Umgebung besser überblicken wollen oder ihre Rivalen beeindrucken möchten, können sie für längere Zeit auf zwei Beinen stehen. Der Australopithecus machte als erste Primatenart den aufrechten Gang zur wichtigsten Fortbewegungsart.

Diese Fähigkeit war in der veränderten Landschaft von grosser Bedeutung. In der Savanne gab es nicht viel Nahrung und die Australopithecinen mussten grosse Strecken zurücklegen, um das tägliche Essen zu beschaffen. Es war für sie von Vorteil, wenn sie Nahrungsmittel, einfache Werkzeuge und vor allem auch Säuglinge und Kleinkinder mit sich tragen konnten. Wenn sie sich aufrichteten, konnten sie besser über das hohe Gras der Steppe blicken. So sahen sie Raubtiere frühzeitig kommen und konnten flüchten.

Der aufrechte Gang brachte aber nicht nur Vorteile. Die ersten aufrecht gehenden Vormenschen konnten noch nicht besonders schnell rennen. Deshalb mussten sie in der Nähe von Bäumen bleiben, auf die sie bei Gefahr hinaufklettern konnten.

Weil die Australopithecinen aufrecht gingen, brauchten sie ihre Hände nicht mehr zum Laufen. Die Hand konnte sich weiterentwickeln. Der Daumen wurde im Laufe der Zeit beweglicher und länger. Damit eignete er sich immer besser, um Werkzeuge zu benützen.

Die ältesten Funde von Australopithecinen wurden in Afrika gemacht. Der berühmteste Fund ist wohl «Lucy». 1974 entdeckten Forscher in der Nähe eines Flusses in Äthiopien

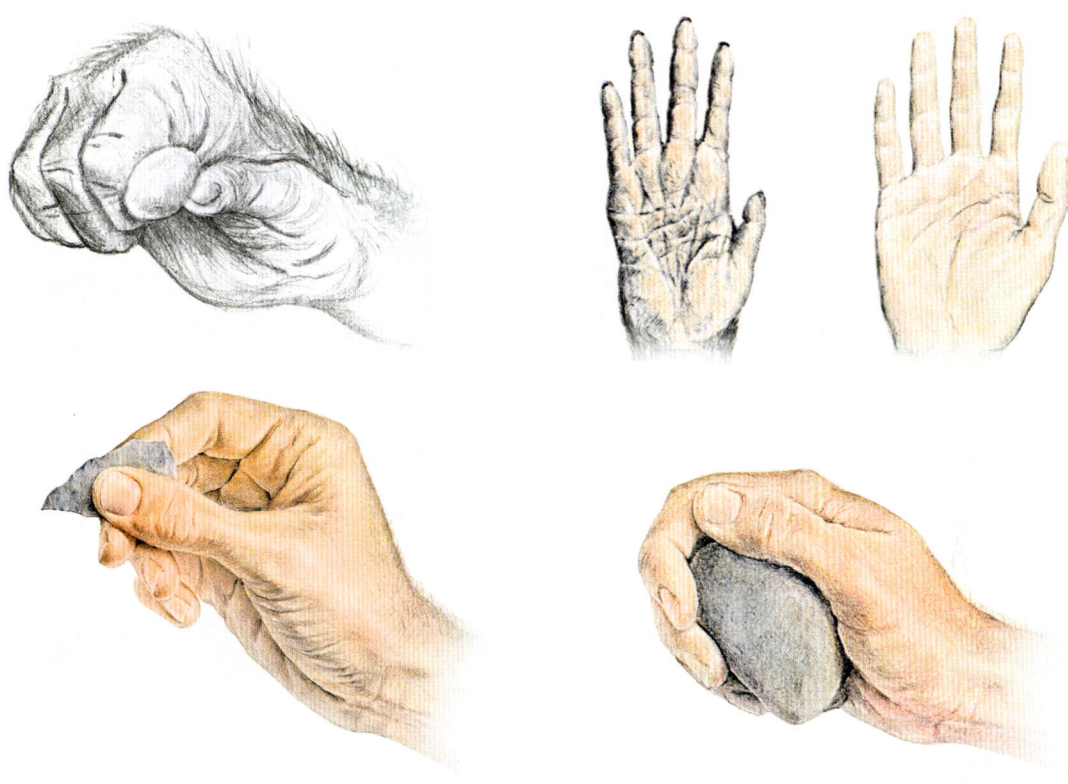

Die Entwicklung unserer Hände. Die Illustrationen von Ronald Bowen zeigen die grosse Ähnlichkeit von Schimpansen- und Menschenhänden. Es gibt aber auch wesentliche Unterschiede: Der Daumen der Menschen ist länger und beweglicher. So kann er Werkzeuge besser greifen.

52 Knochen eines Skelettes. Die Knochen sind über 3 Millionen Jahre alt. Dies war ein sensationeller Fund, denn bis dahin wurde noch nie ein so gut erhaltenes Skelett eines Australopithecus gefunden. Der Fund wurde nach dem Beatles-Lied «Lucy in the Sky with diamonds» benannt. Lange Zeit galt Lucy als unser ältester bekannter Vorfahr. Seither hat man noch ältere Überreste von Australopithecinen gefunden.

Lucy und ihre Familie benutzten wahrscheinlich (ähnlich wie die heutigen Schimpansen) Äste, Steine und Zweige als einfache Werkzeuge. Sie ernährten sich hauptsächlich von Pflanzen und Insekten und gelegentlich auch von Aas. Sie besassen lange Greifzehen und konnten daher immer noch sehr gut klettern. Einen grossen Teil ihrer Zeit verbrachten sie wohl im Schutz von Bäumen.

Im Zeitraum von 4,5 bis 1,2 Millionen Jahren vor heute lebten in Ostafrika verschiedene Australopithecinen-Arten. Manche waren robust und kräftig, andere eher klein und zierlich.

AUFGABEN

5   Welche Bedingungen führten vor 28 Millionen Jahren zur Entwicklung neuer Arten?
6   Welche Vorteile brachte der aufrechte Gang den Australopithecinen?
7   Wovon ernährten sich die Australopithecinen?
8   Wie benutzten die Vormenschen Äste, Stöcke und Steine? Nenne zwei bis drei Beispiele.

Rekonstruktion eines «Menschen vom Rudolfsee». Der Rudolfsee heisst heute Turkanasee und liegt zum grössten Teil in Kenia, Afrika.

Ein Schimpanse knackt Nüsse mit einem Stein. Menschenaffen benutzen als Werkzeug Steine und Stöcke, die sie finden. Der Mensch jedoch stellt Werkzeuge bewusst her und bewahrt sie auf, um sie später wieder zu verwenden. Darin unterscheidet sich seine Gattung von allen anderen Geschöpfen.

Die Ersten der Gattung Mensch

Vor etwa 2,4 Millionen Jahren entstand die Art Homo rudolfensis. Während über einer Million Jahre lebten die ersten Vertreter der Gattung Homo gleichzeitig mit den Australopithecinen. Vor 2 Millionen Jahren entwickelte sich die Art Homo habilis. Diese Menschenform stellte erste Werkzeuge her.

Erste Menschen – erste Werkzeuge

Vor 2,4 Millionen Jahren entstand in Afrika die erste Art, die von den Forscherinnen und Forschern Homo, also «Mensch», genannt wird. Die Menschen der Art Homo rudolfensis lebten wahrscheinlich hauptsächlich von Aas. Sie warteten, bis die grossen Raubtiere sich an ihrer Beute satt gegessen hatten und ernährten sich dann von den Resten. Dabei hatten sie grosse Konkurrenz, auch Geier und Hyänen kämpften um ihren Anteil. Wenn die Menschen genug zu essen bekommen wollten, mussten sie diese verjagen. Dazu arbeiteten sie wahrscheinlich in Gruppen und verwendeten Stöcke und Steine als Waffen.

Vor etwa 2 Millionen Jahren entwickelte sich ebenfalls in Afrika der Homo habilis. Sein Name bedeutet «der geschickte Mensch». Aus Steinen fertigte er bereits einfache Werkzeuge. Sie werden Geröllgeräte oder in Englisch Chopper genannt, nach dem englischen Wort «chop» für schlagen, hacken. Choppers bestehen aus einfachen Steinen, von denen mit einem anderen Stein ein Stück abgeschlagen wurde. Dadurch entsteht eine scharfe Kante, die man zum Schneiden von Fleisch, Holz und anderem verwenden kann. Auch das abgeschlagene Stück kann man als Messer benützen.

AUFGABEN

9 *Wovon ernährten sich die ersten Frühmenschen der Art Homo rudolfensis?*

10 *Wie stellten die ersten Frühmenschen der Art Homo habilis ihre Werkzeuge her?*

Menschen der Art Homo erectus sitzen am Feuer. Sie essen gesammelte Larven und wärmen sich an den Flammen. Illustration von Udo Kruse-Schulz, 1999.

Faustkeil von Pratteln. Auch in der Schweiz kann man Spuren von Homo erectus finden. Dieses schöne Exemplar eines Faustkeils wurde 1974 von einem Schüler bei Pratteln entdeckt und befindet sich heute im Archiv *Archäologie Baselland.

Der Homo erectus, die Jagd und das Feuer

Die Vertreter der Art Homo erectus waren noch weiter entwickelt als ihre Vorfahren. Sie jagten, nutzten das Feuer, stellten Werkzeuge und Waffen her und bauten Hütten. Homo erectus bedeutet «der aufrechte Mensch». Archäologinnen und Archäologen finden Fundstellen mit Knochen und Werkzeugen des Homo erectus von China bis Südafrika.

Die erste Ausbreitung

Homo erectus war die erste Art von Menschen, die Afrika verliess. Die ersten Knochen von Homo erectus wurden bereits 1891 auf Java, also in Asien, entdeckt. Der Forscher glaubte damals, einen Affenmenschen, das Bindeglied zwischen dem Affen und dem heutigen Menschen, gefunden zu haben.

Erst nach vielen weiteren Funden in Afrika, Asien und Europa war klar, dass es sich auch bei den Funden von Java um eine frühe Menschenart, eben den Homo erectus, handeln musste. Sie entwickelte sich vor etwa 1,8 Millionen Jahren. Wann die letzten Menschen der Art Homo erectus lebten, weiss man nicht genau, vielleicht bis vor 30 000 Jahren.

Der Homo erectus hatte ein wesentlich grösseres Gehirn als seine Vorfahren. Damit konnte er besser denken, planen und vielleicht auch schon sprechen. Menschen der Art Homo erectus sahen uns modernen Menschen schon ziemlich ähnlich. Sie gingen aufrecht auf zwei Beinen. Die Erwachsenen waren bis zu 1,80 m gross und hatten lange, schlanke Körper mit kurzen Unterarmen.

Faustkeile und Lagerfeuer

Diese Menschen fanden heraus, wie man das Feuer nutzt, und sie stellten verschiedene Werkzeuge aus Stein, Knochen und Holz her. Das berühmteste Werkzeug des Homo erectus war der Faustkeil. Ein Faustkeil ist ein birnenförmig geschlagener Silex und kann für die verschiedensten Tätigkeiten verwendet werden. Die Kanten eignen sich zum Schneiden von Fleisch, Leder und Pflanzen. Mit der Spitze können Löcher in Knochen oder Holz geschlagen werden. Aber auch die sogenannten Abschläge, die Splitter, die beim Herstellen eines Faustkeils entstehen, haben scharfe Kanten und können zum Schneiden verwendet werden.

Um einen Faustkeil herzustellen, muss der Handwerker oder die Handwerkerin im Voraus genau überlegen, was der Reihe nach abgeschlagen werden muss. Das erfordert Pla-

1. Die Evolution des Menschen

Von Ostafrika nach Ostasien. Homo erectus verliess den afrikanischen Kontinent und besiedelte Asien. Dabei mussten sich die Menschen ganz neuen Umweltbedingungen anpassen. Illustration von Ralph Krätzner.

Jagen mit Speeren. Schon um 400 000 vor heute jagten frühe Menschen in Europa Wildpferde mit hölzernen Lanzen. Solche Jagdwaffen wurden in Schöningen, Deutschland, auf Ausgrabungen gefunden. Illustration von Dominique Osuch.

nung. Um weiterzugeben, wie ein Faustkeil gemacht wird, war eine Sprache wahrscheinlich notwendig. Ob es sich dabei um eine gesprochene Sprache handelte oder ob die Menschen sich durch Gesten, Laute und Mimik unterhielten, darüber sind sich die Forscherinnen und Forscher noch nicht einig.

Faustkeile waren eine Art Allzweckwerkzeug – dementsprechend gross ist ihre Verbreitung: Man findet sie in Afrika, Asien und Europa. Sie wurden von Homo erectus zum ersten Mal hergestellt, aber auch spätere Menschenarten haben sie verwendet. Auch in der Schweiz wurden Faustkeile gefunden. Ein besonders schönes Exemplar wurde 1974 von einem Schüler bei Pratteln BL gefunden. Da er nur den Faustkeil und sonst keine Funde entdeckte, ist nicht klar, welche Menschen ihn hergestellt haben und wann genau er hergestellt wurde. Er könnte zwischen 300 000 und 200 000 Jahre alt sein.

Erste wichtige Errungenschaften

Die Menschen der Art Homo erectus waren die ersten, die das Feuer nutzten. Von Busch- und Waldbränden her kannten sie das Feuer und fürchteten es. Es war eine Gefahr. Irgendwann überwand der Mensch seine Furcht und schleppte brennende Äste zum Lagerplatz. Dort wärmte es und spendete Licht in der Nacht. Zudem hielt es grosse Raubkatzen auf Distanz.

Wann die Menschen herausgefunden haben, wie sie mit Hilfe von zwei Stück Holz oder Feuerstein und Pyrit selbst Feuer machen können, wissen wir noch nicht. Die ältesten Feuerstellen sind mindestens 800 000 Jahre alt. Die Archäologen finden aber immer noch erstaunlich wenig Spuren von Feuer in der ersten Zeit. Es scheint, als habe der Mensch seiner Entdeckung am Anfang selber noch nicht richtig getraut.

Man vermutet, dass die Menschen irgendwann herausfanden, dass in einem Buschbrand umgekommene Tiere immer noch essbar waren. Nicht nur das, ihr Fleisch war im gebratenen Zustand sogar noch schmackhafter und viel einfacher zu kauen als rohes Fleisch. Das Entfachen und Beherrschen von Feuer ist wohl eine der wichtigsten Entdeckungen, die von der Menschheit je gemacht wurden. Feuer wärmt und ermöglichte es erst, dass die Menschen der Art Homo erectus und ihre Nachkommen die warmen Gegenden Afrikas verliessen und in die Welt zogen. Pflanzen und Fleisch konnten jetzt gekocht werden. Dadurch wurde die Nahrung leichter verdaulich und weicher. Langsam bildete sich bei den Menschen der kräftige Kauapparat zurück – ihr Kiefer und die Zähne wurden kleiner, die ganze Mundpartie ähnelte immer mehr der von heutigen Menschen. Ausserdem bildete ein Feuer im Mittelpunkt eines Lagers auch einen Treffpunkt, an dem man abends sit-

Hinweise auf das Leben der frühen Menschen. Gesammelte Muscheln und Schnecken bildeten zusammen mit Pflanzen einen wichtigen Bestandteil der täglichen Nahrung. Auf Ausgrabungen findet man heute noch die Überreste dieser Mahlzeiten.

zen, Geschichten erzählen und voneinander lernen konnte. Ohne Feuer wären viele spätere Erfindungen wie das Brennen von *Keramik und das Schmelzen von Metall nicht möglich gewesen.

Mit dem Homo erectus veränderte sich die Lebensweise der frühen Menschen entscheidend. Die Jagd auf Tiere wurde eine wichtige Methode der Nahrungsbeschaffung. Die bisherigen Arten hatten nebst Pflanzen vor allem Aas gegessen. Die Jagd erforderte die Zusammenarbeit einer ganzen Gruppe. Man musste sich verständigen und Aufgaben verteilen. Damit war eine wichtige Voraussetzung für die Bildung einer Sprache gegeben.

Die ersten Europäer

Über den genauen Beginn der Besiedlung Europas durch den Menschen sind sich die Forscher und Forscherinnen noch uneinig. Die ältesten Menschenfunde wurden in Atapuerca in Nordspanien gemacht, sie werden auf ein Alter von etwa 800 000 Jahren geschätzt. Nördlich der Alpen scheinen die frühen Menschen etwa 600 000 Jahre vor heute angekommen zu sein. Aus der Anfangszeit der Menschen in Europa gibt es relativ wenig Knochenfunde. Deshalb ist es schwierig, sie den einzelnen Arten zuzuordnen. Manche Forscher und Forscherinnen nennen die ersten südeuropäischen Funde Homo antecessor. Die ältesten Knochen, die nördlich der Alpen gefunden wurden, werden meistens der Art Homo heidelbergensis zugeordnet. Fundstellen im heutigen Deutschland wie Schöningen und Bilzingsleben waren wahrscheinlich vor etwa 400 000 Jahren bewohnt.

Die frühen Menschen in Europa lebten noch sehr ähnlich wie die Menschen der Art Homo erectus. Sie sammelten Pflanzen, Muscheln, Larven und Vogeleier. Ausserdem jagten sie Waldelefanten, Wald- und Steppennashörner, *Wisente, Auerochsen und mehr. Sie stellten lange Holzspeere her, mit denen sie die grossen Tiere erlegen konnten. Aus Ästen, Gras, Laub und Erde bauten sie Hütten.

AUFGABEN

11 *Nenne wichtige Erfindungen des Homo erectus.*
12 *Warum war das Beherrschen des Feuers eine entscheidende Entdeckung?*
13 *Welche Arten der Verständigung unter Tieren kennst du? Vergleiche mit den Menschen.*
14 *Wie ernährten sich die Menschen, die als erste in Europa lebten?*

Eine alte Neandertalerin im Gespräch mit ihrer Enkelin. Nachgestellte Szene im Neanderthalmuseum in Mettmann, Deutschland.

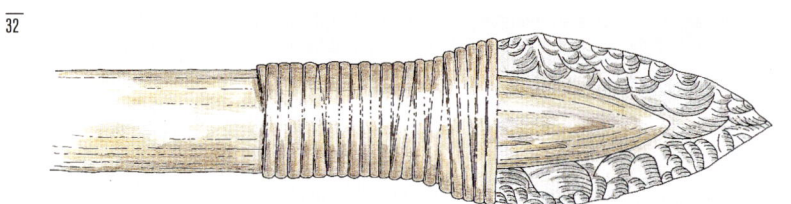

Speerspitze. Die Speere bestanden aus *Holzschäften, in die Spitzen aus Silex eingelegt und mit Tiersehnen befestigt wurden. Illustration von Dieter Auffermann.

Die Neandertaler

Die Menschen der Art Homo neanderthalensis lebten von etwa 200 000 bis 27 000 Jahre vor heute in Europa und im Vorderen Orient. Die Neandertaler ernährten sich von den Tieren, die sie jagten, und von den Wurzeln, Pflanzen, Früchten, Beeren und Pilzen, die sie sammelten. Beide Techniken beherrschten sie hervorragend. Sie stellten Werkzeuge und Jagdwaffen her, die sie aus verschiedenen Materialien wie Stein, Holz und Fasern zusammenbauten. Warum die Neandertaler ausstarben, ist bis heute nicht geklärt.

Frühe Funde

Über keinen anderen frühen Menschen wissen wir heute so viel wie über die Neandertaler (Homo neanderthalensis). In ganz Europa haben Archäologinnen und Archäologen Ausgrabungen gemacht. Dabei haben sie bereits mehrere hundert Skelette gefunden, die ziemlich viel über die Lebensweise von damals erzählen.

Die ersten Neandertalerknochen wurden 1856 in der Nähe von Düsseldorf in Deutschland gefunden. Arbeiter schaufelten damals den harten Lehm des Höhlenbodens in das Tal hinunter, als sie einige Knochenstücke bemerkten. Sie sammelten sie ein und übergaben sie einem Lehrer, der in der ganzen Region als begeisterter Sammler von fossilen Knochen bekannt war.

Der Fund rief in der Öffentlichkeit grosses Interesse hervor. Einige Forscher waren – angeregt durch die Theorien von Charles Darwin – der Meinung, dass es sich bei dem Fund um einen Vorfahren des heutigen Menschen handeln könnte. Andere Forscher wehrten sich gegen diese Vorstellung. Im Laufe der Zeit wurden in Europa immer mehr Knochen von Neandertalern gefunden. Die ältesten Funde sind etwa 200 000 Jahre alt. Ausserdem fand man Werkzeuge, die von Neandertalern hergestellt worden waren. Langsam setzte sich die Vorstellung durch, der Neandertaler sei ein direkter Vorfahr des modernen Menschen.

Neue Erkenntnisse

Heute sind sich viele Forscher einig, dass der Neandertaler kein direkter Vorfahr des modernen Menschen war. *DNS-Untersuchungen haben gezeigt, dass die Verwandtschaft nicht so eng ist, wie man vermutet hatte. Wahrscheinlich waren die Neandertaler eine eigene Art, die vor etwa 27 000 Jahren ausgestorben ist. Die Gründe kennt man noch nicht. Zu einem gewissen Teil könnte das Auftauchen des modernen Menschen,

33 Ein überraschender Fund

Mettmann, 4. September. Im benachbarten Neanderthal, dem so genannten Gesteins, ist in den jüngsten Tagen ein überraschender Fund gemacht worden. Durch das Wegbrechen der Kalkfelsen, das freilich vom *pittoresken Standpunkte nicht genug beklagt werden kann, gelangte man in eine Höhle, welche im Laufe der Jahrhunderte durch Thonschlamm gefüllt worden war. Bei dem Hinwegräumen dieses Thons fand man ein menschliches Gerippe, das zweifelsohne unberücksichtigt und verloren gegangen wäre, wenn nicht glücklicherweise Dr. Fuhlrott von Elberfeld den Fund gesichert und untersucht hätte.

Nach Untersuchung dieses Gerippes, namentlich des Schädels, gehörte das Wesen zu dem Geschlechte der Flachköpfe, deren noch heute im amerikanischen Westen wohnen, von denen man in den letzten Jahren auch mehrere Schädel an der oberen Donau bei Siegmaringen gefunden hat. Vielleicht trägt dieser Fund zur Erörterung der Frage bei: ob diese Gerippe einem mitteleuropäischen Urvolke oder bloss einer (mit *Attila?) streifenden Horde angehört haben.

Bericht aus der Wuppertaler Tageszeitung «Barmer Bürgerblatt», 9. September 1856.

des Homo sapiens, am Verschwinden der Neandertaler schuld sein. Dieser hat den Neandertaler vielleicht langsam verdrängt. In Europa lebten die Menschen der zwei Arten rund 10 000 Jahre lang nebeneinander, im Nahen Osten sogar 50 000 Jahre. Man kann davon ausgehen, dass sie sich begegneten. Nachdem die Neandertaler mit modernen Menschen Kontakt hatten, scheinen sie von ihnen auch einige Dinge übernommen zu haben.

Die Neandertaler waren sehr kräftig. Ihre Körper waren stämmig, der Oberkörper rund und breit, Arme und Beine eher kurz. Ihr Gesicht unterschied sich von dem heutiger Menschen; die Stirn war flacher, über den Augen hatten sie kräftige Brauenwulste. Das Gebiss war kräftig, sie konnten ihre Zähne auch als Werkzeug, wie eine «dritte Hand», verwenden. Das Gehirn der Neandertaler war sogar grösser als das moderner Menschen und sie konnten wahrscheinlich genauso gut sprechen wie wir heute.

In der langen Zeit, in denen die Neandertaler in Europa lebten, gab es neben kalten Phasen auch Zeiten, in denen das Klima relativ warm war. Die Menschen konnten sich ihrer Umwelt und der veränderten Tier- und Pflanzenwelt offensichtlich gut anpassen.

Die Neandertaler stellten die ersten Werkzeuge her, die aus mehreren Teilen zusammengesetzt waren, zum Beispiel eine Lanze aus Holz, in die vorne eine Spitze aus Silex eingelegt war. Diese zwei Teile wurden mit Tiersehnen, Pflanzenfasern und *Birkenteer verbunden.

Es wurden Gräber von Neandertalern gefunden. Sie stammen aus der Zeit, als der Kontakt mit den modernen Menschen schon bestand. Vielleicht haben die Neandertaler eine Vorstellung von einem Leben nach dem Tod gehabt. Allerdings sind es nur sehr wenige Gräber, wahrscheinlich haben die Neandertaler nur wenige Tote in Gräbern bestattet.

Noch weiss man nicht, ob die Neandertaler auch Kunstwerke hergestellt haben. Manche Forscher und Forscherinnen sind der Meinung, dass die letzten Neandertaler von den modernen Menschen so viel lernten, dass sie sogar eigene Kunstgegenstände herstellten. Andere Wissenschaftler bezweifeln, dass dies der Fall war und nehmen an, dass alle Kunstgegenstände erst von Menschen der Art Homo sapiens stammen.

AUFGABEN

15 *Wo wurde das erste Mal ein Neandertalerskelett gefunden?*

16 *Beschreibe das Besondere an den Werkzeugen, die von den Neandertalern hergestellt wurden.*

17 *Was geschah vermutlich, als die Neandertaler in Kontakt mit den ersten modernen Menschen kamen?*

Jagd während der *Eiszeit. Die Menschen haben sich ihrer rauen, kalten Umgebung angepasst. Sie tragen genähte Kleider aus Rentierfell. Mit Speerschleudern jagen sie ihre Beute. Illustration von Libor Balák.

Homo sapiens – der moderne Mensch

Vor etwa 160 000 Jahren entstand der moderne Mensch in Afrika. Die Menschen der Art Homo sapiens verbreiteten sich auf der ganzen Welt. Sie entwickelten besondere Werkzeuge und Techniken, die es ihnen möglich machten, alle möglichen Lebensräume zu besiedeln. Sie begannen auch, Kunstwerke herzustellen und Musik zu machen.

Der letzte Schritt zum modernen Menschen

Vor etwa 160 000 Jahren entstand eine neue Menschenart. Aufgrund der Fähigkeit dieser Menschen, Kunstwerke herzustellen, gaben die Forscher und Forscherinnen dieser Art den Namen Homo sapiens, der wissende Mensch.

Auf der Suche nach neuen Lebensräumen und Jagd- und Sammelgründen zogen die Menschen in kleinen Gruppen immer weiter. Sie breiteten sich in Afrika aus, bis sie vor ungefähr 60 000 bis 50 000 Jahren den Kontinent verliessen und über den Vorderen Orient nach Asien und Europa wanderten. Vor etwa 45 000 bis 40 000 Jahren kamen die ersten von ihnen nach Europa. Dabei verdrängten sie allmählich die Neandertaler in Europa und die noch in Asien lebenden letzten Menschen der Art Homo erectus.

Menschen der Art Homo sapiens leben heute auf allen Kontinenten der Erde (ausser der Antarktis), sie wohnen in Wüsten, im Dschungel, in den kalten Steppen. Durch ihre Anpassungsfähigkeit und ihre Erfindungsgabe ist es ihnen gelungen, in verschiedensten Umgebungen zu überleben. Ihre grosse Stärke liegt darin, dass sie nicht spezialisiert sind. Die Menschen können gehen, rennen, kriechen, klettern, schwimmen. Sie können sich sehr unterschiedlich ernähren, von reiner Pflanzennahrung bis zu fast reiner Fleischnahrung. Ausserdem nutzen sie verschiedene Hilfsmittel, um sich ihr Leben zu erleichtern. Sie bauen Behausungen, tragen Kleider und stellen Werkzeuge her. Dadurch können die Menschen mit vielen unterschiedlichen Umgebungen zurechtkommen und Nahrung in fast allen Teilen der Welt finden.

Doch keine Höhlenmenschen

Die ersten Menschen der Art Homo sapiens, die in Europa lebten, hatten mit einer unwirtlichen Umwelt zu kämpfen. Sie zogen, wie schon vor ihnen die Neandertaler, den Jagdtieren nach und legten im Laufe des Jahres grosse Strecken zurück.

Manchmal hört man noch den Ausdruck «Höhlenmenschen». Damit sind meist die ersten modernen Menschen gemeint, die in Europa lebten. Diese Bezeichnung ist nicht richtig, denn die Menschen lebten damals nicht in Höhlen, son-

Harpunen aus Knochen. An den spitzen Widerhaken blieben die getroffenen Fische hängen.

Verschiedene Werkzeuge aus Silexklingen.

Funktionsweise einer Speerschleuder. Die Illustration von Ulrich Stodiek zeigt, dass die Schleuder wie eine Verlängerung des Armes wirkt. Damit kann mehr Kraft auf den Speer einwirken und er fliegt weiter.

dern bauten sich meistens Hütten oder Zelte in der Steppe. Manchmal suchten sie Schutz unter überhängenden Felsdächern oder in Höhleneingängen, die sie zusätzlich noch mit Unterständen aus Stangen und Tierhäuten wohnlich machten. Sie zogen den Jagdtieren hinterher und suchten Höhlen nur zu bestimmten Zwecken auf. Um genügend Nahrung zu finden, mussten sie beweglich bleiben und konnten nicht das ganze Jahr über in derselben Siedlung leben. Weil die Archäologinnen und Archäologen sehr viele Funde in Höhlen entdeckten, entstand das Bild vom Höhlenbewohner. Von den Lagerplätzen, an denen sich die Menschen vielleicht immer nur ein paar Wochen aufhielten, ist nicht viel übrig geblieben. Wissenschaftlerinnen und Wissenschaftler konnten aber an einigen Fundplätzen Reste von Zelten oder von Hütten aus Mammutknochen und Tierhäuten finden.

Moderne Werkzeuge

Bei der Herstellung von Werkzeugen machten die modernen Menschen grosse Fortschritte. Aus Silex stellten sie erstmals Klingen her. Mit diesen dünnen, langen, sehr scharfen Stücken konnten verschiedene Werkzeuge wie Messer und Bohrer hergestellt werden. Für den Fischfang stellten sie Harpunen aus Knochen und Geweih her. Damit liessen sich die Fische leichter fangen. Für die Jagd auf grössere Tiere entwickelten sie die Speerschleuder. Ein Stock mit einer Auflagefläche für den Speer diente als Verlängerung des Armes. Damit liessen sich die Speere viel weiter und genauer schleudern. Die Jägerinnen und Jäger mussten nicht mehr so nahe an das Wild schleichen, um es zu erlegen. Die Speerschleudern waren oft schön gearbeitet und mit geschnitzten Tierfiguren aus Knochen verziert.

Eine neue Errungenschaft: Kultur

Etwas unterscheidet die Menschen der Art Homo sapiens von ihren Vorfahren: Sie stellen Kunstwerke her und machen Musik. Bereits die ersten der Art legten mit ihren Malereien, Schmuckstücken, Instrumenten und so weiter den Grundstein zu dem, was wir heute als «Kultur» bezeichnen.

Archäologen und Archäologinnen haben verschiedene Musikinstrumente gefunden: Flöten, Trommeln und *Schraper aus Knochen. Sogenannte *Schwirrhölzer aus Holz oder Knochen sind weit zu hören. Sie dienten vielleicht nicht nur als Instrumente, sondern auch zur Verständigung über weite Strecken.

In Frankreich und Spanien wurden in Höhlen Malereien gefunden. Sie zeigen vor allem Tiere, manchmal aber auch Menschen. Die ältesten von ihnen sind etwa 35 000 Jahre alt. Noch heute werden in gewissen Regionen der Welt Fels-

Der Löwe aus Elfenbein stammt aus der Hohlensteinhöhle in Deutschland. Die etwa 30 cm grosse Figur ist etwa 32 000 Jahre alt.

Malerei aus der Höhle Altamira in Spanien. Während ihr Vater – ein Höhlenforscher – 1879 in einer Höhle nach Steinwerkzeugen suchte, entdeckte seine neunjährige Tochter María die wunderschönen Malereien. «Mira, papá, bueyes!» – «Schau, Papa, Ochsen!», soll sie gerufen haben. Die 14 000 Jahre alten Malereien waren die ersten, die entdeckt wurden – unterdessen kennt man in Europa über 100 Höhlen mit Malereien.

malereien angefertigt. Wie Funde von kleinen bemalten Höhlendeckenstücken in Italien gezeigt haben, gab es wahrscheinlich auch in den Alpen Malereien, sie blieben aber leider in den herrschenden klimatischen Bedingungen nicht erhalten.

Zum Malen verwendeten die Künstler der Eiszeit zerstossene Holzkohle und Erdfarben, die sie mit Fett mischten. Dann wurden die Figuren entweder mit Pinseln aus Ästen und Büscheln von Tierhaaren aufgemalt oder mit dem Mund oder einem Blasrohr auf die Wand geblasen.

Um die zum Teil riesigen Bilder zu malen, brauchten die Menschen dieser Zeit in den Höhlen auch Licht. Die Archäologen und Archäologinnen haben Steine gefunden, die aus derselben Zeit wie die Malereien stammen und wohl als Lampen dienten. In einer Vertiefung im Stein wurde Talg gesammelt und mit einem Docht aus Pflanzenfasern am Brennen gehalten. Die Menschen bauten auch Gerüste in den Höhlen, um die hohen Wände zu bemalen.

Aus Mammutelfenbein, Stein, Knochen und Ton formten und schnitzten die Menschen kleine Figuren. Die ältesten von ihnen sind ungefähr 35 000 Jahre alt.

Frühe Menschen in der Schweiz

Die ältesten Spuren des Menschen auf dem Gebiet der Schweiz wurden wahrscheinlich durch die Gletscher zerstört. Deshalb kennen wir nur Siedlungsplätze aus der späteren Zeit der Neandertaler und des Homo sapiens. Die frühen Menschen lebten hauptsächlich im Gebiet des heutigen Mittellands. Um Nahrung und Rohmaterial für Werkzeuge zu beschaffen, machten sie aber grosse Wanderungen. Auf diesen Streifzügen suchten sie Schutz in Höhlen. Geschützt von den Felsdächern, haben sich dort ihre Spuren am besten erhalten.

AUFGABEN

18 *Wo entwickelte sich der moderne Mensch, der Homo sapiens?*

19 *Was ist die grosse Stärke der Art Homo sapiens?*

20 *Wie lebten die ersten modernen Menschen in Europa? Wie sahen ihre Behausungen aus?*

21 *Nenne einige neue Werkzeuge oder Waffen, die moderne Menschen erfanden.*

22 *Beschreibe einige Kunstwerke, die von den modernen Menschen gemacht wurden.*

Wissen erarbeiten

Experiment zur Sprache

Sprache ist aus dem Leben der Menschen nicht wegzudenken. Sie ist für uns die wichtigste Form, unseren Mitmenschen etwas mitzuteilen. Besonders wichtig ist die gesprochene Sprache, doch auch die geschriebene Sprache, die Gebärden- und die Bildsprache prägen unseren Alltag. Mit der Entwicklung und Verbreitung des Menschen entstanden weltweit rund 6500 gesprochene Sprachen. Davon ist heute rund die Hälfte vom Aussterben bedroht, da diese Sprachen nicht mehr an die nächste Generation weitergegeben werden. Dieser *Portfolioauftrag zeigt dir, wie wichtig die Sprache ist, um Wissen an andere Personen weiterzugeben.

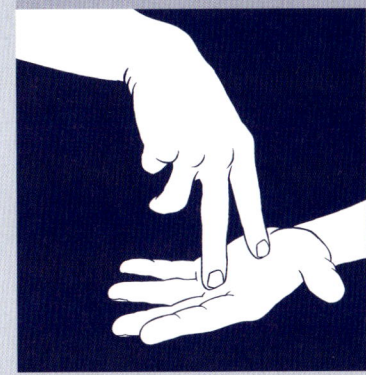

Portfolioauftrag

Aufgabe
In einem Rollenspiel sollst du herausfinden, wie man etwas von jemandem lernen kann, ohne eine Sprache zu benützen. Was kann man ohne Worte jemandem vermitteln, was nicht? Für dein Portfolio sollst du das Rollenspiel mit Fotos und Texten dokumentieren. Vielleicht kannst du das Rollenspiel sogar mit einer Handy- oder Videokamera festhalten.

Vorgehen
1. Bildet Dreiergruppen. Jeweils eine Person in der Gruppe übernimmt die Rolle der Vorzeigerin oder des Vorzeigers. Ein zweiter Schüler oder eine Schülerin bekommt den Auftrag, die vorgezeigte Aufgabe zu lösen. Die dritte Person misst mit einer Uhr die Zeit und dokumentiert die Szene. Wechselt nach jedem Durchgang die Rollen.
2. Der Vorzeiger oder die Vorzeigerin denkt sich eine einfache Aufgabe aus. Zum Beispiel könnte es darum gehen, einen Papierflieger zu falten oder einige Tanzschritte einzuüben.
3. In einem ersten Durchlauf wird weder gesprochen, noch dürfen Handzeichen gegeben werden. Es geht darum, dass der Nachahmer oder die Nachahmerin die Aufgabe des Vorzeigenden durch reines Zusehen und Nachahmen löst. Messt die Zeit mit einer Stoppuhr und notiert euch, wie lange es dauert, bis die Aufgabe erfüllt ist.
4. Im zweiten Durchgang sind Handzeichen erlaubt. Der Vorzeiger oder die Vorzeigerin darf also dem Nachahmenden mit Handzeichen beim Lösen der Aufgabe helfen. Gesprochen wird nicht. Messt auch hier die Zeit und schreibt sie auf.
5. Im dritten Durchgang darf die Vorzeigerin oder der Vorzeiger nun auch sprechen und die Aufgabe erklären. Die Person, die die Aufgabe lösen muss, darf auch Fragen stellen. Notiert auch hier die benötigte Zeit.
6. Vergleicht nun die Zeiten die bei jedem Versuch gemessen wurden. Hat es vielleicht gar nicht geklappt, allen drei Nachahmern die Aufgabe zu lehren? Welcher Durchgang dauerte am längsten?
7. Diskutiert die Ergebnisse in der Gruppe. Warum ist es so schwierig, jemandem ohne Worte etwas beizubringen? Macht es die Zeichensprache einfacher?
8. Zum Schluss dokumentierst du dieses kleine Experiment für dich alleine. Du beschreibst die Aufgabenstellung, du erklärst die Ergebnisse des Experiments und schilderst deine Erfahrungen und Erkenntnisse. Verwende Fotos, um das Experiment zu bebildern.

Hinweise
- Dieses Experiment findet zwingend in einer Dreiergruppe statt. Zwischen den einzelnen Durchgängen sollen die Rollen gewechselt werden, sodass jeder Schüler, jede Schülerin einmal die Aufgabe vorzeigen darf.
- Die Ergebnisse der Gruppen können auch zu einer Diskussion mit der ganzen Klasse führen. Welche Auswirkungen hat die Sprache auf das tägliche Leben? Welche alltäglichen Verrichtungen lassen sich ohne Sprache nicht oder nur mühselig erlernen?
- Dieses Portfolio kann ein Anstoss sein, sich noch eingehender mit Sprache zu beschäftigen. Welche Sprachen sind bekannt? Gibt es Tiere, die eine Art Sprache verwenden?

Schöpfungsgeschichten

Die wissenschaftliche Forschung versucht, die Herkunft des Menschen und die Entstehung der Erde zu erklären. Die Menschen haben aber schon immer das Bedürfnis gehabt, mit Geschichten und *Mythen ihre Vorstellung der Welt weiterzugeben.

Die biblische Schöpfung

Zur Zeit, als Gott, der Herr, Erde und Himmel machte, gab es auf der Erde noch keine Feldsträucher und wuchsen noch keine Feldpflanzen; denn Gott, der Herr, hatte es auf die Erde noch nicht regnen lassen und es gab noch keinen Menschen, der den Ackerboden bestellte; aber Feuchtigkeit stieg aus der Erde auf und tränkte die ganze Fläche des Ackerbodens. Da formte Gott, der Herr, den Menschen aus Erde vom Ackerboden und blies in seine Nase den Lebensatem. So wurde der Mensch zu einem lebendigen Wesen. Dann legte Gott, der Herr, in Eden, im Osten, einen Garten an und setzte dorthin den Menschen, den er geformt hatte. Gott, der Herr, liess aus dem Ackerboden allerlei Bäume wachsen, verlockend anzusehen und mit köstlichen Früchten, in der Mitte des Gartens aber den Baum des Lebens und den Baum der Erkenntnis von Gut und Böse. Ein Strom entspringt in Eden, der den Garten bewässert; dort teilt er sich und wird zu vier Hauptflüssen. Der eine heisst Pischon; er ist es, der das ganze Land Hawila umfliesst, wo es Gold gibt. Das Gold jenes Landes ist gut; dort gibt es auch Bdelliumharz und Karneolsteine. Der zweite Strom heisst Gihon; er ist es, der das ganze Land Kusch umfliesst. Der dritte Strom heisst Tigris; er ist es, der östlich an Assur vorbeifliesst. Der vierte Strom ist der Eufrat.

Gott, der Herr, nahm also den Menschen und setzte ihn in den Garten von Eden, damit er ihn bebaue und hüte. Dann gebot Gott, der Herr, dem Menschen: Von allen Bäumen des Gartens darfst du essen, doch vom Baum der Erkenntnis von Gut und Böse darfst du nicht essen; denn sobald du davon isst, wirst du sterben. Dann sprach Gott, der Herr: Es ist nicht gut, dass der Mensch allein bleibt. Ich will ihm eine Hilfe machen, die ihm entspricht. Gott, der Herr, formte aus dem Ackerboden alle Tiere des Feldes und alle Vögel des Himmels und führte sie dem Menschen zu, um zu sehen, wie er sie benennen würde. Und wie der Mensch jedes lebendige Wesen benannte, so sollte es heissen. Der Mensch gab Namen allem Vieh, den Vögeln des Himmels und allen Tieren des Feldes. Aber eine Hilfe, die dem Menschen entsprach, fand er nicht. Da liess Gott, der Herr, einen tiefen Schlaf auf den Menschen fallen, sodass er einschlief, nahm eine seiner Rippen und verschloss ihre Stelle mit Fleisch. Gott, der Herr, baute aus der Rippe, die er vom Menschen genommen hatte, eine Frau und führte sie dem Menschen zu. Und der Mensch sprach: Das endlich ist Bein von meinem Bein/und Fleisch von meinem Fleisch./Frau soll sie heissen,/denn vom Mann ist sie genommen. Darum verlässt der Mann Vater und Mutter und bindet sich an seine Frau und sie werden ein Fleisch. Beide, Adam und seine Frau, waren nackt, aber sie schämten sich nicht voreinander.

Altes Testament, Genesis 2.1–25. Im 1. Buch Mose (Genesis) der Bibel sind direkt hintereinander zwei unterschiedliche Versionen der Schöpfungsgeschichte durch Gott überliefert. Im ersten Teil wird die Erschaffung des Universums in sieben Tagen beschrieben. Der Mensch wird nur am Rande erwähnt. Der zweite Teil, der hier steht, befasst sich genauer mit der Erschaffung des Menschen und der Tierwelt.

Der Mensch hat ein grosses Bedürfnis, die Welt zu verstehen und mehr zu wissen. Dies kann auf vielfältige Weise geschehen. Wissenschaft gewinnt auf kontrollierte Weise neue Erkenntnisse. Dazu werden Theorien aufgestellt, die dann durch Experimente, Versuche oder Berechnungen überprüft werden. Der Weg, auf dem die Wissenschaftlerin oder der Wissenschaftler zu ihren Ergebnissen gekommen sind, muss dabei auch für andere immer nachvollziehbar sein. Damit können die Theorien zu einem späteren Zeitpunkt, wenn zum Beispiel neue Erkenntnisse gewonnen werden, angepasst, verbessert oder geändert werden.

Bei der Erforschung der Evolution ist heute noch vieles unklar. Mit jedem neuen Fund kommen neue Erkenntnisse hinzu und die Vorstellung vom Ablauf wird genauer.

In den meisten Kulturen gibt es *Schöpfungsmythen – das sind Geschichten, mit denen sich die Menschen die Entstehung der Welt und der Menschen zu erklären versuchen. Sie befriedigen den Wunsch der Menschen, ihre Herkunft zu begreifen. Auch die Religionen haben meistens einen Schöpfungsmythos zur Grundlage.

Mythos kommt aus dem altgriechischen und bedeutet soviel wie Wort, Rede oder Erzählung. Oft werden Ereignisse einfach verständlich nacherzählt. Die Geschichten sind oft fantastisch und mit symbolischen Elementen ausgeschmückt. Schöpfungsmythen ersetzen die wissenschaftliche Evolutionstheorie nicht.

Ein Beispiel für einen solchen Mythos ist die Schöpfungsgeschichte in der Bibel. Die meisten Christinnen und Christen glauben an Gott und akzeptieren gleichzeitig die wissenschaftlich erhärtete Evolutionstheorie. Eine *fundamentalistische Minderheit zweifelt die Evolutionstheorie an und glaubt, die Welt sei wortwörtlich so entstanden, wie es in der Bibel beschrieben ist.

41 Schöpfungsgeschichte aus Mali

Nachdem Amma die Erde gemacht hatte, wollte er sich mit ihr paaren. Er wollte das sofort tun, deshalb legte er sich auf den Boden. Aber die Erde wies die Umarmung Ammas zurück. Sie kämpften heftig miteinander und dieser Kampf dauerte ziemlich lange. Am Ende überwältigte Amma die Erde. Sie gebar Ogo und die Zwillinge: die Nommo.

Ogo, Sohn von Amma und der Erde, war sehr eifersüchtig auf die Zwillinge, da er, Ogo, keinen Freund hatte. Er hatte keine Zwillingsschwester und musste alleine spielen. Hatte er Tränen in den Augen, dann wischte ihm keine Freundeshand die Wange ab, und wenn er lachte, hörte kein Ohr Ogos Lachen: Ogos Gelächter stieg in die Luft, stieg immer höher, stieg und verlor sich.

Ogo lachte schon lange nicht mehr: Zorn und Eifersucht hatten seinen Körper und seinen Geist verbittert, dass er unfruchtbar wurde. In seiner Wut schlug er mit den Fäusten auf die Erde ein, dann warf er sich mit dem ganzen Gewicht auf sie. Er wirbelte eine Staubwolke auf und stiess ein lautes Geheule aus, er schnaubte wie ein verwundetes, in Schweiss gebadetes Tier, das sich in den Netzen eines Jägers verfangen hat. Die Schläge, die Ogo austeilte, waren so brutal, dass die Erde anfing zu bluten: rote, tosende und schäumende Flüsse stürzten von den Bergen, stürzten in die Schluchten, überfluteten die Täler. Sie verbrannten alles, was auf ihrem Weg lag. Aus diesen Flüssen, die aus der Haut der Erde entsprungen waren, entstiegen die Yeban und die Andumbulu, die Geister der Unterwelt.

Das Toben der Flüsse liess allmählich nach und ein dampfender Lichthof legte sich um die Erde.

Weiter oben schuf Amma die Sterne: er warf winzigkleine Körner durch das Weltall.

Er formte zwei Schalen aus Ton, eine mit einem roten Kupferrand und eine mit einem weissen Messingrand: Sie verwandelten sich in die Sonne und den Mond. Die Menschen mit schwarzer Haut wurden unter der Sonne geboren, die Menschen mit weisser Haut erblickten das Licht der Welt im Mondschein.

Als die Flüsse der Erde sich wieder zurückgezogen hatten und alle Wut und Raserei sich beruhigt hatte, begannen die schwarzhäutigen und die weisshäutigen Menschen die Erde zu erkunden.

Nachdem sie lange marschiert waren, Wüsten durchquert hatten, an den Stränden der Meere entlanggelaufen waren, Gebirge überschritten, Inseln aus Eis entdeckt hatten, die, soweit das Auge reichte, durch die Ozeane schwammen, rasteten die Menschen im Schatten von Bäumen. Dort, wo sie sich niedergelassen hatten, steckten sie etwas in die Erde, ein Stück Holz zum Beispiel, an dessen Ende sie einen Fetzen Stoff oder Leder gebunden hatten. Das bedeutete, dass sie hier zu Hause waren. Sie bauten tausend Städte.

Das Himmelsauge sah all das: Den Marsch der Menschen, die sich ausbreitenden Städte, die in die Höhe schiessenden Türme, die *Minarette, die Glockentürme.

Manchmal, wenn die Menschen zu hochmütig wurden, geriet der Himmel in fürchterliche Wut und dann stürzten die Türme ein und die Städte gingen in Flammen auf oder wurden vom Wasser der Flüsse weggeschwemmt.

Und in allen Winkeln der Erde flüsterten die Sterndeuter die einzige Gewissheit, die Amma hinterlassen hatte: «Der Himmel ist zornig.»

Gekürzt nach Benoît Reiss, Alexios Tjoyas. *Schöpfungsgeschichten der Welt.* Düsseldorf: Patmos Verlag, 2006.

Spuren aus der Urzeit

3,6 Millionen Jahre alte Fussspuren in Laetoli, Tansania. Eine Anthropologin untersucht die Fussspuren im Licht von Scheinwerfern.

Nur wenige Rekonstruktionen zeigen einen männlichen und einen weiblichen Australopithecus, die nebeneinander gehen. Die «freundschaftlich» auf die Schulter gelegte Hand des Mannes kann auch als «beherrschend» oder «kontrollierend» gedeutet werden. Das Bild zeigt einen Ausschnitt aus einem *Diorama von Richard Ross im American Museum of Natural History in New York.

1978 fanden Anthropologinnen und Anthropologen in der Wüste von Tansania, bei Laetoli eine 27 Meter lange Fussspur. Vor etwa 3,6 Millionen Jahren hatte ein Vulkan die Erde in der Umgebung mit einer feinen Ascheschicht bedeckt. Durch einen Regenguss wurde diese aufgeweicht. Tiere und Vormenschen der Gattung Australopithecus haben ihre Spuren in der feuchten Asche hinterlassen. Die Sonne brannte die Fussspuren ein und der Vulkan bedeckte die Erde mit einer neuen Ascheschicht. Die Spuren sind bis heute erhalten geblieben und konnten von den Forschern und Forscherinnen freigelegt werden. Die Abdrücke von Laetoli sind der älteste direkte Nachweis dafür, dass unsere Vorfahren, die Australopithecinen, bereits auf zwei Beinen gingen.

Dieser Fund regte die Fantasie vieler Forscher und Künstlerinnen an. So gibt es heute unzählige Rekonstruktionszeichnungen, die uns ein Bild vermitteln sollen, wie diese Spuren entstanden sind. Doch welche weiteren Bilder und Vorstellungen vermitteln solche Zeichnungen?

Die Forscherinnen und Forscher konnten aus den Spuren einige Dinge herauslesen. Es handelt sich um die Spuren von drei Vormenschen. Sie gingen in dieselbe Richtung, einer in den Fussstapfen eines anderen. Der dritte Vormensch ging daneben. Anhand der Schrittlänge und der Tiefe der Spuren konnten Forscherinnen und Forscher herausfinden, dass die drei etwa gleich gross waren. Man kann nicht sagen, ob es Frauen, Männer oder jugendliche Australopithecinen waren, die diese Spuren hinterliessen.

Eine Frau und ein Mann sind mit einem Stock bewaffnet. Wir wissen heute nicht, wie die Rollenverteilung zwischen Mann und Frau war. Diese Darstellung gibt beiden dieselben Aufgaben und lässt sie gleichberechtigt erscheinen. Illustration von Udo Kruse-Schulz, 1999.

Die erste Rekonstruktion nach dem Fund der Fussspuren zeigt einen mit einem Stock bewaffneten Mann. Die Frau läuft hinter ihm her und trägt ein Kleinkind. Illustration von Jay H. Matternes.

Eine schwangere Frau folgt einem Mann. Auch auf diesem Bild wird der Mann mit Stock und vorausgehend als «Beschützer» dargestellt. Die Frau ist schwanger, was sie noch verletzlicher wirken lässt. Illustration von Jean-Paul Tibbles.

Eine Familie von Australopithecus läuft durch die weiche Asche. Diese Illustration von Jenny Halstead ist typisch für Rekonstruktionszeichnungen zu den Fussspuren von Laetoli: ein Mann geht voraus, er «führt die Familie an». Die Frau kümmert sich indessen um das noch kleine Kind.

Ein Mann trägt ein grosses Stück Fleisch. Zusätzlich zur Rolle als vorausgehender Beschützer bekommt der Mann in dieser Illustration auch die Rolle des Ernährers der Familie zugewiesen.

2. Europa entsteht

Welche Tiere kannst du auf dem Bild erkennen?

Sammle passende Wörter, um Gerüche und Geräusche an diesem Ort zu beschreiben.

Stell dir vor, du würdest in diesem Dorf leben. Beschreibe deinen Tagesablauf.

Möchtest du eine Zeit lang in diesem Dorf leben? Erkläre, warum oder warum nicht.

Zeichne das Dorf in der Mitte eines Blatts Papier ein. Stell dir nun vor, wie die Umgebung aussieht und ergänze dein Bild damit.

Sammle Fotos von verschiedenen Zäunen und Mauern. Klebe sie auf ein Blatt Papier und schreibe dazu, welchem Zweck sie dienen.

Zwei Männer kommen mit der Herde von der Weide zurück. Stellt die Szene dar, wenn sie auf dem Dorfplatz den anderen Bauern ihre Tiere zurückbringen. Was besprechen sie? Was haben sie sich zu erzählen?

Sammelt ein paar Fotos von heutigen Bauernhöfen in der Schweiz. Diskutiert in kleinen Gruppen die Unterschiede zum Bauerndorf auf dem Bild.

Leben im Oppidum

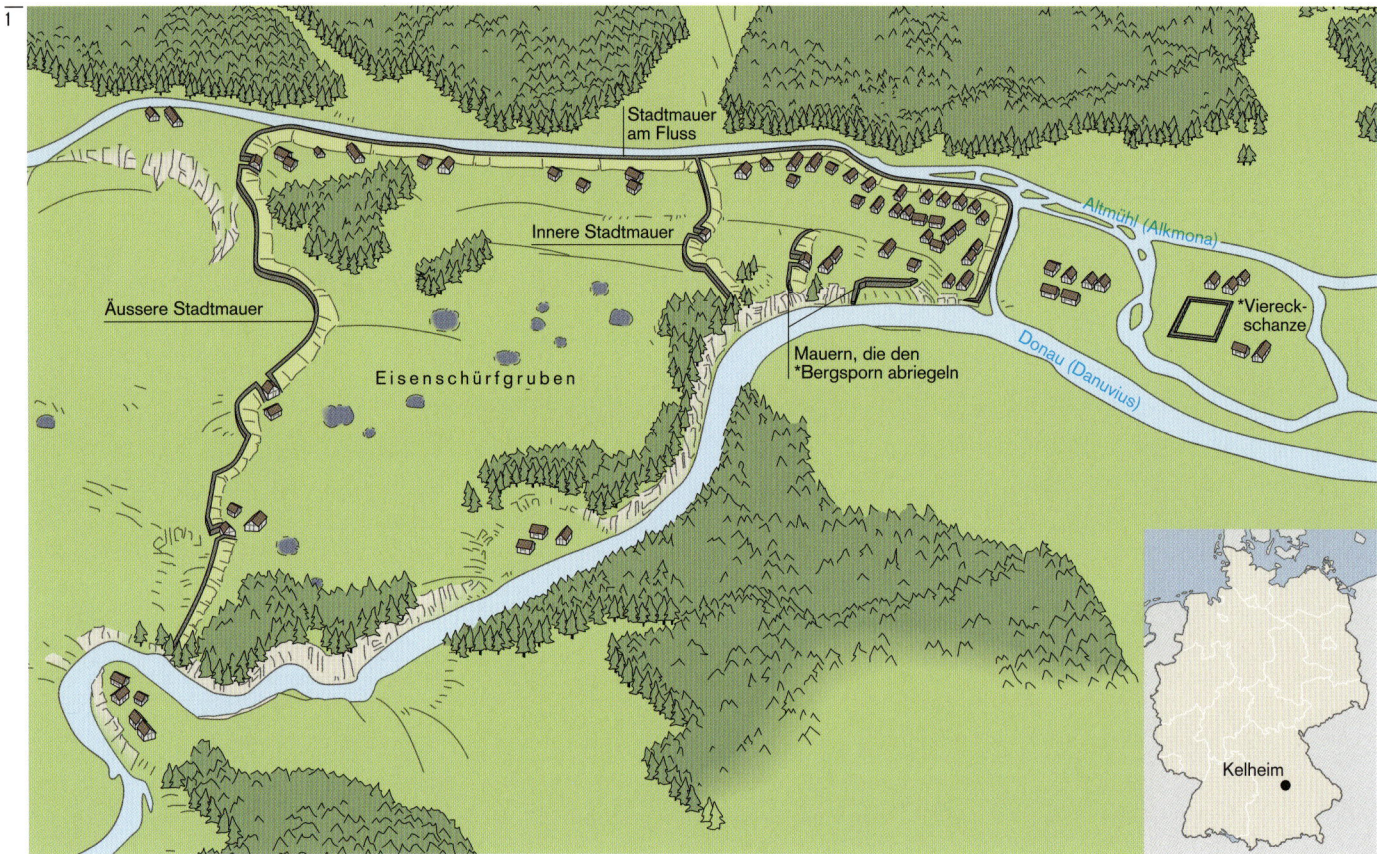

Das *Oppidum Alkimoennis bei Kelheim in Bayern, von Süden her gesehen. Die Bebauung mit Häusern und Gehöften ist nur angedeutet. Sie ist im Einzelnen nicht nachgewiesen.

2 Ankunft am Hohen As-Berg

Der Hohe Berg, der Hohe As-Berg, wie er auch genannt wurde, stand weithin sichtbar in der hügeligen Landschaft. Wenige Hütten kleiner Händler, Handwerker und Hirten, einige Felder, vor allem aber die Weiden zahlreicher Rinder-, Schaf- und Ziegenherden und eine besonders sorgfältig eingezäunte Pferdekoppel befanden sich an den Hängen des Hügels.

Da, wo sich der Weg in Serpentinen den Berg hinaufschlängelte, warteten zahlreiche Kinder, die ihnen johlend entgegenrannten, als sie näher kamen. Dem Berg fehlte die Spitze; es sah aus, als sei diese mit einer scharfen Klinge abgetrennt worden, um eine ebene Fläche zu erhalten. Um diese verlief eine breite Mauer mit einem strohgedeckten *Wehrgang.

«Sie kommen!», riefen die Kinder.

Die Flügel des Eingangstores waren weit geöffnet. Sie ritten hindurch, grüssten nach allen Seiten und stiegen dann vor der grossen Halle von den Pferden. Da wartete Melenios, der Fürst, mit seiner Frau Vivana.

«Willkommen!», rief der Fürst. «Ich sehe, die Reise ist gut verlaufen!»

Sissi Flegel: *Der dritte Löwe*. Stuttgart-Wien: Thienemanns, 1994.

3 Bei Marica im Dorf

«Marica», rief die Mutter vom anderen Ende des Feldes herüber, «geh schon mal nach Hause und koche den Milchbrei! Wenn die Sonne untergeht, kommen wir heim. Sieh zu, dass er dann fertig ist! Und pass auf, dass es keine Klumpen gibt!» «Ja!», rief Marica zurück und streckte sich. Ganz steif war ihr Rücken. Sie war froh, die Sichel endlich weglegen zu dürfen.

Gemächlich ging sie dem kleinen Dorf entgegen. Endlich einmal musste sie sich nicht hetzen. Sie schlenderte an den drei Gehöften vorbei, die sich mit ihren tiefgezogenen, schilfgedeckten Dächern hinter hohen Flechtzäunen duckten, dann hatte sie den elterlichen Hof erreicht und öffnete das Tor. Einige Hühner stoben gackernd zur Seite, sonst rührte sich nichts. Marica genoss die ungewohnte Ruhe. Am Abend würde der Bruder mit den Rindern, Schafen und Ziegen heimkehren, und die beiden Nachbarjungen, die als Hirten für alle Dorfbauern arbeiteten, würden die Gänse und Schweine vorbeibringen, und dann gäbe es wieder alle Hände voll zu tun. Aber noch war sie allein.

Sie ging über den Hof zum Wohnhaus und stiess die schwere Tür auf, wartete, bis sich ihre Augen an das Dämmerlicht in dem russgeschwärzten einzigen Raum des Hauses gewöhnt hatten. Dann kniete sie an der mit Steinen ummauerten Herdstelle nieder, wickelte die feuchten Blätter von den noch schwach glühenden Holzkohlestückchen und entfachte das Feuer neu. Immer wieder legte sie Holz nach und räumte nebenher im Haus auf, hängte Geräte an der Wand auf und schüttelte Decken aus. Diesen Abend sollte die Mutter keinen Grund finden, mit ihr zu schimpfen!

Gabriele Beyerlein: *Entscheidung am Heiligen Felsen. Eine Erzählung aus der Keltenstadt Alkimoennis.* Würzburg: Arena, 1993.

4 Marica in Alkimoennis

Stumm ging Marica neben der Magd her, die sie zur Fürstin Litussa bringen sollte. Ihren Stoff trug sie achtlos in der Hand.

Sie liessen die Siedlung am Stadttor hinter sich. Der Weg führte nun ein weites Stück durch Wiesen und Gärten auf die innere Stadtmauer zu. Vielleicht hundert Schritt nach links die breite Erdrampe, welche die dem Fluss folgende Stadtmauer von der Innenseite abstützte. Weit hinter ihnen das äussere Tor, weit vor ihnen das innere, und mittendrinnen, klein, verloren und in der Falle gefangen, sie, Marica.

Und heute Morgen war sie glücklich gewesen, den Vater nach Alkimoennis begleiten zu dürfen!

An einer Kreuzung wies die Magd auf die innere Stadtmauer vor ihnen und sagte: «Die Stadt liegt da hinter der Mauer. Aber zum Fürsten Adiaturix müssen wir auf den Berg.»

Marica schwieg. «Mutter», dachte sie, «Mutter»!

Sie folgten dem Weg den Berg hinauf. Marica merkte nicht, wo sie ging.

Endlich hatten sie die Höhe des Berges erreicht, gelangten an die innere Stadtmauer, überquerten auf einer Brücke den Graben, passierten das Tor und gingen an einigen Gehöften vorbei über die grosse, sich verjüngende freie Fläche des Bergsporns auf eine weitere Mauer zu. Wieder ein Tor, wieder eine weite, von einzelnen Baumgruppen bewachsene Wiese, und dahinter wieder eine Mauer. Vor deren Tor blieb die Magd stehen.

Gabriele Beyerlein: *Entscheidung am Heiligen Felsen. Eine Erzählung aus der Keltenstadt Alkimoennis.* Würzburg: Arena, 1993.

5 Das Oppidum Alkimoennis

Wer heute an der Donau entlang von Regensburg nach Kelheim fährt, sieht schon von Weitem eine grosse Halle. Sie liegt auf einem steilen Bergsporn, dem Michelsberg. Als die Halle um die Mitte des 19. Jahrhunderts gebaut wurde, zerstörte man einen Wall und sehr wahrscheinlich auch die keltischen Siedlungsspuren. Dieser Wall mit einem Tor umgab die kleine Siedlung auf der äussersten Spitze des Michelsberges. Darin befand sich eine kleine Häusergruppe. In der Geschichte von Marica wohnt dort der Fürst mit seiner Familie. Zusätzlich war diese Ansiedlung durch einen zweiten Wall geschützt. Von hier liess sich der gesamte Verkehr auf und neben Donau und Altmühl mühelos überblicken.

Der nächste Wall war 930 Meter lang. Er ist heute noch vier Meter hoch. Vor dem Wall liegt ein Graben. Dieser verläuft quer über den Michelsberg bis hinab zur Altmühl. [...] Der äussere Wall sperrte auf 3300 Meter Länge den Bergrücken von der Absturzkante zur Donau im Süden bis zur Altmühl im Norden ab. Der heute noch bis zu 6 Meter hohe Wall ist durch drei Tore mit 25 bis 30 Meter Seitenlänge unterbrochen. Zwischen den beiden Wällen liegen Gruben, aus denen man Eisenerz holte.

Die Südostseite des gesamten Geländes ist durch mehr als 70 Meter hohe Felswände zur Donau natürlich geschützt. Die Nordseite wird durch die Altmühl begrenzt. Parallel zu ihrem Südufer verlief vom äussersten Wall um den Sporn des Michelsbergs herum bis zur Donau eine fast vier Kilometer lange Mauer. Wie viele Tore diese Mauer hatte, weiss man nicht, da sie nicht ganz ausgegraben und durch den Bau des Main-Donau-Kanals zerstört wurde.

Vereinfacht nach Gabriele Beyerlein: *Entscheidung am Heiligen Felsen. Eine Erzählung aus der Keltenstadt Alkimoennis.* Würzburg: Arena, 1993.

Texte lesen: Jagd und Ernährung

6

Mittelsteinzeit

Die Menschen mussten neue Jagdtechniken entwickeln. Der Wald bot einen guten Lebensraum für Rothirsche, Auerochsen, Wildschweine, Wildkatzen und andere Säugetiere. Diese wanderten aus wärmeren Regionen in viele Gebiete Europas ein. Die Menschen der Mittelsteinzeit jagten nebst kleinen Tieren und Fischen nun vor allem Rothirsche, die als Einzelgänger in einem Revier lebten. Nicht nur die Jagdbeute der Menschen änderte sich, ihre ganze Lebensweise passten sie den neuen Umständen an. Sie zogen nicht mehr so weit umher. In kleineren Gebieten nutzen sie dafür fast alle verfügbaren Rohstoffe. Sie sammelten Schnecken und Süsswassermuscheln. Dazu kam eine Vielfalt von Sammelpflanzen, die den Speiseplan ergänzten, zum Beispiel Haselnüsse und Beeren. Die pflanzliche Nahrung war viel bedeutender als während der Eiszeiten. Der Grossteil des täglichen Essens bestand wahrscheinlich aus Sammelpflanzen.

Emanuela Jochum, 2008.

Sachbücher bieten auf wenigen Seiten in kurzen Texten sehr viele Informationen. Häufig ist es aber schwierig, den Inhalt zu verstehen, weil der Text sehr dicht geschrieben ist und viele Fachwörter enthält. Es gibt einige einfache Regeln, die dir helfen, Texte besser zu verstehen. Eine Möglichkeit lernst du hier kennen.

Das Kapitel «Europa entsteht» enthält viele Informationen zur Lebensweise der frühen Menschen in Europa. Du liest darüber, welche Tiere sie in verschiedenen Zeiten jagten, welche Pflanzen sie sammelten. Allmählich entstand die *sesshafte Lebensweise mit dem Ackerbau und der Viehzucht. Damit änderte sich die Ernährungsweise. Hier lernst du, all diese Informationen besser zu verarbeiten. Diese zwei Seiten zeigen dir eine Methode, wie du dir einen Text verständlich machen kannst, indem du ihn in mehreren Schritten bearbeitest. Einen Text bearbeiten heisst, ihn genau zu lesen und ihn nach bedeutenden Aussagen zu untersuchen. Damit begreifst du den Inhalt besser. Mit dem so angeeigneten Wissen kannst du weitere Aufgaben lösen. Solche Lesemethoden eignen sich für alle Arten von Texten.

Anleitung

Auf dieser Seite ist ein Text abgedruckt. Er berichtet über die Jagd und die Ernährung der Menschen in der Mittelsteinzeit. An diesem kurzen Abschnitt übst du die Textanalyse. Die weiteren Schritte helfen dir, dich allmählich in den Inhalt des Textes einzuarbeiten (mögliche Antworten sind jeweils angefügt).

Damit du nicht ins Textbuch hineinschreiben musst, findest du die Texte zu dieser Methode auf einem Arbeitsblatt. Dort kannst du Wörter markieren und hast am rechten Seitenrand Platz für deine Notizen.

Bronzezeit

In der Bronzezeit nahm die Bevölkerung zu. Die Menschen mussten ihre vorhandenen Rohstoffe besser ausnutzen und vermehrt Landwirtschaft betreiben. Sie bauten vor allem Gerste und Emmer, eine Weizenart, an. Neue Kulturpflanzen wie Dinkel, Hirse und Ackerbohnen kamen nach Europa. Im Laufe der Bronzezeit entwickelte sich die Hirse immer mehr zu einem Grundnahrungsmittel. Wahrscheinlich kannte man eine Art Feld-Gras-Wirtschaft: Die Felder wurden nach einigen Jahren für ein oder zwei Jahre *brach gelassen. Es wuchsen Kräuter und Gräser, sodass man Tiere weiden lassen konnte. Die Felder wurden mit einfachen Pflügen bearbeitet, die von Rindern gezogen wurden.

Auch in der Bronzezeit nahmen Sammelpflanzen wie Beeren, Hagebutten, Nüsse und Eicheln noch eine wichtige Rolle in der Ernährung der Menschen ein. In den Seeufersiedlungen fand man die Reste von getrockneten Wildäpfeln. Gefundene Gefässe enthielten Reste von Brei mit Eichelhälften. Aber nicht nur Nahrungspflanzen wurden gesammelt. *Baumbast war ein wichtiger Rohstoff für Geflechte. Moose dienten als Isolation und wahrscheinlich auch als Toilettenpapier. Johanniskraut wurde als Heilpflanze verwendet. Die Forscherinnen und Forscher nehmen an, dass die Menschen neben Äckern auch Wiesen anlegten, auf denen die Tiere weiden konnten. Im Winter fütterte man die Tiere mit Laub.

Die Jagd verlor in der Bronzezeit weiter an Bedeutung. Der grosse Teil der Fleischnahrung bestand aus Haustieren. Die häufigsten Tiere waren Rind, Schaf und Ziege, aber auch das Pferd kam auf.

Emanuela Jochum, 2008.

Eisenzeit

Der grösste Teil der Menschen lebte wahrscheinlich in kleinen Ansiedlungen, sogenannten Hofgemeinschaften. Die Menschen produzierten fast alles selbst, was sie zum Leben brauchten. Sie pflanzten Getreide und Gemüse an, sie hielten Vieh, stellten ihre eigene Keramik her und webten ihre Stoffe selbst. Auch kleinere Reparaturen an Werkzeugen konnten sie selbst ausführen. Sie bauten Gerste an, aber auch Emmer, Dinkel und andere Weizenarten wie Einkorn und Nachtweizen. Auch Hirse und Hafer, Erbsen, Ackerbohnen und Linsen, *Lein waren auf ihren Äckern zu finden.

Mit Werkzeugen aus Eisen liess sich der Ackerbau verbessern. So kamen neben dem einfachen Hakenpflug auch *Pflugscharen auf, die ein Wenden der Ackerkrume ermöglichten. Das Düngen der Ackerflächen und ein Fruchtwechsel, bei dem ein Acker kurzzeitig nicht bebaut wurde, also brachlag, kann nachgewiesen werden. Die Archäologinnen und Archäologen haben auch Heu gefunden. Das war ebenfalls eine Neuerung in der Eisenzeit. Zuvor wurde das Vieh im Winter mit Laub gefüttert. Im Laufe der Eisenzeit sank die Waldgrenze im Alpenraum fast auf die heutige Höhe, rund 200 Meter unter den natürlichen Zustand. Der Grund war, dass die Menschen immer mehr Acker- und Weidefläche benötigten und den Wald abholzten.

Emanuela Jochum, 2008.

1. Markiere mit unterschiedlichen Farben Stichworte im Text, die Auskunft geben über die Nahrungsmittelbeschaffung und die Ernährung. Zum Beispiel blau: essbare Wildpflanzen; gelb: Anbaupflanzen; rot: Wildtiere; grün: Haustiere.
Blau: Haselnüsse, Beeren. Gelb: im Text kommen keine Anbaupflanzen vor. Rot: Rothirsche, Auerochsen, Wildschweine, Wildkatzen, Fische, Schnecken, Süsswassermuscheln. Grün: Im Text kommen keine Haustiere vor.

2. Mach dir rechts am Blattrand Notizen zur Bedeutung der markierten Stichwörter. Zum Beispiel: ist neu, wird jetzt öfter gejagt. Diese Notizen können dir helfen, den Text einem anderen Schüler weiterzuerzählen oder eine Zusammenfassung zu schreiben.
Rothirsche und andere Tiere wanderten ein, Rothirsche wurden zu wichtigen Jagdtieren, Schnecken und Süsswassermuscheln wurden gesammelt, Sammelpflanzen wurden immer wichtiger.

3. Schreibe eine kurze Zusammenfassung in eigenen Worten.
In der Mittelsteinzeit wurde es wärmer. Neue Tiere wanderten ein. Am häufigsten wurde der Rothirsch gejagt. Sammelfrüchte wie Haselnüsse und Beeren vervollständigten den Speiseplan.

Wende diese Methode auf die Texte 7 und 8 an. Wenn du mehrere Texte so gelesen und bearbeitet hast, kannst du auch Vergleiche anstellen. Zeichne zum Beispiel eine Tabelle: In die Spalten schreibst du «Sammelpflanzen», «Ackerpflanzen», «Wildtiere», «Haustiere». In die Zeilen schreibst du die Zeiten/*Epochen. Dann trägst du die von dir markierten Pflanzen und Tiere an der richtigen Stelle ein.

Europa entsteht

Vom Ende der letzten Eiszeit bis zum Beginn des Mittelalters vergingen über 9000 Jahre. In diesem Zeitraum veränderte sich die Lebensweise der Menschen in Europa grundlegend: von kleinen Gruppen, die vom Sammeln und Jagen lebten, über die ersten Bauerngesellschaften, die Entstehung erster stadtähnlicher Siedlungen bis zur römischen Herrschaft und den Wanderbewegungen des frühen Mittelalters.

LERNZIELE

1. Du gewinnst einen Überblick über die europäische Geschichte vom Ende der letzten Eiszeit bis zum Beginn des Mittelalters.
2. Du kannst die einzelnen Epochen der Urgeschichte zeitlich einordnen.
3. Du kennst die wichtigsten kulturellen, technischen und gesellschaftlichen Neuerungen der einzelnen Epochen.
4. Du kannst Regionen benennen, in denen kulturelle und technische Neuerungen entstanden sind.
5. Du kannst wichtige Rohstoffe der Urgeschichte benennen und weisst, ab wann und wo sie verwendet wurden.

ZEITLICHE ÜBERSICHT

10 000 Jahre v. Chr.	Rückzug der grossen Gletscher aus Europa
9500 – 5500 v. Chr.	Mittelsteinzeit
5500 – 2200 v. Chr.	Jungsteinzeit
3400 – 2200 v. Chr.	Letzter Abschnitt der Jungsteinzeit, Kupferzeit
2200 – 800 v. Chr.	Bronzezeit
800 – 15 v. Chr.	Eisenzeit
800 – 450 v. Chr.	Hallstattzeit
450 – 15 v. Chr.	Latènezeit
6. Jh. v. Chr. – 3. Jh. n. Chr.	Römische Epoche
15 v. Chr. – ca. 400 n. Chr.	Römische Herrschaft im Raum der Schweiz
4. – 11. Jh. n. Chr.	Frühmittelalter, Zeit der Völkerwanderung

RÄUMLICHE ÜBERSICHT

Europa, Mittelmeerraum und *Vorderer Orient.

Fruchtbarer Halbmond
Römisches Reich 117 n. Chr.

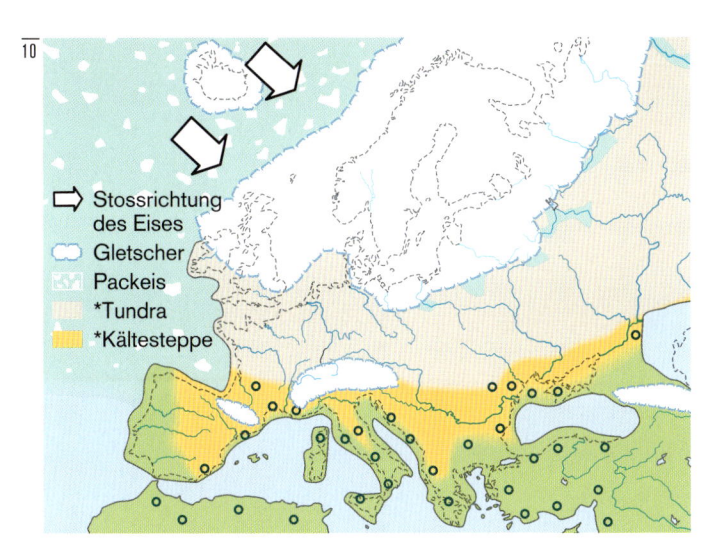

Weichseleiszeit. Vor rund 22 000 Jahren waren ganz Nordeuropa und der gesamte Alpenbogen von Eis bedeckt.

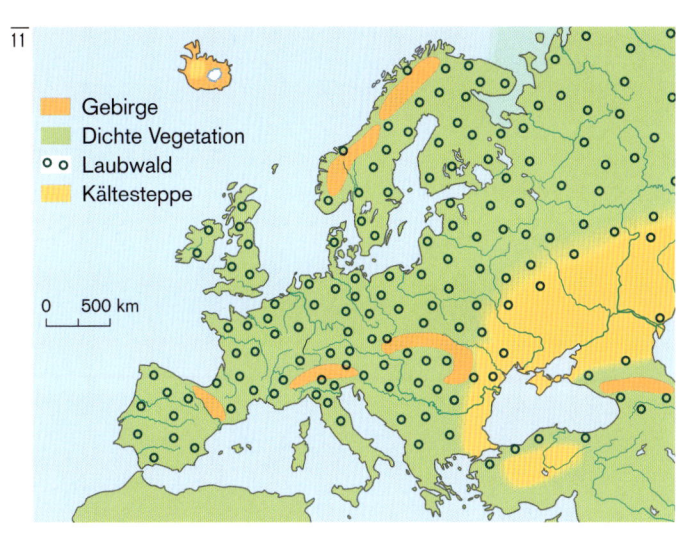

Zu Beginn des *Holozäns vor rund 11 000 Jahren breitete sich in ganz Europa eine Steppenvegetation aus, die dann allmählich dem Wald wich.

Mit Pfeil und Bogen

Nach dem Rückzug der Gletscher begann die Mittelsteinzeit. Eine Klimaveränderung brachte grosse Veränderungen in der Landschaft mit sich. Die Tiere der Eiszeit verschwanden aus weiten Teilen Europas. Die Menschen passten ihre Jagd- und Sammelgewohnheiten an. Ihre ganze Lebensweise änderte sich.

Das Ende der Eiszeit

Etwa 10 000 Jahre v. Chr. änderte sich das Klima in Europa. Es wurde wärmer. Die grossen Gletscher, die fast ganz Europa bedeckt hatten, schmolzen langsam. Die letzte grosse Eiszeit ging zu Ende. In den grossen Alpentälern wie Rheintal oder Rhonetal dauerte das Abschmelzen am längsten. Letzte Reste der grossen Gletscher der Eiszeit finden sich heute noch an wenigen Stellen in den Alpen. Das Schmelzwasser der Gletscher formte die Täler, es staute sich an Felsbarrieren und bildete Seen und Flüsse. Es dauerte viele Jahrhunderte, bis die Landschaft so aussah wie heute. Der Bodensee und der Genfersee waren zum Beispiel anfangs noch doppelt so gross wie heute und reichten weit in die Täler hinauf. Erst mit der Zeit nahmen die Seen ihre heutige Gestalt an.

Nach den Eiszeiten begann der Zeitabschnitt, der Mittelsteinzeit genannt wird. Sie unterscheidet sich in manchem von der vorhergehenden Altsteinzeit. Die Menschen lebten zwar immer noch als *Jäger und Sammler, vieles hatte sich aber geändert: das Klima, die Steingeräte, die Art der Siedlungen und die Jagdmethoden. So hat die Epoche einen eigenen Namen bekommen. Die Mittelsteinzeit dauerte in Mitteleuropa von 9500 bis 5500 v. Chr.

Von der Steppe zum Wald

Durch die allmählich steigenden Temperaturen veränderte sich auch die Pflanzenwelt. Die Steppenlandschaft verschwand, Wald breitete sich in Europa immer mehr aus. In Mitteleuropa wuchsen nicht mehr nur Kiefern, Birken und Haseln, sondern auch Ulmen, Eichen und Linden. Mit der Steppe verschwanden ihre Bewohner. Rentiere, Wildpferde und andere kälteliebende Tiere zogen sich zurück. Damit verloren die Menschen ihre wichtigste Jagdbeute. Diese Tiere lebten in grossen Herden, denen die Menschen nachgewandert waren und die sie im grossen Stil gejagt hatten.

Als die Herden verschwanden, mussten die Menschen neue Jagdtechniken entwickeln. Der Wald bot einen guten Lebensraum für Rothirsche, Auerochsen, Wildschweine, Wildkatzen und andere Säugetiere. Diese wanderten aus wärmeren Regionen in viele Gebiete Europas ein. Die Menschen der Mittelsteinzeit jagten nebst kleinen Tieren und Fischen nun vor allem Rothirsche, die als Einzelgänger in einem Revier lebten.

Nicht nur die Jagdbeute der Menschen änderte sich, ihre ganze Lebensweise passten sie den neuen Umständen an. Sie zogen nicht mehr so weit umher. In kleineren Gebieten nutzten sie dafür fast alle verfügbaren Rohstoffe. Sie sammelten Schnecken und Süsswassermuscheln. Dazu kam eine Vielfalt von Sammelpflanzen, die den Speiseplan ergänzten, zum Beispiel Haselnüsse und Beeren. Die pflanzliche Nahrung war viel bedeutender als während der Eiszeiten. Der Grossteil des täglichen Essens bestand wahrscheinlich aus Sammelpflanzen. Das Nutzen von kleineren Lebensräumen war der erste Schritt zum sesshaften Leben.

Wohnen in der Mittelsteinzeit

Die Siedlungen der Menschen befanden sich oft unter *Abris. Das sind Felsdächer oder -überhänge. Darunter bauten sie aus Holzstangen, Leder, Gräsern und Blättern halbkreisförmige Unterstände oder Zelte, die auf einer Seite an die Felswand lehnten. Es gab aber auch Wohnplätze an Seen oder Flussufern. Dort bauten die Menschen Zelte oder einfache Hütten aus Holz.

Eine mittelsteinzeitliche Siedlung im Wauwilermoos, Luzern. Im Vordergrund sieht man eine Hirschkuh und einen männlichen Hirsch. Dahinter stehen einige Hütten, in denen die Menschen am Rand des kleinen Wauwilersees lebten. Rekonstruktionszeichnung von Benoît Clarys.

Leben am Wasser. In der Mittelsteinzeit lebten die Menschen gerne in der Nähe von Gewässern. Für den Fischfang benutzten sie Einbäume, wie diese Rekonstruktion einer Fundstelle in den Niederlanden zeigt. Illustration von Kelvin Wilson.

Jagen mit neuen Waffen. Diese urgeschichtliche Felszeichnung aus Spanien zeigt eine Gruppe Jäger mit Bogen. Diese Jagdwaffe ist eine Neuerung der Mittelsteinzeit.

Mehrere Tagesmärsche von diesen Siedlungen entfernt gab es Lager, die nur während kurzer Zeit im Jahr bewohnt waren. In ihnen wohnte ein Teil der Gruppe, zum Beispiel für die Jagd im Sommer. In den Alpen, über der Baumgrenze fanden Forscherinnen und Forscher viele solche Lagerplätze. Sie lagen meist an Stellen, an denen die Menschen auf Wild warten konnten. Dabei hatten sie Zeit, ihre Geräte zu flicken oder neue Steingeräte herzustellen. An vielen dieser Plätze finden sich heute kleine Silexstücke.

Silex, Pfeil und Bogen

Die meisten Werkzeuge bestanden wie schon in der Altsteinzeit hauptsächlich aus Silex. Man nennt diesen Stein auch Feuerstein oder Hornstein. Silex lässt sich «schlagen», das heisst, mit der richtigen Technik kann man mit einem anderen Stein oder einem Holz- oder Geweihschlägel Klingen abschlagen. Diese haben dann scharfe Kanten, die zum Schneiden, Bohren, Schaben oder mehr benützt werden können.

Aus verschiedenen Formen von Klingen kann man unterschiedliche Werkzeugformen herstellen: Messer, Bohrer, Schaber oder Spitzen. Die Steingeräte in dieser Zeit sind kleiner als in früherer Zeit. Die Menschen fertigten kleine Dreiecke und Trapeze aus Silex an. Diese heissen Mikrolithen. Sie sind typisch für die Mittelsteinzeit. Mehrere von ihnen steckten dann an der Spitze der Werkzeuge und Jagdwaffen.

Die wichtigste Erfindung der Mittelsteinzeit ist wohl der Bogen. Mit Speer und Speerschleuder konnte in den neu entstandenen Wäldern nicht mehr so gut gejagt werden. Die langen Waffen waren zu sperrig. Mit einem Bogen und Pfeilen konnten die Jägerinnen und Jäger dagegen gut zwischen den Bäumen ihrer Beute hinterherschleichen. Ausserdem konnte man mit dem Bogen weiter schiessen als vorher mit der Speerschleuder.

AUFGABEN

1 *Wie veränderte sich die Tier- und Pflanzenwelt nach dem Ende der Eiszeiten in Europa?*
2 *Wie passten sich die Menschen der veränderten Umwelt an?*
3 *Vergleiche die Lebensweise der mittelsteinzeitlichen Menschen mit denen der altsteinzeitlichen während der Eiszeiten. Beschreibe einige Unterschiede.*

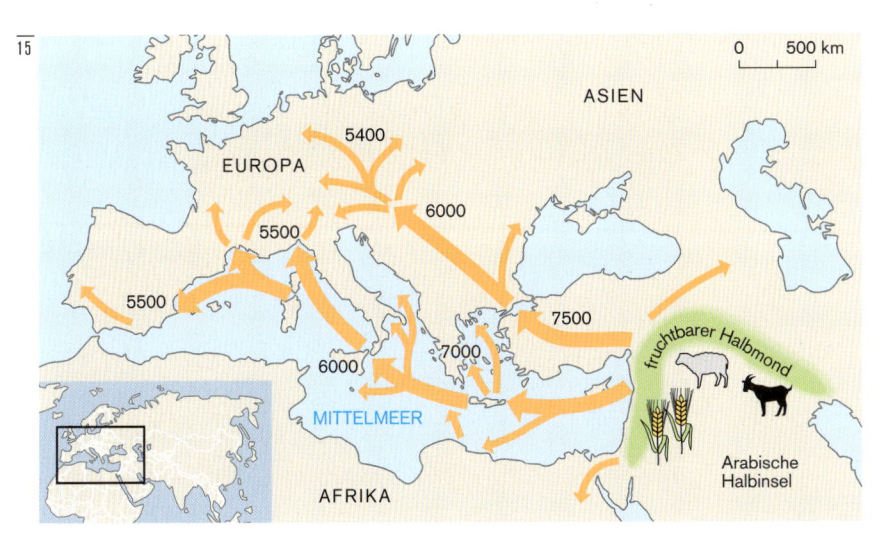

Ackerbau und Viehzucht in Europa. Vom fruchtbaren Halbmond aus verbreitete sich das Wissen von Viehzucht und Ackerbau nach Europa. Dabei dauerte es unterschiedlich lange, bis alle Techniken bekannt waren. Die Zahlen in der Karte zeigen das erste Auftreten von Haustieren an diesem Ort an. Die Zahlen sind in Jahren vor Christus angegeben.

Eine Bezoarziege. Aus diesen Tieren haben die Menschen unsere heutigen Ziegenrassen gezüchtet.

Erste Bauern

Der Übergang von der Mittelsteinzeit zur Jungsteinzeit ist eine Zeit grosser Veränderungen. Die Menschen lernten, Tiere zu züchten und Ackerbau zu betreiben. Sie wurden sesshaft. Dies geschah über einen Zeitraum von vielen Jahrhunderten. An mehreren Orten auf der Welt haben die Menschen unabhängig voneinander Techniken des Ackerbaus und der Viehzucht erfunden. In Europa beginnt mit der Jungsteinzeit das Zeitalter der Seeufersiedlungen.

Eine grosse Umstellung

In der nächstfolgenden Epoche, der Jungsteinzeit, änderte sich die Lebensweise der Menschen völlig. Sie lebten nicht mehr vom Sammeln und Jagen, sondern waren sesshaft und betrieben Ackerbau und Viehzucht. Das Leben änderte sich ganz langsam. Es dauerte Jahrhunderte, bis sich die neuen Lebensformen auf der ganzen Welt durchgesetzt hatten. Nördlich der Alpen begann die Jungsteinzeit um 5500 v. Chr. und dauerte bis zum Beginn der Bronzezeit um 2200 v. Chr. In anderen Gebieten der Welt konnte die Landwirtschaft mit der Tierzucht und dem Getreideanbau viel früher entwickelt werden. Dazu gehörten neben Anatolien, Syrien, dem Irak und der Levanteküste – dem sogenannten fruchtbaren Halbmond – auch China und Mittelamerika. Nur in diesen Regionen kamen die Wildformen vieler heute noch verwendeter Kulturpflanzen und Haustiere gleichzeitig vor. Im fruchtbaren Halbmond wuchsen die wilden Gräser, die zu unseren Getreidepflanzen Gerste, Weizen und Roggen wurden. Es gab dort auch wilde Ziegen, Schafe und Rinder. Alle diese Regionen waren Gebiete mit einem reichen Nahrungsangebot. Die Menschen konnten deshalb mit der Lebensweise experimentieren und neue Dinge ausprobieren.

Die Veränderung der Lebensweise dauerte im Gebiet des fruchtbaren Halbmondes über 5000 Jahre. Zuerst hatten die Menschen begonnen, Häuser aus Stein zu bauen. Sie lebten noch vom Sammeln und Jagen. Nach und nach kamen Ackerbau und Viehzucht dazu, bis die Menschen schliesslich sesshaft als Bauern lebten.

Noch immer leben auf der Erde einige Menschen als Jäger und Sammler, vor allem in Randgebieten, in denen besondere klimatische Bedingungen herrschen. Manche kennen einzelne Elemente der bäuerlichen Lebensweise, wie Viehzucht oder Pflanzenanbau. Ihre Lebensweise ist sehr stark spezialisiert und perfekt an die Umwelt und ihre Produkte angepasst.

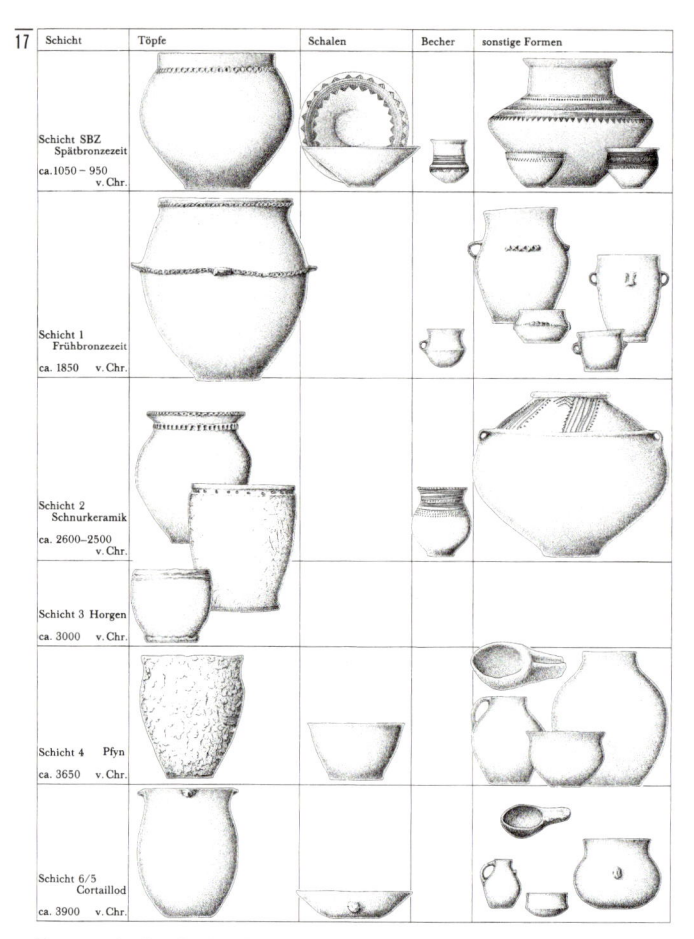

Formen im Laufe der Zeit. Wenn heute ein Keramikgefäss gefunden wird, kann man aufgrund seiner Form sagen, wie alt es ist und zu welchem *Kulturkreis es gehört. Die verschiedenen Gefässe stammen aus einer Ausgrabung an der Zürcher Mozartstrasse.

Pfahlbauten am Wasser. Diese Rekonstruktionen von zwei jungsteinzeitlichen Gebäuden stehen im Pfahlbaumuseum Unteruhldingen. Sie wurden nach den Ergebnissen von Ausgrabungen in der Schweiz und in Deutschland gebaut.

Erste Bauern und Dörfer

Die bäuerliche Lebensweise gelangte auf zwei Wegen nach Mitteleuropa: zum einen über das Donaubecken und den Balkan nach Nordeuropa und ins Alpenvorland, zum anderen über das westliche Mittelmeer zuerst nach Südeuropa und dann weiter in die Gebiete nördlich der Alpen.

Es ist schwierig zu sagen, welche Neuerung zuerst übernommen wurde. Vielleicht erreichte die Kenntnis vom Ackerbau die Region der Schweiz schon vor dem 6. Jahrtausend v. Chr.

Im Laufe der Jungsteinzeit breitete sich die bäuerliche Lebensweise immer weiter aus. Weitere Lebensräume wurden besiedelt. Die dort ansässigen Jäger und Sammler übernahmen die Techniken und passten sich an.

Alle diese wirtschaftlichen und technischen Neuerungen veränderten aber auch die Gesellschaft. Im selben Gebiet konnten jetzt viel mehr Menschen zusammenleben – das erforderte eine höhere Organisation der Gruppen. Auch mussten die Aussaat, die Ernte und das Lagern der Vorräte, die Pflege und das Füttern der Tiere in der Gemeinschaft organisiert werden. Allerdings waren Vorräte und Besitz auch die Grundlage für Ungleichheit; einige Menschen wurden reicher und mächtiger als andere.

Seeufersiedlungen

In der Schweiz entstanden im Laufe der Zeit die sogenannten Seeufersiedlungen. Die Menschen begannen ihre Häuser an den Seen zu bauen, direkt auf die sogenannte *Strandplatte. Für die heutigen Archäologinnen und Archäologen ist das ein Glücksfall. Im Seegrund haben sich Holz, Stoffe und viele andere Materialien erhalten, die heute bei Ausgrabungen gefunden werden. Mit den gewonnenen Informationen können sich die Forscherinnen und Forscher ein ziemlich genaues Bild vom Leben der Menschen damals machen.

Warum die Menschen begonnen haben, am Rande der Seen zu siedeln, wissen wir nicht. Man kann nur einige Gründe vermuten. Seen und Flüsse sind Verkehrsadern, auf denen Personen, Baumaterial und Waren leicht transportiert werden können. Im weichen Untergrund lassen sich Pfähle und Pfosten einfach versenken. In den Seen kann gefischt werden. Die Strandplatten sind nicht so stark bewaldet wie das Landesinnere. Um Dörfer zu bauen, musste nicht zuerst mühsam der Wald *gerodet werden. Möglicherweise war es auch das Bedürfnis nach Sicherheit und Schutz, das die Menschen an die Seeufer trieb, wo sich die Siedlungen besser verteidigen liessen. Seeufersiedlungen waren fast immer mit Holzpfosten umsäumt, einer Palisade.

Brandrodung. Mit dieser Methode bereitete man in der Jungsteinzeit die Ackerflächen vor. Zuerst wurden die grossen Bäume für Bauholz gefällt, dann wurde das Unterholz in Brand gesetzt. Die Asche, die zurückblieb, diente als Dünger. Die aktuelle Fotografie zeigt, dass die Brandrodung auch heute noch angewendet wird.

Häuser und Äcker

Die Häuser in den Seeufersiedlungen waren kleiner als die der ersten Bauern in Europa, zwischen sechs und zwölf Meter lang und drei bis sechs Meter breit. In ihnen lebten und arbeiteten die Menschen und hielten teilweise auch das Kleinvieh. Gedeckt waren die Häuser mit Schindeln aus Holz oder Rindenbahnen, seltener auch mit Schilf oder Stroh. In den Dörfern standen die Gebäude sehr eng nebeneinander. Dies bot einen gewissen Schutz vor Wind und Wetter, bei Bränden wurde aber häufig das ganze Dorf ein Raub der Flammen. Eine solche Tragödie war sicher schrecklich für die damalige Bevölkerung, für uns erweist sie sich heute aber als Glücksfall. Die teilweise verbrannten oder nur angekohlten Holzteile, Getreidereste und der Hausrat im Schutt der Gebäude haben sich gut erhalten und können ausgegraben werden.

Im Hinterland der Dörfer wuchs dichter Wald. In der Nähe der Siedlungen befanden sich die Äcker. Um Ackerfläche zu gewinnen, rodeten die Menschen Stücke des Waldes und zündeten das Unterholz an. Darauf bauten sie einige Jahre lang Getreide und *Hülsenfrüchte an. Wenn der Boden ausgelaugt war, liessen sie die Äcker wieder mit Pflanzen überwachsen und rodeten neue Flächen. Auf den alten Äckern wuchsen zuerst Sträucher wie Brombeeren und Haseln. Erst nach einer Weile kam wieder Wald auf. Beeren und Nüsse waren für die Menschen eine wichtige Nahrungsquelle, genauso wie Sammelpflanzen und Wildtiere aus dem Wald. Auch die Seen lieferten viel Essbares. Fische, Krebse, Wasser- und Sumpfpflanzen ergänzten den Speiseplan.

AUFGABEN

4 *Nenne einige Kulturpflanzen und Haustiere, die aus dem «Fruchtbaren Halbmond» nach Europa gelangten.*

5 *Auf welchen Wegen verbreitete sich das neue Wissen aus dem Nahen Osten nach Europa?*

6 *Beschreibe Unterschiede in der Lebensweise der jungsteinzeitlichen und mittelsteinzeitlichen Menschen.*

7 *Aus welchen Materialien bauten die ersten Bauern in Mitteleuropa ihre Häuser?*

8 *In diesem Buch sind die Daten der Ereignisse auf zwei unterschiedliche Weisen angegeben. Erkläre den Unterschied zwischen «vor heute» und «vor Christus».*

Begehrtes Kupfer. Nicht jeder konnte sich das begehrte Kupfer leisten. Die Klinge aus Silex ganz rechts ist eine Nachbildung der kupfernen Klinge in der Mitte. Das Werkzeug ganz links zeigt, wie die Klinge ursprünglich mit einem Holzgriff versehen war.

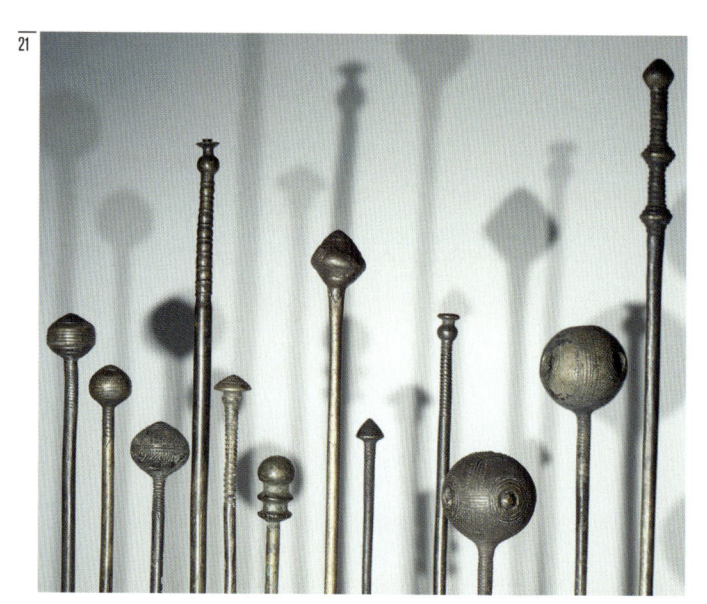

Nadeln aus Bronze aus Seeufersiedlungen im Kanton Zürich. Mit solchen Nadeln wurden Kleider zusammengehalten. Die Nadelköpfe waren teils aufwendig verziert, wobei sich die Verzierungen im Laufe der Zeit veränderten.

Kupfer- und Bronzezeit

Aus dem Nahen Osten kam ab dem 5. Jahrtausend vor Christus eine neue Technik nach Europa. Die Menschen lernten Kupfer zu bearbeiten und Bronze herzustellen. Seit der frühen Bronzezeit baute man Kupfer in den europäischen Lagerstätten ab. Im Laufe der Zeit wurde Bronze als Werkstoff immer wichtiger. Mit der neuen Technik kam es auch zu einer Veränderung in der Gesellschaft. Die Landwirtschaft wurde *intensiviert und die Bevölkerung nahm zu.

Kupferverarbeitung

Die Menschen lernten, wie man aus Kupfererz das rote Metall gewinnen konnte. Diesen letzten Abschnitt der Jungsteinzeit nennt man deshalb auch die Kupferzeit. Kupfer gewann im täglichen Gebrauch langsam an Bedeutung. Der Stein wurde als wichtigster Werkstoff für Werkzeuge, Waffen und Schmuck vom Metall verdrängt.

Zuerst verwendete man sogenanntes gediegenes Kupfer. So nennt man Kupfer, wie es als reines Metall in der Natur vorkommt. Gediegenes Kupfer konnte mit Steinen gehämmert werden. So stellten die Menschen beispielsweise kleine Perlen her. Bald schon lernten die Menschen, das Metall mit Feuer zu schmelzen. Sie gossen Schmuck, Axtklingen und Messer. Erste Versuche, Kupfererz zu *verhütten, gab es in Vorderasien bereits um 6500 v. Chr.

Bald entdeckte man auch, wie man Zinn zum Kupfer mischen und damit die härtere, goldglänzende Bronze herstellen konnte. Bronze gab der ganzen nächsten Epoche den Namen: Bronzezeit. Die Bronzezeit dauerte in Europa nördlich der Alpen von 2200 v. Chr. bis 800 v. Chr. Aus Bronze stellte man neben Werkzeugen vor allem Schmuck her. Die Gegenstände waren oft aufwendig verziert, wobei diese Verzierungen einer Art Mode unterworfen waren. Findet man heute solche Bronzegegenstände, kann man deshalb oft aufgrund ihres Aussehens sagen, wie alt sie sind.

Aufkommender Handel

Das Metall Kupfer gewann in Mitteleuropa schnell an Bedeutung, als die Kupferlagerstätten in den Alpen, dem Balkan und dem Erzgebirge entdeckt wurden. Das Metall wurde über weite Strecken gehandelt. Durch den Handel verbreiteten sich Schmuck- und Werkzeugformen, daneben aber auch andere kulturelle Errungenschaften über grössere Gebiete als noch in der Jungsteinzeit.

Regionen ohne eigene Metallvorkommen mussten Waren produzieren, die sie eintauschen konnten. Neben Kupfer gewannen auch andere Handelsgüter an Bedeutung: Bernstein aus der Ostsee, Glas aus dem Vorderen Orient oder Norditalien. Um handeln zu können, musste man von einer Ware mehr produzieren, als man selbst zum Leben brauchte. Die Gesellschaft veränderte sich. Menschen begannen sich auf ein Handwerk zu spezialisieren. Sie mussten versorgt werden und andere Menschen mussten die Nahrungsmittel für sie anbau-

Rinder wurden mit einem Joch vor den Pflug gespannt. Dadurch wurden die Hörner mit der Zeit flach. Solche verformten Hörner aus der Bronzezeit fanden sich bei Ausgrabungen in ganz Europa.

en. Welche Produkte die Menschen herstellten, um sie über weite Strecken gegen Metall zu tauschen, können wir nur vermuten. Vielleicht handelte es sich um Nahrungsmittel wie Trockenfleisch oder Getreide. Allenfalls tauschte man Leder und Felle, vielleicht sogar *Sklaven ein.

Neuere Siedlungsformen

In der Bronzezeit gab es immer noch Seeufersiedlungen. Die Menschen liessen sich aber vermehrt auch im Landesinnern nieder. Leider sind solche Siedlungen nicht so gut erhalten, sodass wir nicht so viel über die Bauweise dieser Häuser wissen. In der Bronzezeit wurden immer mehr Gebiete im Alpenraum besiedelt. In ganz Europa entstanden sogenannte Höhensiedlungen. Das sind Dörfer, die auf Hügeln, Hangterrassen oder anderen natürlich geschützten Stellen gebaut wurden. Die Menschen suchten solche Schutzlagen auf, die einen guten Überblick über das Land boten.

Die Bevölkerung wächst

In der Bronzezeit nahm die Bevölkerung zu. Die Menschen mussten die vorhandenen Rohstoffe besser ausnutzen und eine intensivere Landwirtschaft betreiben. Sie bauten vor allem Gerste und Emmer, eine Weizenart, an. Neue Kulturpflanzen wie Dinkel, Hirse und Ackerbohnen kamen nach Europa. Im Laufe der Bronzezeit wurde die Hirse immer wichtiger. Wahrscheinlich kannte man eine Art Feld-Gras-Wirtschaft; die Felder wurden nach einigen Jahren für ein oder zwei Jahre brach gelassen. Es wuchsen Kräuter und Gräser, sodass man Tiere weiden lassen konnte. Die Felder wurden mit einfachen Pflügen bearbeitet, die von Rindern gezogen wurden.

Auch in der Bronzezeit nahmen Sammelpflanzen wie Beeren, Hagebutten, Nüsse und Eicheln noch eine wichtige Rolle in der Ernährung der Menschen ein. In den Seeufersiedlungen fanden Archäologinnen und Archäologen die Reste von getrockneten Wildäpfeln. In Gefässen fand man Reste von Brei mit Eichelhälften. Aber nicht nur Nahrungspflanzen wurden gesammelt. Baumbast war ein wichtiger Rohstoff für Geflechte. Moose dienten als Isolation und wahrscheinlich auch als Toilettenpapier. Johanniskraut wurde als Heilpflanze verwendet. Die Forscherinnen und Forscher nehmen an, dass die Menschen neben Äckern auch Wiesen anlegten, auf denen die Tiere weiden konnten. Im Winter fütterte man die Tiere mit Laub.

Die Jagd verlor in der Bronzezeit weiter an Bedeutung. Der grösste Teil der Fleischnahrung bestand aus Haustieren. Die häufigsten Tiere waren Rind, Schaf und Ziege, aber auch das Pferd kam auf.

AUFGABEN

9 *Aus welchen Metallen setzt sich Bronze zusammen? Was sind die Eigenschaften von Bronze?*
10 *Nenne einige wichtige Handelsgüter der Bronzezeit.*
11 *Tiere wurden in der Bronzezeit nicht nur wegen ihres Fleisches gehalten. Beschreibe einige andere Zwecke.*

Frühe eisenzeitliche Siedlung in Frasses, in der Nähe des Neuenburgersees. In solchen kleinen Gehöften lebte wahrscheinlich der grösste Teil der Bewohner Europas in der Eisenzeit. Neben Wohnhäusern gibt es auch kleine Gebäude auf Pfählen, die wahrscheinlich als Speicher für Getreide und andere Vorräte dienten. Illustration von Evencio Garcia Cristobal.

Friedhof der späten Hallstattzeit. Die Rekonstruktionszeichnung von Philippe Schirm zeigt eine Grabhügelgruppe, die in Subingen, Solothurn, gefunden wurde.

Einflüsse aus dem Mittelmeerraum

Die Entdeckung des Eisens bewirkte grosse Veränderungen in der Wirtschaft und der Gesellschaft. Die Menschen hatten jetzt einfacheren Zugang zu Metall für Werkzeuge und Waffen. Es entwickelten sich intensive Kontakte zum Mittelmeerraum. Waren, aber auch Sitten wurden ausgetauscht. Aus dem Süden kam das Münzwesen nach Europa. Damit wurde der Handel erleichtert. Die Eisenzeit wird in zwei Epochen geteilt: die Hallstattzeit und die Latènezeit. Für die Latènezeit sind neben archäologischen Funden auch die Texte griechischer und römischer Schriftsteller eine Informationsquelle. Sie ist das Zeitalter der Kelten. Diese unternahmen grosse Kriegszüge und Wanderungen. Ihre Kunstwerke, Werkzeug- und Schmuckformen verbreiteten sich so in ganz Europa.

Ein neuer Werkstoff

Um 800 v. Chr. begann eine neue Epoche, die Eisenzeit. Den Namen bekam sie von einem neuen Werkstoff, dem Metall Eisen. Aus dem Mittelmeerraum übernahmen die Menschen nördlich der Alpen die Techniken, um Eisenerz zu verhütten und aus Eisen Werkzeuge und Waffen herzustellen. Anfangs war Eisen noch sehr selten und kostbar – zuerst fertigten die Menschen daraus nur Schmuckstücke. Doch bald erkannten sie, dass Eisen für Werkzeuge aufgrund der Härte besser geeignet ist als Bronze. Nach kurzer Zeit stellten die Menschen aus dem neuen Metall ausschliesslich Werkzeuge und Waffen her. Aus Bronze, Silber und Gold wurden vermehrt Schmuckstücke gefertigt, die zur Kleidung der Kinder, Frauen und Männer gehörten.

Im Gegensatz zu Kupfer und Zinn war Eisen weit verbreitet. Eisenlagerstätten waren an vielen Orten zu finden, sodass viele Gruppen jetzt ihr Metall selber herstellen konnten. Es wurde sozusagen «billiger». Dies führte zu einer Veränderung der wirtschaftlichen Verhältnisse.

Die Verwendung von Eisen veränderte die Lebensgemeinschaften grundlegend. Wer es sich leisten konnte, beschaffte sich Luxusgüter aus dem Süden, aus *Etrurien, Rom und den griechischen Provinzen. Beliebt waren Gefässe aus Bronze, mit denen der ebenfalls beliebte Wein serviert und getrunken wurde, bemalte Keramik oder auch Nahrungsmittel. Der südländische Lebensstil galt als schick. Aus der Hallstattzeit kennen wir aus ganz Europa reich ausgestattete Gräber, sogenannte *Fürstengräber. Die Toten wurden mit ihrer Tracht und reichem Schmuck, ihren Waffen und anderen Besitztümern bestattet. Über der Grabkammer wurde ein grosser Hügel aufgeschüttet. Man nimmt an, dass diese Menschen in ihrem Leben in der Gesellschaft eine wichtige Rolle spielten. Es

Schmiedewerkstatt in einer eisenzeitlichen Siedlung. Der Zeichner Daniel Pelagatti hat die Wand der Schmiede offen gelassen, damit man in die Werkstatt hineinsehen kann. Der junge Helfer des Schmiedes bläst mit zwei Blasebälgen Luft in das Feuer, bis das Werkstück glüht.

26 Die Gallier und der Wein

[Die Gallier] lieben den Wein ausserordentlich; sie giessen den Wein, der von den Kaufleuten eingeführt wird, unvermischt hinunter und nehmen das Getränk, dem sie so ergeben sind, im Übermass zu sich, bis sie berauscht in Schlaf versinken oder in einen Zustand des Wahnsinns geraten. Viele italische Kaufleute benutzen daher [...] die Trinksucht der Gallier zu ihrem Vorteil. Sie führen ihnen Wein zu, sowohl zu Wasser auf den schiffbaren Flüssen als zu Lande auf Wagen, und gewinnen durch diesen Handel unglaubliche Summen. Denn für ein Fässchen Wein erhalten sie einen Sklaven.

Diodorus Siculus, 5,26. Der griechische Gerichtsschreiber Diodor beschreibt die Gallier. Gallier ist der Name, den die Römer ihren nördlichen Nachbarn gegeben hatten. Die Griechen nannten sie Kelten.

27 Die Städte der Helveter

Sobald sie ihrer Meinung nach genügend gerüstet waren, äscherten sie alle ihre oppida, etwa zwölf an der Zahl, ihre ungefähr 400 Dörfer und ihre übrigen Einzelhöfe ein.

Gaius Iulius Caesar: *Commentarii de bello Gallico 1,5,2.* In seiner Beschreibung des gallischen Krieges erwähnt Caesar auch die Helveter und ihren Auszug aus ihrer Heimat. Dabei erwähnt er, wie viele Städte und Dörfer sie vorher besiedelten.

waren wohl Menschen, die über ein bestimmtes Gebiet regierten. Wir wissen nicht, wie die Herrschaft organisiert war. Vielleicht gab es eine Art Häuptlinge, die ihren Stamm führten.

Stadt und Land

Im Gegensatz zu den vorhergehenden Epochen siedelten die Menschen in Mitteleuropa nicht mehr an den Seeufern. Über diese Siedlungen wissen die Forscherinnen und Forscher viel weniger als über jene der Jungsteinzeit und Bronzezeit.

Die Autoren der *Antike zeichneten oft ein kriegerisches Bild ihrer nördlichen Nachbarn. Für die Menschen der Eisenzeit war wohl ihre Kampffähigkeit wichtig. Reiche Männer wurden mit ihren Waffen, mit Schwert, Schild und Lanzen begraben, um zu zeigen, wie stark und mächtig sie waren. Der Alltag der meisten Menschen bestand aber wohl weniger aus Kämpfen als aus Feldarbeit.

Der grösste Teil der Menschen lebte in kleinen Ansiedlungen, sogenannten Gehöften. Die Menschen produzierten fast alles selbst, was sie zum Leben brauchten. Sie pflanzten Getreide und Gemüse an, sie hielten Vieh, stellten ihre eigene Keramik her und webten ihre Stoffe selbst. Auch kleinere Reparaturen an Werkzeugen konnten sie selbst ausführen. Sie bauten Gerste an, aber auch Emmer, Dinkel und andere Weizenarten wie Einkorn und Nacktweizen. Auch Hirse und Hafer, Erbsen, Ackerbohnen und Linsen, Lein waren auf ihren Äckern zu finden.

Einige Menschen lebten in grösseren Siedlungen, die meist auf einem Hügel oder an einer Flussschlaufe lagen. Diese Siedlungen waren oft mit Verteidigungsanlagen aus Wällen und Gräben umfasst. Sie dienten als Wirtschaftszentren für die nähere Umgebung und hatten wahrscheinlich auch eine Verwaltungsfunktion.

Mit Werkzeugen aus Eisen liess sich der Ackerbau verbessern. So kamen neben dem einfachen Hakenpflug auch Pflugscharen auf, die ein Wenden der Ackerkrume ermöglichten. Das Düngen der Ackerflächen und ein Fruchtwechsel, bei dem ein Acker kurzzeitig nicht bebaut wurde, also brachlag, kann nachgewiesen werden. Die Archäologinnen und Archäologen haben auch Heu gefunden. Das war ebenfalls eine Neuerung in der Eisenzeit. Zuvor wurde das Vieh im Winter mit Laub gefüttert. Im Laufe der Eisenzeit sank die Waldgrenze im Alpenraum als Folge der Waldnutzung fast auf die heutige Höhe, rund 200 Meter unter den natürlichen Zustand. Der Grund war, dass die Menschen immer mehr Acker- und Weidefläche benötigten und den Wald abholzten.

Münzen erleichtern den Handel

In der Latènezeit begannen die Menschen in Europa nördlich der Alpen Münzen zu benutzen und auch selbst herzustellen. In Griechenland gab es Münzgeld bereits um 600 v. Chr. Die Münzherstellung erreichte über Südfrankreich auch Mitteleuropa. Münzen sind Metallstücke mit genormtem Gewicht

Diese Geldbörse aus Bronze mit Goldmünzen stammt aus dem Oppidum von Manching in Deutschland.

Schmuck einer Frau aus der frühen Latènezeit. In ihrem Grab wurden mehrere *Fibeln aus Bronze mit Koralleneinlagen gefunden. Ausserdem Perlen aus Glas und Bernstein, mehrere Armringe und ein Halsring mit Scheibeneinlagen aus Koralle.

Gallien und seine Bewohner
Gallien in seiner Gesamtheit zerfällt in drei Teile. Den einen bewohnen die Belgier, einen anderen die *Aquitaner und den dritten die, die sich selbst Kelten nennen, in unserer Sprache aber Gallier heissen. Diese alle unterscheiden sich nach Sprache, Sitten und Gesetzen untereinander.

Gaius Iulius Caesar: *Commentarii de bello Gallico* 1,1,1.

Wo die Kelten wohnen
Der Istros (die Donau), der bei den Kelten [...] entspringt, fliesst so, dass er Europa in der Mitte teilt; die Kelten aber wohnen ausserhalb der *Säulen des Herakles, und sie grenzen an die *Kynesier, die unter allen, die Europa bewohnen, als die letzten nach Westen hin wohnen.

Herodot: *Historien* 2,33.

und Wert. Sie erleichtern den Handel, denn das Tauschen ist nicht mehr notwendig. Man ist sich über den Wert des Geldes einig und so kann man auch mit Fremden leichter Handel treiben. Münzen sind ausserdem leichter zu transportieren als anderes Tauschgut. Schon bald waren die Münzen aus Bronze und Silber alltägliches Zahlungsmittel. Die Oppida hatten wahrscheinlich die Kontrolle über die Herstellung von Münzen.

Die Kelten
Die Menschen, die in der Latènezeit in den Gebieten des heutigen Frankreichs, der Schweiz, Österreichs, Deutschlands und Grossbritanniens lebten, werden heute meist als Kelten bezeichnet. Dieser Name stammt von der griechischen Bezeichnung «Keltoi», mit der griechische Schriftsteller ab etwa 500 v. Chr. alle Gesellschaften am nördlichen Rand ihres Einflussgebietes versahen. Die Römer nannten sie Gallier. Ob die Menschen in diesen Gebieten sich damals selbst als Kelten bezeichneten, wissen wir nicht. Sie haben selber keine schriftlichen Aufzeichnungen hinterlassen. Wir wissen auch nicht, ob die Griechen eine Bezeichnung übernahmen, die bereits existierte.

Die Menschen im Europa nördlich der Alpen bildeten nie einen Staat oder ein ähnliches politisches Gebilde. Sie waren aber durch eine ähnliche Kunst, ähnliche Glaubensvorstellungen und wahrscheinlich eine gemeinsame Sprache verbunden. Erst in der zweiten Hälfte der Eisenzeit kann man von «Staaten» sprechen. Einige wichtige Merkmale, die eine staatliche Organisation ausmachen, waren gegeben: öffentliche Bauten in Städten, Spezialisierung bei Berufen und der Gebrauch von Geld. Für eine Verwaltung, die einen Staat ebenfalls noch kennzeichnet, fehlte jedoch der Gebrauch der Schrift. Am Ende der Eisenzeit war die Gesellschaft stark gegliedert. Es gab eine «adelige» Führungsschicht, die zusammen mit den *Druiden einen Stamm regierte. Daneben gab es verschiedene Gruppen, Krieger, Händler, Handwerker und Bauern. Ob diese «Unfreie» waren, wie Caesar sie beschreibt, ist nicht bekannt.

AUFGABEN

12 *Warum kam es in der Eisenzeit zu einer Änderung der Gemeinschaften?*
13 *Nenne typische Waren, die aus dem Süden importiert wurden.*
14 *Welche verschiedenen Formen von Siedlungen gab es in der Eisenzeit?*
15 *Welche Vorteile bringt die Verwendung von Münzgeld als Zahlungsmittel?*

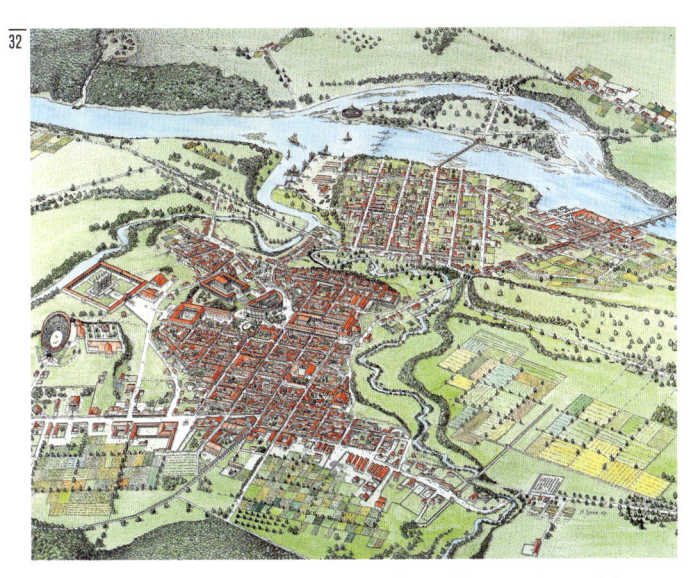

Die Stadt Augusta Raurica um 240 n. Chr. In dieser Zeit erreichte die Stadt ihre grösste Ausdehnung. Zeichnung von Markus Schaub.

Die Grenze der römischen Provinzen im Laufe der Zeit. Das Gebiet der heutigen Schweiz war in römischer Zeit keine Einheit. Vielmehr gehörte es zu vier verschiedenen Provinzen.

Die Römer in Mitteleuropa

Als der römische Feldherr Caesar in der Mitte des letzten Jahrhunderts vor Christus begann, Gallien in den römischen Herrschaftsbereich zu bringen, stiess er auf bereits bestehende keltische Gesellschaftsformen. Einige der Stämme wurden freiwillig zu Verbündeten des römischen Staates, andere mussten unterworfen werden. An der Nordgrenze des Reiches errichteten die Römer den Limes, eine mit Wachtürmen und Militärlagern befestigte Grenze. Sie gründeten Städte und verschenkten Land an römische Bürger. Im römischen Herrschaftsbereich passte sich die einheimische Bevölkerung im Laufe der Zeit immer mehr an die römische Lebensweise an. Die Provinzen waren von grossem wirtschaftlichem Wert für Rom.

Helveter und Römer

Die Helveter brachen in der Mitte des letzten Jahrhunderts v. Chr. aus ihrem Stammesgebiet auf, um neue Wohngebiete in Südwestfrankreich zu suchen. Dabei stiessen sie auf Caesar mit seinem Heer, der sie in der Schlacht von Bibracte besiegte. Er schloss ein Bündnis mit ihnen. Es verpflichtete sie, wieder in ihr Gebiet zurückzukehren.

Um das Gebiet der Helveter besser unter Kontrolle zu haben, gründete Caesar zwei Militärstützpunkte, sogenannte *Colonia. Die erste *Kolonie, Julia Equestris, entstand beim heutigen Nyon am Genfersee. Die zweite wurde kurz nach Caesars Tod besiedelt, Colonia Augusta Raurica, das heutige Augst. In diese Städte und ihre Umgebung zogen vor allem ehemalige römische Soldaten, denen nach Beendigung des Heerdienstes ein Stück Land zugesprochen wurde. Mit der Besiedelung der Kolonien wuchs der Einfluss der Römer.

Um 15 v. Chr. befahl *Kaiser Augustus einen Alpenfeldzug. Damit unterstellte er den Alpenraum und das Alpenvorland endgültig der römischen Herrschaft und trieb gleichzeitig die *germanischen Stämme in ihr Gebiet hinter dem Rhein zurück. Die römischen Truppen wählten zwei Routen über die Alpen. Der eine Weg führte über den Hochrhein an den Bodensee, der andere über das Etschtal und den Brenner bis ins Alpenvorland. Dort trafen sich die Römer wieder und bauten Militärlager und Wachtürme. Im Laufe dieser Militäraktionen gelangte auch das Gebiet der Helveter unter römische Verwaltung.

Aus dieser Zeit wissen wir nur sehr wenig darüber, wie die Einheimischen lebten. Einige liessen sich als Handwerker in den neugegründeten Städten und in der Nähe der Militärlager nieder. Andere lieferten Getreide und andere Nahrungsmittel an die Römer. Für viele Menschen auf dem Land änderte sich wahrscheinlich nur wenig in ihrem täglichen Leben.

Modell eines römischen Dorfes. Vitudurum, das heutige Oberwinterthur, sah im 1. Jh. n. Chr. wohl so aus. Am Weg im Vordergrund stehen Handwerkerhäuser in *Fachwerkbauweise. Im Hintergrund kann man die öffentlichen Gebäude und Tempel auf dem heutigen Kirchhügel erkennen. Sie bestehen aus Steinen und sind mit Ziegeln gedeckt. Das Modell stammt von der Kantonsarchäologie Zürich.

Schmuckstück aus Bronze aus dem Wallis. Solche Beinringe wurden von den Frauen dort bereits vor der römischen Herrschaft getragen und blieben auch unter den Römern in Mode.

Nach und nach wurde die einheimische Bevölkerung romanisiert – sie passte ihre Lebensweise immer mehr den römischen Sitten an. Ess- und Trinkgewohnheiten änderten sich und man begann, Gebäude aus Stein zu bauen. Reiche Einheimische und römische Bürger, die Ländereien in der Provinz bekommen hatten, konnten sich den Bau von Villen leisten. Diese waren mit vielen Annehmlichkeiten der römischen Kultur ausgestattet. Manche hatten Fussboden- und Wandheizungen, Badeanlagen, Ziegeldächer. Besonders wohlhabende Besitzer statteten ihre Wohnräume sogar mit Wandmalereien und Bodenmosaiken aus. Jede grössere römische Siedlung besass zudem mindestens eine Badeanlage, eine Therme.

Der römische Einfluss

Handwerker – sie stammten entweder aus Rom oder hatten ihre Kunst dort gelernt – brachten ganze Wirtschaftszweige in die nördlichen Provinzen. Handwerker in der Stadt Lyon stellten zum Beispiel Keramik im grossen Stil her. Köln war ein Zentrum der Glasmacherkunst. Die Provinzen wiederum dienten als wichtige Lieferanten für den Staat Rom. Sie lieferten Nahrungsmittel für das ganze Römische Reich. In den fruchtbaren südlichen Provinzen wie Afrika oder Sizilien wurde Getreide angebaut. Die Gegend um die Mosel und den Niederrhein war berühmt für ihren Wein.

Besonders in den Alpentälern hielten die Einheimischen noch lange an ihren *Traditionen fest. Die Frauen in der Gegend um Martigny trugen auch im 1. Jahrhundert n. Chr. noch schwere Beinringe aus Bronze, wie sie schon vor der römischen Besatzung üblich waren.

AUFGABEN

16 *Welche Städte gründete Caesar im Gebiet der Helveter?*
17 *Aus welchem Grund zogen viele ehemalige römische Soldaten in die Provinzen?*
18 *Nenne einige Erzeugnisse und Waren, die aus den Provinzen nach Rom importiert wurden.*
19 *In welcher Weise zeigte sich der Einfluss der römischen Herrschaft auf die einheimische Bevölkerung? Nenne Beispiele.*

Ein Teller aus dem Silberschatz von Augst. Um 350 n. Chr. sind die *Alamannen wohl in die Gegend von Augst eingefallen. Ein Bewohner des damaligen Kastells vergrub seinen Silberschatz – und hat ihn nicht mehr ausgegraben. Die Fotografie zeigt einen Silberteller, dessen reich verzierte Mitte im rechten Bildausschnitt detailliert abgebildet ist.

Bewegte Zeiten

Der Zeitraum vom Ende des Römischen Reiches bis zur Staatenbildung im Mittelalter war eine Epoche grosser Veränderungen und Wanderungen. Dieser Zeitabschnitt wird deshalb auch Völkerwanderungszeit genannt. Die Informationen aus dieser bewegten Epoche sind eher spärlich. Im nördlichen Alpenvorland und dem heutigen Frankreich siedelten gegen Ende des Frühmittelalters drei germanische Stammesgruppen: Alamannen, *Burgunden und *Franken. Ihre Sprache, ihre Kultur und ihre Herrschaftsgebiete haben bis in heutige Zeiten Spuren hinterlassen. Aus ihnen entwickelten sich die Königreiche und Fürstentümer des Mittelalters.

Die Völkerwanderung

Als Völkerwanderung bezeichnet man eine Wanderung zahlreicher Menschen oder sogar ganzer Volksgruppen in ein anderes Gebiet. Die Menschen waren immer schon sehr *mobil, und wenn klimatische, gesellschaftliche oder politische Ereignisse es nötig machten, suchten sie neue Wohnregionen auf. Auch die Bewohner Europas erlebten immer wieder Epochen, in denen grosse Teile der Bevölkerung umherzogen.

Spärliche Informationen

Aus den antiken Texten und mit Hilfe der Informationen aus der archäologischen Forschung kann man heute ein gutes Bild des frühen Mittelalters zeichnen. Viele Dinge sind uns aber auch heute immer noch unklar. Wir wissen nicht genau, warum so viele Menschen aufbrachen. Zwei mögliche Gründe waren Klimaverschlechterungen in Nordeuropa und eine hohe Bevölkerungsdichte. Zum anderen löste ab dem 4. Jahrhundert n. Chr. der Einfall asiatischer Steppenvölker, der *Hunnen, grosse Wanderungen aus. Die Bewohner der Regionen, in die sie eindrangen, wichen ihnen aus.

Die Römer nannten die Stämme, die östlich des Rheins siedelten Germanen. Diese setzten sich aus vielen kleinen Gruppen zusammen, die unterschiedliche Sitten und Gebräuche und vielleicht auch Sprachen hatten. Wahrscheinlich bildeten sich manche der heute bekannten «Völker» erst während der Wanderung oder in den neuen Siedlungsgebieten. Die Alamannen zum Beispiel entwickelten ihre gemeinsame Kultur und Sprache sicher erst im süddeutschen Raum, in der Nähe des Rheinufers.

Die Völkerwanderungen veränderten die Herrschaftsverhältnisse und die Gesellschaften in Europa grundlegend. Für den nördlichen Alpenvorraum – und die Schweiz – sind vor allem die Bewegungen der Burgunden, der Franken und der Alamannen von Bedeutung.

Alamannen und Burgunden

Erste germanische Stämme drangen schon im 2. Jahrhundert nach Christus über die römische Grenze. Sie konnten jedoch von den Römern vorerst besiegt und vertrieben werden.

Als Nächstes bedrohten die Alamannen das Römische Reich. Die Alamannen zählen zu den sogenannten Elbgermanen, da sie ursprünglich aus dem Gebiet der Elbemündung stammten. Von dort wanderten verschiedene Stämme in das Gebiet zwischen Rhein, Main und Lech, wo sie sich zusammenschlossen. Im Jahr 233 n. Chr. rückten sie gegen das

2. Europa entsteht

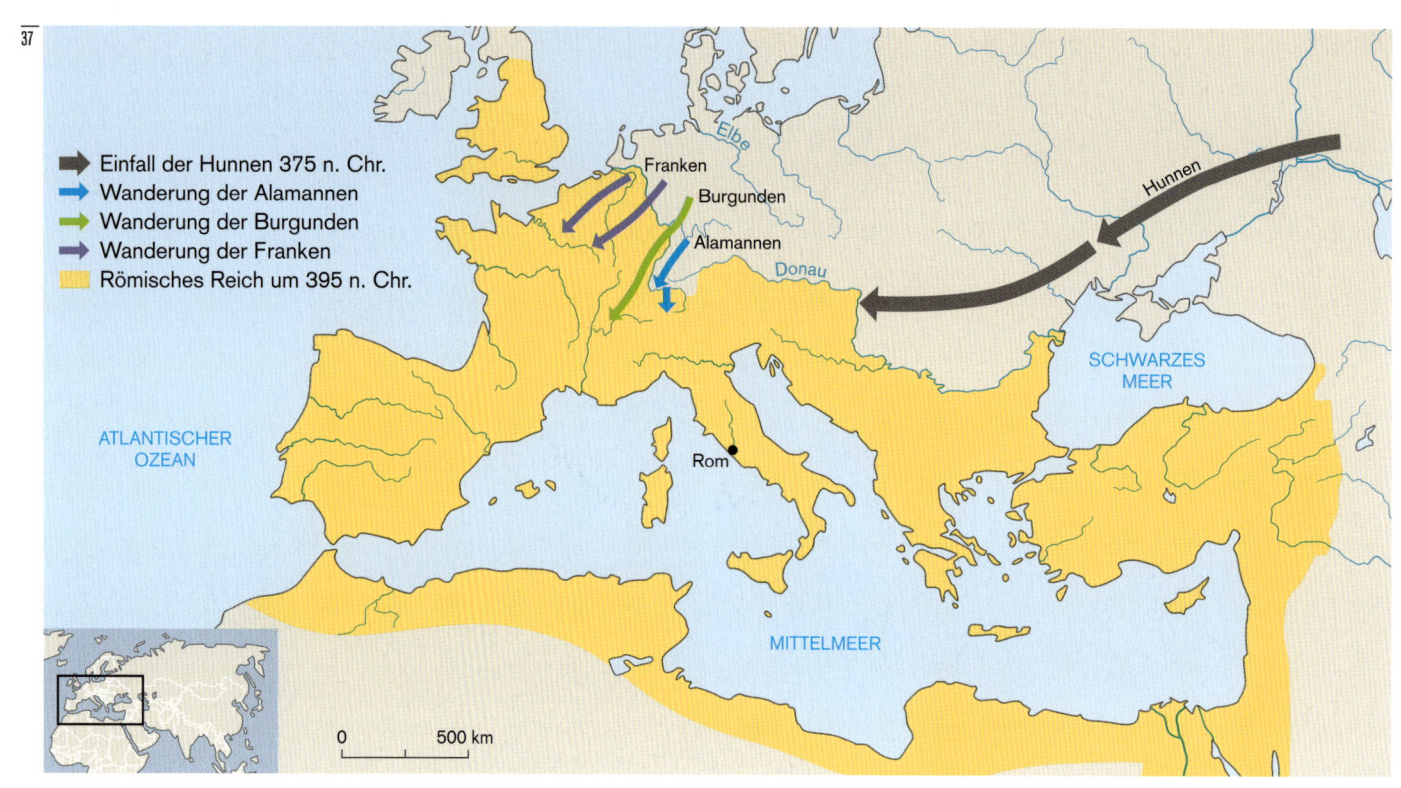

Wanderungen der Burgunden, Franken und Alamannen.

Legende:
- Einfall der Hunnen 375 n. Chr.
- Wanderung der Alamannen
- Wanderung der Burgunden
- Wanderung der Franken
- Römisches Reich um 395 n. Chr.

Allgäu vor. 259/260 n. Chr. zerstörten sie Siedlungen in ganz Süddeutschland und dem schweizerischen Mittelland, zum Beispiel Aventicum, das heutige Avenches. Dann zogen sie nach Oberitalien. Dort wurden sie vom römischen Kaiser mit seinen Truppen zurückgetrieben. Die römischen Truppen besetzten daraufhin die Gebiete südlich der Donau und des Niederrheins. Die Alamannen besiedelten die nördlicheren Gebiete – wo sie heute auch noch anzutreffen sind. Sie verübten immer wieder Überfalle in römisches Gebiet. Sie nutzten die Schwäche der römischen Innenpolitik aus und drangen im Laufe der Zeit immer weiter in den Raum südlich der Donau und des Bodensees vor.

Die Burgunden stammten ursprünglich aus Skandinavien und siedelten später im Rhein-Main-Gebiet. Um 443 n. Chr. siedelten sie sich in Savoyen als Verbündete der Römer an. Zu ihrem Herrschaftsgebiet gehörte auch Genf.

Die Franken

Die Franken setzten sich aus verschiedenen Stämmen zusammen. Im 3. Jahrhundert nach Christus wanderten sie in die Nähe der römischen Grenze und drangen mehrfach in Gallien ein. Einzelne Stämme liessen sich als Bündnispartner der Römer in Grenznähe zu Gallien nieder. Im 5. Jahrhundert fielen die Salier, ein Frankenstamm, in Gallien ein und gründeten dort das Frankenreich. Bis 534 nach Christus hatten die Frankenkönige auch die Gebiete der Burgunden und der Alamannen unter ihre Herrschaft gebracht.

Die germanischen Stämme drangen in Gebiete ein, die bereits besiedelt waren. Die romanische Bevölkerung – eine Mischung aus Einheimischen und römischen Einwanderern – behielt ihre Kultur noch eine Weile bei. Erst im Laufe des Frühmittelalters näherten sich die verschiedenen Bewohner in ihren Gebräuchen immer mehr an und entwickelten eine gemeinsame Kultur.

Sprachenvielfalt einst und heute

Eine heute noch sichtbare Folge der Wanderungen des frühen Mittelalters ist die Sprachenvielfalt der Schweiz. Die vier Landessprachen liegen in jener Zeit begründet. In den von den Burgunden besiedelten Regionen und in einem grossen Teil des ehemaligen Frankenreichs wird heute französisch gesprochen. Die alamannen brachten alamannisch, einen deutschen Dialekt, mit. Zur alamannischen Dialektregion gehören die Deutschschweiz, grosse Teile Baden-Württembergs in Deutschland und Vorarlberg in Österreich. Rätoromanisch wird heute noch in einigen Talschaften Graubündens gesprochen. Es ist eine Mischung aus dem Latein der römischen Bevölkerung und einzelnen Wörtern der Sprache der rätischen Bewohner. Die italienische Sprache schliesslich steht dem Latein der Römer in Lautung, Vokabular und Grammatik sehr nahe.

AUFGABEN

20 Wie können Forscherinnen und Forscher frühmittelalterliche Stammesgruppen unterscheiden?

21 Nenne mögliche Auslöser für die Völkerwanderung.

22 Benenne die drei Stammesgruppen, die sich auf dem Gebiet der heutigen Schweiz niederliessen.

23 Was ist eine wichtige Folge der Völkerwanderungszeit, die du heute noch erkennst?

Wissen erarbeiten

Werbebroschüre für ein Museum

Fundstellen aus der Urgeschichte sind nicht nur für Fachleute interessant. Viele Menschen gehen in Museen oder machen Ausflüge zu Ausgrabungsplätzen. Dafür machen Gemeinden, Museen und archäologische Einrichtungen Werbung. Sicher gibt es auch in deinem Heimatort oder in der Nähe Fundstellen oder Museen? Falls du keinen solchen Ort kennst, kannst du dir auch ein Museum vorstellen und diesen Portfolioauftrag damit durchführen.

Portfolioauftrag

Aufgabe

In diesem Portfolioauftrag stellst du eine Werbebroschüre für eine Fundstelle oder ein Museum zusammen. Die Menschen sollen Lust bekommen, deinen Ort zu besuchen. Die Broschüre soll beschreiben, was es an deiner «Fundstelle» zu sehen gibt, wie man den Ort erreichen kann und welche Einrichtungen für die Besucher vorhanden sind. Natürlich sollte in der Broschüre auch beschrieben sein, welche Gegenstände man besichtigen kann und welche Geschichte hinter den Gegenständen steht.

Vorgehen

1. Suche nach einer Fundstelle oder einem Museum in deinem Wohnort oder der näheren Umgebung.
2. Versuche, möglichst viele Informationen zu diesem Ort zu sammeln. In eurer Schulbibliothek oder auf der Gemeindeverwaltung bekommst du weitere Hilfe. Besuche den Ort wenn möglich selbst.
3. Überlege dir, in welcher Reihenfolge du die Informationen in der Broschüre anbieten möchtest.
4. Überlege dir, wie die Broschüre aussehen soll. Welche Form soll sie haben? Aus wie vielen Seiten besteht sie? Welche Texte und Bilder sollen darin erscheinen?
5. Suche dir nun aus der Fülle von Informationen die wichtigen Details heraus und ordne sie nach den Punkten, die du dir vorher überlegt hast.
6. Fertige die Broschüre an. Benutze dazu den Computer oder stell dir die Broschüre mit Schere, Leim und Filzstiften zusammen.

Hinweise

▶ Informationen zu Fundstellen und Ausgrabungen findet man zum Beispiel auf der Homepage der Gemeinde, auf der Homepage der Kantonsarchäologie oder in einer Dorfchronik. Du kannst auch Menschen fragen, die schon länger im Ort leben. Oft wissen sie viel über die Urgeschichte des Ortes.

▶ Werbebroschüren bestehen oft aus vielen Bildern. Wähle für deine Broschüre Bilder aus, die der Leserin und dem Leser genau die Information geben, die du willst. Eventuell musst du selber Bilder fotografieren oder zeichnen.

▶ Bevor du dich an die eigentliche Broschüre machst, fertigst du mit Vorteil eine grobe Skizze jeder Seite an, um zu sehen, welche Bilder und Texte wohin passen.

▶ Am besten lässt sich eine solche Broschüre am Computer gestalten. Falls du mit dem Computer arbeitest, überlege dir vorher schon ganz genau, was du alles machen musst.

▶ Diese Aufgabe lässt sich auch in Partnerarbeit lösen. Überlegt euch dann vorher, wer welche Aufgaben erledigen soll und was ihr gemeinsam machen möchtet.

Das Bild, das wir uns machen

Die Eisenzeit ist die erste Epoche der Urgeschichte, bei der zu den archäologischen Funden eine weitere *Quelle kommt: Texte antiker Schriftsteller. Sie bieten eine Vielzahl von Informationen – aber sie zeigen uns vor allem das Bild, das sich die Menschen im antiken Griechenland oder Rom von den «wilden und *barbarischen» Nachbarn gemacht haben. Vergleicht man die Texte mit dem wenigen Bildmaterial, das uns die Menschen der Eisenzeit nördlich der Alpen selbst hinterlassen haben, kann man interessante Gegensätze, aber auch Übereinstimmungen erkennen.

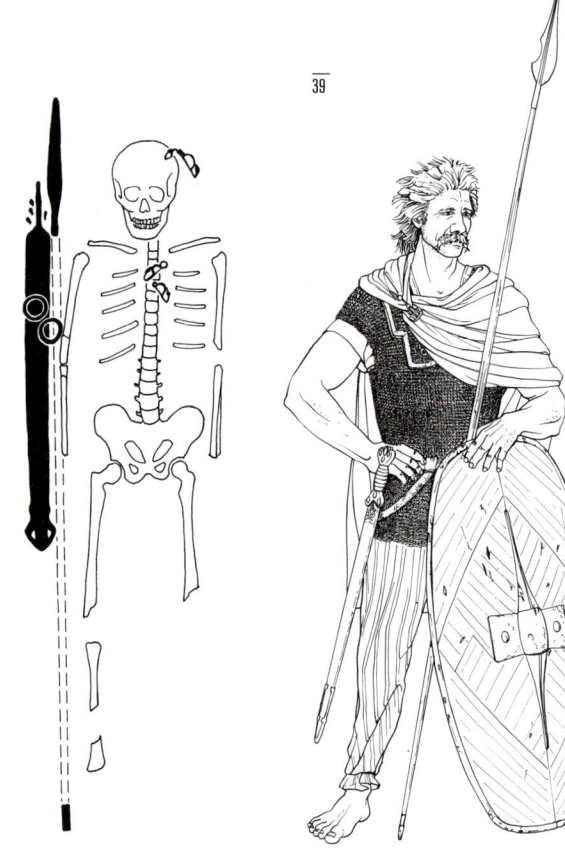

Grabzeichnungen von Münsingen. Dieser Mann wurde auf dem keltischen Friedhof von Münsingen-Rain, BE begraben – etwa 300 Jahre bevor Diodor seine Texte verfasste. Er hatte sein Schwert und seine Lanze bei sich. Die zwei Ringe, die man auf dem Schwert erkennen kann, gehören zum sogenannten Schwertgehänge, eine Art Gürtel aus Leder mit Ringen aus Eisen oder Bronze, mit dem man das Schwert um die Hüften schnallen konnte. Auf der Brust und am Kopf fand man je zwei Fibeln. Sie hielten entweder den Umhang des Mannes zusammen oder ein Leichentuch. Zeichnung von Markus Binggeli.

Lebensbild eines keltischen Kriegers. Der Krieger ist vom Zeichner Markus Binggeli so dargestellt, wie sich die Forscherinnen und Forscher heute die Ausstattung eines Mannes aus dem 3. Jh. v. Chr. vorstellen. Die Waffen und die Fibel aus Bronze und Eisen wurden in Gräbern gefunden. Die Kleider wurden nach den Beschreibungen der antiken Schriftsteller gezeichnet.

40 Die Völker der kalten Gegenden
Die Völker in den kalten Gegenden [...] sind zwar voller Ungestüm, aber in geringem Masse mit Verstand und Kunstfertigkeit begabt. Gerade darum bleiben sie zwar eher frei, sind aber ohne staatliche Ordnung und nicht fähig, die Nachbarn zu beherrschen.
*Der griechische *Philosoph Aristoteles äussert sich zu den Völkern im Norden.*

41 Goldschmuck
[...] gewinnen die Gallier grosse Schätze Goldes. Sie gebrauchen es zum Schmuck, nicht bloss die Weiber, sondern auch die Männer. Sie tragen Bänder um die Handwurzel und den Arm, auch dicke Halsketten von *lauterem Gold und grosse Fingerringe, sogar goldene *Harnische.
Diodorus Siculus, 5,27.

42 Auffällige Kleider
Sie tragen auffällige Kleidungsstücke: Hemden in verschiedenen Farben mit Blumenmustern und lange Hosen, die sie Braken nennen. Darüber hängen sie sich gestreifte Mäntel mit einer Schulterfibel, im Winter flauschige, im Sommer glatte, die mit einem dichten und bunten Würfelmuster verziert sind.
Diodorus Siculus, 5,30,1.

43 Gefärbte Haare
Das Haar ist nicht nur von Natur aus blond, sondern sie verstärken diese eigentümliche Farbe auch noch durch eine künstliche Behandlung. Sie netzen nämlich die Haare immerfort mit Kalkwasser und streichen es von der Stirne rückwärts gegen den Scheitel und Nacken, sodass ihr Aussehen dem der *Satyren und *Pane gleicht. Die Haare werden durch diese Behandlung immer dicker, sodass sie sich von einer Pferdemähne nicht mehr unterscheiden.
Diodorus Siculus, 5,28.

44 Schnurrbärte
Den Bart scheren einige ganz ab, andere lassen ihn zu mässiger Grösse wachsen. Ihre Edlen rasieren sich die Wangen, den *Knebelbart dagegen lassen sie lang wachsen, sodass der Mund ganz verdeckt wird. Beim Essen kommt daher der Bart zwischen die Speisen, und wenn sie trinken, rinnt das Getränk wie durch einen *Seiher.
Diodorus Siculus, 5,28.

Thema ausweiten

Der sterbende Gallier. Diese *Skulptur aus Marmor wurde nach einem griechischen Vorbild aus Bronze gefertigt, das aus dem 3. Jh. v. Chr. stammte. Der Gallier trägt einen Halsring, einen Torques. Neben ihm ist sein Schwert zu erkennen. Unter ihm liegt sein Schild. Er ist nackt dargestellt, wie die antiken Schriftsteller die keltischen und gallischen Krieger beschrieben haben. Auch die «wilden Haare» hat der unbekannte griechische Künstler dargestellt.

Schwertgriff mit Menschenkopf. Das bronzene Schwert wurde in der Grafschaft Donegal in Irland gefunden, es stammt aber wahrscheinlich aus dem Gebiet des heutigen Frankreich.

Kessel von Gundestrup. Auf dem abgebildeten Ausschnitt des Silberkessels sind einige Krieger abgebildet. Sie tragen gestreifte Kleider, Schnürschuhe aus Leder. Ihr Haar ist sorgfältig frisiert dargestellt. Das Gefäss wurde wahrscheinlich gegen Ende des 2. oder Anfang des 1. Jh. v. Chr. von keltischen Künstlern im unteren Donauraum hergestellt. Vermutlich gelangte es als Beute in den Norden. Gefunden wurde es im Jahr 1891 in einem Moor bei Gundestrup, Dänemark.

***Statue eines Gottes.** Nachgebildet ist ein Mann mit geschwungenen Augenbrauen und Schnurrbart. Er trägt einen Halsring. Gefunden wurde der Kopf in einer tschechischen Fundstelle. Er stammt aus dem 2. Jh. v. Chr. und wurde von einem keltischen Künstler angefertigt.

3. Griechenland – die Entstehung der Demokratie

Versetze dich in die Lage der Ruderer dieses Schiffes. Was kriegen sie von den Geschehnissen mit?

Wann und wo hast du zum letzten Mal eine Schiffs- oder Bootsfahrt gemacht?

Stell dir vor, du besitzt selber ein Boot. Welchen Namen würdest du ihm geben?

Erstelle eine *Collage mit Bildern von verschiedenen Schiffen und Booten.

Zeichne ein Schiff oder Boot, mit dem du gerne fahren würdest, in einer Landschaft, die dir gefällt.

Diskutiert in der Klasse, vor wie langer Zeit und wo sich ein solches Ereignis abgespielt haben könnte. Durch welche Beobachtungen kommt ihr zu euren Schlüssen?

Setzt euch mit euren Stühlen wie auf der Ruderbank hin und sprecht darüber, wie ihr euch fühlt.

Götter, Helden und der einfache Mann

Der *Olymp im Norden Griechenlands war für die Griechen der Sitz der Götter.

Götter und Menschen

In alten Zeiten, als die Männer Helden waren und unter den Göttern wandelten, nahm Peleus, *König der *Myrmidonen, die Meernymphe *Thetis, die Silberfüssige, zum Weibe. Viele Gäste kamen zu dem Hochzeitsmahl und unter die Sterblichen mischten sich alle Götter des Olymp.

Doch als sie beim Feiern sassen, trat plötzlich eine, die nicht geladen war, in ihre Mitte: Eris, die Göttin der Zwietracht. Sie hatte man ausgelassen, denn überall, wo sie erschien, brachte sie Ärger mit; doch nun war sie trotzdem gekommen, in finsterer Laune, um sich zu rächen für die Beleidigung. Nur eines tat sie, und das schien geringfügig: Sie warf einen goldenen Apfel auf den Tisch, blies ihren Atem über die Gäste und entschwand.

Da lag der Apfel nun und stach hervor in glühender Farbe aus den aufgehäuften Früchten und den Bechern, die gefüllt waren bis an den Rand. Und als sie sich vorneigten, konnten alle die Worte «Der Schönsten» sehen, die auf einer Seite eingeritzt waren.

Und dann forderte eine jede der höchsten Göttinnen, der Apfel müsse ihr gehören. Hera beanspruchte ihn als Gemahlin des Allvaters Zeus und als Herrin über alle Götter. Athena sagte, sie habe ein grösseres Recht darauf, denn der Glanz ihrer Weisheit übertreffe alles. Aphrodite lächelte nur und fragte, wer denn einen höheren Anspruch habe auf den Schönheitspreis als die Göttin der Schönheit selbst.

Da begannen sie miteinander zu hadern, und der Hader wurde zum Streit, nahm zu und wurde heftiger, und jede rief die versammelten Gäste auf, für sie den Richter zu spielen. Doch diese weigerten sich, denn sie wussten nur zu gut, welcher der Göttinnen auch immer sie den Apfel zusprächen, die anderen zwei würden ihnen zu Feinden.

Vereinfacht nach Rosemary Sutcliff: *Schwarze Schiffe vor Troja. Die Geschichte der Ilias.* Stuttgart: Verlag Freies Geistesleben, 2005.

Achilleus wählt den ewigen Ruhm

Denn die Mutter sagt, die Göttin, die silberfüssige Thetis,
Dass mich zwiefache Lose führen zum Ziel des Todes:
Wenn ich hier bleibe und kämpfe um die Stadt der Troer,
Ist mir verloren die Heimkehr, doch wird unvergänglich der Ruhm sein.
Wenn ich aber nach Hause gelange ins eigene väterliche Land,
Ist mir verloren der gute Ruhm, doch wird mir lange das Leben
Dauern und mich nicht schnell das Ziel des Todes erreichen.

Homer: *Ilias IX, 410–416*. Wolfgang Schadewaldts neue Übertragung. Frankfurt am Main: Insel Verlag, 1975. Die Götter haben Achilleus ein zweifaches Schicksal zur Wahl gestellt. Bleibt er vor Troja, so wird sein Leben kurz, aber ruhmvoll sein. Kehrt er heim, dann erwartet ihn ein hohes Alter, aber kein Ruhm. Achilleus wählte im Kampf um Troja den ersten Weg.

Denkmäler für die Ewigkeit. Das sogenannte Schatzhaus des *Atreus in Mykene ist ein Kuppelgrab. Grabhügel dieser Art wurden in *mykenischer Zeit für Fürsten errichtet. Sie sollten die Nachwelt beeindrucken und die Erinnerung an den Verstorbenen bewahren.

Das Schicksal stellten sich die Griechen auf verschiedene Weisen vor. Eine der bekanntesten Vorstellungen ist jene der Schicksalsgöttinnen, der Moiren. Es handelt sich um drei alte Frauen, die das Leben eines Menschen in Form des Lebensfadens in der Hand haben. Klotho (die «Spinnerin») spinnt den Faden, Lachesis (die «Zuteilerin») bemisst seine Länge und Atropos (die «Unabwendbare») schneidet ihn ab. Nach dieser Vorstellung können selbst die Götter das Wirken der Moiren nicht vereiteln. Das Bild trägt den Titel «Ein goldener Faden» und stammt von John Strudwick aus dem Jahre 1885. Heute hängt es in der Tate Gallery in London.

6 Hektor und Ajax

«Nun ist uns beiden also dieser Kampf bestimmt», sagte Ajax. «Du magst ihn beginnen!»

«Du weisst, dass ich zu kämpfen verstehe!», antwortete Hektor. «Und ich werde mit aller Kraft kämpfen! Aber du kannst gewiss sein, dass ich niemals mit gemeiner List versuchen werde dich zu töten! Noch eines», fügte er hinzu, «wir wollen einander ein Versprechen geben! Sterbe ich, so wirst du den Meinigen erlauben, mich in meiner Rüstung und mit meinen Waffen nach Troja zu bringen, damit sie mich ehrenvoll bestatten! Fällst du aber, so mögen die *Achäer dir am Ufer des *Hellespont einen hohen Grabhügel errichten, damit die später Geborenen, wenn sie in ihren Schiffen vorüberfahren, zueinander sagen: ‹Seht, dort ist das Grab des Mannes, der einst tapfer gegen Hektor gekämpft hat!› Das wird uns beiden zum ewigen Ruhme sein!»

Auguste Lechner: *Ilias. Der Untergang Trojas.* Würzburg: Arena, 1986.

7 Der einfache Mann

Odysseus sah den König kommen, schob ein paar Krieger zur Seite und ging ihm entgegen. Er sah sehr zornig aus.

«Leihe mir deinen Herrscherstab! Mich dünkt, ich brauche ihn dort drüben sehr nötig», sagte er, nahm Agamemnon kurzerhand das Zepter ab und verschwand wieder mitten in einem Haufen Krieger.

Mitten in diesem Haufen stand Thersites. Thersites war entsetzlich hässlich. Er schielte, und auf seinem spitzen Kopf wuchs nur spärlich graues Wollhaar. Er hatte kurze, dünne Beine und einen Höcker auf dem Rücken, der ihm die Schultern nach vorne zu drücken schien. Niemand sah ihn je freundlich. Stets lästerte er die Fürsten, besonders Achilleus, dem er seine Schönheit und Kraft neidete, aber auch Odysseus und die anderen. Die Achäer verachteten ihn, aber dennoch hörten sie seinen Schmähreden neugierig zu. Als er jetzt Agamemnon erblickte, richtete sich seine Wut gegen ihn.

«Haben wir noch nicht genug Beute für dich gemacht, Agamemnon?», schrie er mit seiner heiseren Stimme. «Glaubst du, wir armen Toren merken nicht, dass die Fürsten uns auf dein Gebot von Neuem zum Kampfe anstacheln, nachdem wir einen Augenblick auf die Heimkehr hofften! Beim *Hades! Du bist so habgierig, dass du dich nicht einmal schämst, Achilleus seine Ehrengabe wegzunehmen und –»

Er prallte zurück und verstummte mitten im Wort: denn mit einem schnellen Schritt stand Odysseus vor ihm. «Elender Schwätzer!», schrie er. «Wenn du nicht augenblicklich schweigst, so schwöre ich dir, ich reisse dir das Gewand vom Leibe und jage dich mit Geisselhieben, nackt wie du bist, hinab zu den Schiffen! Scher dich fort!» Und er holte gewaltig aus und hieb ihm das Zepter über den untersten Teil des Rückens, dass Thersites aufheulend davon stolperte und sich in sicherer Entfernung niedersetzte. Die Krieger lachten und riefen Beifall.

Vereinfacht nach Auguste Lechner: *Ilias. Der Untergang Trojas.* Würzburg: Arena, 1986.

Zeitenstrahl: Geschichte der griechischen Antike

*Archaische Epoche	ca. 800 v. Chr. bis 500 v. Chr.
Klassische Epoche	ca. 500 v. Chr. bis 330 v. Chr.
Hellenistische Epoche	ca. 330 v. Chr. bis 150 v. Chr.
Hellenistisch-römische Epoche	ca. 150 v. Chr. bis 250 n. Chr.
Spätantike	ca. 250 n. Chr. bis 500 n. Chr.

Die fünf Epochen der griechischen Antike.

Das Wort «Geschichte» kann zweierlei bedeuten: Einerseits ist es ein anderes Wort für Vergangenheit, andererseits bezeichnet es eine Wissenschaft, die sich mit der Vergangenheit der Menschheit beschäftigt, nämlich die Geschichtswissenschaft. Ein Zeitenstrahl hilft, die Geschichte bildlich darzustellen.

Die Zeit
In der Geschichte wird die Zeit in Epochen eingeteilt. Das sind Zeitabschnitte, die sich durch bedeutende Veränderungen voneinander unterscheiden. Allerdings haben die Menschen der Antike ihre eigene Zeit nicht nach solchen Epochen benannt. Diese Einteilung hat erst die moderne Geschichtswissenschaft vorgenommen. Sie hat die griechische Antike in fünf Epochen gegliedert.

Vergleichen wir diese Zeiträume mit dem Leben eines Menschen, so sind sie sehr lang. Wenn du dich mit Geschichte beschäftigst, musst du deshalb eine Vorstellung davon entwickeln, was es heisst, wenn ein Ereignis 10, 100, 1000, 2000 oder noch mehr Jahre zurückliegt. In deinem Alter kannst du dich vielleicht gerade einmal zehn Jahre zurückerinnern. Wenn du dir eine Vorstellung von grösseren Zeiträumen machen willst, brauchst du dazu ein Modell, das die Jahrhunderte veranschaulicht. Ein solches Modell ist der Zeitenstrahl. Wie du einen Zeitenstrahl erstellst, findest du in den rechts aufgeführten sieben Schritten beschrieben.

Anleitung
Bevor du dich daran machst, einen Zeitenstrahl zu erstellen, musst du Folgendes klären: In welchem Jahr leben wir heute? Weisst du, welches Ereignis den Beginn unserer Zeitrechnung markiert? Wenn nicht, finde es heraus und beginne erst dann die Arbeit an deinem Zeitenstrahl.

1. Nimm einen Bleistift und lege ein Blatt Papier der Grösse A4 quer vor dich hin.
2. Zuerst wählst du einen Titel für deinen Zeitenstrahl und schreibst ihn am oberen Rand des Papiers hin.
   Der Zeitenstrahl lässt sich mit «Die fünf Epochen der griechischen Antike» betiteln.
3. Lege die Zeiteinheit fest, die deinen Zeitenstrahl gliedert, und teile ihr eine Strecke zu.
   Wähle als Zeiteinheit 100 Jahre und teile ihr eine Länge von 2 cm zu.
4. Nun bestimmst du die Dauer der griechischen Antike und berechnest ihre Länge in Form einer Strecke.
   Die griechische Antike dauerte von ca. 800 v. Chr. bis 500 n. Chr., also etwa 1300 Jahre. Bei einer Zeiteinheit von 100 Jahren macht das 13 Einheiten.

Methoden erlernen

Die fünf Epochen der griechischen Antike

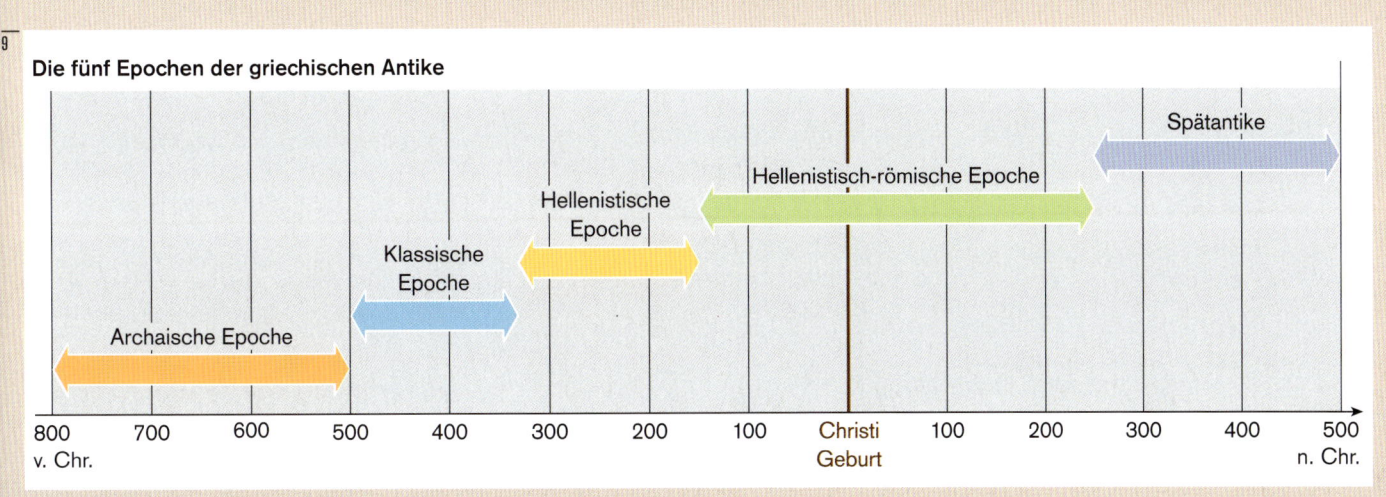

| Archaische Epoche | Klassische Epoche | Hellenistische Epoche | Hellenistisch-römische Epoche | Spätantike |

800   700   600   500   400   300   200   100   Christi Geburt   100   200   300   400   500
v. Chr.   n. Chr.

Zeitenstrahl. Ungefähr so sollte das Gerüst für deinen Zeitenstrahl aussehen. Aus Platzgründen ist er hier etwas verkleinert dargestellt.

Bei einer Länge der Zeiteinheit von 2 cm ergibt das eine Strecke von 26 cm.

5. Ziehe etwas unterhalb der Mitte des Papiers von links nach rechts eine Strecke mit der berechneten Länge. *Benutze das Lineal und trage eine Strecke von 26 cm ein. Versieh das rechte Ende der Strecke mit einem Pfeil, um so die Richtung des Zeitenstrahles anzuzeigen.*

6. Zeichne nun auf der Strecke mit einer feinen Markierung die Zeiteinheiten ein. Benutze zum Abmessen das Lineal. Setze unter die Markierungen die entsprechenden Jahreszahlen. *Du beginnst links mit 800 v. Chr. und endest rechts mit 500 n. Chr. Achte darauf, dass du am Ende auf 13 Zeiteinheiten kommst.*

7. Über den Jahreszahlen trägst du jetzt die fünf Epochen der griechischen Antike ein. *Ihre Zeitdauer und Namen findest du in der Tabelle 8. Gehe so vor, dass du über den Jahreszahlen parallel zum Zeitenstrahl für jede Epoche die entsprechende Strecke ziehst. Verwende dabei jeweils eine andere Farbe. Setze dann über die Strecken die dazugehörigen Epochennamen.*

Ziehe den Zeitenstrahl unter Verwendung weiterer Blätter bis in die Gegenwart, also bis heute. Markiere dein Geburtsjahr.

Wenn du nun den gesamten Zeitenstrahl überblickst, erhältst du eine Vorstellung davon, wie lange es her ist, dass in Griechenland Menschen das erlebt haben, wovon im Folgenden erzählt wird.

Griechenland – die Entstehung der Demokratie

In der griechischen Antike wurde in vielen Bereichen, in denen Menschen tätig sind, Neues geschaffen. In der Dichtung, dem Denken oder der Kunst haben die Griechen Erzeugnisse hinterlassen wie kaum ein anderes Volk vor oder nach ihnen. Auf die Griechen geht auch eine Erfindung zurück, die das Leben der Menschen heute in vielen Ländern der Welt prägt – auch in der Schweiz. Es ist die politische Staatsform, in der wir leben: die Demokratie. Die Demokratie tauchte im Lauf der griechischen Geschichte nicht von einem Moment auf den anderen auf. Sie ist unter ganz bestimmten historischen Voraussetzungen allmählich entstanden.

LERNZIELE

1. Du gewinnst einen Überblick über die archaische und klassische Epoche der griechischen Geschichte.
2. Du kannst dir ein Bild machen von der Gesellschaft der griechischen Städte in archaischer Zeit.
3. Du kennst die Ursachen für die schwere Krise der griechischen Städte in der archaischen Epoche.
4. Du kennst die Entstehungsgeschichte der griechischen Demokratie.
5. Du kennst die wichtigsten Ereignisse der Perserkriege und weisst um ihre Bedeutung für die Entstehung der Demokratie.
6. Du kannst erklären, wie in Athen das Volk sich selbst regierte.

ZEITLICHE ÜBERSICHT

1600–1200 v. Chr.	Mykenische Kultur im Ägäisraum
1200–800 v. Chr.	«Dunkle Jahrhunderte»
750–550 v. Chr.	Griechische Koloniegründungen rund ums Mittelmeer
730 v. Chr.	Erste Quellen in griechischer Schrift
Zweite Hälfte des 8. Jh. v. Chr.	Entstehung von Ilias und Odyssee
594 v. Chr.	Reformen Solons in Athen
546–510 v. Chr.	*Tyrannis des Peisistratos und seiner Söhne in Athen
507 v. Chr.	Reformen des Kleisthenes in Athen
490–479 v. Chr.	Perserkriege
Zweite Hälfte des 5. Jh. v. Chr.	Demokratie in Athen. Höhepunkt der griechischen Klassik

RÄUMLICHE ÜBERSICHT

Das antike Griechenland.

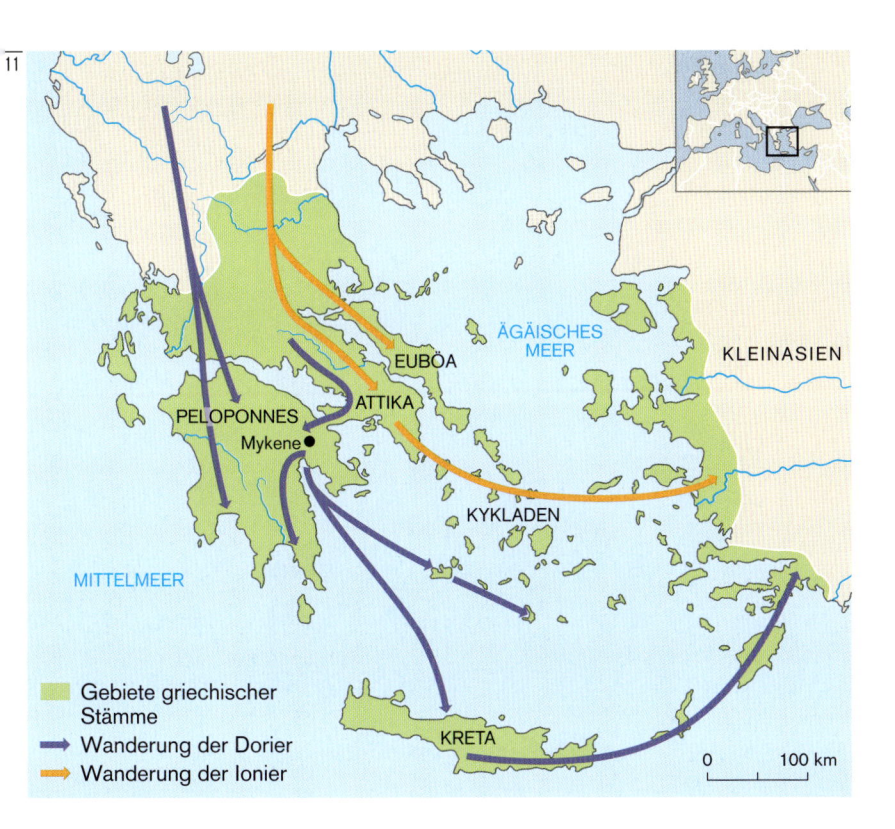

Dorische und Ionische Wanderung
bis ca. 800 v. Chr.

Der Beginn der schriftlichen Überlieferung

Vor der archaischen Epoche liegen rund 400 Jahre einer dunklen Zeit, aus der nur wenig bekannt ist. Erst aus dem 8. Jh. v. Chr. sind schriftliche Quellen in griechischer Sprache überliefert. Eine der wichtigsten Quellen, die uns Auskunft über die archaische Epoche gibt, sind die Werke des Dichters Homer.

«Dunkle Jahrhunderte»

Die Zeit von ca. 1200 bis ca. 800 v. Chr. wird «Dunkle Jahrhunderte» genannt, weil darüber wenig bekannt ist. Die mykenische Kultur ging damals unter und ihre Schrift verloren, so dass kaum schriftliche Quellen aus dieser Zeit vorhanden sind. Deshalb kann nur die Archäologie Licht in das Dunkel bringen. Ihre Funde haben gezeigt, dass nach der Zerstörung der mykenischen *Burgen verschiedene Stämme von Norden her in die vormals mykenischen Gebiete einwanderten. Teils vertrieben sie die vorgefundene Bevölkerung, teils lebten sie mit ihr zusammen.

Die zwei bedeutendsten Stämme waren die Dorier und die Ionier. Die Dorier gelangten im Laufe der Jahrhunderte in unzählige Gruppen zersplittert bis auf den Peloponnes. Von da setzten viele mit Schiffen nach Kreta und bis an die südliche Westküste Kleinasiens über. Die Ionier liessen sich in Attika und auf Euböa nieder, besiedelten dann die Kykladeninseln und gelangten bis an die Westküste Kleinasiens. Diese grossen Wanderungen nennt man Dorische und Ionische Wanderung.

Um 800 v. Chr. gingen diese Wanderungen zu Ende. Verschiedene Stämme bewohnten nun den Ägäisraum. Sie alle sprachen die griechische Sprache. Und auch wenn es von Gebiet zu Gebiet verschiedene Dialektformen gab, so konnten sich doch alle gegenseitig verständigen.

Aus der Zeit um 730 v. Chr. stammen die ersten schriftlichen Quellen in griechischer Sprache. Damit treten die Griechen aus dem Dunkel der schriftlosen Jahrhunderte heraus.

Ilias und Odyssee

In dieser Zeit sind auch Ilias und Odyssee entstanden, die berühmten Werke des Dichters Homer. Es handelt sich dabei um lange Heldengedichte mit je über 12 000 rhythmischen Versen. Sie stellen die ersten schriftlich überlieferten Werke der europäischen Literatur dar. Die Schrift, in der sie abgefasst wurden, hatten die Griechen zu Beginn des 8. Jh. v. Chr. von den *Phöniziern übernommen und der griechischen Sprache angepasst. So ist das griechische Alphabet entstanden.

Der trojanische Sagenkreis

Den Rahmen dieser Heldenlieder bildet ein ganzer Kreis von Sagen, in denen die Ereignisse rund um den Trojanischen Krieg geschildert werden. Die Geschichte beginnt mit dem goldenen Apfel der Eris, der Göttin der Zwietracht. Der trojanische Prinz Paris soll ihn der schönsten Göttin überreichen. Er wählt Aphrodite, die Göttin der Liebe, weil sie ihm dafür die Hand Helenas, der schönsten Frau Griechenlands, verspricht. Da Helena bereits verheiratet ist, muss Paris sie ihrem Gatten Menelaos, dem König von Sparta, entführen. Wenig später stechen die grössten griechischen Helden in See, um

Hinter dem Namen Homer ist keine konkrete Person mehr fassbar. Dennoch wird er üblicherweise als Dichter der Ilias und der Odyssee bezeichnet. Dieses Porträt Homers ist keine naturgetreue Abbildung. Vielmehr zeigt es Züge, die zum Ausdruck bringen, wie man sich damals einen grossen Dichter vorstellte: als alten Mann mit dichtem, wirrem Bart und weisen Gesichtszügen. Als Blinder sieht er zwar nicht, was die anderen Menschen sehen. Aber er kennt die Wahrheit über viele Dinge des Lebens und seine göttliche Stimme befähigt ihn, sie anderen zu verkünden. Die *Büste aus Marmor steht heute im Louvre in Paris.

Heinrich Schliemann (1822–1890) wollte nicht glauben, dass es sich bei der Ilias um ein blosse Erfindung handelte. Er bildete sich selber zum Archäologen aus und machte sich auf, Troja zu entdecken. Er folgte dabei aufs Genaueste den Angaben in Homers Werken. So stiess Schliemann 1870 tatsächlich auf die Reste einer Stadt, die als Troja identifiziert werden konnte. Fotografie aus dem Jahr 1890.

Troja für das Verbrechen seines Prinzen zu bestrafen. Aber erst nach zehn Jahren erfolgloser Belagerung gelingt es ihnen, die Stadt zu erobern, indem sie die Trojaner mit einem grossen hölzernen Pferd überlisten. Viele der Helden sind in den Kämpfen gestorben und jene, die nach zehn oder noch mehr Jahren nach Hause zurückkehren, erwarten dort ganz verschiedene Schicksale.

Aus den Ereignissen rund um den Trojanischen Krieg greift Homer in der Ilias und der Odyssee zwei Episoden heraus. Das Geschehen der Ilias konzentriert sich auf wenige Wochen im zehnten und letzten Jahr der Belagerung Trojas. Geschildert werden die Kämpfe der Helden. Den Höhepunkt bildet der Zweikampf zwischen Achilleus und Hektor. Die Odyssee erzählt die Abenteuer des griechischen Helden Odysseus, dessen List mit dem hölzernen Pferd den Fall Trojas herbeiführte. Nach der Eroberung Trojas irrt er während weiterer zehn Jahre auf dem Meer umher, muss unzählige Abenteuer bestehen und Leiden erdulden, bis ihm endlich die Heimkehr zu seiner geliebten Frau Penelope gelingt.

Ilias und Odyssee erzählen von Königen, Helden und Göttern. Für die Griechen war es selbstverständlich, dass der Trojanische Krieg stattgefunden hatte und all die grossen Helden tatsächlich gelebt hatten. Heute steht für die Geschichtswissenschaft fest, dass sich das Geschehen, so wie Homer es erzählt, nie ereignet hat. Vielmehr handelt es sich um Sagen und Mythen, also um Geschichten, die die Zuhörer unterhalten und ihre Fantasie anregen wollen. Dennoch sind sie mehr als blosse Erfindungen. Das hat 1870 der deutsche Ausgräber Heinrich Schliemann bewiesen, als er auf dem Hügel Hissarlik an der Nordwestküste der Türkei Überreste einer Stadt fand, die als das antike Troja identifiziert werden konnte. In der Ilias und der Odyssee sind also uralte Sagen mit historischen Elementen vermischt.

AUFGABEN

1 *Wie wird das Zeitalter vor der archaischen Epoche genannt, wie lange dauerte es und welches sind die wichtigsten Ereignisse?*
2 *Was erleichterte die Erforschung der archaischen Epoche im Vergleich zu den «Dunklen Jahrhunderten»?*
3 *In welchen heutigen Ländern lebten die Griechen zu Beginn der archaischen Epoche? Benütze den Atlas.*
4 *Wie heissen die beiden grossen Werke des Dichters Homer und wovon handeln sie?*
5 *Wodurch wissen wir heute, dass die beiden Werke Homers nicht reine dichterische Erfindungen sind, sondern auch historische Elemente enthalten?*

Olivenernte. Ein Junge ist auf einen Olivenbaum geklettert. Dort schüttelt er die Äste. Ein anderer Junge sammelt die heruntergefallenen Oliven in einem Korb. Die Vase stammt aus Vulci in Italien aus der Zeit zwischen 530 und 510 v. Chr. Heute steht sie im British Museum in London.

Mit dem Schiff unterwegs. Die Illustration von Peter Connolly aus dem Jahr 1986 zeigt, wie ein Schiff im 8. Jh. v. Chr. ausgesehen haben könnte. Die griechischen Seeleute fuhren wenn immer möglich in Sichtkontakt zu den Küsten des Festlandes oder einer Insel. In der Nacht orientierten sie sich am Mond und an den Sternen. Im Winterhalbjahr musste die Schifffahrt in der Ägäis aufgrund der heftigen Stürme eingestellt werden.

Die Menschen der archaischen Zeit

Die griechische Welt war eine Welt der Bauern. Die Landschaft, aber auch das Meer prägten die Menschen. Während der archaischen Epoche begannen die Griechen in Städten zusammenzuleben. Weil es wenige reiche und viele ärmere Bauern gab, war die Gesellschaft in diesen Städten zweigeteilt. Während die Reichen die Stadt regierten, mussten die Ärmeren für ihr tägliches Brot auf dem Feld hart arbeiten. Ihre Beteiligung an der Politik der Stadt war gering. Um der drohenden Armut zu entgehen, verliessen viele Griechen das *Mutterland und gründeten rund um das Mittelmeer neue Siedlungen, sogenannte Kolonien.

Bauern und Seefahrer

Griechenland ist von bis zu 3000 m hohen Gebirgsketten durchzogen. Nicht einmal ein Drittel des Landes ist landwirtschaftlich nutzbar. Dennoch lebten die meisten Menschen von der Landwirtschaft. In den Tälern und Küstenebenen bauten die Bauern Gerste, Weizen und Wein an. Vor allem der Olivenbaum spielte – wie heute noch – eine wichtige Rolle für die Ernährung, denn er wirft selbst auf kargen Böden einen guten Ertrag ab. Äpfel, Birnen, Granatäpfel, Feigen und Hülsenfrüchte wie Erbsen, Bohnen und Linsen kamen hinzu. Schafe und Ziegen lieferten neben Milch und etwas Fleisch auch Wolle und Felle. Hühner ergänzten mit Eiern und Fleisch das Nahrungsangebot.

Fischer fuhren zum Fischfang aus und halfen mit ihren Erträgen, die Bevölkerung zu ernähren. Es war einfacher, mit Schiffen der gewundenen Küste entlang zu fahren, als die Ware über die steilen Gebirgsrücken zu transportieren. Deshalb diente die Schifffahrt auch dem Handel, aber noch mehr der Seeräuberei. Nicht selten waren Kaufleute zugleich Seeräuber.

Aristokraten und Nichtaristokraten

Der griechische Bauer war Oberhaupt eines sogenannten Oikos. Das Wort lässt sich mit «Haus» übersetzen, umfasst aber weit mehr als das blosse Gebäude. Zum Oikos gehörte

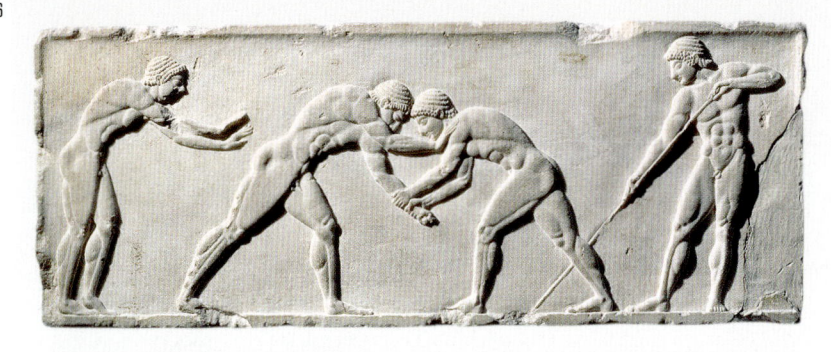

Sportlicher Wettkampf galt zu Beginn der archaischen Epoche als Vorrecht der Aristokraten. In den beiden folgenden Jahrhunderten wurde Sport mehr und mehr zu einer beliebten Beschäftigung aller freien Männer. Diese Reliefs aus der Zeit zwischen 520–500 v. Chr. zeigen verschiedene Sportarten. Oben ist das Ringen zu erkennen. In der Mitte handelt es sich um ein Ballspiel zweier Mannschaften mit je drei Spielern. Unten stehen sich zwei Mannschaften bei einem Ballspiel mit Schlagstöcken, einer Art Hockey, gegenüber. Die Marmorreliefs befinden sich heute im Nationalmuseum in Athen.

einerseits die Familie, bestehend aus Vater, Mutter, Kindern und gelegentlich Grosseltern. Andererseits war auch der Besitz Teil des Oikos, also das eigene Land mit Gebäuden, Pflanzungen, Vieh, Vorräten, Arbeitsgerät, Hausrat und Sklaven.

Die Grösse des Oikos bestimmte das Vermögen des Bauern. Weil es viele kleine und wenige grosse Oikoi gab, war die griechische Gesellschaft zweigeteilt: auf der einen Seite die wenigen reichen Grossbauern, auf der anderen die vielen einfachen Bauern, die nicht alle arm, aber weit weniger reich waren. Die Grossbauern nannten sich *Aristokraten. Aufgrund ihres Reichtums und ihrer edlen Abstammung glaubten sie, der einfachen Bevölkerung überlegen zu sein.

Ihr Reichtum erlaubte es den Aristokraten, Knechte oder Sklaven zu halten. So mussten sie nicht mehr selber auf dem Feld Hand anlegen. Die freie Zeit, die sie dadurch gewannen, verbrachten sie zusammen mit ihren Gefolgsleuten auf Beutezügen, Kaperfahrten oder in kriegerischen Auseinandersetzungen mit den Nachbarn. Hier bot sich die Gelegenheit, grosse Taten zu vollbringen. Unter den Aristokraten herrschte starke Konkurrenz. Sie wetteiferten darum, wer von ihnen der Beste sei. Diesen Wettkampf führten die Aristokraten nicht nur in kriegerischen, sondern auch in friedlichen Angelegenheiten wie zum Beispiel im Sport.

Helden und Sänger

Das Streben, sich vor den anderen auszuzeichnen, war das grosse *Ideal der griechischen Aristokratie. Ihr Leben verwendeten die Aristokraten dazu, im Sinne dieses Ideals Ruhm und Ehre zu erlangen. In der Ilias wird dieses Ideal vorbildhaft von Achilleus verkörpert. Er war der grösste aller Helden vor Troja. An Kraft und Schönheit übertraf er alle anderen. Er kannte keine Furcht und war der schnellste Läufer seiner Zeit. Bereits um seine Leistungen als Knabe rankten sich Legenden. So einfach sein Lebensideal zu verstehen ist, so schwierig ist es zu erfüllen: «Immer Bester zu sein und überlegen zu sein den anderen.» Von seiner Mutter, der Meeresgöttin Thetis, wurde Achilleus geweissagt, dass er zwischen zwei Lebenswegen wählen könne. Entweder blieb er daheim und führte ein langes, bequemes, aber ruhmloses Leben. Oder er zog gegen Troja in den Krieg, wo er zwar jung sterben, aber ewigen Ruhm erlangen würde. Achilleus wählte den Ruhm.

17 Heldengeschichten, von Sängern vorgetragen

So begann das grosse Gastmahl. Zwölf Schafe, acht Schweine und zwei Rinder wurden geschlachtet und im Hofe über grossen Feuern gebraten. Wer nicht im Saale Platz fand, wurde draussen in der offenen Halle bewirtet.

Achtsam führte ein *Herold den blinden Sänger in den Saal. Er geleitete ihn zu seinem Sitz an der Säule, hängte die *Leier über seinem Haupte auf und zeigte dem Blinden, wie seine Hände sie finden konnten. Dann stellte er den Becher und die Schüsseln handlich vor ihn auf den silbernen Tisch: denn dem berühmten Sänger sollten alle Ehren erwiesen werden.

Die Götter hatten Gutes und Schlechtes über Demodokos verhängt. Sie hatten ihm das Augenlicht genommen, aber dafür hatten sie ihm die herrlichste Stimme gegeben, die je einem Sterblichen verliehen war. Als er ein wenig gegessen und getrunken hatte, erhob sich der Sänger, nahm seine Leier und begann zu singen. Er sang ein Lied, das zu dieser Zeit in ganz *Achäa und auf den Inseln berühmt war: die Geschichte von dem gewaltigen Streit zwischen Achilleus, dem *Peliden, und Agamemnon.

Alle im Saale kannten die wilde Weise, nur Odysseus kannte sie nicht. Er hob verwundert den Kopf, als die Worte an sein Ohr drangen. Im selben Augenblick begriff er, was Demodokos erzählte. Sein dunkles Gesicht wurde bleich. Seine Hand umklammerte die Lehne des Sessels, dass der silberne Knauf abbrach. Er merkte es nicht einmal. Wie verzaubert lauschte er. Ja, genau so hatte es sich damals zugetragen!

Tobender Beifall erfüllte den Saal, als der Sänger geendet hatte. Nur Odysseus sass da und hatte den purpurnen Mantel vor das Gesicht gezogen, damit die anderen seine Tränen nicht sähen; mit solcher Gewalt ergriff ihn die Erinnerung, und so gross war die Kunst des Sängers, die Herzen der Menschen zu rühren.

Vereinfacht nach Auguste Lechner: *Die Abenteuer des Odysseus.* Würzburg: Arena, 1998.

Diese Geschichten von Ruhm und Ehre wurden von berufsmässigen Sängern vorgetragen. Sie begleiteten ihren Vortrag auf der Leier. Den Anlass bildete meist ein Fest, das mit einem grossen Gelage im Haus eines Aristokraten begangen wurde. Das Publikum bestand neben dem aristokratischen Herrn aus seinen Angehörigen und den Gefolgsleuten.

Eine Vielzahl von Städten

Im Lauf der archaischen Epoche begannen die Menschen vermehrt in Städten zusammenzuleben. Die Stadt war meist rund um einen felsigen Hügel erbaut, die sogenannte *Akropolis. Dort befanden sich die Tempel der Götter und im Falle einer Belagerung im Krieg konnte sich die Bevölkerung dorthin zurückziehen. Manche Städte waren auch mit einem Schutzwall umgeben. Zudem gab es einen öffentlichen Platz, die *Agora. Hier befand sich der Markt, und die Einwohner trafen sich regelmässig, um Neuigkeiten auszutauschen und Versammlungen abzuhalten.

Verglichen mit heutigen Verhältnissen waren die Städte der archaischen Zeit klein. Zwischen benachbarten Städten kam es oft zu Streit. Bewaffnete Konflikte waren im Leben der Menschen allgegenwärtig. Dennoch war ihnen bewusst, dass sie viel Gemeinsames verband. Alle sprachen dieselbe Sprache und verehrten dieselben Götter. Deshalb fühlten sie sich trotz aller Differenzen als kulturell verwandt und nannten sich Hellenoi, also Griechen.

Die Aristokraten an der Macht

Die Mächtigen in der Stadt waren die Aristokraten. Sie wählten aus ihren Reihen Beamte, die sich während eines Jahres um die Angelegenheiten der Stadt kümmerten. Ihre wichtigsten Aufgaben waren die Verwaltung der Stadt, die Heerführung und der Götterkult. Die ehemaligen Beamten traten im Adelsrat zusammen. Er regierte die Stadt und war für die Rechtsprechung zuständig.

Die Beteiligung des Volkes an der Politik war gering. Sie bestand darin, in Fragen, die die gesamte Bevölkerung betrafen, Vorschläge der Aristokraten gutzuheissen oder abzulehnen. So zum Beispiel wenn es darum ging, ob man gegen die Nachbarstadt in den Krieg ziehen sollte, weil es einen Übergriff auf eigene Felder gegeben hatte. Zur Abstimmung strömten die freien und mündigen Männer der Stadt auf die Agora. Hier

68   3. Griechenland – die Entstehung der Demokratie

Achilleus verbindet seinen Freund Patroklos. Das Bild ist auf den Grund einer Trinkschale, einer so genannten Kylix gemalt. Daraus wurde an Festen Wein getrunken. Während der Trinkende die Schale leerte, enthüllte sich ihm nach und nach das Bild auf ihrem Grund. Das Tongefäss stammt aus der Zeit um 500 v. Chr. Es wurde 1828 in Vulci in Italien gefunden und befindet sich heute in der Antikensammlung der Staatlichen Museen in Berlin.

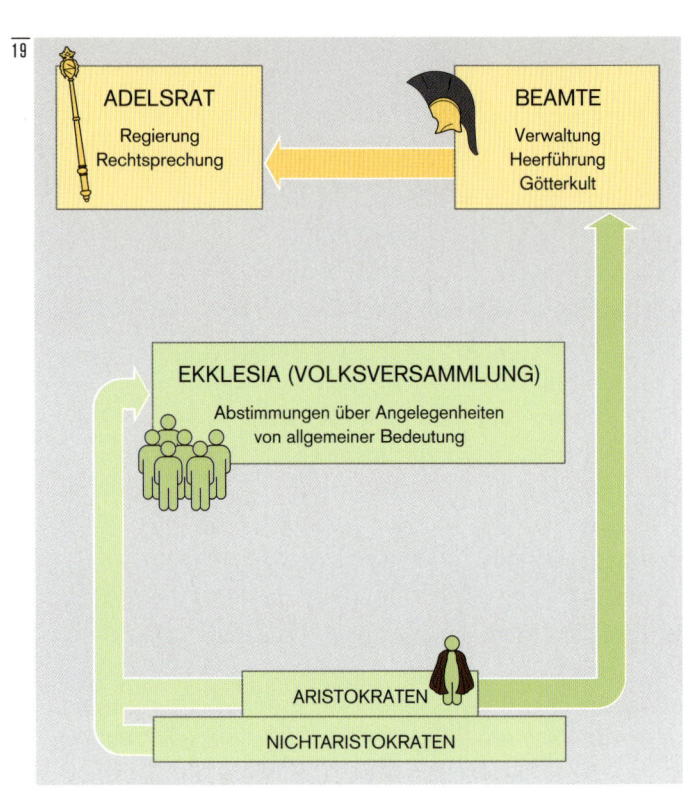

Die politische Organisation griechischer Städte in archaischer Zeit. Das Schema stellt die verschiedenen politischen Gruppen einer archaischen Stadt dar und nennt ihre wichtigsten Aufgaben.

versammelten sie sich in der Ekklesia, der Volksversammlung, und hörten sich die Meinungen der Aristokraten an. Selber meldeten sich die einfachen Einwohner kaum zu Wort. Ihre Aufgabe bestand darin, abzustimmen. Angenommen wurde jener Vorschlag, der am meisten Beifall erntete.

Kolonien rund ums Mittelmeer

Im Lauf der archaischen Epoche, zwischen 750 und 550 v. Chr., wanderten viele Griechen aus dem Mutterland aus. Sie gründeten neue Siedlungen an bisher unbewohnten Plätzen. Weil sich diese Kolonien hauptsächlich rund um das Mittelmeer verteilten, konnte der Philosoph Platon (427 – 347 v. Chr.) später sagen, die Griechen sässen dort wie «Frösche um einen Teich».

Die meisten Griechen verliessen ihre Heimat wegen der Armut. In den Kolonien erhielten sie ein Stück Land zugelost, das sie bebauen und so ein neues Leben mit der Aussicht auf eine Zukunft ohne Hunger und Armut beginnen konnten.

AUFGABEN

6 *Wozu diente den Griechen in archaischer Zeit die Schifffahrt? Gib vier Antworten.*

7 *Was heisst wörtlich ins Deutsche übersetzt Oikos? Was umfasst das Wort alles?*

8 *Die Gesellschaft in den griechischen Städten bestand in dieser Zeit hauptsächlich aus Bauern, die einen Oikos besassen. Wodurch konnten trotzdem zwei Bevölkerungsschichten unterschieden werden?*

9 *Nenne zwei typische bauliche Merkmale einer griechischen Stadt in archaischer Zeit.*

10 *Warum führten die griechischen Städte häufig Krieg gegeneinander? Wodurch waren sie dennoch miteinander verbunden?*

11 *Wer besass die Macht in den Städten der archaischen Epoche?*

12 *Wie heisst das deutsche Wort für Ekklesia, wer versammelte sich dort und zu welchem Zweck?*

13 *Warum gründeten die Griechen Kolonien?*

Diese Büste Solons (ca. 640–560 v. Chr.) ist keine naturgetreue Abbildung. Sie zeigt den politischen Reformer, der seine Ideen zur Lösung der Krise Athens in Versen festgehalten hat, mit den typischen Merkmalen eines Dichters und Weisen.

Das Ringen um politische Mitbestimmung

Die Auswanderung vermochte Armut und Hunger im griechischen Mutterland nicht vollständig zu beseitigen. Die Folge war, dass die griechischen Städte im Lauf der archaischen Epoche in eine tiefe Krise gerieten. Die Versuche der Griechen, diese Krise zu bewältigen, führten zu bedeutenden politischen Veränderungen in ihren Städten. Zu Beginn der archaischen Epoche lag die Macht beim Adelsrat, in dem wenige reiche Aristokraten sassen. Dann begann eine Entwicklung, die es immer grösseren Teilen der Bevölkerung ermöglichte, die Politik der Stadt mitzubestimmen.

Konflikte zwischen Reich und Arm

Die griechischen Städte der archaischen Epoche hatten mit mehreren Problemen zu kämpfen. Zum einen führte eine starke Bevölkerungszunahme zu Platzproblemen. Zum zweiten wurde die Kluft zwischen Arm und Reich immer grösser. Während wenige Aristokraten immer reicher wurden, hatte die breite Bevölkerungsschicht mit knappen Mitteln und oft mit hohen Schulden zu kämpfen. Viele Arme wurden gar versklavt und verloren so ihre Freiheit.

Solche Verhältnisse wollten die verarmten Bauern nicht länger hinnehmen. Sie forderten eine Neuverteilung des Bodens oder zumindest die Befreiung von ihren Schulden, damit sie ein neues, freies Leben beginnen konnten. Im Gegenzug schlossen sich die Aristokraten zusammen und dachten nicht daran, kampflos etwas von ihrem Reichtum abzugeben. In den Städten drohte Aufruhr.

Reformen als Weg aus der Krise

Auch die Stadt Athen befand sich in der Krise. Eine Masse von verarmten Bauern stand einer Schar von reichen Aristokraten gegenüber. Bewaffnete Kämpfe schienen unabwendbar. Im letzten Moment jedoch einigten sich die beiden verfeindeten Seiten darauf, einen Schiedsrichter und Schlichter zu bestimmen. Sie hatten eingesehen, dass Gewalt beiden Parteien schaden würde. So erteilten die Athener um 594 v. Chr. ihrem Mitbürger Solon umfassende Vollmachten, damit er die Missstände behob und die *Polis neu ordnete.

Solon stammte aus einem verarmten Aristokratengeschlecht. Aber er hatte sich als Handelsherr ein neues Vermögen erworben. Zwar machte er die Aristokraten für die Verschuldung und Versklavung vieler Bauern verantwortlich, aber er wollte nicht, dass die Aristokratie gestürzt wurde. Sein Ziel war die Verständigung und der Ausgleich zwischen den verfeindeten Seiten.

Zuerst hob er die Verschuldung und Versklavung der verarmten Bauern auf und gab ihnen damit ihre Freiheit zurück. Ihre Forderung nach einer Neuverteilung des Bodens erfüllte er aber nicht. Dadurch kam er den Aristokraten entgegen,

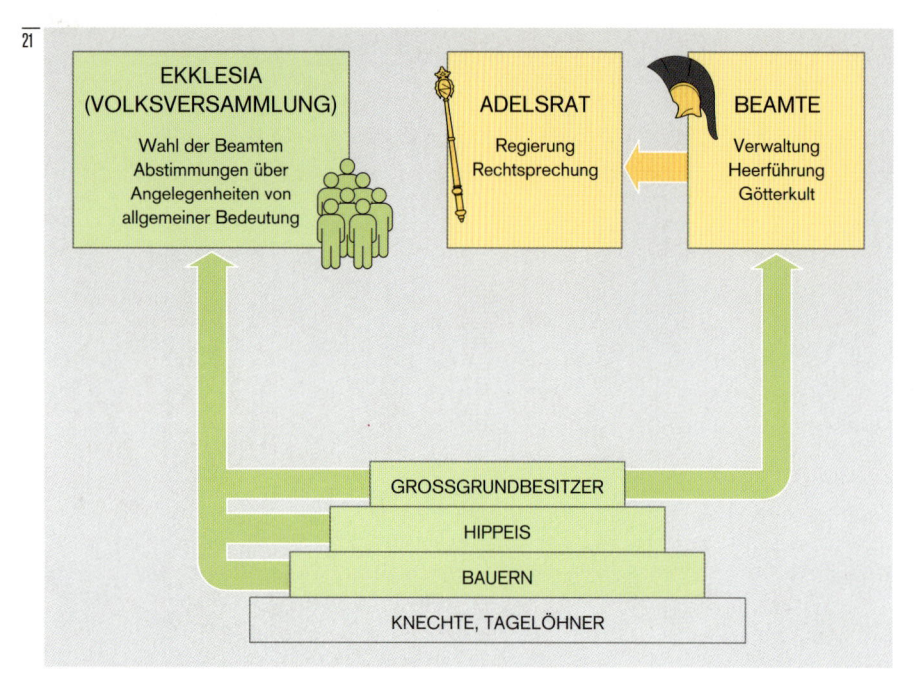

Nach Solons Reformen. Das Schema zeigt die Veränderungen im politischen Aufbau Athens, die Solons Reformen bewirkt haben. Die Bürger in der Ekklesia verfügen nun über mehr Mitbestimmung in politischen Angelegenheiten.

weil sie so ihr Land behalten konnten. Allerdings legte er das Höchstmass an Grundbesitz fest. Wer darüber hinaus Land besass, musste dieses zurückgeben. So wies er die Gier der Aristokraten nach Reichtum in die Schranken.

Hopliten und Bürger

Weiter teilte Solon die Bevölkerung Athens gemäss ihrem Vermögen in vier Klassen ein: An erster Stelle standen die reichsten Aristokraten. Ihnen folgten die Hippeis. Das waren Aristokraten, die zwar nicht zu den Allerreichsten gehörten, sich aber ein Pferd leisten und als Reiter in den Krieg ziehen konnten. Die dritte Klasse bildeten die einfachen Bauern. Die vierte Klasse bestand aus den Besitzlosen, den Knechten und *Tagelöhnern.

Die drei ersten Klassen waren vermögend genug, um sich eine Rüstung für den Kampf im Krieg zu leisten. Feindliche Heere trafen geordnet in Schlachtreihen, sogenannten Phalangen, aufeinander. In der *Phalanx standen nur Männer, die sich die dazu nötige Ausrüstung leisten konnten. Diese schwer bewaffneten Kämpfer nannte man Hopliten.

So kam es, dass im Feld Aristokraten und Nichtaristokraten nebeneinander in der Phalanx standen. Seite an Seite marschierten sie in die Schlacht, deckten sich gegenseitig mit dem Schild, kämpften, siegten oder starben gemeinsam.

Jedem, der auf dem Schlachtfeld sein Leben für die Polis riskierte, stand das Recht auf Beteiligung an der Politik der Stadt zu. Dieses Recht machte den Hopliten zum Bürger. Für die Aristokraten war das nichts Neues, sie hatten ja bereits vor Solon die Politik bestimmt. Neu war, dass sich nun auch Nichtaristokraten dieses Recht erwarben.

Die Beamten, die sich um die Angelegenheiten der Polis kümmerten, wurden zwar immer noch von den Aristokraten gestellt, und zwar von jenen aus der ersten Klasse, also den reichsten. Aber für ihre Wahl war nun die Ekklesia zuständig. Somit konnten auch die einfachen Bauern mitbestimmen, wer die Polis verwalten sollte.

Tyrannen in Athen

Solons Reformen waren kaum eingeleitet, als verfeindete Aristokraten begannen, um die Herrschaft in Athen zu kämpfen. 546 v. Chr. gelang es Peisistratos, sich gegen seine Widersacher durchzusetzen. Er hob die Gesetze und Reformen Solons zwar nicht auf. Aber weil er über genügend bewaffnete Anhänger verfügte, setzte er sich einfach über sie hinweg. Diese Staatsform, in der ein Einzelner mit Waffengewalt die Macht ergreift und sich selber über die Gesetze stellt, heisst Tyrannis.

Der Tyrann glich in vielem einem König. Ein bedeutender Unterschied lag aber darin, dass seine Herrschaft rechtlich nicht abgesichert war. Das bedeutete, dass er ständig bereit sein musste, seine Stellung gegen Angriffe anderer Aristokraten mit Waffengewalt zu verteidigen.

Nicht alle Tyrannen waren Schreckensherrscher. Manche waren auch Regenten, unter deren Herrschaft es dem Volk

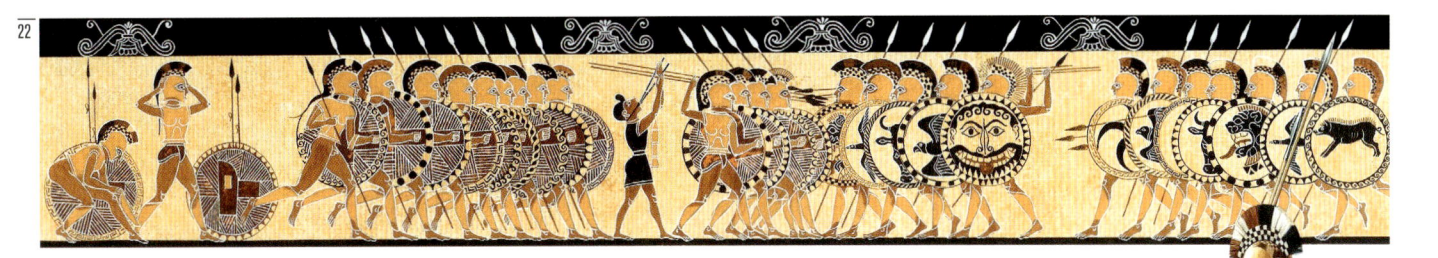

Die Tyrannenmörder. Harmodios und Aristogeiton waren ein Liebespaar. Es war bei den Griechen durchaus üblich, dass Jünglinge einen älteren Liebhaber hatten. Die beiden Verschwörer töteten den Tyrannen Hipparchos aus persönlichen Gründen, unter anderem, weil er Harmodios' Schwester beleidigt hatte. Harmodios kam beim Anschlag ums Leben, Aristogeiton wurde gefangen genommen und zu Tode gefoltert. Die Athener allerdings ehrten die beiden als Tyrannenmörder, indem sie ihnen etwas später, nach der Vertreibung des Hippias, ein Denkmal auf der Agora errichteten. Sie sahen in Harmodios und Aristogeiton ein Sysmbol der Freiheit. Die abgebildeten Marmorstatuen sind Kopien von griechischen Originalen und stehen heute im Archäologischen Nationalmuseum in Neapel, Italien.

Hopliten in der Schlacht. Die beiden Phalangen prallen aufeinander. Zu erkennen ist, wie Speer und Schild im Kampf in der Phalanx die Hauptwaffen darstellen. Wenn in der ersten Reihe ein Hoplit fiel, konnte der hinter ihm marschierende sofort aufrücken. So bewegte sich die Phalanx weiterhin geschlossen vorwärts. Peter Connollys Illustration aus dem Jahr 1981 entspricht dem Bild auf einer Vase, die um 650 v. Chr. gefertigt und in Chigi in Italien gefunden wurde. Die Vase befindet sich heute in der Villa Giulia in Rom. Die Rekonstruktion des sitzenden Hopliten zeigt einen bronzenen Brustpanzer sowie bronzene Beinschienen und einen Bronzehelm mit mehrfarbigem Helmbusch.

gut ging. Sie liessen grosse, nützliche Bauten errichten wie Häfen, Wasserleitungen, Brunnen und Tempel. Sie förderten den wirtschaftlichen Aufschwung, wovon die ganze Bevölkerung profitierte. Aber an der Politik der Stadt liessen sie das Volk nur sehr beschränkt teilnehmen. Und wer sich nicht dem Willen des Tyrannen beugte, musste mit Bestrafung oder gar dem Tod rechnen. Überhaupt vollbrachten die Tyrannen ihre grossen Leistungen weniger, um dem Volk zu dienen, als um ihren eigenen Ruhm zu mehren.

In Athen dauerte die Tyrannis des Peisistratos und seiner beiden Söhne Hipparchos und Hippias insgesamt knapp vierzig Jahre.

Das Volk beginnt sich selbst zu regieren

Nach der Vertreibung der Tyrannen kämpften in Athen erneut Aristokraten um die Herrschaft. 507 v. Chr. setzte sich Kleisthenes durch. Ihm gelang es mit einer Reihe bedeutender Reformen, die Macht der Aristokratie entscheidend einzuschränken.

Grundlage seiner Reformen war eine komplizierte Neuordnung der gesamten Bevölkerung der Polis Athen. Die Gemeinden, in denen die Menschen lebten, teilte er zehn Stämmen zu, und zwar so, dass jeder Stamm etwa über die gleiche Anzahl Menschen verfügte. Alle zehn Stämme schickten 50 Vertreter in die neu gegründete *Boule. In diesem Rat der Fünfhundert traten Bürger der drei ersten solonischen Vermögensklassen aus allen Gebieten der Polis Athen zusammen.

Ihre Aufgabe bestand darin, die Staatsgeschäfte vorzubereiten und sie dann der Ekklesia zur Abstimmung vorzulegen. Boule und Ekklesia waren aufeinander angewiesen. Denn die Boule konnte selber nichts beschliessen und die Ekklesia konnte nur über Angelegenheiten abstimmen, die ihr die Boule vorlegte.

AUFGABEN

14 *Wie heissen die drei Männer, die die politische Entwicklung Athens während der archaischen Epoche massgebend geprägt haben?*
15 *Nenne mindestens zwei Ursachen für die Krise, in die die griechischen Städte in der archaischen Epoche gerieten.*
16 *Welche Aufgabe übertrugen die Athener ihrem Mitbürger Solon?*
17 *Nenne zwei Massnahmen, mit denen Solon die Aufgabe lösen wollte.*
18 *Nenne zwei athenische Tyrannen und erkläre, was ihre Herrschaft kennzeichnete.*
19 *Welches war die bedeutendste Folge der Reformen des Kleisthenes?*

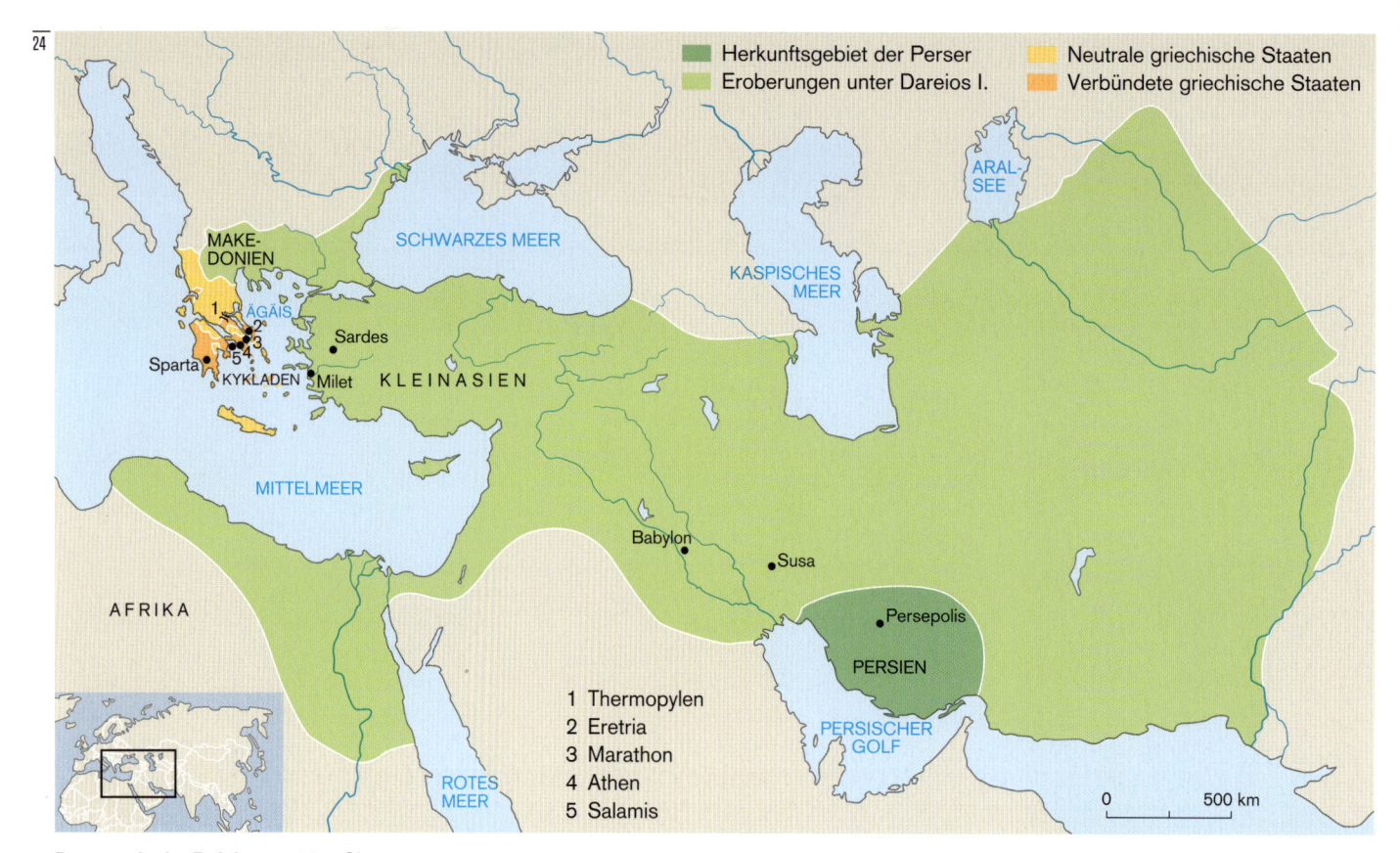

Das persische Reich um 500 v. Chr. Unter dem Grosskönig Dareios I. (ca. 550–486 v. Chr.) erreichte es seine grösste Ausdehnung.

Die Perserkriege

Während der archaischen Epoche konnten sich die griechischen Poleis unbedroht durch äussere Gefahren entwickeln. Die Griechen blieben unter sich und waren stolz auf ihre Freiheit und Unabhängigkeit. Zu Beginn des 5. Jh. v. Chr. geriet Griechenland in einen Konflikt mit dem persischen Reich. Eine Eroberung Griechenlands durch die Perser hätte zwar nicht den Untergang der griechischen Kultur bedeutet. Aber die Beteiligung breiter *Schichten des Volkes an der Politik hätte ein jähes Ende gefunden.

Konflikte in Kleinasien

Das Perserreich erstreckte sich von Indien im Osten bis zur Ägäis im Westen, von Ägypten im Süden bis Afghanistan im Norden. Sein Herrscher war der Grosskönig. Er fühlte sich von Gott dazu berufen, über die Welt zu herrschen, und nannte sich deshalb König der Könige.

Um 550 v. Chr. drangen die Perser von Osten her bis zur Ägäis vor und unterwarfen die griechischen Städte in Kleinasien. Diese mussten den Persern nun *Tribute zahlen.

Um 500 v. Chr. erhoben sich diese griechischen Städte gegen die persische Herrschaft. Sie wollten ihre Unabhängigkeit zurückerlangen. Die Stadt Milet, Anführerin des Aufstandes, wurde vollständig zerstört. Ihre Männer wurden getötet, die Frauen und Kinder weggeschafft. Der Aufstand brach zusammen.

Athen und Eretria hatten den Aufstand mit 25 Kriegsschiffen unterstützt. Nun plante der Grosskönig Dareios die Unterwerfung ganz Griechenlands. 491 v. Chr. kamen Gesandte des Grosskönigs nach Griechenland und forderten von allen Städten als Zeichen der Unterwerfung Erde und Wasser. Für Sparta und Athen kam eine Unterwerfung nicht in Frage. Sparta war die grösste und mächtigste Polis in ganz Griechenland. Mit der Eroberung Griechenlands durch die Perser hätte Sparta seine Machtstellung verloren. Athen musste wegen der Unterstützung des kleinasiatischen Aufstandes mit einer hohen Bestrafung rechnen.

Der 1. Perserkrieg

Im Jahr 490 v. Chr. rückte die persische Flotte von Kleinasien über die Ägäis heran. Nach der Eroberung der Kykladeninseln wurde Eretria zerstört. Im September landete die Flotte bei Marathon an der Küste Attikas. Von hier aus sollte Athen eingenommen werden.

Dareios I. Das Relief stammt aus Persepolis, einer der Hauptstädte des persischen Reiches. Es zeigt den Grosskönig Dareios I. Auf dem Thron sitzend und mit verschiedenen Attributen der Macht ausgestattet, verkörpert er den uneingeschränkten Herrscher. Das Relief ist heute im Nationalmuseum in Teheran, Iran ausgestellt.

Xerxes' Überlegungen

Als ich den Thron bestiegen hatte, sann ich nach, wie ich es meinen Vorgängern gleichtun und dem persischen Reich ebenso viel Land hinzuerobern könnte wie sie. Und indem ich nachsann, fand ich den Weg, wie wir Ruhm und ein grosses Land gewinnen können [...]. So habe ich euch denn berufen, um euch darzulegen, was ich zu tun gedenke. Ich will eine Brücke über den Hellespont schlagen und ein Heer durch Europa nach Griechenland führen, um die Athener zu bestrafen für alles, was sie den Persern und meinem Vater angetan haben. Ihr habt gesehen, wie schon mein Vater Dareios zum Zuge gegen dies Volk gerüstet hat. Aber er ist gestorben und konnte den Rachezug nicht mehr ins Werk setzen. Darum will ich nicht ruhen, bis ich für ihn und ganz Persien Rache geübt und Athen erobert und niedergebrannt habe [...].

Vereinfacht nach Auguste Lechner: *Ilias. Der Untergang Trojas.* Würzburg: Arena, 1986. Es handelt sich um Ausschnitte einer Rede des Xerxes (ca. 520–485 v. Chr.) vor seinem Kriegsrat. Sie findet sich im grossen Geschichtswerk über die Perserkriege des griechischen *Historikers Herodot (ca. 484–425 v. Chr.). Die Rede ist zwar erfunden, dennoch enthält sie Gründe, die in Xerxes' Überlegungen mit grosser Wahrscheinlichkeit eine Rolle gespielt haben.

Die Athener suchten die offene Feldschlacht. In der Ekklesia wurde beschlossen, sich nicht in der Stadt einschliessen zu lassen, sondern mit allen Hopliten den Persern entgegenzuziehen. Und so eilten die athenischen Hopliten unter ihrem Heerführer Miltiades (ca. 550–489 v. Chr.) nach Marathon. Was sie im Falle einer Niederlage erwarten würde, hatten ihnen die Perser durch die Vernichtung Eretrias gezeigt. In dem Bewusstsein, dass es nun um alles ging, um Land und Leben, stellten sich die Athener zur Schlacht auf. Um ihre Schlachtreihen auf dieselbe Länge wie die persische Übermacht zu bringen, zogen die Athener sie in die Länge und dünnten so ihr Zentrum aus. Dann setzten sie sich in Bewegung und begannen im Laufschritt auf die persischen Linien zuzustürmen. Die Schlachtreihen prallten aufeinander und schliesslich brachen die Perser im dünnen athenischen Zentrum durch. Gleichzeitig schlugen die Athener an den Flügeln die persischen Soldaten in die Flucht. Anstatt sie zu verfolgen, wandten sie sich nun nach innen und schlossen so die Mitte des Perserheeres ein. Der griechische Historiker Herodot berichtet, an diesem Tag seien 6400 Perser gefallen – und 192 Athener.

Kurz darauf traf ein spartanisches Heer in Attika ein. Wegen eines religiösen Festes, während dessen ihnen jegliche Kriegstätigkeit verboten war, hatten die Spartaner nicht eher ausrücken können. So kamen sie zwar zu spät zur Schlacht, aber ihr Eintreffen zeigte den Persern, dass Athen und Sparta entschlossen waren, die Unabhängigkeit der Griechen zu verteidigen. Die Reste des persischen Heeres segelten zurück nach Kleinasien.

Der 2. Perserkrieg

Die Niederlage bei Marathon verletzte den Grosskönig Dareios in seinem Stolz als Weltbeherrscher. Nun sollte Griechenland endgültig unterworfen werden. Während Jahren betrieb Dareios eine gewaltige Aufrüstung seiner Streitkräfte. Zwar starb er 486 v. Chr., aber sein Sohn und Nachfolger Xerxes führte das *Invasionsunternehmen weiter. Er plante, mit einem kombinierten Angriff zu Lande und zur See von Norden her in Griechenland einzufallen.

In Griechenland machte sich Mutlosigkeit breit. Die persische Übermacht schien zu erdrücken. Wieder setzten sich Sparta und Athen für die Verteidigung ein. Unter der Führung von Sparta schlossen sich im Herbst 481 v. Chr. mehrere Städte zu einem Bündnis zusammen. Athen hatte seit einigen Jahren energisch seinen Flottenbau vorangetrieben, sodass die Verbündeten den Persern eine zahlenmässig zwar unterlegene, aber gut ausgerüstete Flotte entgegenstellen konnten.

Im Frühjahr 480 v. Chr. hatte das gewaltige persische Heer bereits von Kleinasien nach Europa übergesetzt und wälzte

Der letzte Tag bei den *Thermopylen. Die Illustration von Peter Conolly aus dem Jahr 1976 zeigt, wie die Griechen in der Phalanx vorrücken. Sie sind zum Letzten entschlossen. Ihre Aufstellung ist nur wenige Reihen tief. Sie versuchen, die heranstürmenden Perser abzuwehren. Diese beginnen, ununterbrochen Pfeile auf den Hügel abzufeuern. Archäologinnen und Archäologen haben an dieser Stelle Hunderte von persischen Pfeilspitzen entdeckt.

Themistokles (528–462 v. Chr.) war ein brillanter Politiker und ein genialer militärischer Führer. Er hatte bei Marathon gekämpft und trieb danach die Aufrüstung der athenischen Flotte voran. Als ihr Befehlshaber war er für den Sieg von Salamis verantwortlich. Diese Ehrenbüste wurde um 470 v. Chr. geschaffen und ist das früheste griechische Porträt mit möglicherweise persönlichen Zügen. Eine Kopie davon befindet sich heute im Museum in Ostia in Italien.

sich nun Richtung Athen. Parallel dazu segelte die persische Flotte der Küste entlang. Die erste grosse Schlacht wurde am Pass bei den Thermopylen geschlagen. Als das riesige persische Heer den Pass zu stürmen begann, gelang es einer zahlenmässig weit unterlegenen Gruppe von Griechen, drei Tage lang Widerstand zu leisten. Dann wurden die Griechen überwältigt. Das persische Heer rückte zu Lande weiter vor bis nach Athen und steckte die Akropolis der *evakuierten Stadt in Brand.

Die griechische Flotte, angeführt von Themistokles, dem Befehlshaber der athenischen Schiffe, formierte sich nun in der Meerenge von Salamis. Es war bereits Ende September. Wollte Xerxes den Krieg noch vor Einbruch des Winters entscheiden, musste er jetzt angreifen. Die Schlacht wurde zum überwältigenden Sieg für die Griechen und zur katastrophalen Niederlage für Xerxes. Die zahlenmässige Überlegenheit der Perser erwies sich als fataler Nachteil. In der engen Bucht behinderten sich ihre vielen Schiffe gegenseitig.

Xerxes und die Reste seiner Flotte traten nach der Niederlage unverzüglich den Rückzug nach Asien an. Das Landheer wurde im folgenden Jahr aus Griechenland vertrieben. Der Sieg war für die Griechen ein grosser Triumph. Die zur Verteidigung entschlossenen Poleis hatten ihre Freiheit und Unabhängigkeit erfolgreich behauptet.

AUFGABEN

20 *Warum kam es zum Krieg zwischen Griechen und Persern?*
21 *Welche beiden Poleis waren entschlossen, Griechenland zu verteidigen und warum?*
22 *Gib eine kurze Chronologie der Perserkriege, das heisst, zähle die wichtigsten Ereignisse in der Reihenfolge auf, in der sie abgelaufen sind.*

Nachbau eines Ruderschiffs. Das Schiff hat eine Länge von etwa 38 m und ist rund 5 m breit. Es wird von 170 Ruderern vorangetrieben. Die zwei Segel kamen nur bei längeren Fahrten zum Einsatz. Das Ziel im Kampf bestand darin, mit dem am Bug angebrachten bronzenen Rammsporn das feindliche Schiff ausser Gefecht zu setzen. Das Schiff selbst war also die Hauptwaffe. Dieser Nachbau stammt aus dem Jahre 1987.

Auf den beidseitigen Ruderbänken der Schiffe sitzen die Ruderer in drei Reihen sehr eng beieinander.

Die athenische Demokratie

Nach der Abwehr des persischen Angriffs übernahm Athen die Führung im Krieg gegen die Perser. Athens Flotte machte die Stadt zur mächtigsten Polis Griechenlands. Sie war der Grund, warum neben den drei ersten solonischen Vermögensklassen nun auch die ärmsten Athener sich an der Politik der Stadt beteiligen konnten. Diese Entwicklung führte zu einer Staatsform, in der nicht mehr eine kleine Elite über die grosse Masse des Volkes herrschte, sondern das Volk sich selbst regierte. Die Macht im Staat lag somit in den Händen des Volkes. Dieser Staatsform gaben die Griechen den Namen Demokratie: Herrschaft des Volkes.

Der Attische Seebund

Im Jahre 479 v. Chr. war der griechisch-persische Konflikt nicht einfach zu Ende. Die griechischen Städte in Kleinasien forderten die Weiterführung des Krieges, damit auch sie vom persischen Joch befreit würden. Athen, dessen Ansehen unter den Griechen nach seinen Siegen bei Marathon und Salamis gewaltig gestiegen war, übernahm von Sparta die Führung in diesem Krieg. In einem neuen Bündnis, dem sogenannten Attischen Seebund, vereinigten die Athener eine Vielzahl griechischer Städte. Die Mitglieder verpflichteten sich, Schiffe, Soldaten oder Geld zur Verfügung zu stellen. Viele zahlten Geld, mit dem Athen seine Flotte ausbaute und anstelle der Bündnispartner den Krieg führte. Mitte der 60er-Jahre des 5. Jh. v. Chr. waren die Perser so weit von den Küsten Kleinasiens zurückgedrängt, dass für die griechischen Städte keine unmittelbare Gefahr mehr bestand.

Das Mittel, das zu diesem Ziel führte, war die Flotte Athens. Für die Entstehung der athenischen Demokratie war das von grosser Bedeutung.

Flotte und Demokratie

Die Bedeutung der Flotte für die Entstehung der Demokratie in Athen bestand darin, dass für die Schiffe viele Ruderer benötigt wurden. Als Ruderer kamen nur jene Athener in Frage, die nicht vermögend genug waren, sich eine Hoplitenrüstung zu leisten. Das war die grosse Masse der sogenannten Theten; einfache Handwerker, Knechte und Tagelöhner zwar, aber dennoch freie Athener. Weil sie nicht in der Phalanx kämpfen konnten, besetzten sie nun die Ruderbänke. Bei Salamis waren sie es gewesen, die mit dem Einsatz ihres Lebens den Sieg errungen hatten. Und sie bemannten die Schiffe, die an der

Die Agora Athens um 400 v. Chr., von Osten her gesehen. Die Händler haben ihre Stände aufgeschlagen und es herrscht ein buntes Treiben. Die Ekklesia tagte auf einer halbrunden Plattform, der sogenannten Pnyx. Diese Rekonstruktion von Peter Conolly stammt aus dem Jahr 1998.

kleinasiatischen Küste für die Befreiung der Griechenstädte kämpften. Für diese Ruderer galt wie bereits für die Hopliten: Wer im Krieg sein Leben für die Polis einsetzte, dem stand das Recht zu, sich an der Politik seiner Stadt zu beteiligen. Die wichtige Rolle der Flotte im Krieg gegen die Perser ermöglichte somit auch der ärmsten Bevölkerungsschicht Athens die Beteiligung an der Politik. Nun waren alle freien athenischen Männer – unabhängig von ihrem Vermögen – Bürger und konnten die Politik ihrer Stadt mitbestimmen.

Die Demosversammlung

Als Kleisthenes um 500 v. Chr. seine Neuordnung der Bevölkerung durchgeführt hatte, lebten die Menschen der Polis Athen in über 100 Demen. Ein Demos ist vergleichbar mit einer heutigen Gemeinde in der Schweiz. Es handelte sich um örtlich begrenzte Siedlungen ganz unterschiedlicher Grösse. Kleisthenes hatte den Demen die Aufgabe zugewiesen, sich selber zu verwalten. In der Demosversammlung entschieden die Bürger über Angelegenheiten, die die Gemeinschaft betrafen. Dazu versammelten sie sich auf der Agora ihres Ortes, wo sie die verschiedenen Möglichkeiten zur Lösung eines Problems diskutierten. Schliesslich stimmten die Bürger ab und beschlossen so, was zu tun sei. Bei der Abstimmung zählte jede Stimme gleich viel.

Dinge, über die auf diese Weise die Demosmitglieder selbstständig entschieden, waren zum Beispiel: die Nutzung oder die Verpachtung von Gemeindeland; die Errichtung und der Unterhalt von öffentlichen Bauten wie Tempeln, Theatern oder der Agora. Dazu kamen die Beaufsichtigung und die Durchführung religiöser Kulte, Gerichtsverfahren bei kleineren Verbrechen und das Führen der Liste der Demosmitglieder.

Das Herz der Demokratie

Was im Kleinen in der Demosversammlung eingeübt wurde, funktionierte im grossen Rahmen in der Ekklesia. In ihr versammelten sich die athenischen Bürger, um in Angelegenheiten zu entscheiden, die den ganzen Staat und nicht nur die Gemeinde betrafen. Dies geschah aus allen möglichen Gründen, zum Beispiel wenn neue Gesetze erlassen werden sollten oder über Krieg und Frieden entschieden werden musste. Dann kamen die Bürger in Athen zusammen, wo sie sich auf der Pnyx versammelten. Die Ekklesia tagte pro Jahr mindestens 40-mal. Natürlich konnte der Bauer, der weit von Athen entfernt lebte, die Ekklesia nicht so oft besuchen, wie ein Stadtbewohner. Deshalb genügte es, wenn 6000 Bürger an der Versammlung teilnahmen, damit eine gültige Abstimmung durchgeführt werden konnte.

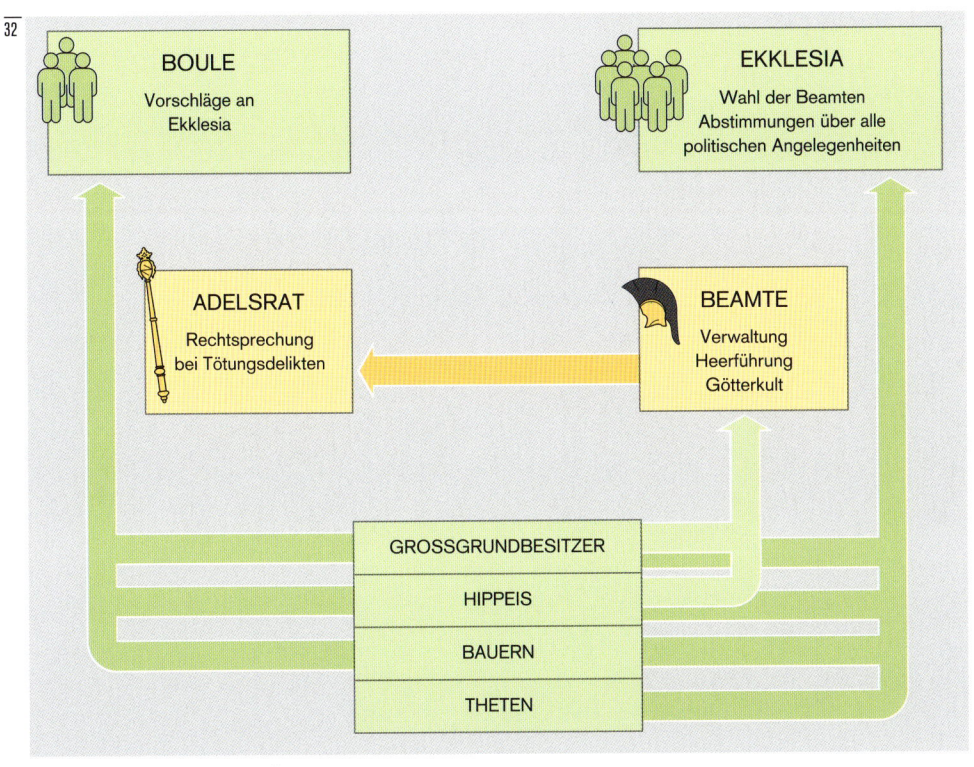

Die athenische Demokratie. Das Schema zeigt die wichtigsten politischen Kräfte der athenischen Demokratie. Die Macht liegt nun bei Boule und Ekklesia, also in den Händen des Volkes.

Attische *Drachme. Die attischen Münzen wurden oft mit dem Bild einer Eule geprägt, dem Symboltier der Athena, der Schutzgöttin Athens. Diese Münze stammt aus der Mitte des 5. Jh. v. Chr. Sie befindet sich heute im Kunsthistorischen Museum in Wien.

Der Sitzungstermin und die Themen, über die beraten werden sollte, wurden jeweils vier Tage im Voraus durch Anschläge öffentlich bekannt gegeben. In der Ekklesia herrschte Redefreiheit und jeder Bürger hatte das Recht, zu dem behandelten Thema seine Meinung zu sagen. Deshalb stellte zu Beginn jeder Beratung der Herold die Frage an die versammelten Bürger: «Wer will sprechen?» Die Abstimmung erfolgte durch das Heben der Hand.

Es war das Volk von Athen, es waren die Athener selber, die über sich bestimmten. Durch diese Herrschaft des Volkes war zur Mitte des 5. Jh. v. Chr. in Athen die erste Demokratie der Weltgeschichte entstanden.

Aufblühender Handel

An der Spitze des Attischen Seebundes beherrschte Athen die Schifffahrt in der Ägäis. Es entstanden verzweigte und relativ sichere Schifffahrtsrouten von Südrussland bis Sizilien, von *Thrakien bis Ägypten. Die attische Drachme setzte sich als einheitliches Zahlungsmittel durch. Der Handel blühte auf. Der Wohlstand der im Seebund zusammengeschlossenen Städte wuchs. Am meisten profitierte Athen selber. Die Stadt wurde zum Handelszentrum des östlichen Mittelmeeres. Zusammen mit den Abgaben, die die Mitglieder des Seebundes an Athen zu entrichten hatten, entstand die *finanzielle Grundlage, die den Athenern auch auf kulturellem Gebiet Höchstleistungen ermöglichte.

AUFGABEN

23 *Welches Ziel verfolgte der Attische Seebund?*
24 *Warum ruderten die Theten auf den Kriegsschiffen und weshalb erlangten sie dadurch die gleichen politischen Rechte wie die Hopliten?*
25 *Worüber wurde in der Ekklesia beraten und entschieden und wie lief dieser Vorgang ab?*
26 *Wie viele Bürger mussten in der Ekklesia anwesend sein, damit eine Abstimmung rechtsgültig war?*

Die Akropolis zu Beginn des 4. Jh. v. Chr. Über die Panathenäische Strasse – im Bild links unten – gelangte man an den Fuss des Hügels. Über eine grosse Treppe erreichte man die Propyläen, das Eingangstor zur Akropolis. Auf dem Hügel selbst thront der Parthenon, rechts vom Hügel befindet sich das Dionysos-Theater. Rekonstruktion von Peter Conolly, 1998.

Die Klassik – kulturelle Höhepunkte

Im 5. und 4. Jh. v. Chr. erlebte Athen den Höhepunkt der griechischen Klassik. Selten haben wohl zur selben Zeit und am selben Ort so viele Persönlichkeiten von so grosser kultureller Bedeutung gelebt wie zu jener Zeit.

Rundgang durch Athen

Wer in der zweiten Hälfte des 5. Jh. v. Chr. über die Agora, den Marktplatz Athens, schlenderte, dem konnte es passieren, dass er mit den Tragödiendichtern Aischylos, Sophokles oder Euripides zusammentraf, die gerade auf dem Weg ins Dionysos-Theater waren. Oder er begegnete dem Komödiendichter Aristophanes, der die einfachen Bürger auf dem Markt beobachtete, um Ideen für ein neues Stück zu sammeln. Er konnte dem Historiker Herodot lauschen, der öffentlich aus seinem Geschichtswerk vorlas.

Ging er weiter, konnte es sein, dass die *Sophisten Protagoras und Gorgias eiligen Schrittes seinen Weg kreuzten. Und mit Sicherheit stiess er früher oder später auf den Philosophen Sokrates, in Gespräche vertieft mit Jünglingen wie Platon und Xenophon. Hatte er die Musse, wie andere Umstehende die Unterhaltung zu verfolgen, konnte er Zeuge werden, wie Sokrates gemeinsam mit seinen Gesprächspartnern nach Antworten suchte auf Fragen wie: Was ist eigentlich Tapferkeit oder Besonnenheit oder Frömmigkeit? Worin besteht denn Gerechtigkeit, die Tugend oder das Gute? Und was ist überhaupt wahres Wissen und inwiefern unterscheidet es sich von blossen Meinungen?

Erhob er den Blick nach Südosten, sah er jenseits der Agora, mächtig emporragend, die Akropolis. Auf dem felsigen Hügel wurde an grossartigen Tempeln gebaut. Begab er sich nun in dieser Richtung auf die Panathenäische Strasse, gelangte er an den Fuss des Hügels. Stieg er die breiten Stufen hinauf, durchschritt er oben die Propyläen, das Eingangstor zur Akropolis. Von dort führte ihn die Strasse rechter Hand direkt vor den Parthenon, den alles überstrahlenden Tempel zu Ehren der Göttin Athena, der *Schutzpatronin der Stadt.

Es konnte gut sein, dass er auf der Akropolis Perikles und Phidias antraf, wie sie sich, gebeugt über Baupläne, konzentriert miteinander berieten. Der eine, Perikles, war Athens berühmtester Politiker dieser Zeit. Als Leiter der Baukommission war er von der Ekklesia mit dem Wiederaufbau der Akropolis beauftragt worden. Denn nach der Zerstörung in den Perserkriegen war die Burg während Jahrzehnten verwüstet liegen geblieben. Nun sollte sie in noch nie gesehenem Glanz neu erstrahlen. Der andere, Phidias, war einer der grössten Bildhauer der Antike. Er schuf eine riesige Statue der Göttin Athena, die sich in Gold und Elfenbein schimmernd über zwölf Meter hoch im Innern des Parthenon erhob.

Perikles (ca. 495–429 v. Chr.) war der herausragende Staatsmann seiner Zeit. Seine Bedeutung war so gross, dass Athens Blütezeit auch «Perikleisches Zeitalter» genannt wird. Perikles bezeichnete die Stadt einmal als «Schule Griechenlands», da sie den übrigen Griechen in allen Bereichen der Kunst, der Wissenschaften und der Politik ein Vorbild sei. Die Büste steht heute im British Museum in London.

Sokrates (469–399 v. Chr.) wurde zum Inbegriff des Philosophen. Er dachte darüber nach, was denn eigentlich das Gute, das Schöne oder das Rechte sei. Diese Fragen versuchte er im Gespräch mit anderen mit Hilfe von Argumenten zu klären. Bei der Büste handelt es sich um eine römische Kopie eines griechischen Originals aus der 2. Hälfte des 4. Jh. v. Chr.

Klassische Werke

Die Werke der griechischen Künstler und Philosophen aus jener Zeit bezeichnen wir heute als «klassisch». Diese Werke haben seit Jahrtausenden nichts von ihrer Wirkung verloren. So haben zum Beispiel die griechischen Philosophen über Fragen nachgedacht, mit denen sich die Philosophie noch heute beschäftigt. Die Art und Weise, wie sie dies getan haben, und viele Antworten, die sie zu geben versucht haben, liegen den Ansätzen heutiger Philosophinnen und Philosophen zugrunde.

Ein weiteres klassisches Beispiel sind die Werke der bildenden Kunst. Die griechischen Statuen aus jener Zeit zeigen Götter und Menschen von einer einfachen Schönheit und einer edlen und natürlichen Anmut. Dem Betrachter kommt es vor, als handle es sich dabei um das Selbstverständlichste der Welt. Aber gerade das Selbstverständlichste ist das Schönste. Diese Statuen sind von solcher Vollkommenheit, dass sie durch die Zeiten hindurch bis heute mit Bewunderung betrachtet werden.

Als das klassische Bauwerk schlechthin gilt der Parthenon auf der Akropolis. Der Tempel ist der Göttin Athena geweiht. Er zählt heute noch zu den schönsten Gebäuden der Welt. Nichts am Parthenon ist besonders gross oder besonders prunkvoll. Es ist einfach schön. Jede Einzelheit ist so klar und einfach geformt, dass man denkt, es könne gar nicht anders sein.

Die Erfindung des Theaters

Athen gilt auch als einer der Orte, wo das Theater erfunden wurde. Seinen Ursprung hat das Theaterspiel in einem religiösen Fest. Um Dionysos, den Gott des Weines, der Freude und der Fruchtbarkeit, zu ehren und ihm zu danken, bot ein Chor Gesänge und Tänze dar. Durch das Hinzufügen von zuerst einem, dann zwei und schliesslich drei Schauspielern liessen sich ganze Geschichten auf die Bühne bringen.

Es gab Tragödien und Komödien. Tragödien sind ernste, bewegende Geschichten, in denen sich die Hauptfigur durch ihr Handeln in einer ausweglosen Situation verstrickt, sodass ihr am Ende oft nur der Tod bleibt. Komödien sind witzige und bissige, aber auch geistvolle Stücke, die nicht selten aus aktuellem Anlass bekannte athenische Bürger verspotten. Auch wenn es in den Stücken Frauenrollen gibt, traten nur Männer als Schauspieler auf. Sie trugen eine starre Maske, die den Charakter der Figur für alle Zuschauer gut sichtbar zum Ausdruck brachte.

Die Dichter verarbeiteten ihre Themen in solch meisterhafter Form, dass ihre Stücke noch heute gespielt werden. Zu den berühmtesten Tragödien gehören beispielsweise «König Ödipus» und «Antigone» von Sophokles. Die Aufführungen fanden unter freiem Himmel im Dionysos-Theater am südlichen Abhang der Akropolis statt. Dieses fasste etwa 17 000 Zuschauer. Eine Eigenschaft antiker Theaterbauten ist ihre grossartige *Akustik. Noch auf den obersten Rängen ist jedes Wort, das auf der Bühne gesprochen wird, zu hören.

80   3. Griechenland – die Entstehung der Demokratie

Der Parthenon heute. Der Tempel der Athena ist ein wahres Meisterwerk. Um das perfekte Mass an Ausgewogenheit und Harmonie zu erreichen, mussten die griechischen Architekten einen Trick anwenden. Eine lange gerade Plattform erweckt bei dem Betrachter den Eindruck, in der Mitte durchzuhängen. Um diese optische Täuschung zu korrigieren, steigen die vier Seiten des Parthenon gegen die Mitte hin leicht an, 11 cm jeweils auf der Längsseite und 6 cm an der Front- und Rückseite. Auf diese Weise erscheint der Parthenon dem Betrachter – obwohl in Wirklichkeit leicht gekrümmt – als gerade. Fotografie aus dem Jahr 1990.

Kopf der Athena. Es handelt sich um eine römische Marmorkopie. Sie wurde nach einer Bronzestatue aus der Zeit um 430 v. Chr. geschaffen. Heute befindet sie sich im Antikenmuseum in Basel.

Die Panathenäen – das grösste Fest in Athen

Das grösste religiöse Fest in Athen waren die Panathenäen, das Geburtstagsfest der Athena, der Schutzgöttin der Stadt. Es wurde jedes Jahr im Hochsommer gefeiert. Alle vier Jahre allerdings wurden daraus die Grossen Panathenäen, ein acht Tage dauerndes Fest mit allerlei Wettkämpfen zu Ehren der Göttin.

Das grosse Fest begann mit der Vereidigung der Kampfrichter und der Teilnehmer aus ganz Griechenland. Auf *musische Wettbewerbe folgten sportliche Wettkämpfe wie Laufen, Boxen, Ringen, *Pankration und Fünfkampf. Am vierten Tag fanden Pferde- und Wagenrennen statt. Vom fünften Tag an war die Teilnahme nur noch Athenern erlaubt. Beim Fackellauf traten Teams von 40 Läufern gegeneinander an. Das Rennen führte von ausserhalb der Stadt über die Agora auf die Akropolis bis zum Altar der Athena.

Am sechsten Tag ruhten die Wettkämpfe und es fand eine grosse *Prozession über die Panathenäische Strasse hinauf zur Akropolis statt. Das Volk versammelte sich bei Morgengrauen vor dem Stadttor im Nordwesten. Mit den ersten Sonnenstrahlen setzte sich der Zug in Bewegung. An der Spitze trugen vier auserwählte kleine Mädchen aristokratischer Familien das jährlich neu gewobene Kleid für die älteste Statue der Athena auf der Akropolis. Auf dem Weg wurden *Hymnen gesungen. Nach der Prozession wurden zahlreiche Opfer dargebracht; um die Stadtgöttin zu ehren, ihr zu danken und weiterhin ihren Schutz zu erbeten. Am siebten Tag folgten die letzten Wettkämpfe: ein weiteres Wagenrennen und ein Rennen, an dem Schiffe an der Küste vor dem Piräus, einem der Häfen Attikas, gegeneinander antraten. Am achten und letzten Tag ging das Fest mit den Siegerehrungen zu Ende.

AUFGABEN

27 Wann erreichte die griechische Klassik ihren Höhepunkt?
28 Schreibe auf, welche Künstler die kulturellen Bereiche der Klassik geprägt haben.
29 Wer war Perikles und welches Bauwerk verdankt ihm die Stadt Athen?
30 Was meinte Perikles damit, wenn er Athen als «Schule Griechenlands» bezeichnete?
31 Was ist eine Tragödie, was eine Komödie?
32 Schildere den Ablauf der Grossen Panathenäen.

Wissen erarbeiten

Plakat zur griechischen Götterwelt

Portfolioauftrag

Die Griechen verehrten zahlreiche Göttinnen und Götter. Überall in der Natur waren diese für die Menschen gegenwärtig: auf dem Land und im Meer, am Himmel in Sonne, Mond und Sternen, auf Hügeln, Bergen und in Vulkanen, in plätschernden Quellen, sprudelnden Bächen und reissenden Flüssen, in Höhlen und Olivenhainen, aber auch in Naturkatastrophen wie Überschwemmungen und Erdbeben. Die wichtigsten Götter waren die Olympier – zwölf Gottheiten, von denen die Griechen glaubten, dass sie auf dem Olymp lebten. Zwei Götter erweiterten diesen Kreis der Mächtigsten: Hades, der Gott der Toten und Herrscher der Unterwelt, sowie Dionysos, der Gott des Weines, der Freude und der Fruchtbarkeit. Dieser Portfolioauftrag schickt dich auf eine Reise durch die griechische Götterwelt.

Aufgabe

In diesem Portfolioauftrag gestaltest du ein Plakat, das die olympischen Götter sowie Hades und Dionysos darstellt. Zudem findest du heraus, welche Tiere oder Symbole zu den griechischen Göttern gehören. Zum Plakat erstellst du eine kurze Textlegende, in der Nummern auf die dargestellten Göttinnen und Götter verweisen.

Vorgehen

1. Zuerst musst du in Erfahrung bringen, wie die olympischen Götter heissen und welche Tiere oder Symbole zu ihnen gehören. Du kannst zum Beispiel in Lexika oder Kinder- und Jugendsachbüchern über das antike Griechenland nach Informationen suchen. Vielleicht hilft dir auch das Internet weiter.
2. Nun musst du eine Skizze entwerfen, wie du dein Plakat gestalten willst. Welchen Titel gibst du dem Plakat? Wie ordnest du die einzelnen Götter an? Wie stellst du sie dar?
3. Dann geht es an die künstlerische Umsetzung deines Planes. Zeichnest du die Götter selbst? Machst du Kopien von geeigneten Bildern, die du dann aufklebst und vielleicht farbig ausmalst? Oder findest du noch andere Wege, dein Plakat zu gestalten? Vergiss nicht, jedem Gott und jeder Göttin eine Nummer zu geben, auf die du dann in der Textlegende verweisen kannst.
4. Jetzt gilt es, die Textlegende zu verfassen. Halte sie möglichst kurz. Achte dennoch darauf, dass die wichtigsten Informationen über die einzelnen Götter darin enthalten sind. Die Textlegende nennt die Namen der Götter und die Bereiche, für die sie zuständig sind. Ausserdem kannst du in der Textlegende festhalten, durch welche Symbole oder Tiere die Götter charakterisiert werden.

Hinweise

▶ Bei der Darstellung der Göttinnen und Götter sind deiner Fantasie keine Grenzen gesetzt. Setzt du Zeus, den mächtigsten Olympier, den Vater der Götter und Menschen, auf einen Thron? Zeigst du Artemis, die Göttin der Jagd, wie sie gerade ihren Bogen spannt? Oder Hephaistos, den Gott des Feuers und der Schmiedekunst, wie er auf einen Amboss hämmert? Bildest du auch die Symbole oder Tiere ab, die den Göttern zugeordnet sind?

▶ Natürlich kann das Plakat auch gut zu zweit oder in einer Gruppenarbeit gestaltet werden.

▶ Veranstaltet am Schluss eurer Arbeit eine kleine Ausstellung in eurem Schulzimmer oder eurem Schulhaus. So könnt ihr sehen, wie die anderen die Plakate gestaltet haben.

Alltag im klassischen Griechenland

Das Leben von Mann und Frau im klassischen Griechenland war sehr verschieden. Der Mann hielt sich vor allem ausserhalb des Hauses in der Öffentlichkeit auf. Die Frau hatte ihren Platz im Privaten innerhalb des Hauses. Allerdings betraten sie diese verschiedenen Lebenswege erst mit dem Beginn der Schulzeit. Vorher gab es im Leben von Knaben und Mädchen wenig Unterschiede.

Möbelstücke wie dieser Kindersitz wurden speziell für Kinder angefertigt. Im unteren Teil war er mit einem Topf ausgestattet. Griechische Vasenmalerei aus dem 5. Jh. v. Chr.

Mit Spielzeug wie dieser Gliederpuppe vertrieben sich die Kinder die Zeit. Sie kannten zum Beispiel auch das Jo-Jo oder das Kreisel- und das Reifenspiel. Die Puppe wurde etwa 325 v. Chr. gefertigt.

Geburt, Kindheit und Schule

Ein neugeborenes Kind musste vom Vater anerkannt werden. Sonst wurde es ausgesetzt und dem Tod überlassen. Wenn ein Mädchen auf die Welt kam, wurde ein Stück Wollstoff an der Haustür befestigt. Es *symbolisierte das häusliche Leben, das die junge Frau und dann die Ehefrau später führen würde. Bei einem Jungen befestigte man einen Olivenzweig an der Tür als Zeichen für seine zukünftige Aufgabe, für den Unterhalt der Familie zu sorgen. Fünf Tage nach der Geburt wurde das Kind feierlich in die Gemeinschaft der Familie aufgenommen. Der Vater oder die Amme trug es im Laufschritt um das Herdfeuer, das Symbol der Familie. Weitere fünf Tage später opferte man den Göttern und gab dem Kind einen Namen.

Ärmere Frauen mussten ihre Kinder selber aufziehen. Wohlhabende Familien konnten sich Sklaven leisten, darunter eine Amme, die sich um das Kind kümmerte und es auch stillte. Es gab Möbelstücke, die speziell für Kinder angefertigt wurden. Der Kindersitz zum Beispiel war im unteren Teil mit einem Topf ausgestattet. Später vertrieben sich die Kinder die Zeit mit Spielzeugen wie Puppen, Kreisel und Reifenspiel. Bis zum Alter von sieben Jahren konnten sich die Kinder ganz dem Spiel hingeben.

Dann begann für die Knaben die Schulzeit. Eine wohlhabende Familie beauftragte einen Sklaven, ihren Sohn in die Schule zu begleiten. Dieser lehrte den Jungen gute Sitten und durfte ihn auch bestrafen, wenn er ungezogen war. Man erwartete von allen Bürgern, dass sie ihre Söhne zur Schule schickten. Da aber ein Schulgeld erhoben wurde, war es den Söhnen der ärmsten Familien nicht möglich, in die Schule zu gehen.

Die Schule begann etwa eine halbe Stunde nach Tagesanbruch und dauerte bis eine halbe Stunde vor Einbruch der Dämmerung. Der Unterricht fand im Privathaus des Lehrers statt. Zuerst lernten die Kinder lesen, schreiben und rechnen. Es galt, Verse aus den Werken Homers auswendig zu lernen, aufzusagen und später auch mit der Leier zu begleiten.

Es gab keine Schreibtische. Die Schüler sassen auf Stühlen. Zum Schreiben diente ihnen eine mit Wachs überzogene Holztafel und ein Stift aus Knochen oder Metall, der auf der einen Seite spitzig, auf der anderen flach war. Damit konnte man Buchstaben in das weiche Wachs ritzen und bei einem Fehler das Wachs wieder glatt streichen.

Mädchen gingen nicht zur Schule. Sie blieben zu Hause und wurden von der Mutter in Hauswirtschaft, Kochen, Spin-

Sport in der Palaistra, dem Übungsgelände unter freiem Himmel, das von einem Säulengang umgeben war. Illustration von Pierre Probst.

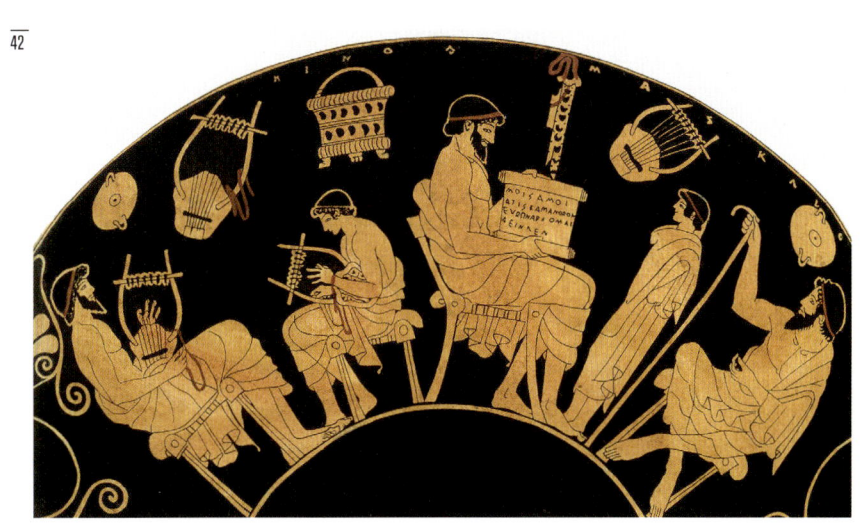

Unterricht in der Schule. Das Bild auf einer Vase zeigt Lehrer, die ihre Schüler im Leierspiel und im Lesen unterrichten. Nach einer griechischen Vasenmalerei von 450 v. Chr.

nen und Weben unterrichtet. Familien, die es sich leisten konnten, liessen die Tochter in Lesen, Schreiben und dem Leierspiel ebenfalls zu Hause von einer Lehrerin unterrichten.

Sport und Militärdienst

Ab zwölf Jahren stand das körperliche Training im Mittelpunkt. Die männlichen Jugendlichen traten nackt zum Training an. Dabei rieben sie sich mit Öl ein. Bei kühleren Temperaturen bestreuten sie den Körper zum Schutz mit feinem Sand. Nach dem Aufwärmen zu Flötenklängen übten sie sich im Diskus- und Speerwerfen, Weitsprung und Ringen. Nach dem Training begaben sich die Schüler ins Badehaus. Mit einem Bronzeschaber rieben sie sich Öl, Schweiss, Sand und Staub von der Haut und wuschen sich mit einem Schwamm.

In Athen besuchten die Knaben bis zum 18. Lebensjahr die Schule. Danach absolvierten die jungen Männer zur Erlangung des vollen Bürgerrechts eine zweijährige militärische Ausbildung. Diese Zeit verbrachten sie in den Festungsanlagen an den Grenzen Attikas. Hier erhielten sie das grundlegende militärische Training. Sie wurden gedrillt, bis sie das Kämpfen in Formation – die Manöver der Phalanx – beherrschten. Zur Abhärtung unternahmen sie unter der Leitung der Offiziere immer wieder beschwerliche Märsche durch Attika.

Nach den zwei Jahren kehrten die jungen Athener nach Hause zurück. Von nun an konnten sie jederzeit für den Krieg eingezogen werden. Zugleich hatten sie die Rechte eines athenischen Bürgers erworben, die es ihnen ermöglichten, in der Ekklesia über die Angelegenheiten ihrer Polis mitzubestimmen.

Heirat und Familienleben

Die Wahl des Ehemannes für seine Tochter traf der Vater. Zum Zeitpunkt der Vermählung war die Braut, die noch Jungfrau sein musste, zwischen 16 und 18 Jahre, der Bräutigam ungefähr 30 Jahre alt. Die Ehe diente vor allem dazu, Kinder zu bekommen, die die Nachfolge sicherten. Die Vorstellung, aus Liebe zu heiraten, spielte dabei eine untergeordnete Rolle. Dennoch hielt man ein Verhältnis des Vertrauens und der gegenseitigen Rücksichtnahme für erstrebenswert. Und die Möglichkeit, dass Eheleute in einer innigen Beziehung glücklich wurden, bestand durchaus.

Die Hochzeit selbst war ein grosses Fest. Nach dem Hochzeitsmahl, das bei den Eltern der Braut eingenommen wurde,

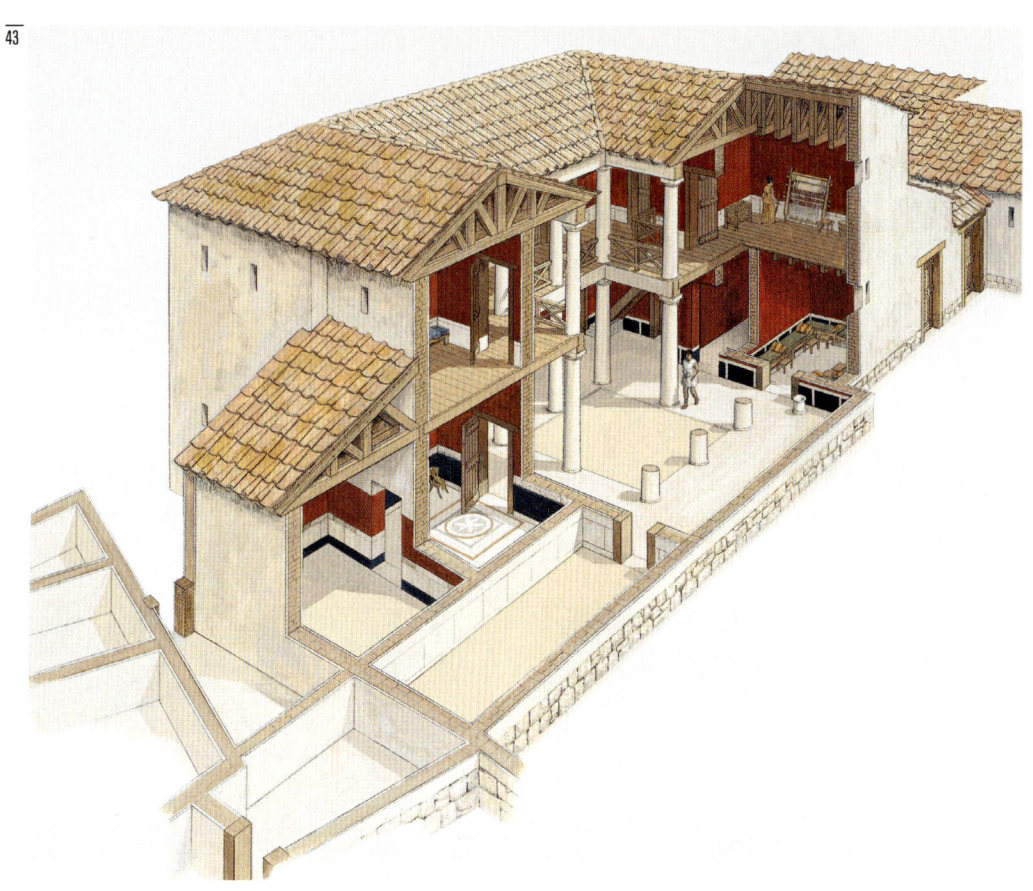

Blick in ein Wohnhaus. Zwar ist kein vollständiges griechisches Haus erhalten, aber aufgrund der Ausgrabungen lassen sich recht genaue Rekonstruktionen anfertigen. Die meisten Häuser in Athen waren bescheiden und ohne Komfort. Fliessendes Wasser konnten sich nur die reichen Familien leisten. Ihre Häuser waren oft zweistöckig. Im Erdgeschoss befanden sich Speisezimmer, Küche, Vorratskammer, Bad und Wohnräume, angeordnet um einen Innenhof. Von hier führte eine Treppe in den ersten Stock zu den Frauengemächern. Rekonstruktion von Peter Conolly, 1998.

setzte sich der Hochzeitszug in Bewegung. Das Brautpaar fuhr in einem geschmückten Wagen zum Haus der Eltern des Bräutigams. Diese waren bereits vorangegangen, erwarteten nun die Frischvermählten und hiessen die Braut in ihrem neuen Zuhause willkommen. Die Verwandten der Braut folgten zu Fuss. Sie trugen Fackeln und sangen Hochzeitsgesänge, begleitet von Flöte und Leier. Der Bräutigam half seiner Braut aus dem Wagen. Während sie das Haus betraten, warfen ihnen die Umstehenden Nüsse und getrocknete Feigen zu. Nun wurde der Braut ein Stück Hochzeitskuchen angeboten. Er enthielt Sesam, Honig und eine Dattel oder Quitte. Dies alles waren Symbole der Fruchtbarkeit, die man der Braut wünschte.

Die Frau konnte nicht selber entscheiden. Bis zur Hochzeit lag dieses Recht bei ihrem Vater und danach beim Ehemann. Der Vater stattete seine Tochter für die Ehe mit einer Mitgift aus. Um die Familie kümmerten sich die Eheleute gemeinsam, aber in getrennten Aufgabenbereichen. Der Mann sorgte für den Unterhalt der Familie, indem er seinen Geschäften nachging, Kriegsdienst leistete und sich politisch engagierte. Er bewegte sich also vor allem ausserhalb des Oikos in der Öffentlichkeit.

Die Frau dagegen wirkte innerhalb des Hauses. Sie war für die Leitung des Haushaltes verantwortlich. Sie sorgte für die Beschaffung der Vorräte und war für das Bereiten der Mahlzeiten zuständig. Sie spann Wolle und wob Stoffe für die Kleiderherstellung. Ihr oblag die Pflege und Erziehung der Kinder im Vorschulalter. In reichen Familien, die sich Sklaven leisten konnten, beauftragte die Frau Hausklavinnen mit manchen dieser Arbeiten. Dann führte sie die Aufsicht, legte aber auch selber immer wieder Hand an.

Die Frau war vor allem im Privaten tätig. Im öffentlichen Alltag gab es kaum Platz für sie. Ihr war es auch nicht erlaubt, die Ekklesia zu besuchen. Sie hatte also kein politisches Mitbestimmungsrecht. Nach aussen galt für sie, das Idealbild der in der häuslichen Abgeschiedenheit lebenden, treuen Gattin zu wahren. Dennoch war auch sie in ein Netz *sozialer Kontakte ausserhalb des Hauses eingebunden. Sie traf andere Frauen beim Wasserholen am öffentlichen Brunnen, wo sich die Gelegenheit bot, Neuigkeiten auszutauschen. Sie versorgte kranke Nachbarn oder Verwandte in deren Häusern. Und sie nahm an bestimmten religiösen Kulten teil.

Ein junges Paar hat geheiratet. Der Bräutigam führt seine Braut in ihr neues Zuhause. Illustration von Pierre Probst, 1981.

Totenklage. Ein Leichnam wird aufgebahrt, damit die Angehörigen Abschied nehmen können. Griechische Vasenmalerei aus dem 5. Jh. v. Chr.

Sklaven als Minenarbeiter. Der Abbau von Metallen in den Minen war die schwerste Arbeit überhaupt. Deshalb wurden hier viele Sklaven eingesetzt. Wer in den Minen arbeiten musste, überlebte meist nicht sehr lange. Illustration von Pierre Probst, 1981.

Alter und Tod

Die Griechen hatten grossen Respekt vor älteren Menschen. Die Kinder waren gesetzlich dazu verpflichtet, ihre Eltern zu versorgen, wenn diese alt wurden und sie von ihnen die Verwaltung des Oikos übernahmen.

Die Familie war beim Tod eines Angehörigen auch für dessen Beisetzung zuständig. Diese folgte stets einer bestimmten *Zeremonie. Zuerst wurde der Leichnam von den Frauen des Hauses gewaschen, gesalbt und in weisse Kleider gehüllt. Dann wurde er im Haus aufgebahrt und Verwandte und Freunde hielten die Totenklage. Am dritten Tag wurde die Bahre mit dem Verstorbenen zum Grab getragen. Der Totenzug setzte sich vor Sonnenaufgang in Bewegung und führte zum Friedhof, der ausserhalb der Stadtmauern lag. Die Männer und Frauen, die der Prozession folgten, waren in Schwarz oder Grau gekleidet. Dem Leichnam wurde eine Münze in den Mund gelegt. Im Glauben der Griechen diente sie der Bezahlung des Fährmanns Charon, damit er den Toten über den Fluss Styx in die Unterwelt führte. Der Tote wurde entweder begraben oder verbrannt und seine Asche in einer Urne beigesetzt.

Sklaven

Sklaverei war ein fester Bestandteil der antiken Welt. Sklaven waren meist Kriegsgefangene. Sie wurden auf dem Sklavenmarkt gekauft. Danach waren sie Eigentum ihres Herrn, der vollständig über sie bestimmen konnte. Sie hingegen hatten keine Rechte.

Normalerweise erledigten die Sklaven Arbeiten, die ihrer Ausbildung und ihren Fähigkeiten entsprachen. So gab es Sklaven, die in Minen oder Steinbrüchen arbeiteten. Das war die schwerste Arbeit überhaupt. Andere wurden in der Landwirtschaft, vor allem der Viehzucht, eingesetzt. Manche waren Handwerker und verdienten wie freie Bürger Geld als Schuhmacher, Tischler, Töpfer, Schmied oder *Steinmetz. Es gab auch Sklaven, die als Vasenmaler oder Bildhauer zu einem regulären Lohn arbeiteten. Sklaven, die durch ihre Tätigkeit Geld verdienten, mussten ihrem Herrn nur einen Teil des Verdienstes abgeben. Was sie behalten durften, konnten sie sparen, um sich damit später die Freiheit zu erkaufen. Allerdings wurden sie mit ihrer Freilassung nicht zu Bürgern einer Polis, sondern durften lediglich dort leben und arbeiten.

4. Rom – die Errichtung eines Weltreiches

Was könnte der Anlass für den auf dem Bild dargestellten Umzug sein?

Der in Purpur gekleidete Mann auf dem goldenen Wagen steht im Mittelpunkt. Um wen könnte es sich dabei handeln?

Betrachte den Platz und die Gebäude. Beschreibe den Ort.

Kennst du Orte, die sich mit dem dargestellten Platz vergleichen lassen? Suche Bilder davon, klebe sie auf ein Blatt und schreibe dazu, wo sie sich befinden und wie sie heissen.

Zeichne eine kleine Menschengruppe aus dem Bild auf ein Blatt Papier und setze Denk- oder Sprechblasen dazu.

Schreibt in der Gruppe ein Drehbuch. Es enthält ein kurzes Gespräch zwischen dem Mann im Purpurmantel und jenem Mann auf dem goldenen Wagen, der hinter ihm steht und einen goldenen Kranz über seinen Kopf hält.

Versetzt euch in die Situation der beiden Personen im Vordergrund, die von den weiss gekleideten Männern auf Schulterhöhe getragen werden. Überlegt euch in der Gruppe, was sie zueinander sagen könnten, und spielt die Szene.

Fällt dir ein heutiger Anlass ein, der sich mit diesem Umzug vergleichen lässt? Diskutiert die Vorschläge in der Klasse und nennt mögliche Ähnlichkeiten und Unterschiede.

Errungenschaften der Römer

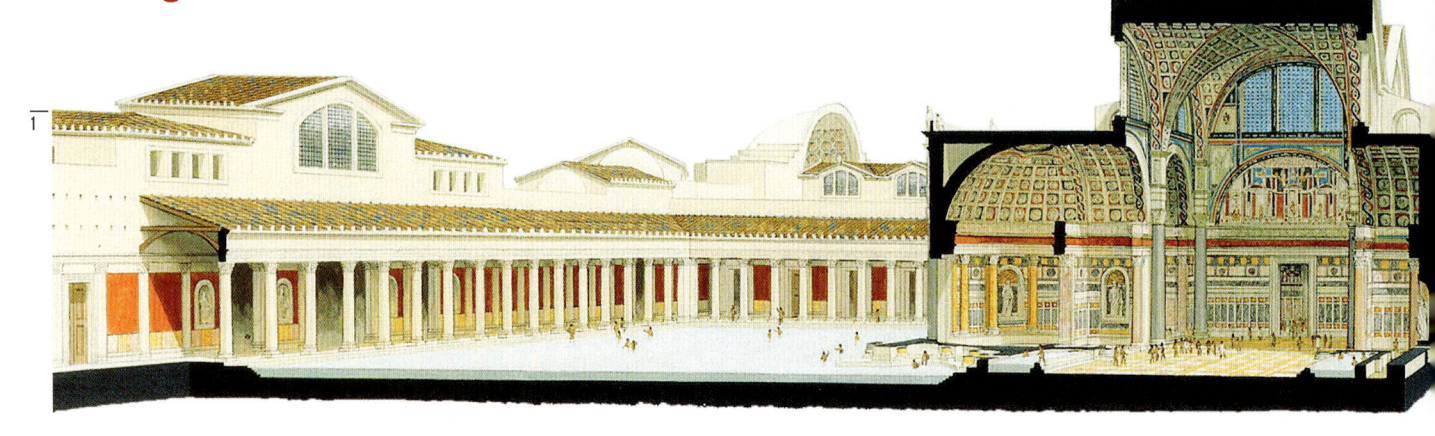

Thermen in Rom. Baden war im 1. Jh. v. Chr. zu einem wichtigen Bestandteil im Leben der Römer geworden. In den Jahrhunderten nach Christi Geburt liessen mehrere Kaiser in Rom riesige öffentliche Badeanlagen, sogenannte Thermen, errichten. Einige davon, wie die hier abgebildeten Thermen des Kaisers Traian (53–117 n. Chr.), gehörten zu den komplexesten Grossbauten der antiken Welt. Die Rekonstruktion zeigt einen Querschnitt durch die zentralen Bereiche der Anlage. Das grosse Schwimmbecken und der anschliessende erste hohe Bau bilden den kalten Badebereich. Darauf folgen in der Mitte der warme und schliesslich der heisse Bereich, der mit der heutigen Sauna vergleichbar ist. Der weite offene Platz rechts ist der Sportplatz, wo trainiert wurde oder man sich bei Ballspielen vergnügte. Thermen dieser Grösse bestanden aus weiteren Räumlichkeiten wie Garderoben, Restaurants und Bars, Vortragssälen und Bibliotheken, zudem waren sie umgeben von grosszügigen Gartenanlagen. Sie dienten also nicht bloss dem Badevergnügen, sondern stellten auch einen gesellschaftlich wichtigen Ort dar. Die Wasserversorgung der Traian-Thermen erfolgte über ein *Aquädukt. Mittels Brennöfen wurde das Wasser in grossen Heizkesseln erhitzt und dann durch Ton- oder Bleirohre in die Bäder geleitet. Die heisse Luft, die dabei entstand, strömte in Hohlräume unter dem Fussboden. Von dort stieg sie über Kanäle in den Wänden hoch und zog über Öffnungen im Dach ab. Auf diese Weise wurde die Temperatur der Luft im warmen und heissen Badebereich erhöht. Rekonstruktion von Peter Conolly, 1998.

2 Wohnen über einer Therme

Umrauscht mich doch hier der mannigfaltigste Lärm von allen Seiten. Meine Wohnung ist gerade über dem Bade. Nun stelle dir das bunte Stimmengewirr vor, das einen dazu bringen könnte, die eigenen Ohren zu verfluchen. Wenn Leute kräftigeren Schlages ihre Übungen anstellen und ihre mit Blei beschwerten Hände nach allen Richtungen hin in Bewegung setzen, wenn sie sich anstrengen, sei es wirklich oder bloss dem Anscheine nach, dann vernehme ich allerhand Stöhnen, und wenn sie den angehaltenen Atem wieder von sich geben, mancherlei Zischen unter schwerem Aufatmen. Gerate ich in die Nähe eines energielosen Menschen von der Sorte derjenigen, die sich auf die übliche Einsalberei beschränken, dann vernehme ich ein Klatschen der auf die Schultern aufprallenden Hände, das seine Tonart wechselt, je nachdem die Hand entweder flach oder hohl auffällt. Kommt nun noch ein Ballspieler hinzu, der seine Bälle zählt, dann gute Nacht!

Dazu noch all das Gezänk, der Lärm bei Ergreifung eines Diebes und die Stimmproben der gesangessüchtigen Badenden. Dazu das tosende Aufspritzen des Wassers beim Sprunge der sich mit gewaltigem Schwung in das Bassin stürzenden Badenden. Neben all diesen, die doch wenigstens mit unverstellter Stimme sich bemerklich machen, denke dir einen dienstbeflissenen Haarzupfer, der, um sich nach Möglichkeit bemerkbar zu machen, immer wieder seine dünne und schrille Stimme vernehmen lässt und seinen Mund nur dann hält, wenn er Haare ausrupft und einen anderen für sich schreien lässt. Dazu nimm nun noch das Stimmengewirr der Kuchenbäcker, der Wursthändler, der Süssigkeitskrämer und aller der im Dienste der Garküchen stehenden Krämer, die ihre Ware, ein jeder in seiner besonderen Tonart, feilbieten.

Seneca: *Briefe an Lucilius 56, 1–2*. Übersetzung Otto Apelt. Der Philosoph Seneca (ca. 1–65 n. Chr.) schildert in einem Brief an seinen Freund Lucilius den Betrieb in den Thermen des Kurortes Baiae am Golf von Neapel.

3 Die Kalenderreform Caesars

Er verbesserte den Kalender, der seit Langem durch Schnitzer der Priester, die willkürlich Schalttage einschoben, so durcheinandergeraten war, dass weder die Erntezeit in den Sommer noch die Weinlese in den Herbst fiel. Und das Jahr passte er dem Lauf der Sonne an, sodass es 365 Tage hatte, der Schaltmonat wegfallen konnte und nur ein Tag alle vier Jahre eingeschoben werden musste. Damit aber in Zukunft vom neuen ersten Januar an die Zeitrechnung präziser stimmte, schob er zwischen November und Dezember noch zwei Monate ein; so hatte das Jahr, in dem er diese Reform durchführte, 15 Monate einschliesslich des Schaltmonats, der auch in dem bisherigen System in dieses Jahr gefallen wäre.

Sueton: *Iulius Caesar 40*. Übersetzung Hans Martinet. Gaius Iulius Caesar (100–44 v. Chr.) führt im Jahre 46 v. Chr. aufgrund von Berechnungen eines ägyptischen *Astronomen eine Kalenderreform durch.

Die Lebensadern des Römischen Reiches. Der Strassenbau gehört zu den grossen Leistungen der Römer. In den Jahrhunderten der römischen Herrschaft wurden über 80 000 km Strassen gebaut. Sie dienten vor allem dem schnellen Verschieben von Truppen und dem Überbringen von Nachrichten. Aber auch im zivilen Bereich profitierten die Menschen von den Strassen. Sie erleichterten und beschleunigten den Warentransport und das Reisen. Die römischen Strassen wurden so solide gebaut, dass viele von ihnen noch heute in gutem Zustand erhalten sind, wie diese Fotografie von 2005 zeigt. Unter manch moderner Strasse befindet sich ein römisches Fundament. Die Via Appia ist eine der berühmtesten Römerstrassen. Ihr Bau begann 312 v. Chr. Sie führte von Rom nach Südosten bis Brundisium (Brindisi). Die Strecke von 540 km konnten Reisende nun in rund zwei Wochen zurücklegen.

Wasser zur Versorgung der Stadtbevölkerung. Aquädukte sind Meisterleistungen der römischen Ingenieurskunst. Eine Stadt kann nur dann wirklich gross werden, wenn Wasser vorhanden ist oder herbeigeschafft werden kann. In den ersten Jahrhunderten wurde die Stadt Rom hauptsächlich mit Wasser aus dem Fluss Tiber versorgt. Das stetige Anwachsen der Stadtbevölkerung machte aber eine immer umfassendere Wasserversorgung notwendig. 312 v. Chr. wurde mit dem Bau des ersten Aquädukts begonnen. Ende des 1. Jh. n. Chr. führten neun grosse Aquädukte Wasser aus dem Umland Roms in die Stadt. Zusammengerechnet betrug ihre Länge über 420 km. Sie speisten die öffentlichen Brunnen und Toilettenanlagen, die Bäder, Theater und die Privathaushalte der Reichen täglich mit bis zu 1 Mio. m³ Wasser. Diese Menge wurde in der Moderne erst in den 1970er-Jahren wieder erreicht. Der Steinkanal, durch den das Wasser floss, befand sich zuoberst auf dem Aquädukt und war mit wasserundurchlässigem Zement ausgegossen. Damit das Wasser im Fluss blieb, wies der Aquädukt ein leichtes Gefälle von 30 cm pro km auf. Der abgebildete Aquädukt in Segovia in Spanien ist einer der am besten erhaltenen römischen Aquädukte. Er wurde im 1. Jh. n. Chr. erbaut und ist noch heute in Betrieb.

Berechnung: Distanzen in der römischen Welt

Auf Botenreise

Als Bote des römischen Feldherrn Titus musst du in Rom Meldung erstatten, dass Jerusalem nach fünfmonatiger Belagerung erfolgreich erobert werden konnte. Allerdings ist bereits Ende September, und von Oktober bis April ruht die Schifffahrt im Mittelmeer wegen der heftigen Winterstürme. Also brichst du unverzüglich auf, weil du hoffst, in Cäsarea noch ein Schiff zu finden, das trotz des unmittelbar bevorstehenden Herbstbeginns bereit ist, bis nach Italien zu segeln. Um die etwa 130 km lange Strecke von Jerusalem nach Cäsarea so schnell wie möglich hinter dich zu bringen, tauschst du bei Wechselstationen dein erschöpftes Pferd immer wieder gegen ein frisches aus.

Manuel Hediger, 2008.

zu Fuss	ca. 30 km/Tag
zu Pferd	ca. 80 km/Tag
mit dem Schiff	ca. 200 km/Tag
bei häufigem Pferdewechsel	ca. 250 km/Tag

Reisegeschwindigkeiten in römischer Zeit bei gut passierbaren Strassen und günstigen Winden zur See.

Wenn du dich mit römischer Geschichte beschäftigst, musst du einerseits wissen, wo sie sich abgespielt hat. Dies kann dir eine geografische Karte zeigen. Andererseits musst du aber auch eine Vorstellung von den räumlichen Dimensionen der römischen Welt haben. Diese Vorstellung gewinnst du, indem du die Reisezeiten im Römischen Reich betrachtest.

Im Auto kannst du heute auf der Autobahn 120 km in einer Stunde zurücklegen. Zu Fuss schaffst du in derselben Zeit gerade einmal 5 km. Für 120 km bräuchtest du – wenn du ohne Pause marschieren würdest – demnach 24 Stunden (120 km : 5 km = 24). Dieselbe Strecke wird dir im Auto also viel kürzer erscheinen als zu Fuss. Das bedeutet, dass die Art und Weise, wie du dich fortbewegst, einen Einfluss darauf hat, wie du die Grösse und Weite der Welt um dich herum wahrnimmst. Die Welt erscheint dir umso kleiner, je schneller du vorwärtskommst und umso grösser, je länger du für eine Strecke benötigst.

Die Römer waren überzeugt, dass sie dazu bestimmt seien, ein grosses Reich zu erschaffen. Seine grösste Ausdehnung erreichte das Römische Reich im 1. und 2. Jh. n. Chr. Es erstreckte sich von Schottland im Norden bis Ägypten im Süden, vom Atlantischen Ozean im Westen bis zum Euphrat im Osten. Dieses riesige Gebiet umfasste über 40 heutige Länder. In und zwischen ihnen bewegen wir uns heute mit dem Auto, der Eisenbahn, motorgetriebenen Schiffen oder dem Flugzeug fort. Die Menschen der Antike waren viel langsamer unterwegs. Sie gingen zu Fuss oder benutzten Transportmittel wie Reittiere, Wagen, die von Gespannen gezogen, und Schiffe, die durch Wind oder Ruderer angetrieben wurden. Folglich war für sie das Römische Reich viel grösser und weiter als dieses Gebiet uns heute erscheint.

Anleitung

Im Folgenden verschaffst du dir eine Vorstellung davon, wie gross die räumlichen Dimensionen des Römischen Reiches für die Menschen damals waren. Zu diesem Zweck wirst du auf eine Reise quer durch das Römische Reich im Jahre 70 n. Chr. geschickt. Dabei führst du ein Reisejournal in Form einer Tabelle, in der du alle wichtigen Angaben über deine Reise notierst. Am Ziel angekommen, wirst du genau wissen, wie lange du unterwegs gewesen bist. Die Angaben zu deiner ersten Reiseetappe gewinnst du durch die genaue Lektüre des Textes 6 und mithilfe der Informationen aus Tabelle 7. Die folgenden sieben Schritte zeigen dir, wie du am besten vorgehst.

1. Zuerst benötigst du eine Tabelle, in die du alle wichtigen Daten deiner Reise übersichtlich eintragen und so dein Reisejournal erstellen kannst. *Zeichne auf einem A4-Blatt quer eine Tabelle mit sechs Spalten und neun Zeilen. Beschrifte nun die Spalten von links nach rechts: Etappe, Startort, Zielort, Distanz, Transportmittel, Dauer. Jede Zeile steht für eine Etappe. Nummeriere die Zeilen unter «Etappe» von 1 bis 7. Die neunte Zeile benutzt du, um am Ende deiner Reise die Gesamtdauer einzutragen.*

2. Wo beginnt deine Reise? Trage den Namen der Stadt, die Ausgangspunkt deiner Reise ist, an der geeigneten Stelle in der Tabelle ein. Suche die Stadt auf der Karte 10.

Methoden erlernen

Etappe	Startort	Zielort	Distanz	Transportmittel	Dauer
1	Jerusalem	Cäsarea	130 km	häufiger Pferdewechsel	1 Tag
2					
3					

Von Jerusalem nach Rom. So sieht der Anfang der Tabelle für dein Reisejournal aus.

Lies Text 6 aufmerksam durch. Du startest deine Reise in Jerusalem. Auf der Karte 10 siehst du, dass Jerusalem im Südosten des Römischen Reiches liegt. Trage den Namen in der ersten Zeile der Tabelle unter «Startort» ein.

3. Wohin führt dich deine erste Reiseetappe? Trage das erste Etappenziel in der Tabelle ein und suche es ebenfalls auf der Karte 10.
Der Text nennt als erstes Etappenziel Cäsarea. Trage den Namen in der ersten Zeile der Tabelle unter «Zielort» ein. Die Hafenstadt Cäsarea liegt an der östlichen Mittelmeerküste nördlich von Jerusalem.

4. Wie lang ist die erste Etappe? Trage die Distanz in der Tabelle ein.
Im Text steht, dass die Strecke von Jerusalem nach Cäsarea rund 130 km misst. Notiere diese Information in der ersten Zeile der Tabelle unter «Distanz».

5. Wie legst du deine erste Etappe zurück? Füge der Tabelle die Information über dein Transportmittel hinzu.
Laut Text reitest du auf einem Pferd, das du immer wieder gegen ein frisches wechselst. Trage dies in der ersten Zeile der Tabelle unter «Transportmittel» ein.

6. Wie viele Kilometer kannst du mit deinem Transportmittel in einem Tag zurücklegen?
Um dies herauszufinden, benutzt du die Informationen aus Tabelle 7. Dort steht, dass ein Reiter, der sein Pferd häufig wechselt, an einem Tag bis zu 250 km zurücklegen kann.

7. Wie lange bist du auf deiner ersten Etappe unterwegs? Trage die Dauer in der Tabelle ein.
Die 130 km von Jerusalem nach Cäsarea hast du mit Pferden zurückgelegt, die du bei Wechselstationen immer wieder gegen frische austauschen konntest. Da du auf diese Weise bis zu 250 km in einem Tag hinter dich bringen kannst, triffst du noch am selben Tag in Cäsarea ein. Für die erste Etappe deiner Reise hast du also einen Tag benötigt. Trage dies als «Dauer» in der ersten Zeile der Tabelle ein.

Bearbeite nun Text 9 wie in der Anleitung erläutert, sodass du dein Reisejournal vollständig ausfüllen kannst. Solltest du eine neue Etappe nicht antreten können, weil du aus irgendwelchen Gründen aufgehalten wirst, dann rechne die Wartezeit zur Dauer der alten Etappe hinzu. Erreichst du ein Ziel, bevor der Tag zu Ende ist, zählt dies dennoch als ganzer Reisetag. Damit du die Orientierung nicht verlierst, kannst du deine Reise auf der Karte 10 verfolgen. Sobald du in Rom angekommen bist, zähle die Tage zusammen, die du unterwegs gewesen bist, und trage sie als gesamte Dauer in der Tabelle ein. Damit ist das Journal deiner Reise quer durch das Römische Reich vollständig.

Finde nun noch heraus, wie lange heute ein Flug von Jerusalem nach Rom dauert. Ein Vergleich der heutigen Reisedauer mit dem sorgfältig geführten Reisejournal der damaligen Reise wird dir deutlich zeigen, wie viel grösser und weiter die Dimensionen des Römischen Reiches für die Menschen der Antike gewesen sind als für uns heute.

Die Botenreise geht weiter
Die Nacht zieht herauf über Cäsarea und die ersten Sterne treten am klaren Himmel hervor. Zwar bist du müde nach dem anstrengenden Ritt. Dennoch gehst du nach einem kurzen Essen zum Hafen hinunter. Schliesslich brauchst du so schnell wie möglich eine Mitfahrgelegenheit nach Italien. Aber keiner der Kapitäne ist bereit, kurz vor dem Einsetzen der ersten Herbststürme eine so weite Fahrt über das offene Meer zu unternehmen. Selbst die Aurei, die Goldmünzen, die dir Titus mitgegeben hat, sind ihnen das Risiko nicht wert. Spätabends kehrst du in deine Unterkunft zurück. Bevor du dich schlafen legst, scheint es dir, dass du deinen Reiseplan bereits zum ersten Mal ändern musst. Da du keinen Tag verlieren darfst und kein Schiff mehr direkt nach Italien ausläuft, willst du morgen eines nach Alexandria suchen. Vielleicht findet sich in Ägypten noch ein Getreidetransporter, der Richtung Italien in See sticht.

Schon früh am nächsten Morgen stehst du am Hafenbecken und beobachtest, wie Matrosen ein Segelschiff zum Ablegen bereit machen. Du eilst herbei und erkundigst dich, wohin die Fahrt gehen soll. Du hast Glück. Der Kapitän muss noch Wein nach Alexandria liefern. Allerdings hält auch er die kürzere Route über die offene See zu dieser Jahreszeit für zu gefährlich. Deshalb will er während der Fahrt in ständigem Sichtkontakt mit der Küste bleiben. Du zögerst nicht und begibst dich sogleich an Bord. Als die Taue gelöst werden, weht ein günstiger Wind, der das Schiff zügig der Küste entlang zuerst nach Süden und dann am Nildelta vorbei Richtung Westen voranbringt. So verläuft die 600 km lange Fahrt nach Alexandria ohne Zwischenfälle.

In der hereinbrechenden Dunkelheit wird das Schiff von dem berühmten Leuchtturm Alexandrias in den Hafen gelotst. Während du an der Basis des riesigen Bauwerks vorbeigleitest, denkst du, dass es sich hier zu Recht um eines der sieben Weltwunder handelt. Kurze Zeit später schweift dein Blick über die Anlegeplätze und du weisst sogleich, dass du auch hier kein Schiff mehr finden wirst, das dich direkt nach Italien bringt. Denn die letzten grossen Getreidelieferungen aus Ägypten, die zur Ernährung der Bevölkerung nach Rom transportiert werden, sind bereits Ende Sommer ausgelaufen. Aber am nächsten Morgen stösst du auf einen Salztransporter, der gegen Mittag Richtung Apollonia in See sticht. Während der ersten Hälfte der 800 km langen Fahrt herrschen noch immer günstige Winde. Doch dann zieht ein erster Herbststurm auf. Der Wind fegt über das Wasser, die Wellen beginnen sich zu türmen und das Schiff muss gegen den Wind kreuzen. Zum Glück ist der Sturm nicht so wild, dass ernsthafte Gefahr droht. Aber das Unwetter halbiert die Reisegeschwindigkeit. Da der heftige Wind auch nicht nachlässt, als das Schiff sich bereits Apollonia nähert, kann es nicht in den Hafen einlaufen. Der Kapitän befiehlt, vor der Küste zu ankern. Als sich die stürmischen Winde am übernächsten Tag endlich etwas legen, ärgerst du dich über die zwei verlorenen Tage. Der Kapitän beeilt sich, das Schiff in den sicheren Hafen zu steuern. Denn am westlichen Horizont zeigen sich bereits die Vorboten eines neuen Sturms. Als das Schiff angelegt hat, ist dir klar, dass du über Land weiterreisen musst. Denn die Schifffahrt muss für dieses Jahr wohl endgültig eingestellt werden und deine Botschaft ist zu dringend, als dass du hier wie andere Reisende den Winter mit Warten verbringen und deine Reise erst nächsten Frühling mit dem Schiff fortsetzen könntest.

Am folgenden Tag willst du dir ein Pferd besorgen. Allerdings findest du in ganz Apollonia keines, das dir stark genug zu sein scheint für die bevorstehenden Strapazen. Weil die Zeit drängt, entschliesst du dich gegen Mittag, die 20 km nach Kyrene, den Hauptort dieser Gegend, zu Fuss zurückzulegen.

Nach kurzem, aber erquickendem Schlaf in einer Herberge in Kyrene besorgst du dir am Morgen ein kräftiges

Pferd und verlässt die Stadt Richtung Westen. Die grosse Römerstrasse führt der nordafrikanischen Küste entlang. Über Land zu reisen ist weit anstrengender als bei gutem Wetter über das Meer zu fahren. Also musst du deine Kräfte gut einteilen, damit du die 2000 km lange Strecke bis nach *Karthago überhaupt bewältigen kannst. Du reitest am Tag. In den Raststationen, die sich in regelmässigen Abständen entlang der Strasse befinden, stärkst du dich abends mit warmer Speise und erholst dich von den Strapazen der Reise. So bist du am folgenden Tag wieder bei Kräften. Tag für Tag sitzt du im Sattel. Der Ritt über die staubige Strasse zehrt an den Kräften von Pferd und Reiter. Schliesslich kommt der ersehnte Tag, an dem du abends in Karthago zu sein hoffst – wenn nicht noch etwas Unvorhergesehenes passiert. Aber die Götter meinen es gut mit dir und du erreichst die Stadt ohne Zwischenfall.

Nun hoffst du, einen unerschrockenen Seefahrer zu finden, der dich nach Italien übersetzt. Den Landweg über Nordafrika, Spanien, Südfrankreich und Norditalien möchtest du wenn irgend möglich vermeiden. Er würde viel zu lange dauern. Zu dieser Jahreszeit tummeln sich kaum mehr Seeleute bei den Hafenanlagen. Drei Tage suchst du vergeblich und fragst dich schon, ob du doch den beschwerlichen Landweg antreten sollst. Während du dem Pier entlangschlenderst, kommt dir ein etwas untersetzter, aber stämmiger Mann mit draufgängerischem Aussehen entgegen. Du sprichst ihn an und er erzählt, dass er Leoparden aus dem karthagischen Hinterland für die Gladiatorenspiele nach Rom bringen soll. Zwar müsse er die Tiere erst nächsten Sommer abliefern. Aber wenn das Wetter stabil zu bleiben verspreche, mache es ihm und seiner Mannschaft nichts aus, auch zu dieser Jahreszeit Richtung Ostia, dem Hafen Roms, aufzubrechen. Das gäbe ihm Gelegenheit, in Rom noch einige Geschäfte abzuwickeln. Du willst gar nicht wissen, womit der Kapitän sonst noch sein Geld verdient und bist bereit, ihm einen fürstlichen Preis für die Überfahrt zu zahlen. In der Frühe des folgenden Tages läuft das Schiff bei stahlblauem Himmel aus dem Hafen Karthagos aus. Südwind bringt es zügig Richtung Norden voran. Im Lauf der Fahrt nimmt der Wind ständig an Stärke zu. Aber der Himmel bleibt klar. Neptun, der Meeresgott, scheint dir gnädig gestimmt zu sein. Damit dies auch so bleibt und er keinen Grund erhält, zornig auf dich zu werden, bringst du ihm ein Trankopfer dar und bittest ihn, er möge dir weiterhin günstigen Wind und gutes Wetter gewähren. Neptun scheint dein Gebet zu erhören. Die gesamte Überfahrt von rund 600 km verläuft problemlos und dank des kräftigen Windes beinahe in Rekordzeit.

Als das Schiff in den Hafen von Ostia einläuft, herrscht tiefe Nacht. Weil sich zu solch später Stunde nirgends ein Pferd finden lässt, beschliesst du, dich unter Deck noch etwas hinzulegen. Du bist glücklich darüber, es beinahe geschafft zu haben und dankst den Göttern, dass du zu dieser Jahreszeit in befriedigender Frist von Jerusalem bis hierher gelangt bist. Kaum eingeschlafen, erwachst du bereits vor Sonnenaufgang. Du verlässt das Schiff und besorgst dir ein schnelles Pferd. Die 24 km über die Via Ostiensis bis nach Rom legst du in gestrecktem Galopp zurück. Dort angekommen, begibst du dich direkt zu Kaiser Vespasian, dem du die Nachricht überbringst, dass sein Sohn Titus Jerusalem erobert hat. Der Kaiser wird den Erfolg im Laufe des Tages dem römischen Volk verkünden.

Manuel Hediger, 2008.

Rom – die Errichtung eines Weltreiches

Rom war zu Beginn eine kleine Ansammlung von Bauernsiedlungen am Ufer des Tiber in Latium, einer Landschaft Mittelitaliens. Daraus entstand eine Stadt, in der Könige herrschten. Sie entwickelte sich zur *Republik, in der die wohlhabenden Bürger regierten. Rom dehnte seine Herrschaft aus und wurde zum Weltreich, an dessen Spitze schliesslich ein Kaiser stand. 50 Millionen Menschen lebten während rund 200 Jahren einigermassen friedlich unter denselben Gesetzen und zahlten mit derselben Währung. Einen solch grossen und stabilen Staat gab es seither in Europa und dem gesamten Mittelmeerraum nicht wieder.

LERNZIELE

1. Du weisst, wie Mythos und Wissenschaft die Anfänge Roms erklären.
2. Du kennst die Bedeutung des Wortes Republik und die wichtigsten Merkmale dieser Staatsform im antiken Rom.
3. Du gewinnst einen Überblick über die Geschichte der Römischen Republik.
4. Du weisst Bescheid über die Krise der Republik und kennst einige ihrer Ursachen.
5. Dir sind die mächtigsten Männer Roms im 1. Jh. v. Chr. bekannt und du weisst, warum ihre Rivalität die Republik in den Untergang führte.
6. Du kennst den ersten Kaiser Roms und weisst, wie er den römischen Staat neu ordnete.

ZEITLICHE ÜBERSICHT

6. Jh. v. Chr.	Entwicklung Roms zu einer Stadt
Um 500 v. Chr.	Ende der Königsherrschaft und Beginn der Römischen Republik
450 – 270 v. Chr.	Ständekampf und Eroberung Italiens
264 – 202 v. Chr.	Zwei Kriege gegen Karthago
133/122 v. Chr.	Reformversuche der Gracchen und Beginn der Krise der Republik
88 – 79 v. Chr.	Bürgerkrieg und Sullas Diktatur
60 v. Chr.	Beginn des ersten Triumvirats: Caesar, Pompeius und Crassus
49 – 45 v. Chr.	Bürgerkrieg: Caesar gegen Pompeianer
46 – 44 v. Chr.	Caesars Diktatur und Ende der Republik
15. 3. 44 v. Chr.	Caesars Ermordung
43 – 42 v. Chr.	Bürgerkrieg: Caesaranhänger gegen Caesarmörder
36 – 31 v. Chr.	Bürgerkrieg: Octavian gegen Antonius und Kleopatra
27 v. Chr.	Erster Kaiser des Römischen Reiches: Augustus

RÄUMLICHE ÜBERSICHT

Das Römische Reich bis zu seiner grössten Ausdehnung.

Publius Vergilius Maro (70–19 v. Chr.) war einer der bedeutendsten römischen Dichter. Mit der Aeneis schuf er ein in Versform verfasstes Werk in zwölf Büchern über die Herkunft der Römer. Dieses Mosaik mit einem Porträt Vergils stammt aus dem Jahr 210 n. Chr.

Die Kapitolinische Wölfin wurde um 500 v. Chr. wahrscheinlich in einer etruskischen Werkstatt geschaffen. Sie ist aus Bronze gegossen. Die Wölfin wurde zu einem der Wahrzeichen Roms, nachdem sie auf dem Kapitol, einem der sieben Hügel der Stadt, aufgestellt worden war. Ursprünglich könnte sie als Wächterin auf einem Grab oder als Weihgeschenk in einem Heiligtum gestanden haben. Die Zwillinge Romulus und Remus wurden erst im 15. Jh. von dem italienischen Künstler Antonio del Pollaiuolo hinzugefügt. Heute steht die Wölfin im Kapitolinischen Museum in Rom.

Die Anfänge Roms

Die Römer waren überzeugt, dass die Götter dem römischen Volk besonders günstig gesinnt seien. Sie hatten nicht nur Aeneas bei seiner Irrfahrt von Troja nach Italien geholfen, ihrem Eingreifen war auch die Gründung Roms zu verdanken. Diese Geschichte erzählten sich die Römer in Form eines Mythos, von dessen Wahrheit sie überzeugt waren. Erst im 19. Jh. gelang es Historikern, den Mythos als erfundene Geschichte zu entlarven. Seitdem befasst sich vor allem die Archäologie mit der Erforschung der Anfänge Roms.

Fehlende schriftliche Quellen

Über die Anfänge Roms und die ersten Jahrhunderte seiner Geschichte gibt es kaum schriftliche Zeugnisse. Zwar begannen die Römer im 4. Jh. v. Chr. Kalender zu erstellen, in denen Jahr für Jahr die Namen der obersten Beamten der Stadt, die Festtage und wichtige Ereignisse festgehalten wurden. Allerdings sind keine Kalender aus jener Zeit erhalten.

Überliefert sind jedoch zum Teil die Werke antiker Historiker. Diese begannen sich im 2. Jh. v. Chr. mit der Geschichte Roms zu beschäftigen. Sie wollten die gesamte Geschichte Roms von den Anfängen bis in ihre eigene Gegenwart aufzeichnen. Weil sie aber über keine schriftlichen Quellen aus den ersten Jahrhunderten Roms verfügten, schmückten sie ihre Ausführungen mit alten sagenartigen Erzählungen, die sie vor allem von den Griechen übernahmen.

Diese Geschichten erzählen nicht, was in der Frühzeit Roms tatsächlich geschehen ist. Heutige Historikerinnen und Historiker können aus ihnen aber Informationen darüber gewinnen, wie sich die Römer seit dem 2. Jh. v. Chr. ihre Herkunft und die Gründung ihrer Stadt erklärten.

Der römische Gründungsmythos

Sagen erzählen von der Gründung Roms. Sie verbinden diese mit der Geschichte von Troja und dessen Untergang. Aeneas, Sohn des Trojaners Anchises und der Göttin *Venus, floh aus dem brennenden Troja. Nach einer langen Irrfahrt gelangte er mit anderen Flüchtlingen nach Latium, einer Gegend an der Westküste Italiens. Hier gründete er die Stadt Lavinium. Der Dichter Vergil fasste diese Erzählung in kunstvolle Verse. Sein Werk, die Aeneis, machte Aeneas zum Stammvater der Römer und erklärte ihnen so ihre Herkunft.

Weitere Sagen verknüpfen die Geschichte von Aeneas mit der Gründung Roms. Aeneas' Sohn gründete eine neue Hauptstadt Latiums und nannte sie Alba Longa. Während rund 300 Jahren herrschten dort Könige. Dann stritten zwei Brüder um die Herrschaft. Im Verlauf des Streits setzte der eine Bruder die Nachkommen des anderen auf dem Tiber aus. Doch die beiden Knaben, die Zwillinge waren, wurden an Land getrieben, wo eine Wölfin sich ihrer annahm und sie säugte. Schliesslich fand sie ein Hirte. Er und seine Frau gaben den

Reste von Holzhütten dieser Art sind die ältesten Funde im Gebiet der heutigen Stadt Rom. Sie stammen aus dem 9. oder 8. Jh. v. Chr. Die Archäologinnen und Archäologen konnten sie rekonstruieren anhand der Fundamente, in die Löcher für die Holzpfosten getrieben worden waren. Weitere Hinweise liefern Urnen, in denen nach der Kremation die Asche der Verstorbenen aufbewahrt wurde und die geschaffen wurden, um den Toten die gleiche Behausung zu bieten wie den Lebenden. Sie wurden in der sumpfigen Ebene gefunden, wo sich später der Mittelpunkt der Stadt Rom – das *Forum Romanum – befand.

Grab der Leoparden. Viele Informationen über die Etrusker liefern ihre bunt ausgestatteten Gräber. Die Darstellung im Giebel verlieh diesem Grab seinen Namen. Die Bankettszene vermittelt den Eindruck von Menschen, die das Leben liebten. Einer der Männer hält vorsichtig ein Ei zwischen den Fingern. Dies ist ein Symbol der Wiedergeburt. Die Grabkammer ist etwa 4 × 4 m gross und wurde 1875 in Tarquinia entdeckt. Sie stammt aus der ersten Hälfte des 5. Jh. v. Chr. und erhielt ihren Namen durch die beiden Leoparden, die auf der Fotografie oben links zu sehen sind.

Knaben die Namen Romulus und Remus und zogen sie wie ihre eigenen Kinder auf. Gross geworden, erfuhren Romulus und Remus von ihrer edlen Herkunft. Sie kehrten nach Alba Longa zurück und sorgten dort für ein Ende der Unruhen.

Im Jahre 753 v. Chr. gründeten die Brüder eine neue Stadt und befragten die Götter, wer über sie herrschen solle. Die Götterzeichen favorisierten Romulus, worauf ein Streit ausbrach, in dem Remus von seinem Bruder getötet wurde. So machte sich Romulus zum ersten König der neuen Stadt, die er nach seinem Namen Rom nannte.

In den folgenden 244 Jahren herrschten in Rom sieben Könige. Der letzte König war ein Tyrann und wurde unter der Führung von Lucius Iunius Brutus im Jahre 509 v. Chr. vertrieben. Brutus liess das Volk schwören, nie wieder einen Tyrannen zu dulden. Zwei jährlich neu gewählte *Konsuln übernahmen die Regierung der Stadt. Sie berieten sich in allen Angelegenheiten mit dem Senat, dem Ältestenrat, in dem sich die Oberhäupter der adligen Familien Roms versammelten.

Die Anfänge Roms aus wissenschaftlicher Sicht

Weil es keine schriftlichen Quellen über die Anfänge Roms gibt, ist es vor allem die Archäologie, die uns Informationen über diese Zeit liefert. Ihre Funde erzählen eine andere Geschichte als die mythische Überlieferung.

Nördlich des Tiber in Etrurien lebte das Volk der Etrusker. Im 7. und 6. Jh. v. Chr. stiessen sie über den Tiber nach Latium und weiter bis nach Kampanien vor. An einer Stelle, wo der Tiber einfach zu überqueren war, fassten sie mehrere Dörfer zu einer Stadt zusammen und gaben ihr den Namen Roma. Herrscher der Stadt wurde ein etruskischer König. Er regierte mit der Unterstützung der vornehmsten etruskischen und latinischen Adelsfamilien. Deren Oberhäupter versammelten sich im Senat, um dem König beratend zur Seite zu stehen. Nach dem Tod des Königs ging die Herrschaft jeweils an den Senat zurück, bis dieser einen neuen König wählte.

Im Jahre 474 v. Chr. unterlagen die Etrusker in einer Seeschlacht einer griechischen Flotte. Dadurch wurde auch ihre Herrschaft in Kampanien und Latium geschwächt. In Rom übernahm bald darauf der Senat die Macht. Nun bestimmte eine kleine Anzahl adliger Familien die Politik der Stadt. Jedes Jahr wählte der Senat aus seinen Reihen den höchsten Beamten, den sogenannten Praetor Maximus. Während seiner einjährigen Amtszeit regierte er, beraten durch den Senat, die Stadt und leitete die Kriegszüge.

AUFGABEN

1 *Warum ist es vor allem die Archäologie, die uns Informationen über die Anfänge Roms liefert?*
2 *Wie wurde Rom unter den Etruskern regiert?*
3 *Wann wurde das Königtum aufgehoben und wer trat an die Stelle des ehemaligen Machthabers?*

Ein römischer Patrizier. Stellung und Ansehen eines Römers wurden in grossem Masse dadurch bestimmt, was die Vorfahren seiner Familie für den Staat geleistet hatten. Deshalb präsentiert dieser Patrizier stolz die Büsten seiner ehrwürdigen Ahnen. Die Statue stammt aus der Zeit um Christi Geburt. Sie steht heute im Kapitolinischen Museum in Rom.

Der Kampf um die Herrschaft über Italien

Nach dem Ende der Königsherrschaft in der ersten Hälfte des 5. Jh. v. Chr. hatte Rom heftige Kämpfe zu bestehen. Mit der erfolgreichen Behauptung gegen äussere Feinde gelang es den Römern, auch die inneren Konflikte zu lösen. Dadurch wurde Rom gestärkt. Schon 338 v. Chr. beherrschte die Stadt Mittelitalien. Und bereits 70 Jahre später hatte sie ihre Herrschaft über die gesamte italische Halbinsel ausgedehnt.

Patrizier und Plebejer

Zu Beginn des 5. Jh. v. Chr. lebte die römische Bevölkerung hauptsächlich von der Landwirtschaft. In der römischen Gesellschaft gab es aber grosse Unterschiede zwischen Arm und Reich. Etwa 50 adlige Familien – die *Patrizier – besassen das meiste Land und waren deshalb die reichsten Bürger Roms. Den Patriziern gegenüber standen die *Plebejer. Diese setzten sich aus der grossen Menge der nichtadligen Bevölkerung zusammen. Dies waren die ärmeren und unfreien Bauern, die für ihre patrizischen Herren arbeiteten, die Händler und Handwerker und vor allem die freien Bauern, unter denen es zwar auch Wohlhabende gab, die aber nicht dem Adel angehörten. Viele ärmere plebejische Bauern konnten nur überleben, indem sie sich von Patriziern gegen Zinsen Saatgut, Vieh oder Nahrung liehen. Konnte der Schuldner an dem vereinbarten Termin nicht bezahlen, bemächtigte sich der Gläubiger seiner Person. Dem Schuldner drohten Gefangenschaft, Sklaverei oder gar der Tod. Meist aber wurde er Knecht seines patrizischen Herrn und musste auf dessen Hof arbeiten.

Der Ständekampf

Im Laufe des 5. Jh. v. Chr. litten immer mehr Plebejer unter den verschlechterten Lebensbedingungen. Zudem kam es in dieser Zeit zu einem bedeutenden Wandel in der Kriegsführung. Noch zu Beginn des Jahrhunderts war die Reiterei die entscheidende Truppe in der Schlacht. Sie wurde von den Patriziern gestellt, weil nur sie sich Pferde und die teure Ausrüstung leisten konnten. Es hing also von den Patriziern ab, ob Rom im Krieg mit seinen Nachbarn siegreich war oder nicht. Diese Verantwortung sicherte ihnen auch das Recht, die Stadt zu regieren.

Dann aber wurde der adlige Einzelkampf durch die Hoplitenkampftaktik abgelöst. Diese Kampfesweise, in der die schwer bewaffneten Hopliten geschlossen in der Schlachtreihe – der Phalanx – vorrückten, war viel wirkungsvoller. Sie verlangte aber auch eine grössere Zahl von Männern, die sich die schwere und teure Rüstung leisten konnten. Es waren die freien plebejischen Bauern, die das vermochten und so die Schlachtreihen füllten. Auf den Schultern dieser Männer lag die Hauptlast des Krieges.

Im Krieg trugen die wohlhabenden Plebejer nun also dieselbe Verantwortung wie die Patrizier. Deshalb forderten sie

Die Tunica war das übliche Kleidungsstück der Plebejer. Sie war meist aus ungebleichter Wolle gewoben. Die Männer trugen sie bis übers Knie und schnürten sie um die Hüfte. Die Frauen, denen sie bis auf die Knöchel reichte, schnürten sie zusätzlich unter der Brust. Illustration von Peter Connolly, 1998.

Toga und Palla. Die Toga wurde von den Patriziern über der Tunica getragen. Das grosse Tuch war aus feiner Wolle gewoben. Die Toga verwies auf den gesellschaftlichen Status ihres Trägers. Frauen trugen oft die Palla. Das grosse rechteckige Tuch aus Wolle wurde über die linke Schulter gehängt, um den Rücken gelegt, unter dem rechten Arm durchgeführt und über den linken Unterarm gezogen. Illustration von Peter Connolly, 1998.

das Recht, sich ebenfalls an der Regierung der Stadt zu beteiligen. Die Patrizier wollten dies nicht gestatten. Sie betrachteten die Politik als ihre Angelegenheit. Zusammen mit der Unzufriedenheit vieler Plebejer aufgrund der schlechten Lebensbedingungen löste dies heftige Auseinandersetzungen zwischen den beiden Bevölkerungsgruppen aus. Sie dauerten über 150 Jahre und werden in der Geschichtsforschung als Ständekampf bezeichnet.

Die Ausdehnung in Mittelitalien

Während der Zeit des Ständekampfes war Rom auch in äussere Konflikte verwickelt. Nachdem die Etrusker sich in der ersten Hälfte des 5. Jh. aus Latium und Kampanien zurückgezogen hatten, versuchten italische Bergstämme, die fruchtbaren Ebenen zu besetzen. Rom schloss sich deshalb mit anderen Städten Latiums zum sogenannten Latinerbund zusammen. Gemeinsam wollten sie die Gefahr abwehren. Sie gründeten an den bedrohten Grenzen Latiums Kolonien. Diese befestigten Städte schützten die fruchtbaren Ebenen.

Diese *Strategie machte Rom den Rücken frei, um zu Beginn des 4. Jh. v. Chr. etruskische Städte jenseits des Tiber zu erobern. Durch diese Landgewinne wurde Rom vielen Mitgliedern des Latinerbundes zu mächtig. 340 v. Chr. begannen sie einen Aufstand, den Rom zwei Jahre später niederschlagen konnte.

Die Römer unterwarfen die besiegten Latiner nicht und zerstörten auch nicht ihre Städte. Aber sie lösten den Latinerbund auf und machten die Aufständischen zu römischen Bürgern. Damit war die Unabhängigkeit der Latiner zu Ende. Zwar durften sie gewisse Verwaltungsaufgaben noch selber erledigen. Aber in der Aussenpolitik konnten sie nicht mehr selbstständig entscheiden, sondern waren nun Teil Roms, der aufstrebenden Macht Mittelitaliens.

Die Eroberung Italiens

Durch die Verleihung des römischen Bürgerrechts an die besiegten Latiner verdoppelte sich die Zahl der römischen Bürger und damit auch der Wehrfähigen. Das römische Staatsgebiet verdreifachte sich. Diese Ausdehnung brachte Rom ab 326 v. Chr. zuerst in Konflikt mit weiteren mittelitalischen Stämmen und dann mit griechischen Städten Süditaliens.

Auf dem Schlachtfeld musste Rom mehrere schwere Niederlagen hinnehmen. Dennoch gewann es nach rund 50 Jahren den Kampf um die Vorherrschaft in Italien. Der Grund lag vor allem im überlegenen strategischen Vorgehen. Hatten die Römer ein Gebiet erobert, gründeten sie darin sogleich eine

Das römische Heer setzte sich im 5. Jh. v. Chr. aus mehreren Vermögensklassen zusammen. Sie bildeten die verschiedenen Schlachtreihen. Die erste Klasse bestand aus den Patriziern und den wohlhabenden Plebejern. Als Hopliten bildeten sie die Phalanx. Sie trugen einen Rundschild griechischen Typs und waren bewaffnet mit Bronzepanzer, Beinschienen, Helm, Speer und Schwert. Die weiteren Reihen waren gemäss ihrem geringeren Vermögen mit leichteren Waffen ausgerüstet. Illustration von Peter Connolly, 1981.

befestigte Kolonie. Zudem machte Rom eine ganze Reihe weiterer Städte zu seinen Bundesgenossen, die nun zur Stellung von Truppen verpflichtet waren. Auf diese Weise gelang es den Römern, die Gegner immer weiter einzuschnüren. Um 270 v. Chr. *kapitulierte als letzte Stadt Rhegium (Reggio Calabria) an der südlichsten Spitze des italischen Stiefels. Rom beherrschte nun die ganze Halbinsel.

Das Ende des Ständekampfes

Die enormen Landgewinne, die die aussenpolitischen Erfolge Rom einbrachten, trugen auch zur Beendigung des Ständekampfes zwischen Patriziern und Plebejern bei. Den verarmten Bauern konnte nun neu erobertes Land zugeteilt werden. Zudem wurde Italien durch die Gründung weiterer Kolonien sowie den Bau von Strassen und Wasserleitungen erschlossen und gesichert. All dies schuf neue Arbeitsmöglichkeiten und liess die Plebejer einer besseren Zukunft entgegenblicken.

Seit 287 v. Chr. war auch die politische Mitsprache im Sinne der Plebejer geregelt. Denn Beschlüsse, die die Plebejer in der Volksversammlung fassten, hatten nun die Bedeutung von Gesetzen. Sie galten für alle römischen Bürger, sowohl Plebejer als auch Patrizier. Bereits 367 v. Chr. war der oberste Beamte des Staates, der Praetor Maximus, durch zwei jährlich neu gewählte Konsuln ersetzt worden, wobei einer der beiden ein Plebejer sein musste. Seitdem konnten sich die plebejischen Führer mehr und mehr an der Regierung des Staates beteiligen. So verschmolzen Patrizier und einflussreiche Plebejer zu einer neuen Führungsschicht, der *Nobilität.

AUFGABEN

4 Umschreibe in Stichworten die beiden wichtigsten Bevölkerungsgruppen der römischen Gesellschaft.
5 Nenne drei Gründe weshalb es zum Ständekampf zwischen Plebejern und Patriziern kam.
6 Welche drei Massnahmen halfen, den Ständekampf zu beenden?
7 Was bezeichnet das Wort «Nobilität»?

Senatssitzung. Das Bild zeigt eine dramatische Szene. Der aus einem alten, aber verarmten Patriziergeschlecht stammende Lucius Sergius Catilina (ca. 108–62 v. Chr.) hatte sich mehrmals um das Konsulat, das oberste Amt, beworben. Er scheiterte jedoch stets an seinen Mitbewerbern. Um sein Ziel doch noch zu erreichen, plante er mit einigen Mitverschwörern, den amtierenden Konsul Marcus Tullius Cicero (106–43 v. Chr.) zu ermorden. Dieser kam der Verschwörung aber auf die Spur. In der Senatssitzung vom 8. November 63 v. Chr. hielt Cicero eine berühmte – und überlieferte – Rede, in der er den Senat über das missglückte Attentat informierte. Auch Catilina nahm an dieser Versammlung teil. Das *Fresko von Cesare Maccari aus dem Jahre 1888 zeigt, wie die Senatoren ihre Meinungen durch die Sitzordnung unmissverständlich zum Ausdruck bringen.

Die Römische Republik

Der römische Staat war eine Republik. Res Publica bezeichnete eine öffentliche Angelegenheit, eine Sache, die alle Menschen des römischen Staates etwas anging. Das konnte zum Beispiel die Entsendung eines Heeres sein, die Wasserversorgung der Stadt oder der Strassenbau. Über die öffentlichen Angelegenheiten zu beraten, zu entscheiden und dafür zu sorgen, dass sie erledigt werden, bedeutete, die Republik zu regieren. Dies geschah in Rom durch das Zusammenspiel von Senat, *Magistraten und Volk.

Der Senat

Der Senat war die eigentliche Regierung des römischen Staates. Er war die Versammlung jener Männer der Nobilität, die aufgrund ihres Vermögens und ihrer Verdienste zu Senatoren ernannt wurden. Ihre Zahl betrug etwa 300.

Die Erfahrung und das Wissen der Senatoren verliehen dem Senat eine *Autorität, der sowohl die Magistraten als auch das Volk mit grösster Ehrfurcht begegneten. Die Senatoren wurden als die Väter des Staates betrachtet, dessen Wohl in ihren Händen lag.

Regelmässig trat der Senat zusammen, um über die öffentlichen Angelegenheiten zu beraten. Dabei beschlossen die Senatoren, wie diese zu regeln seien. Allerdings hatten die Senatsbeschlüsse keine Gesetzeskraft. Deshalb war der Senat auf die Magistraten und die Volksversammlung angewiesen. Damit ein Senatsbeschluss Gesetzeskraft erhielt, musste er von einem Magistraten der Volksversammlung vorgelegt und in einer Abstimmung angenommen werden.

Die Magistraten

Die Magistraten besetzten die Ämter des römischen Staates. Wer eine einflussreiche politische Position erreichen wollte, musste die Ämter – geordnet nach ihrer Bedeutung – eines nach dem anderen bekleiden. Für jedes Amt war ein Mindestalter vorgegeben. Damit ein einzelner Politiker nicht zu mächtig wurde, gab es Vorschriften, die die Besetzung der Ämter regelten.

Alle Ämter waren Ehrenämter. Das bedeutet, dass ihre Inhaber nicht bezahlt wurden. Eine Ämterlaufbahn konnte nur einschlagen, wer aus reichem Haus stammte, also Mitglied der Nobilität war. Wer die erste Stufe der Ämterlaufbahn vollendet hatte, wurde in den Senat aufgenommen. Wer sich um die folgenden Ämter bewarb, tat dies also als Senator. Auf diese Weise waren die Magistraten eng mit dem Senat verbunden. Deshalb folgten sie meist dem Willen des Senats und brachten dessen Beschlüsse vor die Volksversammlung, die nur sie einberufen und leiten konnten. Gegen den Willen des Senats zu handeln, hätte bedeutet, dessen Autorität und Ansehen zu missachten. Wenn ein Magistrat dies wagte, verlor er die Unterstützung seiner Kollegen im Senat. Das bedeutete das Ende seiner politischen Karriere. Darauf wollte es in der Nobilität, deren Sinn des Lebens die Politik war, niemand ankommen lassen.

Volkstribunat und Volksversammlung

Zur Zeit des Ständekampfes hatten die Plebejer ein eigenes Amt geschaffen: das Volkstribunat. Wenn Plebejer durch patrizische Magistraten bedroht oder geschädigt wurden, boten ihnen die Volkstribune Schutz. Das war möglich, weil die plebejische Volksversammlung geschworen hatte, sich an jedem zu rächen, der einem Volkstribun Schaden zufügte. Die Mög-

SPQR. In Rom findet man die Abkürzung SPQR heute nicht nur auf antiken Überresten, sondern auch auf Gegenständen neuerer Zeit, wie diesem Schachtdeckel auf dem Petersplatz. SPQR steht für Senatus Populusque Romanus, also «der Senat und das römische Volk».

Wahlen in der Volksversammlung. Die Abbildungen auf den Münzen zeigen, wie die Bürger nacheinander einen schmalen Holzsteg überquerten, um zu den Wahlurnen zu gelangen. So sollte Wahlbetrug verhindert werden. Zur Stimmabgabe wurden Täfelchen aus Holz oder Ton in die Urne gelegt, die entweder Zustimmung oder Ablehnung symbolisierten.

lichkeit, von der plebejischen Volksversammlung hart bestraft oder gar hingerichtet zu werden, schränkte das gewaltsame Vorgehen patrizischer Magistraten gegen die Plebejer ein. Nach dem Ständekampf bestand die Aufgabe des Volkstribunats darin, die Interessen der Plebejer zu vertreten.

In Rom bestimmten die Bürger – also die freien erwachsenen Männer mit römischem Bürgerrecht – wer Ämter bekleidete, was als Gesetz galt oder ob jemand verurteilt wurde. Dazu wurde eine Volksversammlung einberufen. Das Mitspracherecht des römischen Volkes ging jedoch nicht so weit wie in der griechischen Demokratie. Zwar stimmte das Volk über Anträge ab, aber es konnte sie weder abändern noch eigene einbringen. Es hatte lediglich die Möglichkeit, Anträge anzunehmen oder abzulehnen, die ihm von Magistraten vorgelegt wurden.

Auch bei der Wahl der Magistraten war den meisten Plebejern vorgegeben, welchen Kandidaten sie zu wählen hatten, nämlich ihren Patron. Der Patron war meistens Mitglied der Nobilität. Sein Reichtum ermöglichte es ihm, für seine Klienten – ärmere Plebejer – zu sorgen. Er schützte sie vor Unrecht, vertrat sie bei Gerichtsprozessen und sorgte für ihren Unterhalt, wenn sie Hab und Gut verloren hatten. Als Gegenleistung gaben die Plebejer ihre Stimme in der Volksversammlung gemäss dem Willen ihres Patrons ab. Das Verhältnis zwischen dem Patron und seinen Klienten hatte eine grosse Bedeutung in der Republik. Denn ein Patron, der in der Volksversammlung viele Klienten mobilisieren konnte, nahm eine mächtige Position in der römischen Politik ein.

SPQR – Senatus Populusque Romanus

SPQR – diese Buchstaben stehen für Senatus Populusque Romanus, also «der Senat und das römische Volk». Sie waren in zahlreichen öffentlichen Inschriften enthalten und fanden sich überall in Rom an öffentlichen Gebäuden, Denkmälern und auf Münzen. Sie standen auch auf den Feldzeichen der römischen *Legionen. SPQR war ein Symbol für die Einheit der Römischen Republik, die ihre Stärke aus dem funktionierenden Zusammenspiel von Senat, Magistraten und Volk gewann.

Dennoch wurde die Römische Republik nie eine Demokratie wie das klassische Athen. Zwar bedurfte auch in Rom ein politischer Entscheid der Zustimmung durch die Volksversammlung. Aber diese war nicht wie in Athen der Mittelpunkt des Staates. In Rom lag die Verantwortung für die Regelung der öffentlichen Angelegenheiten hauptsächlich bei Senat und Magistraten. Die Römische Republik wurde also von der Nobilität regiert.

AUFGABEN

8 Was bedeutet wörtlich übersetzt «Republik»?
9 Aus welchen drei Teilen setzte sich die Römische Republik zusammen?
10 Worin bestand der gegenseitige Nutzen im Verhältnis zwischen Patron und Klient?
11 Warum lässt sich die Römische Republik im Vergleich mit dem klassischen Athen nicht als Demokratie bezeichnen?
12 Wofür stehen die Buchstaben SPQR und was bedeuteten sie den Römern?

Hannibals Elefanten werden über die Rhone gesetzt. Antike Historiker berichten, die Strömung der Rhone habe den Elefanten grosse Angst eingejagt. Als man versuchte, sie mit Flössen über den Fluss zu bringen, seien einige der Tiere ins Wasser gefallen. Sie durchschwammen den Fluss mit hoch emporgestrecktem Rüssel und gelangten so ans andere Ufer. Illustration von Peter Connolly, 1977.

Hannibal (ca. 247–183 v. Chr.), der geniale karthagische Feldherr, warnte schon früh davor, dass Rom den gesamten Mittelmeerraum unter seine Herrschaft bringen würde. Niemand hörte auf ihn. Nachdem sein Feldzug gescheitert und Hannibal beim karthagischen Adel in Ungnade gefallen war, floh er nach Kleinasien. 183 v. Chr. nahm sich der stolze Hannibal mit Gift selbst das Leben, damit er sich den Römern nicht ergeben musste. Die Entstehungszeit dieser Marmorbüste ist nicht gesichert.

Der Aufstieg zur Weltmacht

Mit der Überwindung des Ständekampfes hatte sich die Römische Republik zu einem stabilen Staat entwickelt. Zudem wurde Rom durch die Eroberung Italiens zu einer der grössten Mächte rund ums Mittelmeer. Dies führte zum Konflikt mit Karthago, der grossen See- und Handelsmacht des westlichen Mittelmeeres. Nachdem dieser Gegner endlich niedergerungen war, stand der Ausdehnung der römischen Herrschaft über den gesamten Mittelmeerraum nichts mehr im Weg.

Der erste Krieg gegen Karthago

Nachdem Rom um 270 v. Chr. ganz Italien erobert hatte, geriet es in Konflikt mit der See- und Handelsmacht Karthago. Es ging um den Besitz von Sizilien, an dessen Westküste sich wichtige karthagische Handelsplätze befanden. Die Römer unterstützten sizilische Städte in ihrem Kampf gegen die karthagischen Siedlungen. Sie sahen darin eine gute Gelegenheit, ihren Machtbereich im Süden auszudehnen. Karthago gefiel dies ganz und gar nicht und so erklärte es Rom 264 v. Chr. den Krieg.

In den folgenden 22 Jahren wüteten zur See und im Westen Siziliens ununterbrochen Kämpfe. Beide Seiten wurden an den Rand der Erschöpfung getrieben. 242 v. Chr. mobilisierte Rom die letzten Kräfte und baute noch einmal eine Flotte. Im Jahr darauf kam es vor der sizilischen Westküste zur Entscheidung. Nach der Niederlage hatte Karthago den Römern nichts mehr entgegenzusetzen. Es bat um Frieden, für den es Sizilien räumen und an Rom riesige Kriegsentschädigungen zahlen musste.

Der Herausforderer Hannibal

Mit seinem Sieg hatte Rom Karthago nicht nur Sizilien, sondern auch die Inseln Sardinien und Korsika abgenommen. Diese Verluste versuchte Karthago durch Eroberungen in Spanien wettzumachen. Innerhalb von zehn Jahren unterwarfen seine Feldherren ganz Südspanien. 226 v. Chr. kam es zu einem Vertrag zwischen Rom und Karthago, in dem der Fluss Ebro im Nordosten Spaniens als Grenze zwischen den beiden Einflusssphären bestimmt wurde. 221 v. Chr. übernahm der junge Hannibal den Oberbefehl über die karthagischen Truppen in Spanien. Er wollte Roms Einfluss in Spanien endgültig unterbinden. Der ehrgeizige Feldherr überschritt 218 v. Chr. den Ebro und stiess bis zu den Pyrenäen vor.

Dann setzte Hannibal zu einem Überraschungsangriff an. Ohne zuzuwarten zog er mit Kriegselefanten und rund 50 000 Mann in Eilmärschen über die Pyrenäen, durchquerte Südfrankreich und gelangte im Spätherbst 218 v. Chr. über die Alpen nach Norditalien. Seine Strategie bestand darin, die römischen Legionen in Italien selbst zu besiegen. Dadurch wollte er Roms Bundesgenossen zum Abfall bewegen und so dem geschwächten Feind einen Frieden nach karthagischen Bedingungen aufzwingen. In dem 16 Jahre dauernden Feldzug durch Italien blieb Hannibal unbesiegt und fügte Rom bei Cannae 216 v. Chr. eine der fürchterlichsten Niederlagen zu.

Der Grossteil der Bundesgenossen blieb Rom jedoch treu. Als Rom ab 211 v. Chr. in die Offensive ging, war klar, dass Hannibals Strategie gescheitert war. 204 v. Chr. setzte Publius Cor-

Die Schlacht bei Pydna (168 v. Chr.). Die römischen Legionen trafen in der Ebene von Pydna am Fusse des Olymps auf die makedonische Phalanx. Deren Lanzenwall bohrte sich tief in die römischen Reihen. Ineinander verkeilt, konnten sich die beiden Heere kaum noch bewegen. Als der römische Konsul Aemilius Paullus sah, dass sich Lücken in der makedonischen Phalanx auftaten, gab er an die kleineren und somit beweglicheren römischen Einheiten den Befehl, auf eigene Faust vorzugehen. Diese stiessen in die ungeschützten Flanken der makedonischen Hopliten. Mit dem Schwert waren die *Legionäre den Hopliten nun überlegen, denen ihre mächtigen Lanzen nur noch hinderlich waren. Am Ende des Tages hatten die Römer 100 Tote zu beklagen, wohingegen 20 000 Makedonen ihr Leben gelassen hatten. Illustration von Peter Connolly, 1975.

nelius Scipio (ca. 235–183 v. Chr.), der neue Stern am römischen Feldherrenhimmel, mit einem Heer nach Afrika über. Hannibal musste Italien verlassen, um Karthago zu verteidigen. 202 v. Chr. kam es bei Zama zur Entscheidungsschlacht, in der Scipio Hannibal besiegte. Einer der grössten Gegner Roms war geschlagen.

Die römische Herrschaft im Westen

Die in den Kriegen gegen Karthago eroberten Mittelmeerinseln und die gewonnenen Gebiete in Spanien machte Rom nicht wie früher die Städte Süditaliens zu Bundesgenossen. Aus ihnen wurden steuerpflichtige Herrschaftsbereiche, sogenannte Provinzen. Ein römischer *Statthalter verwaltete sie, indem er für die Einziehung der Steuern und die Rechtsprechung zuständig war. Kam es unter den Einheimischen zu Aufständen, stationierten die Römer Truppen, die unter dem Befehl des Statthalters für Ruhe und Ordnung sorgten.

Rom und der Osten

Im Sommer 201 v. Chr. traf in Rom die Nachricht ein, dass Philipp V., König von Makedonien, und Antiochos III., Herrscher des *Seleukidenreiches, ein Bündnis geschlossen hatten. Ihr Ziel war die Errichtung eines Reiches, das den gesamten östlichen Mittelmeerraum beherrschte. Welche Schwierigkeiten und Nöte ein Gegner dieser Grösse Rom bereiten konnte, hatten Hannibal und Karthago in den letzten 16 Jahren demonstriert. Um diese Gefahr bereits im Keim zu ersticken, entschloss sich der Senat zum Krieg.

13 Jahre später hatte Rom gesiegt. Nun fiel den Römern die heikle Aufgabe zu, den Osten neu zu ordnen. Von Makedonien im Norden bis Ägypten im Süden sollten alle Staaten etwa gleich stark sein. So würde ein Gleichgewicht zwischen ihnen entstehen. Dies sollte verhindern, dass sich erneut eine Macht bildete, die Rom gefährlich werden konnte.

Die römische Strategie schlug fehl. Die Staaten im Osten waren untereinander so zerstritten, dass sie schon wegen kleinster Uneinigkeiten das mächtige Rom als Schiedsrichter anriefen. Rom konnte es aber unmöglich allen Parteien recht machen. Das bewirkte im Osten zuerst Verärgerung, dann Hass und schliesslich offenen Widerstand. Rom sah nur noch die Möglichkeit, die Lage mit militärischen Mitteln zu beruhigen. 168 v. Chr. wurde bei Pydna Makedonien erneut geschlagen und das Königreich endgültig aufgelöst. Bis 129 v. Chr. hatte Rom Griechenland und den Westen Kleinasiens in römische Provinzen aufgeteilt. Die Menschen in diesen Gebieten wurden zu steuerpflichtigen Untertanen Roms.

In lediglich 150 Jahren hatte Rom ein Reich erobert, das sich von Spanien im Westen über Nordafrika bis nach Kleinasien im Osten erstreckte. Aus der Stadt am Tiber war – für damalige Verhältnisse – ein Weltreich geworden. Es gab keinen Gegner mehr, der Rom ernsthaft hätte bedrängen können.

AUFGABEN

13 *Wer war der grosse Herausforderer Roms im zweiten Krieg gegen Karthago?*

14 *Mit welcher Strategie wollte er Rom in die Knie zwingen?*

15 *Erstelle anhand des Textes eine zeitliche Abfolge der römischen Gebietsgewinne von 264–129 v. Chr. und beschreibe kurz, wie Rom diese Gebiete jeweils organisierte.*

Pflügen und säen musste der Bauer im Herbst, damit er im Sommer die Getreideernte einfahren konnte. Der römische Pflug war anfangs ganz aus Holz. Später wurde die Pflugschar, die den Boden umwälzte, aus Eisen gefertigt. Über der Pflugschar befand sich der Sterz, der Griff mit dem sich der Pflug führen liess. Vorne spannte der Bauer zwei Ochsen in das Joch. Nachdem die Furchen gezogen waren, folgte die Aussaat. Die wichtigsten Getreidesorten waren Weizen und Gerste. Kalendermosaik, Ende 2. Jh. n. Chr.

Olivenbäume wurden dort angepflanzt, wo im Winter keine Minustemperaturen auftraten. Nach der Ernte im Herbst wurden die Oliven in Pressen zu Olivenöl verarbeitet. Es wurde in *Amphoren abgefüllt, in denen es sich auch transportieren liess. Die Nachfrage nach Olivenöl war riesig. Nicht nur die römische Küche war darauf angewiesen, es wurde auch als Brennflüssigkeit für Lampen gebraucht. Kalendermosaik, Ende 2. Jh. n. Chr.

Die Krise der Römischen Republik

Die militärischen Probleme bei der Eroberung und Sicherung der Provinzen hatte die römische Armee früher oder später überwunden. Die langen Kriege hatten aber schwerwiegende Probleme innerhalb der römischen Gesellschaft zur Folge. Die Führungsschicht, die Nobilität, war nicht in der Lage, diese sozialen Probleme zu lösen. Die Republik geriet in eine schwere Krise, von der sie sich nicht mehr erholen sollte.

Ursachen der Krise

Es gab mehrere Ursachen, warum die Römische Republik in die Krise geriet. Besonders schwerwiegend war die Verarmung des Bauernstandes als Folge der langjährigen Kriege der vergangenen Jahrzehnte. Der römische Legionär war ein *Milizsoldat. Die meisten Legionäre waren in ihrem Leben ausserhalb der Armee Bauern, die eigenes Land besassen. Die Bewirtschaftung brachte ihnen nicht nur das nötige Vermögen, damit sie sich die Ausrüstung eines Legionärs leisten konnten, sondern garantierte auch den Lebensunterhalt.

Durch ihren Dienst in den langen Kriegen auf weit entfernten Kriegsschauplätzen wurden die Bauern oft jahrelang von ihren Höfen in Italien ferngehalten. Frau und Kinder vermochten das Gut nicht ausreichend zu bewirtschaften. Kehrten die Bauern endlich nach Hause zurück, mussten viele das heruntergekommene Gut aufgeben. Sie zogen in die Städte, um dort als Tagelöhner Arbeit zu suchen.

Für das Reich wurde diese Entwicklung problematisch, weil sie eine Schwächung der Armee zur Folge hatte. Je weniger Bauern es gab, die sich die Ausrüstung eines Legionärs leisten konnten, desto weniger Legionäre standen der Armee zur Verfügung. Um die Zahl der Bürger, die *rekrutiert werden konnten, wieder zu erhöhen, hätte Land an besitzlose Bürger verteilt werden müssen.

Das Scheitern der Landreform

Um für Bauern neues Land zur Verfügung zu stellen, brauchte es ein sogenanntes Ackergesetz. Dieses sollte vorschreiben, dass Land, welches dem Staat gehörte, aber zur Nutzung einst an Private abgegeben worden war, nun wieder eingezogen wurde. Dann sollte es an besitzlose römische Bürger verteilt werden. Allerdings wurde dieses Land von reichen Gross-

Wissen erarbeiten

27 Soziale Ungerechtigkeit

Die wilden Tiere, welche in Italien hausen, haben ihre Höhle, jedes weiss, wo es sich hinlegen, wo es sich verkriechen kann. Die Männer aber, die für Italien kämpfen und sterben, sie haben nichts ausser Luft und Licht. Heimatlos, gehetzt irren sie mit Weib und Kind durch das Land. Die Feldherren lügen, wenn sie in der Schlacht die Soldaten aufrufen, für ihre Gräber und Heiligtümer sich zu wehren gegen den Feind, denn von all diesen Römern besitzt keiner einen Altar, den er vom Vater ererbt, keiner ein Grab, in dem seine Vorfahren ruhen. Vielmehr kämpfen und sterben sie für anderer Wohlleben und Reichtum. Herren der Welt werden sie genannt und haben nicht eine Scholle Landes zu eigen.

Vereinfacht nach Plutarch: *Tiberius Gracchus 9*. Übersetzung durch Konrat Ziegler. Bei dem griechischen Schriftsteller Plutarch (ca. 45–125 n. Chr.) findet sich das Fragment einer flammenden Rede, in der Tiberius Sempronius Gracchus die soziale Ungerechtigkeit im römischen Staat anklagt.

Lucius Cornelius Sulla (138–78 v. Chr.) gilt als eine der rätselhaftesten Persönlichkeiten der Römischen Republik. Er soll ein verschlossener Mensch gewesen sein, der seine wahren Pläne und Ziele vor seinen Feinden stets verborgen hielt. Einer seiner Feinde im Bürgerkrieg sagte, er habe mit zwei Bestien, die in Sulla steckten, zu kämpfen, nämlich einem Fuchs und einem Löwen. Der Fuchs mache ihm mehr zu schaffen. Die römische Skulptur aus dem 1. Jh. v. Chr. steht heute im Louvre in Paris.

grundbesitzern – viele davon Senatoren – bewirtschaftet. Diese waren nicht bereit, auf Land zu verzichten, in das sie bereits *investiert hatten.

Genau hier lag das Problem. Denn in Rom war es üblich, dass ein Gesetzesantrag zuerst im Senat beraten wurde. Erst danach legte ein Magistrat ihn dem Volk zur Abstimmung vor. Dieses Vorgehen hatte sich während Jahrhunderten bewährt. Darin kam der ganze Respekt vor der grossen Autorität des Senats zum Ausdruck. Über das Ackergesetz wollte aber die Mehrzahl der Senatoren gar nicht erst beraten. Dadurch wollten sie verhindern, dass das Volk darüber abstimmen und es annehmen konnte.

Tiberius Sempronius Gracchus (162–133 v. Chr.) wie auch sein jüngerer Bruder Gaius (153–121 v. Chr.), Mitglieder einer der führenden Familien der Nobilität, setzten sich dennoch für das Gesetz ein. Als Volkstribune wagten sie es gegen den Willen des Senats, das Ackergesetz vor die Volksversammlung zu bringen. Beide bezahlten dieses ungeheuerliche Vorgehen mit dem Leben. Die Empörung über die Missachtung der Senatsautorität war so gross, dass es auf offener Strasse jeweils zu Tumulten kam. Dabei wurden die Gracchen von Anhängern der Senatoren zu Tode geprügelt.

Optimaten und Popularen

Die Gracchen waren mit ihren Bemühungen, der Republik aus der Krise zu helfen, gescheitert. Aber seit ihrem Versuch, dem Volk Gesetzesanträge gegen den Willen des Senats zur Abstimmung vorzulegen, standen in Rom zwei Wege offen, um Politik zu machen. Der eine führte über den Senat, wie es der Tradition entsprach. Der andere umging den Senat und führte direkt in die Volksversammlung, wo das Volk entscheiden sollte. Römische Politiker, die den ersten Weg beschritten, nannte man *Optimaten, solche, die den zweiten Weg wählten, *Popularen.

Der zweite Weg bedeutete nicht, dass nun das Volk – wie in der griechischen Demokratie – selber die Politik bestimmte. In beiden Fällen tat dies immer noch die Nobilität, also die römische Führungsschicht. Nur bedienten sich die Popularen der Stimme des Volkes, um ihre politischen Ziele zu erreichen.

Diese Entwicklung, die von den Gracchen in Gang gebracht worden war, führte zu einer Spaltung der Nobilität in Optimaten und Popularen. Dieser Gegensatz machte es unmöglich, die Probleme der Verarmung der Bauern und der Schwächung der Armee zu lösen. Die Römische Republik geriet immer tiefer in die Krise.

Der neue Berufssoldat. Mit der Umwandlung des Milizheers in ein Berufsheer wurde die Armee allen römischen Bürgern geöffnet. Nun liessen sich auch besitzlose Bürger rekrutieren. Damit sie sich die Ausrüstung leisten konnten, wurde der Sold erhöht. Alle Legionäre waren gleich bewaffnet: Bronzehelm, Kettenpanzer, ovaler Schild, kurzes Schwert sowie ein leichter und ein schwerer Wurfspiess. Der Berufssoldat verdiente sein Geld in der Armee. Am Ende seiner Dienstzeit erhielt er ein Stück Land, das ihm seinen Lebensunterhalt sicherte. Aquarell von Peter Connolly aus dem Jahr 1975.

Sullas Diktatur

Die Krise erreichte ihren vorläufigen Höhepunkt 83 v. Chr. Der römische Staat drohte in den Wirren eines Bürgerkrieges auseinanderzubrechen. Schliesslich setzte sich Sulla, der Führer der Optimaten, gegen die Popularen durch. Um den Staat neu zu ordnen, liess sich Sulla zum *Diktator wählen. Damit war er zum mächtigsten Mann geworden, den die römische Geschichte bis dahin gesehen hatte. Nach einer umfangreichen Gesetzgebung beendete er 79 v. Chr. die Diktatur freiwillig. Er zog sich auf sein Landgut zurück, wo er im Jahr darauf an einer Krankheit starb.

Sullas Griff nach der Macht war möglich geworden durch die Unterstützung seiner Truppen. Diese fühlten sich ihrem Feldherrn gegenüber stärker verpflichtet als der Republik. Der Grund dafür lag in einer Heeresreform, die in Rom an der Wende vom 2. zum 1. Jh. v. Chr. stattgefunden hatte. Damals wurde das Heer von einer Miliz- in eine Berufsarmee umgewandelt. Von nun an gehörte es zu den Pflichten eines Feldherrn, seine Soldaten nach ihrer Dienstzeit mit einem Stück Land zu versorgen. Dorthin konnten sich die *Veteranen zurückziehen. Im Gegenzug schuldeten sie ihrem Feldherrn bedingungslose *Gefolgschaft. Er war ihr Patron und gelangte dadurch auch in der Innenpolitik zu viel Macht. Einerseits konnte er bei Abstimmungen und Wahlen eine grosse Anhängerschaft mobilisieren. Andererseits verfügte er über die nötige Militärgewalt, sollten sich seine Interessen nicht auf legalem Weg durchsetzen lassen.

AUFGABEN

16 *Warum führten die meist erfolgreichen, aber langen Kriegszüge des 2. Jh. v. Chr. zu einer Schwächung der römischen Armee?*
17 *Welche Folgen hatte das Vorgehen der Gracchen für die Art und Weise, wie in Rom Politik betrieben wurde?*
18 *Wodurch unterschieden sich populare Politiker von so genannten Optimaten?*
19 *Inwiefern profitierten sowohl Legionäre als auch Feldherren von der Umwandlung des römischen Heeres von einer Miliz- in eine Berufsarmee?*

Wissen erarbeiten

30

Das bedeutendste erhaltene Porträt des Pompeius (106–48 v. Chr.) Das etwas wirr abstehende Haarbüschel erinnert an Darstellungen Alexanders des Grossen, des grossen Vorbilds von Pompeius. Mit seinen Leistungen stand Pompeius Alexander kaum nach. Vom Aussehen her stellt sich allerdings die Frage, ob eine Ähnlichkeit mit Alexander tatsächlich bestand oder ob diese erst durch entsprechend stilisierte Porträts, wie diese Marmorbüste aus dem 1. Jh. v. Chr., hergestellt wurde.

31 Die Ausmusterung von Pompeius

Das schönste Schauspiel aber gab er dem Volke, als er selbst um Befreiung vom Heeresdienst nachsuchte. Es besteht nämlich der Brauch für die römischen Reiter, dass sie, wenn sie die gesetzliche Zeit abgedient haben, ihr Pferd auf den Markt vor die zwei Männer führen, die man *Zensoren nennt, jeden einzelnen der Führer und Feldherren, unter denen sie gedient haben, aufzählen, Rechenschaft über ihren Dienst ablegen und danach freigesprochen werden, wobei jedem von ihnen für seine Führung das gebührende Lob oder Tadel zuteil wird. [...] Da sah man Pompeius [...] auf den Markt herunterkommen, mit allen Abzeichen seiner Würde angetan, aber sein Pferd mit eigener Hand am Zügel führend. Als er nahe und allen sichtbar geworden war, befahl er seinen *Liktoren, beiseite zu treten, und führte sein Pferd vor das Tribunal. Das Volk staunte und war ganz still, und die Zensoren erfüllte ein gewisses Schamgefühl und Freude zugleich bei dem Anblick. Darauf stellte der Ältere der beiden die Frage: «Ich frage dich Pompeius Magnus, ob du alle vom Gesetz vorgeschriebenen Feldzüge mitgemacht hast», und Pompeius antwortete mit lauter Stimme: «Ich habe sie alle mitgemacht, und alle unter meinem Kommando.» Als das Volk das hörte, schrie es laut auf und konnte vor Freude nicht mehr zur Ruhe kommen [...].

Vereinfacht nach Plutarch: *Pompeius 22*. Übersetzung Konrat Ziegler. Plutarch überliefert eine *Anekdote über Pompeius' Ausmusterung vom ritterlichen Kriegsdienst. Die Art, wie sich der Konsul dem Volk präsentiert, zeugt von seiner Eitelkeit und Ruhmsucht.

Der Untergang der Römischen Republik

Die Geschichte vom Ende der Römischen Republik lässt sich als Machtkampf zwischen den zwei führenden Männern Roms erzählen. Gnaeus Pompeius Magnus und Gaius Iulius Caesar dehnten auf ihren Eroberungszügen die Grenzen des Römischen Reiches weit aus. Als Feldherren grosser Armeen häuften sie solche Macht und solchen Reichtum an, dass sie sich nicht mehr in die Reihen ihrer senatorischen Standesgenossen eingliedern wollten. Beide wollten vor allen anderen an der Spitze des Staates stehen. Als zwischen den einstigen Verbündeten der Bürgerkrieg ausbrach, war das Ende der Republik gekommen. Denn der Sieger würde die alte republikanische Ordnung, das Zusammenspiel von Senat, Magistraten und Volk, endgültig aufheben.

Pompeius und Caesar

Gnaeus Pompeius Magnus durchlief eine einzigartige militärische Karriere. Bereits mit 26 Jahren wurde er mit den höchsten militärischen Ehren ausgezeichnet. Er befreite das Mittelmeer von einer lästigen Seeräuberplage und dehnte Roms Machtbereich vom Kaukasus bis nach Arabien aus. So wurde Pompeius zu einem der mächtigsten Männer Roms. Dem Senat jedoch behagten solche übermächtigen Einzelgänger nicht und so stemmte er sich gegen alle Anliegen, die Pompeius vorbrachte. Pompeius war verbittert und enttäuscht.

Zur gleichen Zeit gab es einen anderen Mann, der Pläne hatte, die er gegen den Senat durchsetzen wollte: Gaius Iulius Caesar. Caesar hatte die klassische Ämterlaufbahn bis zum zweithöchsten Amt der Römischen Republik bereits durchlaufen. Nun wollte er unbedingt Konsul werden, um sein Ziel, der mächtigste Mann Roms zu sein, endlich zu erreichen. Zwar war Caesar beim Volk beliebt, jedoch erkannte der Senat seine Machtgelüste und versuchte ihn zu behindern, wo es nur ging. So bewegte Caesar den mächtigen Pompeius, der mit dem Senat ebenfalls unzufrieden war, zu einem folgenreichen Bündnis.

Das Triumvirat

Caesar gewann noch einen dritten Bündnispartner: Marcus Licinius Crassus (ca. 114–53 v. Chr.), zu jener Zeit einer der

Caesar (100–44 v. Chr.) war die Verkörperung des genialen römischen Politikers. Er war berechnender Staatsmann und brillanter Militärstratege in einer Person. Neben einer ausgezeichneten geistigen Bildung hatte sich Caesar schon früh eine grosse körperliche Leistungsfähigkeit angeeignet. Sie sollte ihm auf seinen zahlreichen Feldzügen immer wieder zugute kommen. Marmorbüste aus dem 1. Jh. v. Chr.

Der Rubikon bildete zur Zeit Caesars die Grenze zwischen Italien und der Provinz *Gallia Cisalpina. Daher drang Caesar bewaffnet in Italien ein, als er am 10./11. Januar 49 v. Chr. den kleinen Fluss mit einer seiner Legionen überquerte. Laut Gesetz machte er sich damit zum Staatsfeind. Illustration von Peter Connolly, 1989.

reichsten Männer Roms. Mit diesem privaten Zusammenschluss, der in der Geschichtsforschung das erste *Triumvirat genannt wird, war es den dreien möglich, alle ihre politischen Pläne durchzusetzen. Pompeius verfügte aus seinen Kriegen über eine riesige Anhängerschaft von Veteranen, die in der Volksversammlung in seinem Sinne stimmten. Crassus stellte die Geldmittel zur Verfügung, mit denen jeder Widerstand gebrochen werden konnte. Und Caesar bekleidete als Konsul das Amt, um die Pläne umzusetzen.

Mit Caesars Amtsantritt am 1. Januar 59 v. Chr. kam das «dreiköpfige Ungeheuer», wie das Triumvirat auch genannt wurde, an die Macht. Caesar, Pompeius und Crassus erarbeiteten Gesetze, von denen viele ihren persönlichen Zwecken dienten. Anstatt sie wie gewohnt dem Senat zur Prüfung vorzulegen, gingen sie damit direkt vor die Volksversammlung. Da sie diese mit ihren Anhängern und den unerschöpflichen finanziellen Mitteln kontrollierten, wurden alle Gesetze angenommen. Wo der Senat Einspruch zu erheben versuchte, setzten die Triumvirn gar organisierte Schlägerbanden ein. Unter diesen Umständen war das Zusammenspiel von Senat, Magistraten und Volk, durch das die Republik seit Jahrhunderten regiert wurde, unmöglich.

Es war üblich, dass die Konsuln nach ihrer Amtszeit als *Prokonsuln die Verwaltung einer Provinz übernahmen. Und so reiste Caesar 58 v. Chr. in den Süden Galliens. Er beschränkte sich aber nicht auf die Verwaltung der dortigen Provinzen, sondern begann unverzüglich die Eroberung des restlichen Galliens. So wollte er seinen Reichtum, seine Macht und seinen Ruhm mehren. Beharrlich verfolgte Caesar das Ziel seines Lebens: unangefochten Roms mächtigster Mann zu werden.

Der Bruch zwischen Pompeius und Caesar

Den Triumvirn schlug vonseiten der Senatoren eine Welle des Hasses entgegen. Aber auch in der Bevölkerung stieg das Misstrauen. Pompeius war verunsichert. 54 v. Chr. starb Iulia, Pompeius' junge Frau. Iulia war Caesars einzige Tochter gewesen. Er hatte sie Pompeius in der Absicht zur Frau gegeben, das Bündnis zu festigen. Das Verhältnis zwischen Pompeius und Caesar verschlechterte sich.

53 v. Chr. verlor Crassus auf einem Feldzug an der Ostgrenze des Römischen Reiches Heer und Leben. In Rom schürte derweil Pompeius im Geheimen gewalttätige Unruhen. Der Senat war nicht mehr fähig, die Lage zu kontrollieren. Pompeius' Plan ging auf, als der Senat den Notstand ausrief und ihn damit beauftragte, die Ordnung wieder herzustellen. Zu Beginn des Jahres 52 v. Chr. sorgte Pompeius für Ruhe und präsentierte sich somit plötzlich als Retter des Staates.

Caesar hatte jenseits der Provinzgrenzen in Gallien einen Eroberungsfeldzug gestartet, wie es noch kaum einen gegeben hatte. Er unterwarf unzählige gallische Stämme und verkaufte die Gefangenen zu Hunderttausenden in die Sklaverei. Die Siegesmeldungen berichteten von Gegenden und Völkern, deren Namen zuvor noch nie ein Römer gehört hatte. Im Frühjahr 50 v. Chr. war der Krieg zu Ende und ganz Gallien

Wissen erarbeiten

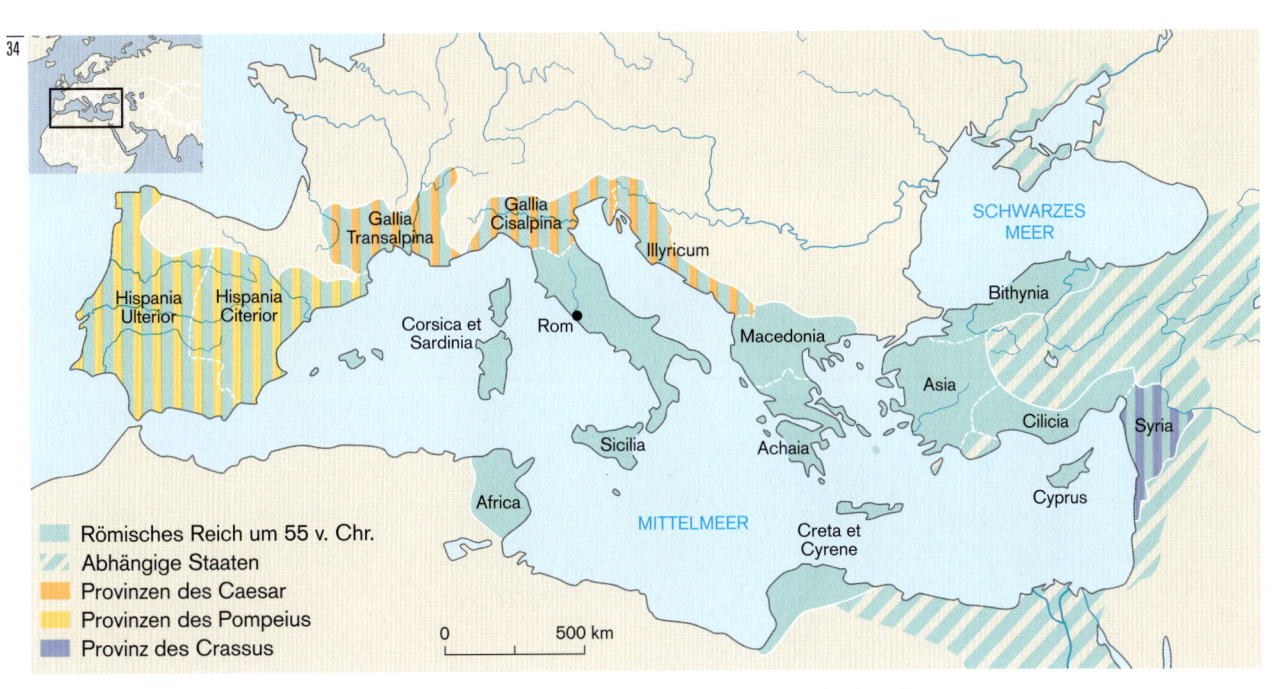

Die Provinzen des Römischen Reiches um 55 v. Chr. und ihre Verteilung auf die drei Triumvirn.

Legende:
- Römisches Reich um 55 v. Chr.
- Abhängige Staaten
- Provinzen des Caesar
- Provinzen des Pompeius
- Provinz des Crassus

erobert. Etwa eine Million Gallier waren in dem achtjährigen Krieg ums Leben gekommen.

Pompeius' gestärkte Position und Caesars Eroberungen bewirkten, dass sich die beiden im Wettlauf um die Macht nun gegenseitig im Weg standen. Damit war ihr Bündnis endgültig zerbrochen.

Der Bürgerkrieg – das Ende der Republik

Pompeius gelang es, den Senat davon zu überzeugen, dass Caesar eine Bedrohung für die Republik darstellte. Daraufhin erteilte ihm der Senat den Auftrag, die Republik gegen Caesar zu verteidigen. Mit einem Sieg erhoffte sich Pompeius die uneingeschränkte Gunst des Volkes.

Am 1. Januar 49 v. Chr. stellte der Senat Caesar ein *Ultimatum. Wenn er nicht unverzüglich sein Heer entlasse und nach Rom zurückkehre, gelte er als Staatsfeind. Eine Rückkehr nach Rom ohne den Schutz seines Heeres war für Caesar unmöglich. Er reagierte blitzschnell. In der Nacht vom 10. auf den 11. Januar überquerte er den Grenzfluss Rubikon und drang mit wenigen Truppen, aber mit grosser Geschwindigkeit nach Süden vor. Pompeius und der Senat waren überrascht und mussten Rom und Italien räumen. Sie setzten nach Griechenland über und organisierten von dort aus den Widerstand.

Der Kampf um die Macht in Rom hatte zum Bürgerkrieg geführt. Weil Rom sich mittlerweile zu einem riesigen Reich entwickelt hatte, wurde daraus ein antiker Weltkrieg. Rund um das Mittelmeer, in Spanien, Nordafrika und Griechenland standen sich römische Legionäre gegenüber. Im August 48 v. Chr. siegte Caesar bei Pharsalos in Nordgriechenland. Pompeius flüchtete und wurde schliesslich in Ägypten ermordet. Caesar benötigte noch drei Jahre, bis er an allen Fronten gesiegt hatte. Dann hatte er sein Ziel erreicht. Er war unangefochten der mächtigste Mann Roms.

Das Zusammenspiel von Senat, Magistraten und Volk, durch das die Republik während Jahrhunderten regiert worden war, wurde nun von einem einzigen Mann kontrolliert, der mächtiger war als alle anderen. Die Alleinherrschaft Caesars bedeutete das Ende der Römischen Republik.

AUFGABEN

20 Warum verbündeten sich Caesar, Pompeius und Crassus zum Triumvirat?

21 Was brachte jeder der drei Partner in das Bündnis ein, sodass sie zusammen die Politik nach ihren Interessen gestalten konnten?

22 Welchen Einfluss auf die Politik hatte der Senat während Caesars Konsulat 59 v. Chr.?

23 Nenne drei Gründe, warum es zum Bruch zwischen Caesar und Pompeius kam.

Der Tod Caesars. Der Maler Jean-Léon Gérôme hat den Moment von Caesars Tod auf seinem Ölgemälde aus dem Jahre 1867 festgehalten. Heute hängt dieses Kunstwerk in der Walters Art Gallery in Baltimore in den USA.

Der Weg zur Monarchie

Caesar war endlich der mächtigste Mann Roms. Aber er versäumte es, den römischen Staat grundlegend zu reformieren. Schliesslich wurde er ermordet. Das trieb Rom in einen neuen Bürgerkrieg, in dem Caesars Erben und ihre Rivalen um die Herrschaft kämpften. Den Sieg trug Octavian davon. Unter dem Ehrennamen Augustus wurde er der erste Kaiser Roms. Mit ihm begann ein neues Zeitalter: die Zeit der römischen Kaiser.

Die Diktatur Caesars

45 v. Chr. hatte Caesar auch den letzten Widerstand beseitigt. Er war unbestrittener Herr des Römischen Reiches. Es stellte sich ihm nun die Frage, wie er seine überragende Machtstellung organisieren wollte. Die eine Möglichkeit war, sich zum König ausrufen zu lassen. Aber seit das Königtum in Rom zu Beginn des 5. Jh. v. Chr. gestürzt worden war, galt ein König bei den Römern als typischer Tyrann. Die andere Möglichkeit war jene, die bereits Sulla ergriffen hatte. Und so liess sich Caesar zum Diktator wählen. Im Gegensatz zu Sulla wollte er dieses Amt aber für den Rest seines Lebens bekleiden.

Von Caesar wurde nun erwartet, dass er den Staat grundlegend reformierte. So sollten all die Probleme, die in den vergangenen Jahrzehnten entstanden waren und Rom in die Krise und den Bürgerkrieg gestürzt hatten, endlich umfassend gelöst werden. Caesar erliess zwar einige neue Gesetze, aber sie dienten vor allem der Absicherung seiner Machtposition. Einen Plan zur gesamten Neuordnung des Staates, eine Vision, wie das Römische Reich den Weg in die Zukunft antreten sollte, hatte Caesar nicht.

Der Soldat in Caesar war offensichtlich stärker als der Politiker und Staatsmann. Denn ohne wirklich Klarheit geschaffen zu haben, wie es mit Rom weitergehen sollte, plante er – mittlerweile 56 Jahre alt – bereits einen neuen grossen Feldzug. Die *Parther sollten für die Vernichtung des Crassus im Jahre 53 v. Chr. bestraft werden.

Caesars Ende

Viele Senatoren in Rom waren enttäuscht. Sie wünschten sich die Republik zurück. Angeführt von Marcus Iunius Brutus (85–42 v. Chr.) und Cassius Longinus (ca. 85–42 v. Chr.) verschwor sich eine kleine Gruppe von Senatoren gegen Caesar und beschloss, ihn zu ermorden. An den sogenannten *Iden des März, dem 15. März des Jahres 44 v. Chr., betrat Caesar die letzte Senatssitzung vor dem geplanten Aufbruch in den Krieg gegen die Parther. Er schritt an den wartenden Senatoren vorbei zu seinem Sessel. Dieser stand zu Füssen einer Pompeius-Statue, denn der Senat tagte damals im Pompeius-

36 Kritik an Caesars Reformprogramm

Ungern habe ich dein höchst erhabenes und weises Urteil gehört: Du hättest zur Befriedigung der Natur und auch für den Ruhm genug gelebt. Genug, wenn du willst, vielleicht für die Natur; ich will auch, wenn du meinst, hinzusetzen, für den Ruhm; aber, was das Wichtigste ist, für das Vaterland, gewiss noch viel zu wenig. [...] Du sagst, du bedürfest des Lebens nicht weiter. Ich würde es zugeben, wenn du nur für dich lebtest, oder nur für dich geboren wärest. Jetzt aber, da deine Taten das Heil aller Bürger und den ganzen Staat umfasst haben, bist du so weit von der Vollendung der grössten Werke entfernt, dass du noch nicht einmal mit der Grundlage deiner Entwürfe fertig bist.

Cicero: *Für Marcellus 25*. Übersetzung Friedrich Schlegel. In einer Rede vor Caesar und dem Senat im April 46 v. Chr. warf Cicero, einer der grössten Redner Roms und ehemaliger Konsul, Caesar vor, zu wenig für die Reform des Staates zu unternehmen.

Kleopatra und Antonius. Münzen wie diese geben Hinweise zum Aussehen von Kleopatra und Antonius. Aus Quellen geht zudem hervor, dass die berühmte Königin von Ägypten eine intelligente und ehrgeizige Frau gewesen sei. Von Antonius hingegen lässt sich kaum ein verlässliches Bild gewinnen. Octavian brachte ihn nämlich bei der römischen Bevölkerung in Verruf. Durch Lügen und Gerüchte erweckte er den Eindruck, Antonius sei durch seine Heirat mit Kleopatra zu einer Gefahr für das Römische Reich geworden. Auf diese Weise rechtfertigte Octavian den Krieg gegen Ägypten. Dieses schlechte Bild von Antonius beherrschte danach die gesamte Geschichtsschreibung.

Theater. Dort angekommen, wurde er von den Verschwörern umringt. Es machte den Anschein, als würden sie mit einem Regierungsanliegen an ihn herantreten. Plötzlich stiess der erste zu. Wie verabredet führte jeder der Verschwörer einmal seinen Dolch gegen Caesar. 23 Stiche sollen es schliesslich gewesen sein. Als Caesar realisierte, dass jede Gegenwehr vergebens war, verhüllte er das Haupt mit seiner Toga. Dann stürzte er. Caesars Leben endete unter den Blicken des marmornen Pompeius.

Octavian gegen Antonius

Die Hoffnung der Verschwörer, alle Probleme der Republik wären mit der Beseitigung Caesars gelöst und die führende Rolle des Senats wieder hergestellt, erfüllte sich nicht. Stattdessen entbrannten neue, viele Jahre dauernde Bürgerkriege. Zuerst standen sich die Caesaranhänger und die Caesarmörder gegenüber. Die Anhänger wurden angeführt von Marcus Antonius (ca. 82–30 v. Chr.), Caesars bestem General, und Octavian. Octavian war Caesars Grossneffe und von diesem testamentarisch adoptiert worden. Das machte ihn zum offiziellen Erben und Nachfolger Caesars. An der Spitze der Caesarmörder standen Brutus und Cassius. 42 v. Chr. besiegten die Caesaranhänger bei Philippi in Nordgriechenland die Heere von Brutus und Cassidus. Die Sieger teilten das Reich untereinander auf. Antonius erhielt den Osten, Octavian den Westen. Die Hälfte war jedoch beiden zu wenig. Zwar verhinderten zuerst Verträge weitere Kampfhandlungen. Aber dann heiratete Antonius 36 v. Chr. Kleopatra, die Königin von Ägypten.

Octavian behauptete nun, Antonius verrate Rom an Ägypten. Mit dem Vorwand, Roms Interessen zu verteidigen, erklärte er Ägypten den Krieg. Am 2. September 31 v. Chr. siegte Octavian in einer Seeschlacht bei Actium an der Westküste Griechenlands. Antonius und Kleopatra konnten zwar nach Alexandria fliehen. Aber als Octavian im Jahr darauf die Stadt einnahm, begingen die beiden Selbstmord. Octavian machte Ägypten zu einer römischen Provinz.

Die Errichtung der *Monarchie

Octavian hatte sich gegen alle Rivalen durchgesetzt. Er war der unumstrittene Herr der römischen Welt. Diese war nach beinahe 100 Jahren Bürgerkrieg erschöpft. Sie wünschte sich nichts so sehr wie den Frieden. Octavian stand vor demselben Problem, das Caesar nicht zu lösen verstanden hatte. Einerseits wollte er die Alleinherrschaft, andererseits musste er die Senatorenschicht an der Regierung beteiligen. Würde er dies nicht tun, wäre sie – wie im Falle Caesars – enttäuscht und es käme erneut zum Bürgerkrieg. Octavian gelang es, die beiden Ansprüche miteinander zu verbinden.

Er teilte die Verwaltung des Reiches auf. Provinzen, in denen Frieden herrschte, wurden wie bisher von senatorischen

Dieses Standbild des Kaisers Augustus (63 v. Chr.–14 n. Chr.) ist eine der bekanntesten römischen Statuen. Sie entstand um 20 v. Chr. Der Marmor war ursprünglich bemalt. Die Kleidung kennzeichnet Augustus als Feldherrn. Seine Geste deutet an, dass er im Begriff ist, zu seinen Truppen zu sprechen. Der Feldherrenstab in seiner Linken ist ergänzt. Die nackten Füsse verweisen auf das Ansehen von Augustus. So wurden in der Antike sonst nur Götter und *Heroen dargestellt. Gefunden wurde die Statue 1863 in Primaporta, etwa 15 km nördlich von Rom, in den Überresten der Villa der Livia, der Ehefrau des Kaisers. Heute befindet sich die Statue in den Vatikanischen Museen.

Augustus über seine Verdienste und Ehrungen

In meinem sechsten und siebenten Konsulat habe ich, nachdem ich die Bürgerkriege ausgelöscht hatte und durch Zustimmung aller in den Besitz der Allmacht gelangt war, den Staat aus meiner Amtsgewalt dem Ermessen des römischen Senats und Volkes überantwortet. Für dieses Verdienst wurde ich auf Beschluss des Senats Augustus genannt, mit Lorbeerkränzen wurde die Tür meines Hauses von Staats wegen geschmückt, die *Bürgerkrone über meiner Tür angebracht und ein goldener Schild in der *Curia Iulia aufgestellt, den mir der Senat und das römische Volk verliehen wegen meiner Tapferkeit und Milde, meiner Gerechtigkeit und Frömmigkeit, wie durch die Inschrift auf diesem Schild bezeugt ist.

Augustus, Res Gestae 34. Übersetzung Klaus Meister (in: *Einführung in die Interpretation historischer Quellen. Schwerpunkt: Antike. Band 2: Rom.* Paderborn: Schöningh, 1999). Augustus zählt in einem Tatenbericht, den er mit 76 Jahren verfasst hat, Ehrungen auf, die ihm aufgrund seiner Verdienste für den Staat zuteil wurden.

Statthaltern regiert. Provinzen, in denen es Aufstände gab oder die als Grenzprovinzen im Krieg mit äusseren Feinden lagen, unterstanden Octavian. Er liess sie durch Vertrauensmänner aus seinem persönlichen Umfeld verwalten. Zudem verschob er alle Legionen dorthin, um die Grenzen des Reiches zu schützen. Die Legionen standen somit unter seinem Oberbefehl. Dadurch verhinderte er, dass ein anderer Feldherr Legionen um sich scharen und einen neuen Bürgerkrieg anzetteln konnte.

Mit diesen und einer Reihe weiterer Massnahmen zur Neuordnung des Staates stellte Octavian in den Augen der Römer das Zusammenspiel zwischen Senat, Magistraten und Volk und damit die Republik wieder her. Als Dank verlieh der Senat Octavian 27 v. Chr. den Ehrennamen Augustus, «der Erhabene». Dies rückte ihn in die Nähe der Götter. Es machte aber auch den Unterschied zur alten Republik deutlich. Augustus thronte über den republikanischen Einrichtungen. Er verfügte über die Macht, alle Aktionen, mit denen er nicht einverstanden war, zu unterbinden und seinen eigenen Willen durchzusetzen. In Wirklichkeit war Rom damit eine Monarchie – die Herrschaft eines Einzelnen – geworden. Mit Augustus als erstem Kaiser war die republikanische Epoche in der Geschichte Roms zu Ende. Es begann ein neues Zeitalter: die Kaiserzeit.

AUFGABEN

24 *Nenne zwei Gründe weshalb Caesar den römischen Staat nicht so reformieren konnte, dass die Probleme der Republik gelöst wurden.*

25 *Was veranlasste die Anführer der Verschwörung gegen Caesar zur Tat und was erhofften sie sich davon?*

26 *Die Folge von Caesars Ermordung waren erneute Bürgerkriege. Wer stand sich in den Bürgerkriegen nach Caesars Tod gegenüber und wer setzte sich durch?*

27 *Wer hatte die Römische Republik regiert und wer regierte danach die Monarchie?*

Wissen erarbeiten

Stadtkarte des antiken Rom

Gegen Ende des 1. Jh. v. Chr. zählte Rom rund eine Million Einwohner. Um die Stadt zum würdigen Mittelpunkt des Römischen Reiches zu machen, liess Augustus prächtige neue Bauten errichten. Er rühmte sich, eine Stadt aus Ziegelsteinen übernommen und eine aus Marmor zurückgelassen zu haben. Viele seiner Nachfolger auf dem Kaiserthron fügten weitere grossartige Bauwerke hinzu. In diesem Portfolioauftrag erstellst du eine Karte, die Rom zur Kaiserzeit zeigt.

Portfolioauftrag

Aufgabe

Du zeichnest auf einem Blatt der Grösse A3 eine Karte von Rom zur Kaiserzeit. Deine Karte soll Folgendes zeigen:
- Landschaftliche Merkmale wie den Lauf des Tiber oder die sieben Hügel, auf denen Rom erbaut ist.
- Die zwei Stadtmauern, von denen Rom im Lauf seiner Geschichte umgeben war, und an denen sich eindrücklich das Wachstum der Stadt durch die Jahrhunderte hindurch ablesen lässt.
- Mindestens fünf grosse Strassen, die aus allen Himmelsrichtungen bis an die Tore der Stadt heranführten.
- Mindestens vier Aquädukte, die die Stadt aus dem Umland mit Wasser versorgten.
- Mindestens drei Brücken, die über den Tiber führten.
- Mindestens zehn antike Bauwerke, die du besichtigen möchtest, solltest du einmal selber die Stadt der römischen Kaiser besuchen.
- Eine Legende, die die einzelnen Bauwerke und Sehenswürdigkeiten auf deiner Karte klar benennt.

Vorgehen

1. Eine Karte zeigt das, was sie abbildet, üblicherweise aus der Vogelperspektive, also von oben. Deshalb musst du zuerst in Erfahrung bringen, wie Rom aus der Vogelperspektive ausgesehen hat. Wo floss der Tiber durch? Wo führten Brücken über den Fluss? Wo führten die grossen Strassen und Aquädukte in die Stadt hinein? Wie verliefen die Stadtmauern? Und wo standen die prächtigen Bauwerke? Zu diesem Zweck benötigst du eine Karte des antiken Rom, die dir als Vorlage dient. Suche dir eine solche in einem Buch über Rom oder im Internet.
2. Nun legst du fest, welche Sehenswürdigkeiten du auf deiner Karte einzeichnen willst. Dazu gehst du noch einmal dieses Kapitel mit seinen Bildern und Texten durch und notierst dir jene darin erwähnten Bauwerke, von denen du den Standort wissen möchtest. Weil aber gerade unter den Kaisern der ersten Jahrhunderte n. Chr. manche der grossartigsten Bauten Roms entstanden sind und diese Zeit hier nicht behandelt worden ist, musst du dich darüber in einem Buch, mit Hilfe eines Lexikons oder über das Internet informieren. Bestimme selber, was du auf deiner Karte eintragen möchtest.
3. Schmücke deine Karte mit Bildern: Für mindestens eine Strasse, eine Brücke und ein Aquädukt suchst du ein Bild, das du an der entsprechenden Stelle auf deiner Karte einfügst. Ob du das Bild abzeichnest, kopierst und mit Farbstiften kolorierst oder vielleicht aus einer Zeitschrift ausschneidest, bleibt dir überlassen. Das Gleiche machst du für mindestens fünf berühmte Bauwerke.
4. Schliesslich musst du noch die Legende verfassen und an geeigneter Stelle auf deiner Karte platzieren. Wichtig ist, dass alles, was auf deiner Karte eingetragen ist, durch die Legende erklärt wird.

Hinweise

▶ Karten des antiken Rom gibt es in vielen Büchern. Erkundige dich dazu in einer Bibliothek. Oder suche danach im Internet mithilfe einer Suchmaschine.
▶ Wenn du Bauwerke und Sehenswürdigkeiten ausgewählt hast, musst du Informationen darüber sammeln. Bücher über Rom, Lexika oder das Internet helfen dir weiter.
▶ Achte auf die Rechtschreibung. Es wäre schade, wenn deine Karte zwar den genauen Standort so vieler Sehenswürdigkeiten angäbe, diese aber fehlerhaft benannt wären.
▶ Wenn du deine Karte ausführlicher gestalten willst, als es die Aufgabenstellung verlangt, tu das! Du wirst dadurch ein umso genaueres Bild des antiken Rom gewinnen.
▶ Natürlich kann die Rom-Karte auch gut zu zweit oder in einer Gruppenarbeit gestaltet werden.

Die römische Religion

Ein Hausaltar, ein sogenanntes Lararium, aus Pompeji. In der Nische wurden die Figürchen der Schutzgötter von Familie und Haus aufgestellt.

Römische Götter

Die Römer hatten viele Götter. Zu Beginn ihrer Geschichte sahen sie das Göttliche in Kräften, die in der Natur wirkten, zum Beispiel im Grollen des Donners, im Rauschen des Windes oder im Reifen der Feldfrüchte. Unter dem Einfluss von Etruskern und Griechen begannen die Römer, diese Kräfte Gottheiten zuzuschreiben, die sie sich menschenähnlich vorstellten. Die wichtigsten dieser Göttergestalten waren schliesslich jene, die bereits den griechischen Götterhimmel bewohnten. Allerdings gaben die Römer ihnen meist eigene Namen. So wurde zum Beispiel Zeus zu Jupiter, Hera zu Juno und Athena zu Minerva.

Die Grundlage der römischen Religion bildete eine Art Vertrag zwischen den Menschen und den Göttern. Die Menschen spendeten den Göttern Opfer. Dafür sorgten die Götter für das Wohlergehen der Menschen. Für jeden Bereich des Lebens – Familie, Arbeit, Handel, Politik, Krieg, Krankheit usw. – waren unterschiedliche Götter zuständig. Wer sich in einer Angelegenheit gutes Gelingen erhoffte, musste sich also mit einem Opfer um die Gunst der zuständigen Gottheit bemühen. Die Darbringung des Opfers wurde in einer Kulthandlung vollzogen. Es gab in der römischen Religion zwei Formen des Kultes: den privaten und den öffentlichen Kult.

Der private Kult

Der private Kult spielte sich zu Hause ab. Dort verehrten die Römer die Schutzgötter der Familie und des Hauses in Form kleiner Statuen, den sogenannten Penaten und Laren. Die Römer sahen in ihnen die Seelen verstorbener Vorfahren. Sie gehörten also zur Familie und wurden deshalb mitgenommen, wenn diese umzog. Sie sorgten dafür, dass die kostbare Glut in der Feuerstelle nicht erkaltete und sich nachts die Ratten nicht über die Speisevorräte hermachten. Zudem sollten sie den Koch anregen, etwas Schmackhaftes zu kochen. Während die Laren von allen Angehörigen der Familie verehrt wurden, war für die Verehrung der Penaten allein der Hausherr zuständig.

Man betete zu den Hausgöttern bei täglichen Andachten und opferte ihnen in den wichtigsten Momenten des Lebens wie Geburt, Eheschliessung oder Tod. Bei solch ausserordentlichen Anlässen wurden Schweine oder Lämmer geopfert. Die alltäglichen Opfergaben bestanden aus Kränzen, Weihrauch, Dinkel, Honigwaben, Weintrauben, Wein, Früchten oder Kuchen.

Der öffentliche Kult

Für die Beziehung der Menschen zu den grossen Göttern war in Rom der Staat verantwortlich. Deshalb war der öffentliche Kult eine Staatsangelegenheit. Die wichtigen religiösen Ämter wurden von Personen bekleidet, die auch in der Politik tätig waren. Der oberste Priester Roms war der Pontifex Maximus. Der Papst, das Oberhaupt der katholischen Kirche in Rom, trägt noch heute diesen Titel.

Die öffentlichen Kulthandlungen hatten einen bis ins letzte Detail festgelegten Ablauf. Dieser durfte keinesfalls missachtet werden, da sonst der Zorn der Gottheit drohte. Durchgeführt wurde das Opfer stets an einem geweihten Ort, der als Wohnstätte der Gottheit galt, üblicherweise vor dem Tempel.

Bei öffentlichen Opferhandlungen wurden prachtvolle Tiere getötet und zerlegt. Teile der Eingeweide wurden zu Ehren der Gottheit auf dem Altar verbrannt. Illustration von Yvon LeGall, 1978.

Claudius, römischer Kaiser von 41 bis 54 n. Chr., dargestellt als Jupiter. Die Skulptur aus dem Jahr 54 n. Chr. steht heute in den Vatikanischen Museen.

Dorthin zog die Opfergemeinschaft mit den prächtig geschmückten Opfertieren. Diese wurden nun einer symbolischen Reinigung unterzogen, indem man ihnen Wein über den Kopf schüttete. Man nahm ihnen den Schmuck ab und machte sie für das Opfer bereit. Die Priester sprachen ein Gebet und brachten ein Trankopfer dar. Musikanten spielten auf, um störende Nebengeräusche zu übertönen. Dann schlug der Opferdiener zu. Wenn dabei genügend Blut floss, galt dies als gutes Zeichen.

Nun wurde das Opfertier zerlegt und es folgte die Eingeweideschau. Hier zeigte sich, ob das Opfer erfolgreich vollzogen worden war. Fanden sich in den Eingeweiden irgendwelche *Anomalitäten, war das ein Hinweis auf ein misslungenes Opfer, das die Gottheit nicht zufriedenstellte. In einem solchen Fall musste das Opfer wiederholt werden, um nicht den Zorn der Gottheit zu erregen. Bei einem gelungenen Opfer waren Leber, Lunge, Herz und Teile des Fleisches den Göttern vorbehalten. Sie wurden mit dem Blut auf dem Altar verbrannt. Das restliche Fleisch verzehrten die Veranstalter des Opfers. Zu diesem Zweck waren die Heiligtümer zum Teil mit Speiseräumen und Küchen ausgerüstet, in denen das Fleisch gebraten und gekocht werden konnte.

Der Kaiserkult

Die Römer zwangen ihre Religion den Menschen in den eroberten Gebieten nicht auf. Diese konnten stets ihre eigene Religion ausüben. Verboten wurde diese nur, wenn die Römer befürchteten, sie könnte die Menschen gegen die römische Herrschaft aufwiegeln. Ansonsten waren die Römer selber offen für neue religiöse Einflüsse. Einer davon war der Herrscherkult. Seit Alexander dem Grossen waren für die Menschen im Osten Könige, die zum Wohle ihres Volkes regiert hatten, den Göttern gleich oder zumindest ähnlich. Die Menschen ehrten sie mit Altären, Hymnen und Festen und benannten sogar Monate nach ihnen.

Die Menschen im Osten folgten also einer alten Tradition, wenn sie Augustus wie einen Gott zu verehren begannen, als er nach den langen Bürgerkriegen endlich für Frieden und Ordnung sorgte. Diese Form der Verehrung trat allmählich auch im Westen auf.

Als Ausdruck von Dankbarkeit und einer treuen Haltung gegenüber Reich und Kaiser liess Augustus dies zu. In Rom und Italien lehnte er es allerdings Zeit seines Lebens ab, als Gott verehrt zu werden. Hier hätte dies zu sehr im Widerspruch zur Republik gestanden, die Augustus in den Augen der Römer ja wiederhergestellt hatte. Erst nach seinem Tod wurde die Apotheose, die Gottwerdung, gefeiert. Der Leichnam des Kaisers wurde verbrannt und so seine Seele befreit. Ein freigelassener Adler, das Symboltier Jupiters, sollte die Seele anschliessend in das Reich der Götter geleiten.

Unter Augustus' Nachfolgern im 1. Jh. n. Chr. breitete sich der Kaiserkult über das ganze Reich aus. Die Menschen brachten dem Kaiser Opfer dar und beteten sein Bildnis an. Der Kaiserkult diente aber nicht nur der Verehrung des Kaisers. Indem die Menschen an dem Kult teilnahmen, brachten sie etwas allen Gemeinsames zum Ausdruck: ihre Zugehörigkeit zum Römischen Reich.

Die Anfänge des Christentums

Jesus unterweist die *Apostel. Das Fresko stammt aus der Mitte des 4. Jh. n. Chr und befindet sich in der Domitilla-*Katakombe in Rom.

Palästina

Palästina, das Land an der östlichen Küste des Mittelmeeres, war 63 v. Chr. von Pompeius erobert worden. Während der Jahrzehnte der römischen Bürgerkriege hatte Rom keine Zeit gefunden, Palästina neu zu organisieren. So herrschte Unordnung im Land und die jüdische Bevölkerung litt unter den hohen Steuern, die sie Rom zu entrichten hatte. Roms drückende Herrschaft trieb die Juden immer wieder zu Aufständen gegen die römische Besatzungsmacht. Die Römer schlugen alle diese Erhebungen gewaltsam nieder. Deshalb sehnten sich die Juden nach einem mächtigen Anführer. Sie glaubten, Gott werde einen Retter schicken, der sie gegen die römischen Besatzer in den Kampf führen und vom römischen Joch befreien werde.

Jesus von Nazareth

Um 30 n. Chr. trat ein Mann in Palästina auf, der nicht Aufruhr gegen Rom und den Umsturz der ungerechten Verhältnisse predigte: Jesus von Nazareth. Als Jude glaubte Jesus nur an den einen wahrhaftigen Gott. Aber dieser Gott, so lehrte Jesus, ist ein Gott der Liebe. In seiner unendlichen Liebe und Güte ist er da für alle Menschen, die sich ihm anvertrauen wollen. Wer an ihn glaubt, dem können die Übel dieser Welt nichts anhaben. Jesus gab vielen Menschen Hoffnung auf ein besseres Leben. Wenn ihnen dieses nicht in dieser Welt zuteil werden sollte, dann sicher im Reich Gottes, in das sie nach dem Tode einziehen würden.

Jesus kam aus einer einfachen Familie. Seine Eltern waren Josef, ein Zimmermann, und Maria. Noch heute feiern an Weihnachten Menschen auf der ganzen Welt Jesu Geburt. Während höchstens drei Jahren, vielleicht sogar nur wenigen Monaten, zog Jesus als Wanderprediger durch Palästina. Er predigte Frieden und Nächstenliebe, heilte Kranke, tröstete Arme und verkündete den Menschen die Botschaft vom Reich Gottes. Als sich immer mehr Anhänger um ihn scharten, sahen die jüdischen Führer in ihm eine Gefahr für ihre Religion. Sie fürchteten um ihren Einfluss in der Bevölkerung. Deshalb zeigten sie ihn beim römischen Statthalter Pontius Pilatus an. Dieser verurteilte Jesus im Alter von etwa 33 Jahren zum Tod am Kreuz.

Tod und Auferstehung

Die Grundlage des christlichen Glaubens sind die Berichte der *Evangelien im Neuen Testament der Bibel. Ihre Verfasser sind Matthäus, Markus, Lukas und Johannes. Sie haben zwischen 60 und 120 n. Chr. geschrieben. Sie berichten, dass Jesus drei Tage nach seinem Tod von den Toten auferstanden sei. Er zeigte sich seinen treuesten Anhängern, seinen Jüngern, und trug ihnen auf, seine Botschaft vom Reich Gottes in die Welt hinauszutragen. 40 Tage später nahm Gott Jesus in den Himmel auf. Noch heute gedenken die Christen am Karfreitag Jesu Kreuzestod, feiern am Ostersonntag seine Auferstehung von den Toten und an Auffahrt seine Rückkehr zum Vater im Himmel.

Thema ausweiten

Die älteste bekannte Darstellung des gekreuzigten Jesus. Es handelt sich um eine Mauerkritzelei auf dem *Palatin in Rom, entstanden um 240 n. Chr. Der Text ist griechisch und lautet übersetzt: «Alexamenos betet seinen Gott an.» Jesus ist mit einem Eselskopf dargestellt, um die Christen zu verspotten, die an einen Gott glauben, der ans Kreuz genagelt wurde.

Kreuzigung und Tod Jesu

Die Leute, die vorbeigingen, schmähten ihn, schüttelten den Kopf und riefen: Du willst den Tempel abreissen und in drei Tagen wieder aufbauen? Wenn du Gottes Sohn bist, hilf dir selbst und steig herab vom Kreuz! Auch die Hohenpriester, Schriftgelehrten und Ältesten verhöhnten ihn und sagten: Anderen hat er geholfen, sich selbst kann er nicht helfen. Er will doch der König von Israel sein. Dann soll er vom Kreuz herabsteigen, und wir werden an ihn glauben. Er hat auf Gott vertraut: der soll ihn jetzt retten, wenn er ihn liebt. Denn er hat gesagt: Ich bin Gottes Sohn. Ebenso beschimpften ihn die beiden Räuber, die man zusammen mit ihm gekreuzigt hatte.

Von der sechsten bis zur neunten Stunde herrschte Finsternis im ganzen Land. Um die neunte Stunde schrie Jesus laut: Eli, Eli, lema sabachtani! Das heisst: Mein Gott, mein Gott, warum hast du mich verlassen? […] Jesus aber schrie noch einmal laut, gab den Geist auf und starb.

Matthäus 27, 39–50. Der Evangelist Matthäus schildert den Tod Jesu am Kreuz.

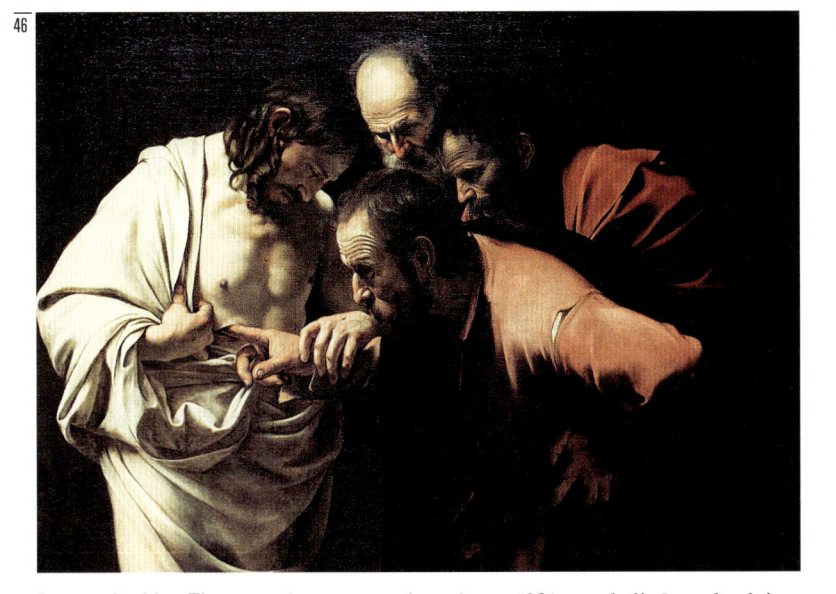

Der ungläubige Thomas. Thomas war einer der zwölf Apostel, die Jesus begleiteten. Die Bezeichnung «ungläubiger Thomas» geht auf die Überlieferung zurück, dass dieser zunächst an der Auferstehung Jesu zweifelte, bis er selbst die Wundmale des Auferstandenen sehen und als Einziger berühren durfte. Das Original von Carvaggios Ölgemälde aus dem Jahr 1601 hängt im Schloss Sanssouci, Potsdam.

Die Erscheinung des Auferstandenen

Thomas, genannt Didymus (Zwilling), einer der Zwölf, war nicht bei ihnen, als Jesus kam. Die anderen Jünger sagten zu ihm: Wir haben den Herrn gesehen. Er entgegnete ihnen: Wenn ich nicht die Male der Nägel an seinen Händen sehe und wenn ich meinen Finger nicht in die Male der Nägel und meine Hand nicht in seine Seite lege, glaube ich nicht. Acht Tage darauf waren seine Jünger wieder versammelt, und Thomas war dabei. Die Türen waren verschlossen. Da kam Jesus, trat in ihre Mitte und sagte: Friede sei mit euch! Dann sagte er zu Thomas: Streck deinen Finger aus – hier sind meine Hände! Streck deine Hand aus und leg sie in meine Seite, und sei nicht ungläubig, sondern gläubig! Thomas antwortete ihm: Mein Herr und mein Gott! Jesus sagte zu ihm: weil du mich gesehen hast, glaubst du. Selig sind, die nicht sehen und doch glauben.

Johannes 20, 24–29.

48 Nächstenliebe

Liebt eure Feinde; tut denen Gutes, die euch hassen. Segnet die, die euch verfluchen; betet für die, die euch misshandeln. Dem, der dich auf die eine Wange schlägt, halt auch die andere hin, und dem, der dir den Mantel wegnimmt, lass auch das Hemd. Gib jedem, der dich bittet; und wenn dir jemand etwas wegnimmt, verlang es nicht zurück. Was ihr von anderen erwartet, das tut ebenso auch ihnen.

Lukas 6, 27–31. Jesus lehrte die Menschen, sich gegenüber den Mitmenschen so zu verhalten, wie sie hofften, dass der liebende und gerechte Gott sich ihnen gegenüber verhalten werde.

49 Falsche Selbstsicherheit

Auf den Feldern eines reichen Mannes stand eine gute Ernte. Da überlegte er hin und her. Was soll ich tun? Ich weiss nicht, wo ich meine Ernte unterbringen soll. Schliesslich sagte er: So will ich es machen: Ich werde meine Scheunen abreissen und Grössere bauen; dort werde ich mein ganzes Getreide und meine Vorräte unterbringen. Dann kann ich zu mir selber sagen: Nun hast du einen grossen Vorrat, der für viele Jahre reicht. Ruh dich aus, iss und trink, und freu dich des Lebens! Da sprach Gott zu ihm: Du Narr! Noch in dieser Nacht wird man dein Leben von dir zurückfordern. Wem wird dann all das gehören, was du angehäuft hast? So geht es jedem, der nur für sich selbst Schätze sammelt, aber vor Gott nicht reich ist.

Lukas 12, 16–21. Jesus vermittelte den Menschen seine Lehre oft in der Form von Gleichnissen und beispielhaften Geschichten. Solche kurze Erzählungen führen dem Zuhörer deutlich vor Augen, worauf er in seinem Leben Wert legen soll.

Die vier Evangelisten schildern Jesus von Nazareth als Jesus Christus. Die Bezeichnung von Jesus als Christus bedeutet, dass seine Anhänger in ihm den von Gott gesandten Retter, den Sohn Gottes sahen. Diese Auffassung bedeutete einen Bruch mit dem Judentum und machte die Evangelien zur Grundlage einer neuen Religion, des Christentums.

Die Ausbreitung des Christentums

Apostel begannen, die Lehre Jesu zu predigen. Sie bereisten Kleinasien und Griechenland und gelangten auch nach Rom. Zuerst waren es vor allem die einfachen Leute, die sich dem neuen Glauben anschlossen. Dann fanden sich aber auch in reicheren Bevölkerungsschichten Anhänger. So begann sich der christliche Glaube im Römischen Reich auszubreiten.

Die Christen organisierten sich in Gemeinden. Sie kamen jeweils am Sonntag zusammen. Dann feierten sie Gottesdienst, um Jesu Christi zu gedenken. Die Feier des Sonntags bei uns hat darin ihren Ursprung. Jeder spendete eine Gabe, die an die Armen und Bedürftigen verteilt wurde. Ein Vorsteher, der von der Gemeinde gewählt wurde, leitete die Gottesdienste. Zudem war er für die Verbreitung der christlichen Lehre und die Verteilung der Spenden verantwortlich.

Die Christenverfolgungen

Der Glaube der Christen an den einen wahrhaftigen Gott verbot ihnen die Anbetung und Verehrung anderer Götter. Deshalb war für sie die Ausübung der Kaiserkultes unmöglich. Mit ihrer Verweigerung des Kultes versagten die Christen in den Augen Roms dem Römischen Reich die Zustimmung. Deshalb wurde der Vorwurf des Hochverrats gegen sie erhoben. Vom 1. bis 3. Jh. n. Chr. kam es immer wieder zu Christenverfolgungen. Wer selbst unter Folter nicht dazu gebracht werden konnte, seinen Glauben aufzugeben, wurde im Amphitheater den Raubtieren vorgeworfen oder gekreuzigt.

Trotz dieser grausamen Massnahmen gewann der christliche Glaube immer mehr Anhänger. Es war Kaiser Konstantin (ca. 280–337 n. Chr.), der 313 n. Chr. die Religionsfreiheit im Römischen Reich einführte. Der Legende nach hatte Konstantin am Vorabend einer entscheidenden Schlacht einen Traum. Ein Zeichen, bestehend aus χ (= Chi) und ρ (= Rho), den ersten beiden griechischen Buchstaben des Namens Christos, sei ihm erschienen. Eine Stimme habe gesprochen, dass er unter diesem Zeichen siegen werde. Konstantin befahl seinen Soldaten, das Zeichen auf ihre Schilde zu malen, und gewann die Schlacht. Taufen liess er sich aber erst auf dem Sterbebett 337 n. Chr.

Zur Staatsreligion wurde das Christentum rund 40 Jahre später unter Kaiser Theodosius (ca. 347–395 n. Chr.). Er war der erste christliche Kaiser. Er liess die römischen Götterstatuen beseitigen und die alten Tempel schliessen. Rom bemühte sich, in seinem Reich für Frieden zu sorgen. Dadurch konnte es von seinen Bürgern frei bereist werden. Dies ermöglichte die Verbreitung des christlichen Glaubens im ganzen Römischen Reich.

Thema ausweiten

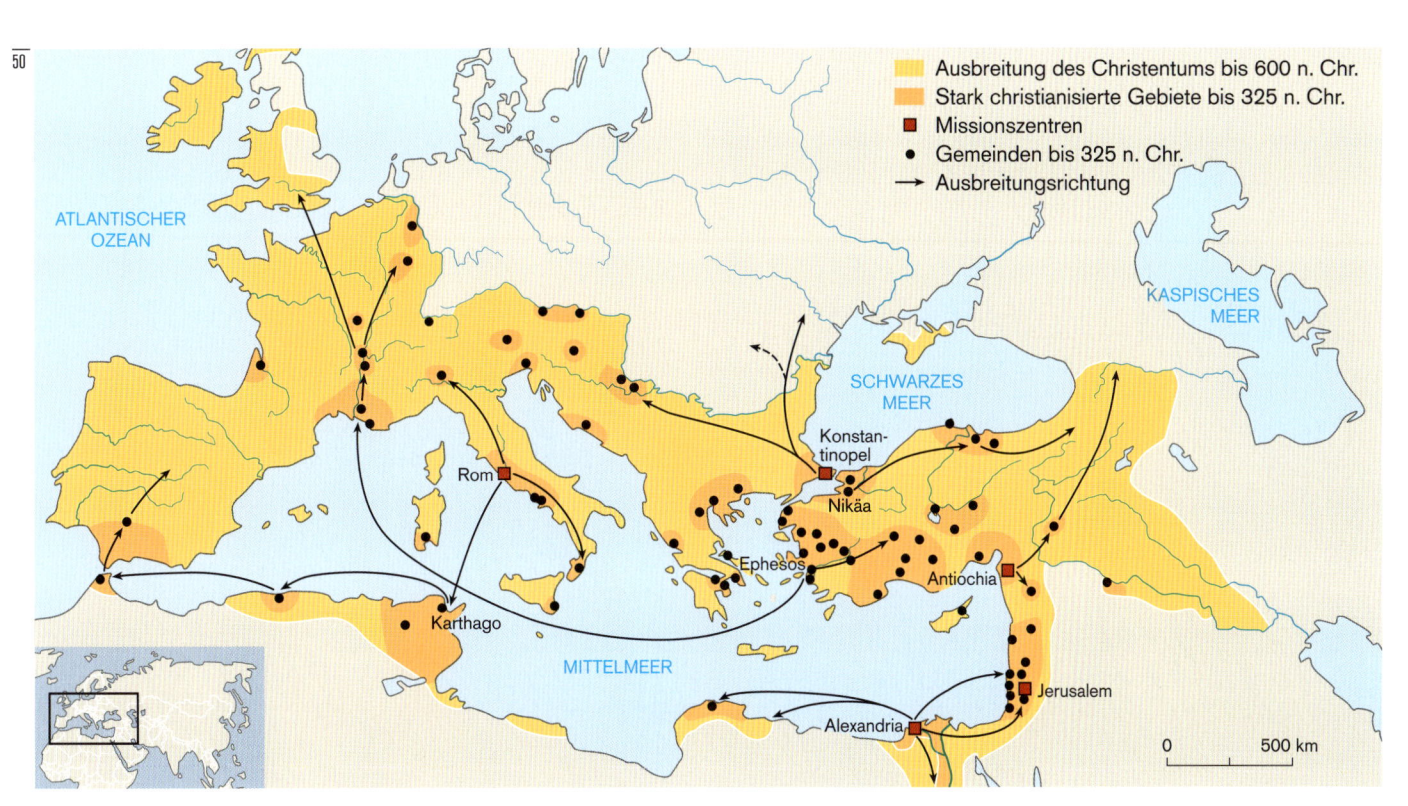

Ausbreitung des Christentums. Nachdem das Christentum über Kleinasien und Griechenland nach Rom gelangt war, verbreitete es sich im gesamten Römischen Reich.

Legende:
- Ausbreitung des Christentums bis 600 n. Chr.
- Stark christianisierte Gebiete bis 325 n. Chr.
- Missionszentren
- Gemeinden bis 325 n. Chr.
- Ausbreitungsrichtung

Hinrichtung von Christen. Das Mosaik zeigt eine schreckliche Szene. Ein zum Tod Verurteilter wird im Amphitheater den Raubtieren ausgesetzt.

Chi und Rho, die ersten beiden griechischen Buchstaben des Wortes «Christos». Dieses Mosaik zeigt das Zeichen, wie es der Legende nach Konstantin erschienen ist.

5. Frühe Reiche im Mittelalter

Stelle Vermutungen an, was die einzelnen Personen auf dem Bild für eine Bedeutung haben.

Früher gab es weder Telefon, Internet noch Fax, um Botschaften zu übermitteln. Wie würdest du unter diesen Bedingungen deine Befehle übermitteln?

Suche in Zeitschriften oder im Internet ein Bild einer modernen Königin oder eines Königs. Finde Unterschiede und Ähnlichkeiten zum König auf diesem Bild.

Sammle oder zeichne Bilder von *Symbolen der Herrschaft und Macht. Klebe sie in der Form einer Bildreportage auf ein Blatt Papier. Schreibe zu jedem Symbol, zu wem es gehört und was es bedeutet.

SCLAUINIA GALLIA ROMA

Stellt euch vor, bei uns würde ein König oder eine Königin alleine herrschen. Spielt eine Szene, wie der König oder die Königin *Audienz hält. Welche Wünsche und Anregungen bringt ihr vor?

Diskutiert folgende Fragen in kleinen Gruppen: In welchen Ländern Europas gibt es heute noch Königinnen und Könige? Was für andere Formen der Herrschaft gibt es? Wer regiert die Schweiz?

Islamische und christliche Welt im Mittelalter

Die Verbreitung des *Islam. Der Prophet Mohammed reitet zusammen mit seinen Vertrauten Abu Bakr und Ali auf Kamelen nach Medina. Türkische Miniatur aus dem Jahr 1594.

Die Verbreitung des Christentums. Jesus reitet in Begleitung seiner Jünger auf einem Esel vor die Stadttore von Jerusalem. Die Menschen empfangen ihn feierlich und legen Palmzweige auf den Weg. Fresko von Giotto di Bondone aus dem Jahr 1305.

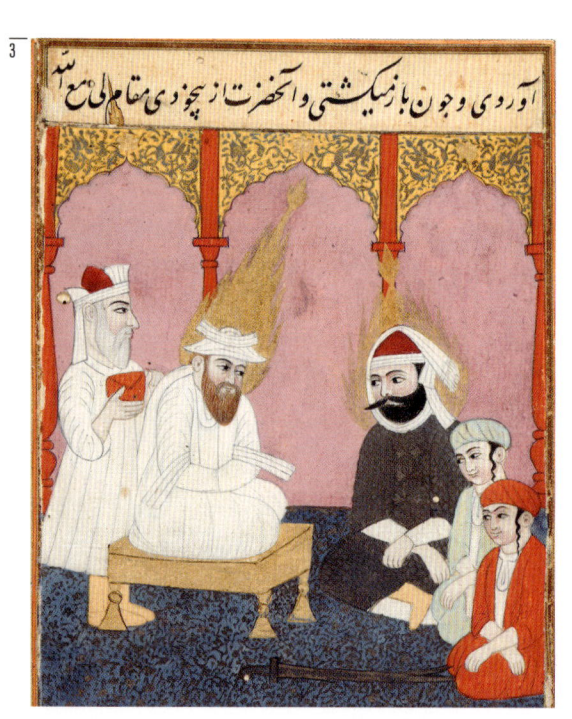

***Geistliche und *weltliche Herrschaft vereint.** Mohammed war für die *Muslime geistliches Oberhaupt und weltlicher Herrscher. Dies galt auch für seine Nachfolger, die *Kalifen. Die indische *Miniatur aus dem Jahr 1560 zeigt Mohammed, wie er auf einem Stuhl sitzt und sich mit Abu Bakr berät. Mit dabei sind auch sein Schwiegersohn Ali und seine Enkel Husain und Hasan.

Geistliche und weltliche Herrschaft getrennt. Die christlichen Herrscher hatten nur weltliche Macht. Geistliches Oberhaupt der Christen waren die Päpste. Die Buchmalerei von ca. 870 zeigt Karl den Grossen (Mitte) mit den Päpsten Gelasius und Gregor dem Grossen.

Arabische Schriftkultur. Mit dem Islam verbreitete sich auch die arabische Sprache. Das Schreiben auf Arabisch entwickelte sich zu einer hohen Kunst. Der *Koran, das heilige Buch der Muslime, wurde reich verziert und mit Ornamenten versehen. Seite aus dem Koran, entstanden um etwa 1200 im heutigen Iran oder Irak.

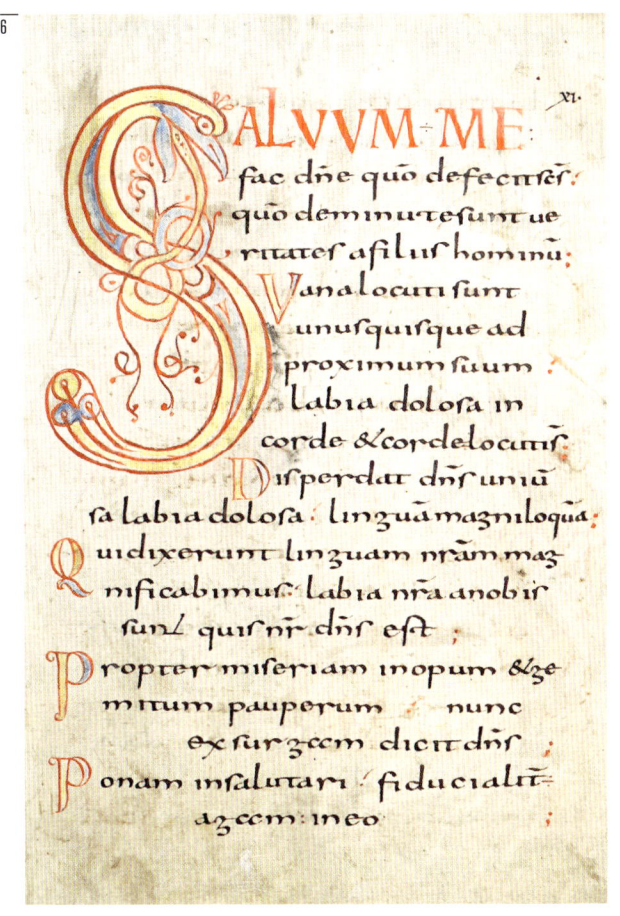

Europäische Schriftkultur. Die Christen in Europa schrieben auf Lateinisch. Latein konnten aber nur wenige gebildete Mönche oder Priester. So entwickelte sich in den Klöstern die Kunst der Buchherstellung. Es wurden vor allem Bibeltexte abgeschrieben und verziert. Dieses Schriftstück stammt aus dem Jahr 830 n. Chr.

Islamische Baukunst. Die Muslime gehörten im Mittelalter zu den grössten Baumeistern. Ihre *Moscheen wiesen manchmal Hunderte von Säulen und Bögen auf. Als Schmuck dienten geometrische Verzierungen. Das Bild zeigt die ehemalige Moschee von Córdoba in Spanien. Der Bau begann im Jahr 784 und dauerte über 200 Jahre.

Christliche Baukunst. Die Christen bauten ihre Kirchen im Frühmittelalter nach römischem Vorbild. Am Ende einer Halle befand sich ein halbrunder Anbau mit einem Altar. Manchmal wies die Kirche auch zwei oder vier Seitenschiffe auf. Das Bild zeigt das Innere der Kirche Mistail in der bündnerischen Gemeinde Alvaschein. Sie wurde um das Jahr 800 erbaut.

Quellen: Alltag im Frühmittelalter

Rekonstruktion einer Herdstelle in einem fränkischen Haus. Mithilfe von schriftlichen Quellen und Sachquellen stellen Wissenschaftlerinnen und Wissenschaftler Szenen aus dem Alltagsleben von Menschen im Frühmittelalter nach.

Schriftliche Quelle: Essgewohnheiten des Königs

Karl war massvoll im Essen und Trinken. Zumal im Trinken, da er die Trunkenheit bei jedem Menschen [...] sehr verabscheute. Seine täglichen Mahlzeiten bestanden aus vier Gängen und dem Fleisch, das seine Jäger auf dem Spiess brieten und das er lieber als alles andere ass. An Wein und Getränken gönnte er sich so wenig, dass er während der Mahlzeiten selten mehr als dreimal trank. Im Sommer ass er nach dem Mittagessen Obst, leerte seinen Becher [...] und ruhte zwei bis drei Stunden lang. [...]

[Karl] folgte nicht dem Rat der Ärzte, die er fast hasste, weil sie ihm vorschrieben, dass er das gewohnte Bratenfleisch aufgeben und dafür gekochtes Fleisch essen sollte.

Einhard: *Das Leben Karls des Grossen*. Stuttgart: Reclam, 1995. Der *Mönch Einhard lebte lange Zeit am Hof Karls des Grossen und kannte den König persönlich.

Sachquelle: Metallkessel. Im Frühmittelalter wurde Essgeschirr aus Ton immer seltener. Geschirr aus Metall war sehr teuer. Das meiste Essgeschirr wurde deshalb aus Holz hergestellt. Holz zersetzt sich aber rasch. Funde aus Holz sind daher selten.

Über unseren heutigen Alltag wissen wir sehr viel. Wir erfahren im Radio oder in Zeitungen, was in der Welt geschieht und sprechen mit anderen darüber. Über das Frühmittelalter wissen wir fast nichts. Aus dieser Zeit sind kaum schriftliche Quellen erhalten geblieben. Wir erfahren zwar aus den Lebensbeschreibungen von Königen, wie diese gegessen und sich gekleidet haben. Könige haben aber anders gelebt als einfache Leute. Damit wir uns ein Bild vom Alltag der Menschen im Frühmittelalter machen können, brauchen wir neben schriftlichen Quellen auch Sachquellen. Sachquellen sind zum Beispiel Überreste von Kleidung aus Gräbern, Töpferwaren und andere Alltagsgegenstände. Mithilfe von schriftlichen Quellen und Sachquellen können wir rekonstruieren, wie der Alltag von Menschen im Frühmittelalter ausgesehen haben könnte.

Anleitung

Finde mithilfe einer schriftlichen Quelle und einer Sachquelle so viel wie möglich über die Essgewohnheiten der Menschen im Frühmittelalter heraus. Vergleiche deine Ergebnisse mit der Rekonstruktionszeichnung. Gehe nach den folgenden Schritten vor (mögliche Antworten sind jeweils angegeben):

1. Suche in der schriftlichen Quelle nach Informationen zu den Speisen, die die Menschen zu sich genommen haben. Wer könnte so gegessen haben, wer nicht?

Erwähnt wird vor allem Fleisch, das auf dem Spiess gebraten wurde. Daneben wird auch Obst genannt. Karl der Grosse gehörte als König zu den Reichsten. In seinem Alltag war Fleisch offenbar sehr wichtig. Die einfachen Menschen konnten sich vermutlich nicht so häufig Fleischgerichte leisten.

Methoden erlernen

2. Befrage die Sachquelle nach Hinweisen auf die Essenszubereitung. Wozu wurde der Kessel gebraucht? Weshalb wurde kein Essgeschirr aus Holz gefunden?
Der Kessel ist aus Metall. Der Metallbügel deutet darauf hin, dass der Kessel aufgehängt wurde, vielleicht über dem Feuer. Metallkessel waren sehr teuer und deshalb eher selten. Geschirr aus Holz zersetzt sich rasch. Deshalb ist kein Essgeschirr aus Holz erhalten geblieben.

3. Welche Informationen aus der schriftlichen Quelle und der Sachquelle findest du auch in der Rekonstruktionszeichnung oben links? Vermisst du Informationen in diesem Bild?
In der Rekonstruktionszeichnung brät ein Mann Fleisch an einem Spiess. Dies entspricht der Darstellung in der schriftlichen Quelle. Der Kessel, der über dem Feuer hängt, sieht genauso aus wie jener der Sachquelle. Da vor allem reiche Leute Fleisch assen und sich einen Metallkessel leisten konnten, stellt die Rekonstruktion wahrscheinlich eine Szene in einem reicheren Haus nach. Über die einfachen Menschen erfahren wir nichts.

Finde nun selbstständig so viel wie möglich zum Thema Kleidung heraus. Gehe nach den gleichen Schritten vor. Untersuche die Sachquelle rechts und die schriftliche Quelle unten und vergleiche deine Ergebnisse mit der Rekonstruktion einer Tracht.

Sachquelle: Helm eines adligen Franken aus dem 6. Jh.

Schriftliche Quelle: Die Kleidung eines Frankenkönigs
Karl kleidete sich nach der nationalen Tracht der Franken: auf dem Körper trug er ein Leinenhemd, die Oberschenkel bedeckten leinene Hosen; darüber trug er eine Tunika, die mit Seide eingefasst war; die Unterschenkel waren mit Schenkelbändern umhüllt. Sodann umschnürte er seine Waden mit Bändern und seine Füsse mit Stiefeln. Im Winter schützte er seine Schultern und Brust mit einem Wams aus Otter- oder Marderfell. Darüber trug er einen blauen Umhang. Auch gürtete er stets ein Schwert um, dessen Griff und Gehenk aus Gold oder Silber waren. Nur an hohen Feiertagen oder bei Empfängen von Gesandten aus fremden Ländern trug er ein Schwert, das mit Edelsteinen besetzt war. [...] An hohen Feiertagen trug er goldverzierte Kleider und Schuhe, auf denen Edelsteine glänzten. Sein Umhang wurde dann von einer goldenen Spange zusammengehalten. [...] An anderen Tagen unterschied sich seine Kleidung nur wenig von der des gewöhnlichen Volkes.
Einhard: *Das Leben Karls des Grossen.* Stuttgart: Reclam, 1995.

Rekonstruktion der Tracht eines adligen Franken. Illustration von Andreas Schmickler.

Frühe Reiche im Mittelalter

Auf dem Boden des ehemaligen Römischen Reiches entstanden ab dem 7. Jahrhundert neue Reiche von grosser Bedeutung. Auf der arabischen Halbinsel, die die Römer nie beherrscht hatten, bildete sich das islamische Reich heraus, das sich bis nach Spanien ausdehnte. In Europa entstanden nach der unruhigen Zeit der Völkerwanderung verschiedene germanische Königreiche. Die Franken eroberten ab dem 8. Jahrhundert weite Teile Europas. Sie schufen die Grundlage für eine neue Rechtsordnung und für die mittelalterliche Königsherrschaft. Die Kirche und vor allem der Papst in Rom gewannen an Bedeutung.

LERNZIELE

1. Du weisst, wie der Islam entstand und wie sich das islamische Reich ausdehnte.
2. Du bist in der Lage, wichtige Elemente des islamischen Glaubens zu benennen.
3. Du kennst die Bedeutung des islamischen Reiches für den Handel, die Kunst und die Wissenschaft im Mittelalter.
4. Du weisst über die Entwicklung der germanischen Reiche nach der Völkerwanderung Bescheid.
5. Du kennst die Zusammenhänge zwischen der Kirche und der Königsherrschaft im Mittelalter.
6. Du weisst, wie Karl der Grosse versucht hat, sein grosses Reich zu organisieren und zu regieren.
7. Du kannst dir ein Bild von den Lebensumständen der Menschen im Frühmittelalter machen.
8. Du kennst die Bedeutung der Klöster für die mittelalterliche Herrschaft und Kultur.

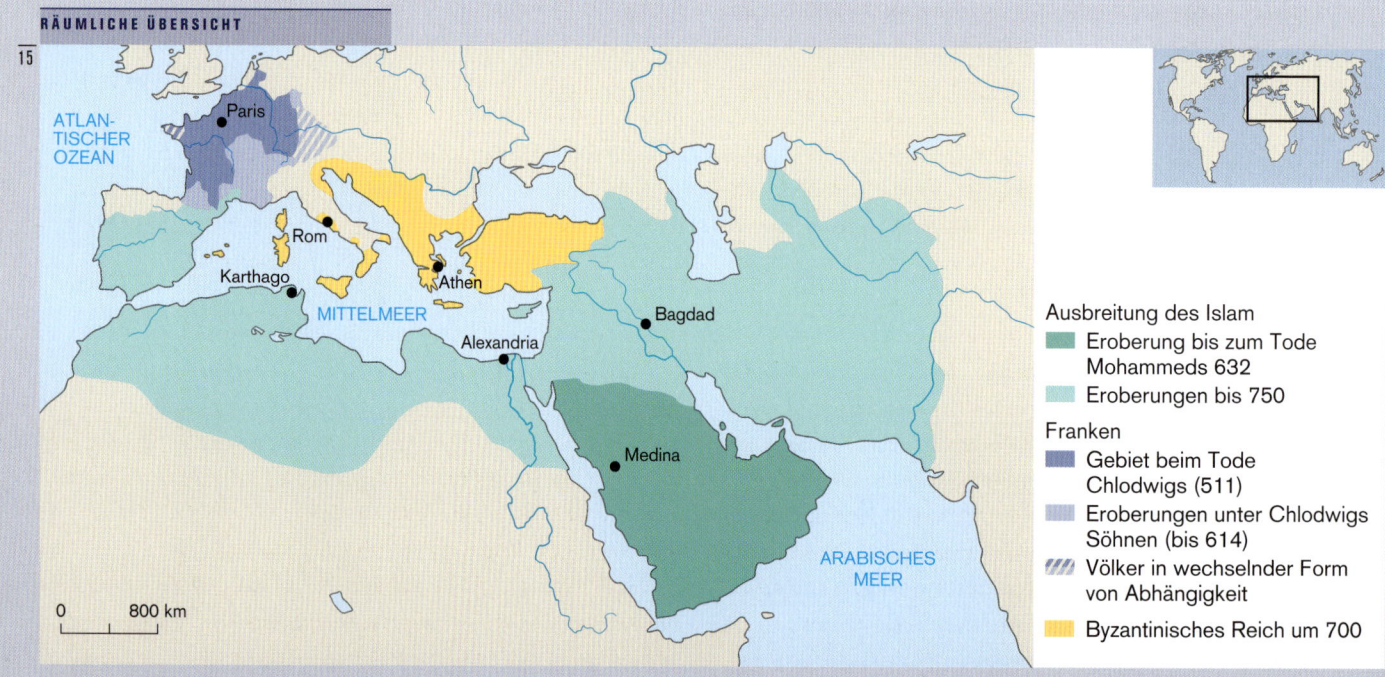

ZEITLICHE ÜBERSICHT

4. – 5. Jh.	Völkerwanderung in Europa, Ende des Weströmischen Reiches
490	Chlodwig erster christlicher Frankenkönig
510	Gründung des Benediktinerordens
570	Geburt Mohammeds, des späteren Propheten des Islam
632	Tod Mohammeds, Beginn der Kalifenherrschaft
662	Spaltung der Muslime in Sunniten und Schiiten
711	Eroberung Spaniens durch die Muslime
732	Schlacht von Poitiers, Ende des Vormarsches der Muslime nach Westeuropa
751	Ernennung von Pippin zum König der Franken
768	Ernennung von Karl dem Grossen zum König der Franken
800	Ernennung von Karl dem Grossen zum Kaiser
814	Tod Karls des Grossen, Sohn Ludwig der Fromme alleiniger Erbe
842	Aufteilung des Frankenreiches unter den Söhnen Ludwigs

RÄUMLICHE ÜBERSICHT

Ausbreitung des Islam
- Eroberung bis zum Tode Mohammeds 632
- Eroberungen bis 750

Franken
- Gebiet beim Tode Chlodwigs (511)
- Eroberungen unter Chlodwigs Söhnen (bis 614)
- Völker in wechselnder Form von Abhängigkeit
- Byzantinisches Reich um 700

Grosse Reiche des Frühmittelalters.

Eine Dromedarherde in der Wüste von Abu Dhabi. Mit Ausnahme der Städte besteht das ganze Emirat aus Sandwüsten.

17 Ein Gelehrter aus dem 10. Jahrhundert über die Arabische Halbinsel

Die grösste Hitze und Dürre und die zahlreichsten Palmen findet man auf der Arabischen Halbinsel.

Bernard Lewis: *Der Islam von den Anfängen bis zur Eroberung von *Konstantinopel.* Band 2. Zürich/München: Artemis, 1982.

18 Beschreibung der Arabischen Halbinsel

Die Arabische Halbinsel ist [...] auf drei Seiten vom Meer umgeben, und dessen Feuchtigkeit wirkt sich auf die Luftfeuchtigkeit der Halbinsel aus: sie lindert die Trockenheit und die extremen Temperaturverhältnisse, die die Hitze bewirkt, so dass dort wegen der Feuchtigkeit des Meeres eine gewisse Ausgewogenheit eintritt.

Ibn Khaldûn: *The Muqaddimah. An Introduction to History.* Übersetzt von Franz Rosenthal. New York, 2005.

Die Arabische Halbinsel

Über Arabien haben sich die Leute schon in der Antike fantastische Geschichten erzählt. Berühmt waren die Gewürze aus dem Land, das hauptsächlich aus Wüste bestand und den Menschen ein schwieriges Leben bereitete. Die Menschen lebten entweder als umherziehende *Nomaden von der Viehzucht oder als Händler und Bauern in kleinen Oasenstädten.

Nomaden in der Wüste

Obwohl es durch den Handel schon seit langer Zeit Kontakte zwischen Europa und Arabien gab, wussten die Menschen in Europa nicht viel über das Leben in jener Region. Die Araber galten als geschickte Kaufleute und gefährliche Krieger. Kein Herrscher der Antike konnte sie für längere Zeit unterwerfen. Darum erzählte man sich in Europa fantastische, oft falsche Geschichten über das Land Arabien und dessen Bewohner.

Das Leben auf der Arabischen Halbinsel war für die Menschen beschwerlich. Im Landesinneren gab es viele Stein- und Sandwüsten. Grosse Gebiete des Landes sind bis heute wegen der unerträglichen Hitze und wegen des fehlenden Wassers unbewohnt. Die Menschen mussten ihre Lebensweise dem Klima anpassen. Wo es Wasser gab, lebten sie in kleineren Siedlungen. Sie pflanzten Dattelpalmen an und betrieben etwas Ackerbau. Allerdings mussten die Felder immer bewässert werden, was sehr aufwendig war. Die Häuser waren aus Lehm oder Stein. Das schützte vor der glühenden Sonne. Holz war selten und sehr kostbar, da es nur wenige Bäume gab.

Etwas angenehmer war das Leben der Araberinnen und Araber, die an den Küsten der Halbinsel wohnten. Sie lebten vom Fischfang und trieben Handel bis nach Indien. Das Meer sorgte auch für etwas Abkühlung. In den Bergen im Südwesten der Arabischen Halbinsel lebten am meisten Menschen. Hier regnete es zumindest in den Wintermonaten ein wenig. Auf kleinen Terrassen bauten die Menschen verschiedene landwirtschaftliche Produkte an.

Die Ureinwohner von Arabien waren die Beduinen. Auf der Suche nach guten Weideplätzen zogen sie mit ihren Zelten und Viehherden von einem Ort zum anderen. Für diese Nomaden waren die Städte in den Oasen und an der Küste beson-

Hochhäuser aus Lehm an der Küste des heutigen Jemen. Aus ungebrannten, von der Sonne getrockneten Ziegeln bauten die Menschen Häuser, die bis zu acht Stockwerke hoch waren.

Weihrauch

Im Süden ist das äusserste Land der Erde Arabien. Und in keinem anderen Lande als in Arabien wachsen Weihrauch und Myrrhen und Zimt. [...] Um den Weihrauch zu gewinnen, verbrennen sie Storax, eine Pflanzenart. Die Weihrauchbäume nämlich werden von geflügelten Schlangen bewacht, die klein und buntfarbig sind und sich in Mengen in der Nähe des einzelnen Baumes aufhalten. Es sind dieselben, die die feindlichen Züge nach Ägypten unternehmen. Nichts anderes vertreibt sie von den Bäumen als der Rauch des Storax. [...] So wird Weihrauch gewonnen.

Herodot: *Historien 3, 107.* Der griechische Gelehrte Herodot beschreibt Arabien. Die geflügelten Schlangen sind nichts anderes als Wanderheuschrecken.

Die Gesellschaft in Arabien

Bei den Arabern wird ein Bündnis hochheilig gehalten. Die Gebräuche sind dabei folgende. Wollen zwei Männer einen Freundesbund schliessen, so tritt ein dritter zwischen sie und macht mit einem scharfen Stein einen Schnitt in ihre Handflächen. Dann benetzt er ein Stückchen Tuch von ihrem Oberkleid mit dem Blut und streicht das Blut auf sieben zwischen den künftigen Bundesbrüdern liegende Steine. Ist die Feierlichkeit zu Ende, so empfiehlt der Bundesbruder seinen neuen Bruder, der ein Fremder oder ein Stammesgenosse sein kann, den Freunden, und diese halten nun ebenfalls den Bund heilig.

Herodot: *Historien 3, 8.*

---

ders wichtig. Sie tauschten ihre Ziegen, Schafe und Dromedare, Leder, Salz und Weihrauchharz gegen Datteln und andere wichtige Dinge ein.

Manche Bewohner der Halbinsel hatten sich ganz auf den Warentransport spezialisiert. Sie wanderten mit ihren Karawanen über die Halbinsel und verkauften ihre Waren in den Städten an die Kaufleute. Die Kaufleute transportierten die Waren nach Europa und verkauften sie dort. In Europa waren vor allem die Gewürze und der Weihrauch sehr beliebt. Man bezahlte viel Geld dafür. Viele Kaufleute wurden durch den Handel reich.

Familien und Klane

Die Menschen in Arabien gehörten einem bestimmten Klan an. Ein Klan besteht aus mehreren Grossfamilien. Die einflussreichste Grossfamilie stellt die Klanführer. Die anderen Grossfamilien müssen den Klanführern gehorchen. Mehrere Klane zusammen bilden einen Stamm. In Arabien gab es zahlreiche Stämme. Jeder dieser Stämme herrschte über ein Gebiet. Die Stämme kämpften oft gegeneinander um die besten Weiden und Wasserstellen oder um die besten Handelsrouten.

Hin und wieder gab es auch innerhalb eines Stammes Streit. Klane, die über eine Siedlung herrschten, versuchten, ihre Herrschaft auf die umliegenden Gebiete der Beduinenklane auszuweiten. Umgekehrt überfielen die Beduinen die Karawanen der städtischen Händler. Die Überfälle brachten ihnen ein zusätzliches Einkommen. Denn vom Halten der Viehherden allein konnten die Beduinen nur knapp überleben.

AUFGABEN

1. *Nenne zwei Beispiele, wie sich die Menschen in Arabien der grossen Hitze anpassten.*
2. *Wie heissen die Ureinwohner Arabiens und wie lebten sie?*
3. *Weshalb gab es häufig Krieg zwischen den verschiedenen arabischen Stämmen?*
4. *Warum gab es schon früh fantastische, manchmal auch falsche Berichte über das Leben in der arabischen Welt?*

Die Kaaba in Mekka. Schon vor Mohammed war das Gebäude eine Pilgerstätte für die Bewohner Arabiens. Mohammed machte die Kaaba dann zum heiligsten Ort der neuen Religion, des Islam. Jedes Jahr pilgern Millionen von Muslimen nach Mekka. Das ist eine der fünf Pflichten, die die gläubigen Muslime erfüllen sollen. Dabei umkreisen sie die Kaaba sieben Mal.

Mohammed wird zum Propheten berufen

Jedes Jahr zog sich der Prophet im Monat Ramadan in die Einsamkeit zurück, um zu beten und die Armen zu speisen, die zu ihm kamen. Immer wenn er am Ende des Monats nach Mekka zurückkehrte, begab er sich zuerst zur Kaaba und umschritt sie sieben oder mehr Male. Erst dann ging er nach Hause. Auch in jenem Ramadan, in dem Gott ihn ehren wollte, in jenem Jahr, in dem Er ihn sandte, zog Mohammed wieder mit seiner Familie nach dem Berg Hirâ, um sich in der Einsamkeit dem Gebet zu widmen. Und in jener Nacht, in der Gott ihn durch die Sendung auszeichnete und sich damit der Menschen erbarmte, kam Gabriel zu ihm. Der Prophet erzählt später: «[...] Sodann machte ich mich auf, um auf den Berg zu steigen, doch auf halber Höhe vernahm ich eine Stimme vom Himmel: ‹O Mohammed, du bist der Gesandte Gottes, und ich bin Gabriel!› Ich hob mein Haupt zum Himmel, und siehe, da war Gabriel in der Gestalt eines Mannes, und seine Füsse berührten den Horizont des Himmels. Und wieder sprach er: ‹O Mohammed, du bist der Gesandte Gottes, und ich bin Gabriel!› Ohne einen Schritt vorwärts oder rückwärts zu tun blieb ich stehen und blickte zu ihm. Dann begann ich, mein Gesicht von ihm abzuwenden und über den Horizont schweifen zu lassen, doch in welche Richtung ich auch blickte, immer sah ich ihn in der gleichen Weise. Den Blick auf ihn gerichtet, verharrte ich, ohne mich von der Stelle zu rühren.»

Ibn Ishâq: *Das Leben des Propheten*. Stuttgart: Edition Erdmann, 1976. Der Gelehrte Ibn Ishâq berichtet über das Leben Mohammeds und über den Moment, in dem Mohammed der Erzengel Gabriel erscheint.

Die Gemeinschaft der Muslime

In Arabien entstand im 7. Jahrhundert eine neue Religion: der Islam. Am Anfang stand der Prophet Mohammed, ein Kaufmann aus Mekka. Mohammed empfing Botschaften von Gott und predigte in seiner Heimatstadt Mekka den neuen Glauben. Damit schuf er sich zahlreiche Feinde und musste wegziehen. In Medina fand er Zuflucht und neue Anhänger. Mohammed führte die Muslime nicht nur in religiösen Fragen an. Er war auch Richter und militärisches Oberhaupt. Die muslimischen Heere eroberten bis zum Tod des Propheten fast die ganze Arabische Halbinsel.

Ein Kaufmann aus Mekka

Mohammed wurde um 570 in Mekka geboren, das genaue Geburtsjahr kennt man nicht. Er verlor schon früh seine Eltern. Sein Onkel Abu Talib nahm ihn bei sich auf. Die Familie galt als ehrenhaft, war aber arm. Mohammed konnte nicht zur Schule gehen und musste schon früh arbeiten. Längere Zeit arbeitete er für eine etwas ältere Kaufmannswitwe, Kadischa. Sie hatte nach dem Tod ihres Mannes das Geschäft mit den Karawanen weitergeführt und übertrug Mohammed immer mehr Aufgaben. Schliesslich heirateten sie. Durch diese Heirat wurde Mohammed reich. Mekka war damals eine wichtige Handelsstadt im Westen der Arabischen Halbinsel. Viele Bewohner waren aber arm. Diese Armut und die Kämpfe zwischen den Klanen beschäftigten Mohammed sehr. Er stellte fest, dass die Menschen sich meistens nur um sich selbst kümmerten. Für die Probleme ihrer Mitmenschen interessierten sie sich nicht.

Der Glaube an mehrere Götter und an den einen Gott

Zur Zeit Mohammeds gehörten die Bewohner der Arabischen Halbinsel verschiedenen Religionsgruppen an. Es gab Christen und Juden, die schon seit Jahrhunderten als Händler tätig waren. Diese glaubten nur an einen einzigen Gott. Abraham war ihr Ahnvater. Die meisten Menschen in Arabien beteten aber verschiedene Götter an. Sie glaubten an die Macht der Natur, die sich im Sonnenlicht und in der Kraft des Windes zeigte. Die Kaaba in Mekka war damals das grosse Heiligtum der arabischen Stämme. Im Innern dieses Heiligtums gab es einen

Mohammed zu Gast bei christlichen Mönchen auf einer Reise in Syrien. Mohammed wird – wenn überhaupt – immer mit einem Schleier vor dem Gesicht und einem Feuerschein um den Kopf dargestellt. Das soll seine Bedeutung als Prophet verdeutlichen. Miniatur aus dem Topkapi Museum in Istanbul.

heiligen schwarzen Stein, rund um die Kaaba waren verschiedene Gottheiten aus Stein aufgestellt. Viele Bewohner der Arabischen Halbinsel reisten nach Mekka, um den heiligen Ort zu besuchen.

Weil sich Mohammed Sorgen um die Lebensweise seiner Mitmenschen machte, ging er oft in die Berge. Dort meditierte er und dachte über das Leben nach. Mohammed besuchte auch christliche und jüdische Gelehrte. Diese erzählten ihm von ihren Religionen, in denen es nur einen Gott gab. Mohammed lernte viel über das Judentum und das Christentum. Eines Tages hatte er eine Erscheinung. Ein Engel namens Gabriel trat zu ihm hin und sagte ihm, dass er der Gesandte Gottes sei. Er müsse den Menschen Gottes Worte weitererzählen. Er müsse ihnen sagen, dass es nur einen Gott gebe. Dieser Gott heisse Allah, und die Menschen sollten Allah ehren.

Mohammed war nach dieser Erscheinung sehr verängstigt und erzählte seiner Frau Kadischa von seinem Erlebnis. Kadischa besuchte einen christlichen Gelehrten, um eine Erklärung für Mohammeds Erscheinung zu erhalten. Der weise Mann meinte, dass Mohammed ein Prophet sei, auf den die Menschen schon lange gewartet hätten. Gott habe ihnen Mohammed als Boten geschickt. Über zwanzig Jahre lang erhielt Mohammed Botschaften von Gott und erzählte sie den Menschen weiter. Kadischa und Mohammeds Cousin Ali gehörten zu den ersten Menschen, die an seine Botschaft glaubten.

Mohammed muss Mekka verlassen

Die Einwohner Mekkas liessen sich nicht so einfach vom Glauben an einen einzigen Gott, Allah, überzeugen. Die religiösen Regeln, die Mohammed einführen wollte, hätten ihre alten Gewohnheiten verändert. Viele Händler fürchteten auch um ihre Einnahmen, wenn die Leute nicht mehr zur Kaaba pilgerten und die Gottheiten aus Stein anbeteten. Das Leben in Mekka wurde für Mohammed, seine Familie und seine engsten Freunde schwierig. Mohammed entschied sich im Jahr 622, mit seinen engsten Freunden und Anhängern Mekka zu verlassen. Ab diesem Jahr beginnt die islamische Zeitrechnung.

Mohammed zog in die Stadt Jathrib, die einige hundert Kilometer von Mekka entfernt lag. Hier herrschte ein anderer arabischer Stamm. Mohammed einigte sich mit den Stammesältesten darauf, dass er sich in Jathrib niederlassen und predigen durfte. Er fand hier viele Zuhörer und neue Mitglieder für seine Gemeinschaft. Der Name der Stadt wurde später geändert. Man nannte sie neu Medina, die Stadt des Propheten.

Der Koran

Die Botschaften, die Mohammed im Namen Gottes mitteilte, wurden von seinen Freunden gesammelt und aufgeschrieben. Mohammed selbst konnte nicht schreiben. Kurz nach Mo-

Wissen erarbeiten

Eine schön verzierte Seite aus dem Koran. Die Verse im Koran sind nach ihrer Länge geordnet und nicht in der Reihenfolge, wie sie Mohammed ausgesprochen hat. Die Ausgabe des Korans, aus der diese Seite stammt, wurde im Jahr 1304 in Kairo, Ägypten, geschaffen.

Ein vollkommenes Buch
Dies ist ein vollkommenes Buch; es ist kein Zweifel darin: eine Richtschnur für die Rechtschaffenen;
 Die da glauben an das Ungesehene und das Gebet verrichten und spenden von dem, was wir ihnen gegeben haben [...]
Koran, Sure 2, 2–3.

Wahre Tugend
[...] wahrhaft gerecht ist der, welcher an Allah glaubt und an den Jüngsten Tag und an die Engel und das Buch und die Propheten und aus Liebe zu Ihm Geld ausgibt für die Angehörigen und für die Waisen und Bedürftigen und für den Wanderer [...]
Koran, Sure 2, 177.

hammeds Tod wurden die Texte zu einem Buch zusammengestellt, dem Koran. Je eine Kopie des Korans wurde in die wichtigsten Städte der arabischen Welt geschickt. Weil die Botschaften Gottes auf Arabisch geschrieben waren, verbreitete sich mit der neuen Religion auch die arabische Sprache. Der Koran wurde für die Muslime zum heiligen Buch, genauso, wie die Bibel das heilige Buch für die Christen ist oder die Thora das heilige Buch für die Juden.

Die Menschen in Arabien erzählten sich noch viele weitere Geschichten über das Leben des Propheten. Diese Geschichten wurden erst später aufgeschrieben. Sie halfen den Gläubigen, möglichst so zu leben, wie Mohammed es getan hatte.

Die fünf Säulen des Islam

Nach und nach bildeten sich fünf wichtige Regeln heraus, die die Anhänger Mohammeds, die Muslime, noch heute befolgen. Als Muslimin oder Muslim muss man ein Glaubensbekenntnis aussprechen. Es besagt, dass die Muslime nur an den einen Gott glauben, an Allah. Mohammed ist sein Prophet. Wie die Christen und Juden stellen sich die Muslime vor, dass es nach dem Tod ein ewiges Leben gibt. Die Menschen müssen dafür sorgen, dass sie in ihrem Leben Gutes tun und die Gebote der Religion befolgen. Dann wird ihnen nach dem Tod ein schönes Leben gewährt. Die zweite Regel betrifft das Gebet. Muslime sollen fünfmal am Tag beten. Dabei richten sie sich nach Mekka aus, der Geburtsstadt Mohammeds. Die dritte Regel betrifft das Fasten während des Ramadan. Der Ramadan ist der islamische Fastenmonat. In dieser Zeit dürfen Muslime von Sonnenaufgang bis Sonnenuntergang weder essen noch trinken. Sie lernen, auf Dinge zu verzichten und sich nicht verführen zu lassen. Die vierte Regel besagt, dass Muslime den Armen etwas spenden müssen. Das fünfte Gebot fordert die Gläubigen auf, mindestens einmal in ihrem Leben nach Mekka zur Kaaba oder zum Grab Mohammeds in Medina zu pilgern.

Diese fünf Regeln werden auch «die fünf Säulen des Islam» genannt. Natürlich gibt es in der Gemeinschaft der Muslime noch mehr Gebote. Sie sollen ein friedliches Zusammenleben ermöglichen und die Menschen zu guten Muslimen machen. Vor allem eine Botschaft Mohammeds hat das Leben der Araber grundlegend verändert: Die Religion sei viel wichtiger als die Stammeszugehörigkeit. Mohammed wollte, dass die Menschen in Arabien sich gegenseitig achteten und einander halfen, weil sie alle Muslime waren. Welchem Stamm sie angehörten, war für Mohammed Nebensache.

Viele Menschen liessen sich von Mohammeds Botschaft überzeugen. Sie glaubten, sie könnten mit dem neuen Glauben die Probleme im Land lösen, vor allem die Armut und den Streit zwischen den Stämmen. Mohammed versuchte, auf die alten Bräuche der Araber Rücksicht zu nehmen. Er bezog sie

Predigt in einer Moschee. Frauen und Männer sind getrennt. Sie hören dem gelehrten Prediger aus verschiedenen Räumen zu.

ein Stück weit sogar in den neuen Glauben mit ein. So wurde die Kaaba in Mekka, das Heiligtum der Araber, nicht einfach zerstört. Mohammed liess nur die Gottheiten aus Stein rund um das Gebäude beseitigen. Der heilige schwarze Stein im Inneren wurde zum Stein Abrahams. Gemäss muslimischer Überlieferung hatte Abraham den Stein beim Bau des Heiligtums vom Engel Gabriel als Geschenk erhalten. Damit betonten die Muslime, dass sie von Abraham abstammten und an den einen, wahren Gott glaubten.

Kämpfe in Arabien

Trotz Mohammeds Geboten gab es unter den Muslimen weiterhin Streit und Krieg. Auch Mohammed selbst kämpfte gegen Stämme, die sich nicht zum neuen Glauben bekehren wollten. Den ersten grossen Kampf führte er gegen seine Heimatstadt Mekka. In diesem Krieg wurde das Wort «*dschihad» zum Schlachtruf der Muslime gegen die Mekkaner. Das Wort bedeutete «Anstrengung» für Gott und den Glauben. Es sollte vor allem den inneren Kampf jedes Gläubigen ausdrücken. Die Gläubigen sollten gegen verschiedene Versuchungen, denen sie zu erliegen drohten, ankämpfen.

Mohammed war zwar Prophet, aber er war auch Politiker und Heerführer. Um den Islam zu verbreiten, griff er manchmal zu harten Mitteln. Bis zu Mohammeds Tod im Jahr 632 hatten sich fast alle Stämme der Arabischen Halbinsel der islamischen Gemeinde angeschlossen. Einige traten freiwillig zum Islam über, andere taten es, weil sie den Muslimen im Kampf unterlegen waren. Wieder andere schlossen sich den Muslimen an, weil sie sich reiche Beute aus den Kriegszügen erhofften.

AUFGABEN

5 *Welches Thema beschäftigte Mohammed auch nach seiner Heirat mit der Witwe Kadischa sehr, obwohl er jetzt ein wohlhabender Mann war?*

6 *Nenne zwei Unterschiede zwischen dem alten Glauben der Menschen in Arabien und dem neuen Glauben der Muslime.*

7 *Welche Bedeutung hat der Koran für die Muslime?*

8 *Warum war es für Mohammed so schwierig, die Menschen in Arabien vom neuen Glauben zu überzeugen?*

9 *Welches sind die fünf Säulen des Islam? Mit welchen Regeln des Christentums könntest du sie vergleichen?*

10 *Weshalb ist die Stadt Mekka für Musliminnen und Muslime so wichtig, dass auch heute jedes Jahr Millionen Gläubige nach Mekka pilgern?*

11 *Erkläre, auf welche verschiedene Arten es Mohammed gelang, Arabien islamisch zu machen.*

12 *Wie wird heute das Wort «dschihad» meistens verwendet, welches war der ursprüngliche Sinn?*

Der Tod Mohammeds. Der Prophet ist von seinen engsten Vertrauten umgeben. Sein Kopf ist in eine goldene Flamme gehüllt. Fatima, die zweite Frau des Propheten, reisst sich vor Trauer die Haare aus. Türkische Miniatur aus dem späten 16. Jahrhundert.

Kampf um die Nachfolge Mohammeds. Ali, ein Schwiegersohn Mohammeds, wollte, dass nur Blutsverwandte des Propheten Kalifen werden konnten. Deshalb kam es zum Krieg unter den Muslimen. Auf dem Bild wird Alis Zugehörigkeit zur Prophetenfamilie mit einem Feuerschein um seinen Kopf dargestellt. Türkische Miniatur aus dem späten 16. Jahrhundert.

Die Kalifenherrschaft

Nach dem Tod Mohammeds wählte die Gemeinschaft der Muslime einen Nachfolger. Dieser wurde Kalif genannt. Wer Kalif werden konnte, war aber umstritten. Eine kleine Gruppe, die Schiiten, spaltete sich wegen dieser Streitigkeiten ab. Zur gleichen Zeit gelang es den Muslimen, ihre Herrschaft weiter auszudehnen. Sie drangen im Osten bis nach Indien und im Westen bis nach Spanien vor. Handelsleute und muslimische Gelehrte trugen zur Verbreitung des Islam bei.

Der Tod Mohammeds

Mohammed starb im Jahr 632. Da er keinen Nachfolger bestimmt hatte, waren die Muslime plötzlich ohne Oberhaupt. Wer konnte die schwierigen Aufgaben des Propheten übernehmen? Wer konnte die verschiedenen Stämme Arabiens weiterhin zusammenhalten? Abu Bakr, der beste Freund Mohammeds, wurde von den Männern in Medina zum Kalifen gewählt. Kalif ist ein Herrschertitel und heisst so viel wie Nachfolger oder Stellvertreter. Der Kalif war gleichzeitig religiöses und politisches Oberhaupt. Über die Wahl Abu Bakrs waren aber nicht alle glücklich. Ali, ein Schwiegersohn von Mohammed, wollte ebenfalls Kalif werden. Er und einige Familienmitglieder glaubten, dass nur Blutsverwandte von Mohammed diese heilige Aufgabe übernehmen konnten. Ali wurde später tatsächlich Kalif, hatte aber viele Gegner. Im Jahr 661 wurde er aus dem Kalifenamt verdrängt und ermordet. Die Muslime spalteten sich darauf in zwei Gruppen. Die Anhänger Alis nannten sich Schiiten. Diejenigen, die sich von Ali abgewendet hatten, nannten sich Sunniten. Nur etwa 10 Prozent aller Muslime auf der Welt sind Schiiten, etwa 90 Prozent sind Sunniten. Obwohl beide Gruppen Muslime sind, zu Allah beten und die Gebote des Korans befolgen, bekämpfen sie sich teilweise bis heute.

Die weitere Ausbreitung des Islam

Mohammed hatte es geschafft, bis zu seinem Tod fast ganz Arabien zu unterwerfen. Die islamische Gemeinde wurde in den darauffolgenden Jahren immer grösser. Bis ins Jahr 750 eroberten die Muslime Gebiete rund ums Mittelmeer bis nach Spanien. Im Osten drangen sie bis nach Indien vor. Die Muslime profitierten von den Streitigkeiten anderer Mächte. Schon

Ein türkischer *Sultan aus dem 17. Jahrhundert. Sultane waren weltliche Herrscher. Ab dem 12. Jahrhundert wurden sie so mächtig, dass der Kalif kaum mehr etwas zu sagen hatte. Türkische Miniatur aus dem Jahr 1630.

Rechte und Pflichten der eroberten Stadt Damaskus

Das Folgende hat der Heeresführer Halid ibn al Walid den Einwohnern von Damaskus gewährt, als er die Stadt betrat. Er hat ihnen eine Sicherheitsgarantie gewährt für ihr Leben, ihr Hab und Gut, ihre Kirchen und ihre Stadtmauer; keines von ihren Häusern soll zerstört oder von Arabern bewohnt werden. Dafür haben sie die Bürgschaft Gottes und den Schutz seines Gesandten Mohammed, seiner Nachfolger und der Gläubigen. Nur Gutes soll den Bewohnern von Damaskus widerfahren, wenn sie Tribut entrichten.

Heinz Halm: *Der Islam. Geschichte und Gegenwart.* München: Beck, 2000.
Im Jahr 635 schloss ein arabisch-muslimischer Heerführer einen Vertrag mit der neu eroberten Stadt Damaskus.

---

lange hatten sich die Herrscher des Perserreichs und des *Byzantinischen Reichs bekämpft. Es gelang den Muslimen, diese Herrscher zu besiegen. Die dort lebenden Völker waren teilweise unterdrückt worden. Sie begrüssten die Muslime daher als Befreier.

Die Muslime gingen bei der Ausdehnung ihres Herrschaftsgebietes sehr geschickt vor. Nicht alle Bewohner der eroberten Gebiete wurden gezwungen, zum Islam überzutreten. Wenn sie die Muslime als neue Herrscher anerkannten und eine Abgabe zahlten, durften sie in Frieden ihre alte Religion ausüben. Ihr Eigentum war geschützt. Die eroberten Städte und Gebiete erhielten von den neuen Herrschern einen Vertrag, der ihnen diese Rechte bestätigte. Allerdings gab es Unterschiede; die Muslime bevorzugten die «Leute der Schrift», das waren die Juden und die Christen. Sie hatten wie die Muslime ein heiliges Buch und glaubten an einen einzigen Gott. Die Muslime erlaubten ihnen, ihre Gebetshäuser zu behalten und ihre Religion frei auszuüben.

Die Herrschaft der Kalifen zerfällt

Trotz dieser Abmachungen war das riesige islamische Reich nicht einfach zu regieren. Seit dem Jahr 661 wurde das Amt des Kalifen in der Familie vererbt. Damit angefangen hatte der Klan der Ummaya, der bis 750 herrschte und riesige Gebiete erobert hatte. Die Hauptstadt dieser Herrscherfamilie war Damaskus in Syrien. Die Ummaya hatten Mühe, die verschiedenen Völker nach der Eroberung zu kontrollieren. Immer wieder gab es Streitigkeiten. Von 750 bis 1258 regierten von Bagdad aus die Abbasiden. Sie hatten mit denselben Problemen zu kämpfen wie ihre Vorgänger. Die Völker im Reich waren zu verschieden, obwohl sich nun die meisten dem Islam zugewendet hatten. Auch die Distanzen waren zu gross, um Informationen über Aufstände oder Unruhen schnell genug an den Kalifensitz zu melden.

Bereits im 11. Jahrhundert machte sich ein neues, starkes Volk bemerkbar: die Türken. Sie stiessen aus den Berggebieten Kleinasiens ins islamische Reich vor. Das Heer der Türken war so mächtig, dass es bis in die Hauptstadt Bagdad gelangte und die Führung im islamischen Reich übernahm. Der Kalif hatte nun zwar keine politische Macht mehr. Diese Macht übten nun die türkischen Sultane aus. Da der Kalif aber nicht nur politisches, sondern auch geistliches Oberhaupt war, liessen die Türken das Amt des Kalifen bestehen. Der Form halber liessen sich die Sultane von den Kalifen sogar als neue Herrscher be-

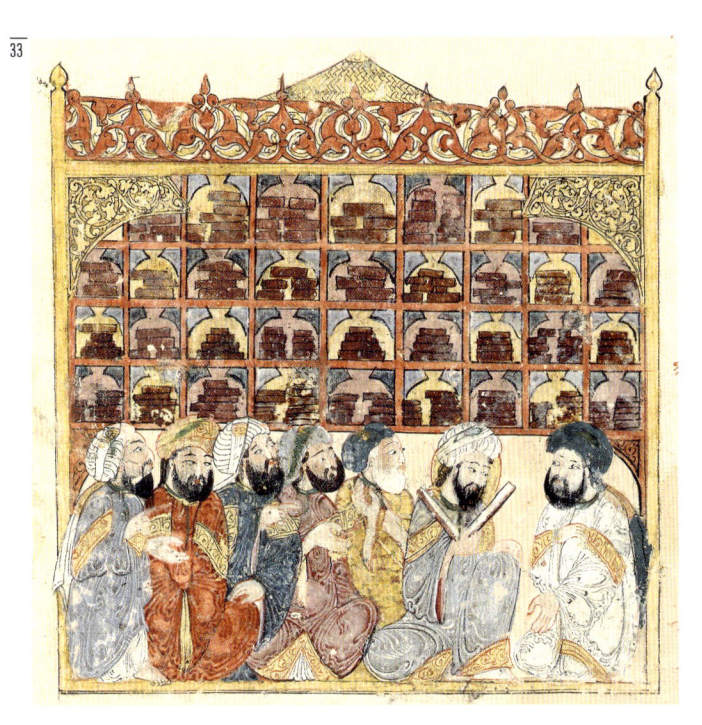

Unterricht in einer gut ausgestatteten Bibliothek. Arabische Malerei aus dem Jahr 1237.

Reisende kommen in einer kleinen Stadt an. Im Hintergrund ist eine Moschee mit einem Minarett zu sehen, von dem aus der *Muezzin fünfmal am Tag zum Gebet ruft. Das Gebäude mit den gewölbten Dächern ist der Bazar, wo sich viele Menschen versammeln, um ihre Ein- und Verkäufe zu tätigen. Dabei feilschen sie um den besten Preis. Arabische Malerei aus dem Jahr 1237.

stätigen. Auf diese Weise gaben die Türken den Arabern das Gefühl, sie seien von einem rechtmässigen Oberhaupt regiert. Langsam zerfiel das riesige islamische Reich in kleine Teilreiche.

Handel und Wissenschaft

Mit der Verbreitung des Islam blühten auch Handel und Wissenschaft neu auf. Die Araber waren schon seit langer Zeit geschickte Kaufleute und Händler. Dazu kamen nun viele Gelehrte, die sich ein grosses Wissen in Mathematik, Sternkunde, Medizin und in anderen Wissenschaften angeeignet hatten. Die Muslime bauten Schulen in den grösseren Städten des ganzen islamischen Reichs. Dort wurde das Wissen zusammengetragen und weiterentwickelt. Es entstanden viele Bibliotheken. Zahlreiche Schriften aus anderen Kulturen und vergangenen Zeiten wurden übersetzt. So kannten die muslimischen Gelehrten beispielsweise die Arbeiten der griechischen und römischen Wissenschaftler. Die Händler trugen das Wissen auch in Teile der Welt, die nicht von den Muslimen beherrscht waren.

Umgekehrt führten sie aus der Ferne neue Produkte und Techniken in den Mittelmeerraum ein, beispielsweise die Papierherstellung aus China. Sie verfassten Reiseberichte, die genaue Beschreibungen der Menschen und Länder enthielten. Die Muslime konnten anhand dieser Beschreibungen und anhand ihrer Kenntnisse der Sternkunde immer genauere Karten herstellen. Dies wiederum kam dem Handel zugute. Die Muslime beherrschten so für viele Jahrhunderte den Fernhandel mit exotischen Produkten. Ausserdem waren sie führend in der Wissenschaft. Sowohl das neue Wissen als auch die neuen Produkte gelangten über Umwege nach Europa.

AUFGABEN

13 Was heisst «Kalif» genau?
14 Warum gab es ab 661 zwei Gruppen von Muslimen, die Sunniten und die Schiiten?
15 Wie gelang es den Muslimen nach dem Tod Mohammeds, ihr Reich noch weiter auszudehnen?
16 Welche Bedeutung hatte die Bildung im islamischen Reich? Wie wirkte sich dies auf die ganze damals bekannte Welt aus?

35 Land mit rauhem Klima

Wer ausser den germanischen Landsleuten hätte denn [...] Asien [die römische Provinz in der heutigen Türkei], Africa [die römische Provinz in Nordafrika] oder Italien verlassen und nach Germanien gehen wollen, diesem hässlichen Land, mit rauem Klima, trostlos für die, welche es bebauen und betrachten?

Tacitus: *Germania 2*, Übersetzung: Katrin Brupbacher. Der römische Geschichtsschreiber Tacitus berichtet um 100 n. Chr. über die Germanen und deren Gebiete. Er selbst hat die Grenzen des Römischen Reiches wahrscheinlich nie überschritten und dieses Land nicht selbst gesehen.

36 Germanische Völker an der Grenze zum Römischen Reich

Am Ufer des Rheins wohnen zweifellos germanische Völker: die Vangionen, die Triboker und Nemeter. Auch die Ubier schämen sich nicht wegen ihrer Herkunft. [...] Sie haben einst den Rhein überschritten und wurden am Ufer als Wächter angesiedelt, nicht als Bewachte, nachdem ihre Treue [von den Römern] geprüft worden war.

Tacitus: *Germania 28*, Übersetzung: Katrin Brupbacher. Tacitus berichtet von weiteren Stämmen entlang des Rheins, die sich teilweise aufs Blutigste bekämpft haben. Da das Römische Reich zu dieser Zeit von schweren Krisen heimgesucht wurde, war es für die Römer von Vorteil, wenn sich germanische Stämme gegenseitig bekriegten und nicht die Grenzen des Römischen Reiches unsicher machten.

Das Frankenreich der Merowinger

Im 4. und 5. Jahrhundert zerfiel das Römische Reich. An seine Stelle traten zahlreiche germanische Königreiche. Im Nordwesten Europas errichtete das Volk der Franken ein Reich. Zuerst regierten darin mehrere Könige. Ende des 5. Jahrhunderts wurde König Chlodwig aus der Familie der Merowinger zum Gesamtkönig über das Frankenreich ernannt. Er bekannte sich als erster fränkischer König zum Christentum. Die Klöster und Bischofssitze nutzte er zur Verwaltung seines Reiches.

Roms Untergang

Das Römische Reich dehnte sich im 4. Jahrhundert vom Mittelmeerraum bis weit nach Nordeuropa aus. Die Grösse, die vielen verschiedenen Völker und die andauernden Machtkämpfe schwächten das Reich von innen her. Die Kaiser regierten jeweils nur während weniger Jahre. Unruhe brachte auch die Ausbreitung des Christentums. Die Christen wurden von den römischen Kaisern lange verfolgt. Ihr Glaube wurde erst zu Beginn des 4. Jahrhunderts anerkannt. Das Römische Reich wurde aber auch an seinen Grenzen bedroht. Besonders aus dem Norden und Osten Europas drangen immer mehr germanische Völker in das Römische Reich ein. Die Römer hatten mit den germanischen Stämmen nahe der Grenze zwar seit Langem Kontakt. Sie trieben Handel mit ihnen. Oft dienten die Männer sogar als Soldaten in der römischen Armee, denn die Römer bewunderten ihr kriegerisches Können. Die germanischen Völker und ihr Lebensraum blieben den Römern aber sehr fremd.

Ende des 4. Jahrhunderts drangen aus Zentralasien die Hunnen gegen Mitteleuropa vor. Die Hunnen waren berühmt und gefürchtet für ihre berittenen Krieger und Bogenschützen. Viele Völker in Mittel- und Nordeuropa wurden von den berittenen Hunnen besiegt. Andere flohen und wanderten nach Westen. Die Zeit der Völkerwanderung begann. Die Grenzen des Römischen Reiches waren bedroht. Der Kaiser in Rom konnte trotz seiner Armeen die Grenzen nicht mehr sichern. Das einst so mächtige Römische Reich ging unter.

Einige der wandernden Völker gründeten gegen Ende des 5. Jahrhunderts neue Reiche. Die Westgoten errichteten in

Der Frankenkönig Childerich in einer Rekonstruktion. Childerich kleidete sich ähnlich wie einst die römischen Herrscher: Über den Schultern trug er einen Purpurmantel, um die Hüften mit Gold verzierte Waffen, dazu Gürtel- und Schuhschnallen. Die wertvollen Gegenstände fand man zusammen mit den Skeletten von 21 Pferden im Grab des Königs. Rekonstruktion von Patrick Périn.

Der Siegelring von Childerich. Der König drückte mit dem Ring seine «Unterschrift» in weiches Wachs ein, wenn er eine Nachricht oder eine Urkunde bestätigen musste. Der abgebildete Ring ist eine Rekonstruktion, das Original verschwand 1831.

Spanien ein Königreich, die Ostgoten im heutigen Italien und die Franken im Nordwesten Europas. Die Zeiten wurden wieder etwas ruhiger und die Menschen sesshafter. Sie bauten neue Siedlungen und legten Felder für den Ackerbau an.

Childerich – ein früher Frankenkönig

Childerich ist einer der ersten Frankenkönige, über den man Genaueres weiss. Er regierte in den Jahren 460 bis 482. Seine Familie gehörte zu einem fränkischen Stamm. Als Oberhaupt dieses Stammes dehnte er sein Reich auf Gegenden aus, die vorher zum Römischen Reich gehört hatten. In diesen Gebieten lebten viele Römerinnen und Römer. Diese Menschen waren mit den Gewohnheiten und Gesetzen der Franken wenig vertraut. Childerich wollte, dass sie ihn als König akzeptierten. Da Childerich einem der letzten römischen Kaiser im Militär gedient hatte, kannte er die römischen Symbole gut. Um der römischen Bevölkerung zu zeigen, dass er nun ihr König war, kleidete er sich wie ein römischer Herrscher, wenn er vor der römischen Bevölkerung auftrat oder an ihren Festen teilnahm. Er trug purpurfarbene Festgewänder, die mit Gold verziert waren. Das war ein Zeichen für die besondere Stellung des Königs. Auf diese Weise wurde er auch von der römischen Bevölkerung des neuen Reiches als Herrscher erkannt und akzeptiert.

Heerkönige und Gefolgsleute

Die ersten Könige der Franken, so wahrscheinlich auch Childerich, waren Heer- oder Kleinkönige. Man nennt sie so, weil sie ihren Stamm in Kriegszeiten anführten und aus den Männern ein Heer zusammenstellten. Die Männer, die zum engsten Kreis des Königs gehörten und an seiner Seite kämpften, konnten zu grossen Ehren gelangen. Sie gehörten zur Gefolgschaft des Königs. Mit der Zeit erlangten diese Gefolgsleute und ihre Familien, der Adel, eine besondere Stellung. Sie unterschieden sich durch ihren grösseren Besitz und ihren Ruhm von den übrigen Leuten.

Der Einfluss des Adels

Nach Childerichs Tod im Jahr 482 wurde sein Sohn Chlodwig zum König gewählt. Er schaffte es, die verschiedenen Stämme der Franken zu vereinen und alleiniger König über alle Franken zu werden. Gewisse Stämme unterwarfen sich freiwillig

39

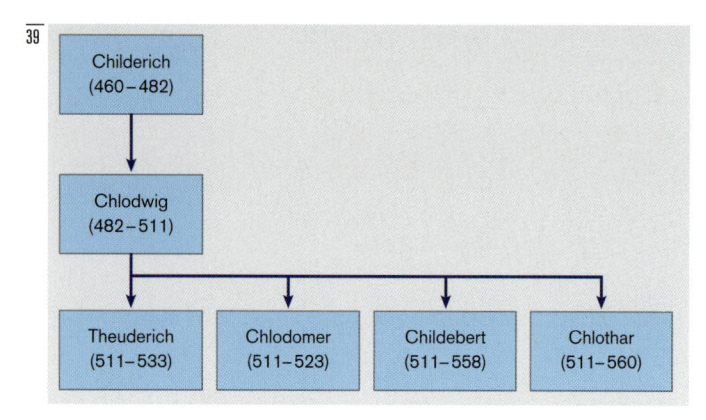

```
Childerich (460–482)
        │
        ▼
Chlodwig (482–511)
        │
   ┌────┼────┬────────┐
   ▼    ▼    ▼        ▼
Theuderich  Chlodomer  Childebert  Chlothar
(511–533)   (511–523)  (511–558)   (511–560)
```

Stammbaum der Merowinger. Auf Childerich folgte Chlodwig. Die Söhne Chlodwigs erbten das Frankenreich und teilten es nach fränkischem Recht unter sich auf. Die Jahreszahlen in Klammern bezeichnen jeweils die Jahre ihrer Herrschaft als Könige.

40 Ein königlicher Erlass gegen die alte germanische Religion

Wir ordnen an, dass entsprechend den kirchenrechtlichen Bestimmungen jeder Bischof in seinem Amtsbezirk darüber wache, dass das christliche Volk nicht heidnische Bräuche treibe: Alle Totenopfer, Hexereien, Vorhersagen, Opfergesänge, heidnischen Opfermahlzeiten, welche die törichten Menschen noch immer neben der Kirche nach heidnischem Brauch treiben, sollen sie streng und sorgfältig verbieten.

Aus einer Verordnung eines späteren Merowingerkönigs aus dem Jahr 742.

41 Chlodwig nimmt den christlichen Glauben an

Die Königin aber liess nicht ab, in Chlodwig zu dringen, dass er den wahren Gott erkenne und ablasse von den Götzen; aber auf keine Weise konnte er zum Glauben bekehrt werden, bis er endlich einst mit den Alamannen in einen Krieg geriet. Da zwang ihn die Not zu bekennen, was sein Herz zuvor verleugnet hatte. Als die beiden Heere zusammenstiessen, kam es zu einem gewaltigen Blutbad, und Chlodwigs Heer war nahe daran, völlig vernichtet zu werden. Als er das sah, erhob er seine Augen zum Himmel, sein Herz wurde gerührt; seine Augen füllten sich mit Tränen, und er sprach: «Jesus Christus, Chlothilde sagt, du seiest der Sohn des lebendigen Gottes, Hilfe sollst du den Bedrängten geben, die auf dich hoffen – ich flehe dich demütig an um deinen mächtigen Beistand.» [...] Der Königin erzählte er, wie er Christi Namen angerufen und so den Sieg gewonnen habe. Das geschah in seinem fünfzehnten Regierungsjahr. [...] Also erkannte der König den allmächtigen Gott an und liess sich taufen. [...]

Gregor von Tours: *Zehn Bücher fränkischer Geschichte*. Der Bischof Gregor von Tours berichtet über die Bekehrung und Taufe Chlodwigs. Der Bischof war überzeugt, dass Chlodwigs Bekehrung massgeblich zu seinem Erfolg beigetragen hatte.

---

der Herrschaft Chlodwigs. Andere Stämme mussten ihn als Herrscher akzeptieren, weil sie im Kampf gegen ihn verloren hatten.

Chlodwig besass zwar viel Macht und war sehr reich. Er war aber noch immer auf die Unterstützung der Adligen angewiesen. Diese Männer wählten nämlich den König auf ihren Versammlungen. Er musste also mit möglichst vielen Adligen gut auskommen. Auch für wichtige Entscheide brauchte Chlodwig die Zustimmung der Adligen. Chlodwig konnte zum Beispiel nicht allein entscheiden, ob ein Kriegszug durchgeführt wurde. Die Adligen mussten auch dafür sein.

Chlodwig war aber nicht nur aus diesen Gründen auf die Adligen angewiesen. Das Reich war auch sehr gross. Er konnte es nicht ganz allein regieren. Chlodwig gab Teile des Reiches seinen treusten Gefolgsleuten. Sie sollten dort nach dem Rechten sehen. Als Lohn durften die Gefolgsleute das Land nutzen. Das heisst, die auf dem Landstück lebenden Bauern mussten das Land bewirtschaften und die Gefolgsleute mit Lebensmitteln versorgen. So sicherte sich der Frankenkönig treue Anhänger.

*Christianisierung der Franken

Die Franken gehörten zu den germanischen Völkern. Diese Völker hatten eine eigene Religion. Sie glaubten an verschiedene Götter, die sich in Naturerscheinungen zeigten. Als Chlodwig sein Reich auf ehemals römisches Gebiet ausdehnte, kamen die Franken mit dem Christentum in Berührung. Die christlichen Gemeinden mit ihrem Bischof als Vorsteher blieben nämlich auch nach dem Zerfall des Römischen Reiches bestehen. Chlodwig erkannte, dass die Bischöfe und Mönche für seine Herrschaft sehr wichtig waren. Diese Leute waren gebildet, sie konnten lesen und schreiben. Chlodwig wollte, dass sie sein Reich verwalteten. Möglicherweise bekannte sich Chlodwig aus diesem Grund zum Christentum und liess sich freiwillig taufen. Die Bischöfe und *Äbte bekamen von Chlodwig besondere Rechte. Sie durften bei der Bevölkerung Abgaben einziehen – in Geld oder Waren. Und sie erhielten das Recht, in den Städten und auf dem Land das Richteramt auszuüben und im Königreich zu predigen. Die Bischöfe und Äbte profitierten davon. Sie wurden reich und hatten grossen Einfluss. Aber auch Chlodwig hatte einen grossen Nutzen. Er gewann zusätzliche Verwalter für sein Reich.

Wissen erarbeiten

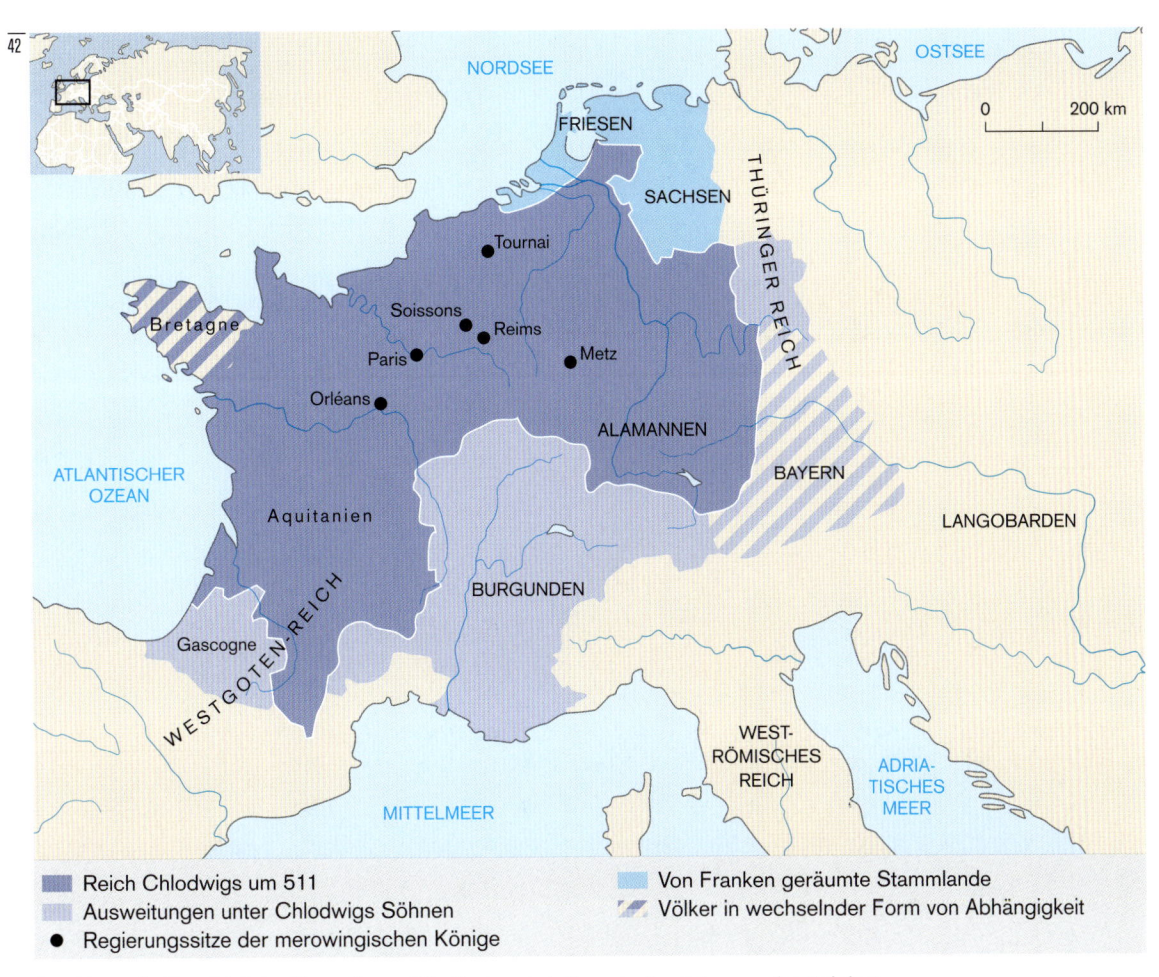

Das Herrschaftsgebiet der Merowinger. Die Karte zeigt die erste Ausdehnung des Reiches unter Chlodwig und die zweite Ausdehnung unter Chlodwigs Söhnen.

Legende:
- Reich Chlodwigs um 511
- Ausweitungen unter Chlodwigs Söhnen
- Regierungssitze der merowingischen Könige
- Von Franken geräumte Stammlande
- Völker in wechselnder Form von Abhängigkeit

Ausserdem konnte er selbst bestimmen, wer Bischof oder Abt wurde, da diese Leute nun in seinem Dienst standen. Der Frankenkönig gewann auf diese Weise grossen Einfluss auf die Kirche.

Der Niedergang der Merowinger

Chlodwig starb im Alter von etwa 40 Jahren. Bei den Franken war es Brauch, dass die Herrschaft nach dem Tod des Vaters unter den Söhnen gleichmässig verteilt wurde. Die Königin und die Töchter durften keine Waffen tragen und kein Heer führen. Deshalb durften sie sich auch nicht an der Herrschaft beteiligen. Sie konnten jedoch Landstücke, Leute und Sachen erwerben oder diese geschenkt bekommen. Chlodwigs vier Söhne regierten zu Beginn gemeinsam. Als Chlodwigs Enkel an die Macht kamen, stritten sie sich um die Teilreiche. Es kam zum Krieg. Die Regierungszeit der nachfolgenden Könige war jeweils sehr kurz. Die Könige wurden meistens im Krieg getötet. Manche wurden auch ermordet.

In solch unruhigen Zeiten war es wichtig, dass der König einen verlässlichen Verwalter oder Stellvertreter hatte. Dieser musste über alle Ereignisse im Reich informiert sein und das Reich regieren, falls der König unerwartet starb. Der Verwalter kümmerte sich um die Versorgung des Hofes und beaufsichtigte die übrigen *Amtsträger. Zudem verhandelte er mit den Heerführern und führte die Kriegszüge an. Die Franken nannten diesen Verwalter Hausmeier. War ein König sehr jung oder ein schwacher Herrscher, so lag die Führung des Königreiches eigentlich in den Händen dieses Hausmeiers.

AUFGABEN

17 Welches waren die guten Seiten des Kontaktes zwischen Römern und Germanen? Welches waren die schlechten Seiten?

18 Wie versuchte der Frankenkönig Childerich seinen Einfluss bei der römischen Bevölkerung zu festigen?

19 Chlodwig war zwar erster «Alleinherrscher» im Frankenreich, er konnte aber nicht allein bestimmen. Von wem brauchte er Unterstützung?

20 Warum liess sich Chlodwig taufen?

Einsetzung eines Königs um das Jahr 1000.
Die Krone wird dem König von der Hand Gottes aufgesetzt. In der Hand hält er den Reichsapfel, Symbol für die christliche Welt. Um den König herum sind symbolisch die vier Evangelisten Lukas (Stier), Matthäus (Mensch), Johannes (Adler) und Markus (Löwe) dargestellt. Die Karolinger schufen im 8. Jahrhundert ein neues Königtum. Der König war nun nicht mehr wegen seiner Abstammung Oberhaupt. Er erhielt das Recht zu herrschen durch Gottes Willen. Das Bild von der Krönung Ottos III. stammt aus dem *Evangelienbuch der Domschatzkammer Aachen und entstand um das Jahr 1000.

Das Frankenreich der Karolinger

Im 8. Jahrhundert übernahm die Familie der Karolinger die Macht im Frankenreich. Die Karolinger liessen ihre Könige neu vom höchsten Geistlichen der christlichen Kirche segnen: vom Papst in Rom. Die Kirche spielte eine immer wichtigere Rolle. Sie wurde zur Verbündeten der karolingischen Könige. Der berühmteste Karolingerkönig, Karl der Grosse, schuf ein riesiges Reich. Er führte als erster Herrscher nach dem Ende des Römischen Reiches wieder den Kaisertitel.

Von den Merowingern zu den Karolingern

Der Hausmeier Karl Martell wurde unter den letzten Merowingerkönigen sehr mächtig. Er schaffte es, Hausmeier für alle fränkischen Könige zu werden. Er setzte sogar nach seinem Willen Könige ein. Karl zog auch mit dem Frankenheer in den Krieg. Zu dieser Zeit, um das Jahr 730 herum, waren muslimische Heere von Spanien her bis weit ins Frankenreich eingedrungen. Karl Martell konnte sie in einer entscheidenden Schlacht im Jahr 732 aufhalten und zurückdrängen. Danach teilte Karl Martell das Frankenreich unter seine Söhne Karlmann und Pippin auf. Er benahm sich wie ein König, ohne einer zu sein. Die königliche Familie der Merowinger war wie ein Spielzeug in den Händen des Hausmeiers. Trotz dieser Machtfülle konnte Karl Martell den Königstitel der Merowinger noch nicht übernehmen. Dies sollte erst seinem Sohn Pippin gelingen.

Ein Karolinger wird Frankenkönig

Pippin wurde nach dem Tod seines Vaters schnell alleiniger Hausmeier im Frankenreich, da sein Bruder Karlmann ins *Kloster eintrat. Pippin schaffte es, nach den Wirren der vergangenen Jahrzehnte Frieden herzustellen. Er wollte König werden. Pippin beriet sich mit den mächtigsten Adligen im Reich und schickte im Jahr 751 eine Gesandtschaft zum Papst nach Rom. Pippin kritisierte, dass die Königsfamilie keine Macht mehr hatte, aber noch immer die Könige stellte. Dies sei gegen die von Gott gewollte Ordnung. Der Papst bestätigte Pippins Ansicht und löste die Franken von ihrem Treueversprechen zur merowingischen Königsfamilie. Die fränkischen Adligen wählten darauf Pippin zum neuen König der Franken. Pippin und auch seine Söhne wurden von einem Bi-

Wissen erarbeiten

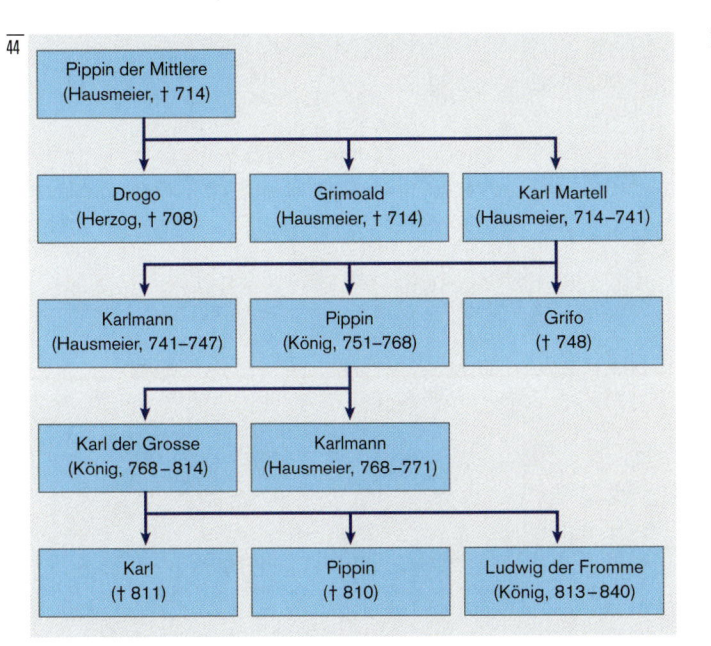

44

```
Pippin der Mittlere
(Hausmeier, † 714)
   │
   ├──────────────────┬──────────────────┐
Drogo            Grimoald           Karl Martell
(Herzog, † 708)  (Hausmeier, † 714) (Hausmeier, 714–741)
                                          │
                        ┌─────────────────┼─────────────┐
                   Karlmann            Pippin           Grifo
                   (Hausmeier,         (König,         († 748)
                    741–747)           751–768)
                                          │
                              ┌───────────┴────────┐
                         Karl der Grosse       Karlmann
                         (König, 768–814)     (Hausmeier, 768–771)
                              │
             ┌────────────────┼───────────────────┐
           Karl            Pippin          Ludwig der Fromme
          († 811)          († 810)         (König, 813–840)
```

Der vereinfachte Stammbaum der Karolinger. Die genauen Lebensdaten der karolingischen Herrscher und ihrer Verwandten sind nicht bekannt. Sicher sind nur die Regierungszeit (falls bekannt, oben angegeben) und das Todesjahr.

45 Das Aussehen Karls des Grossen

Karl war kräftig und stark, dabei von hoher Gestalt, die aber das rechte Mass nicht überstieg. Es ist allgemein bekannt, dass er sieben Fuss gross war.

Einhard: *Das Leben Karls des Grossen*. Stuttgart: Reclam, 1995. Der Mönch Einhard beschreibt Karl den Grossen. 1 Fuss entspricht rund 27 cm.

46

Reiterstatue, die wahrscheinlich Karl den Grossen darstellt. Die Bronzeskulptur aus dem 9. Jahrhundert steht heute im Louvre in Paris.

---

schof mit geweihtem Öl gesalbt. Diese Salbung sollte zeigen, dass die Königsfamilie den Segen der Kirche und des Christengottes genoss.

Einige Jahre später verstärkte Pippin das Bündnis mit dem Papst zusätzlich. Der Papst und die Stadt Rom waren nämlich vom Volk der Langobarden bedroht und baten Pippin um Schutz und Unterstützung. Pippin schwor, dem Papst immer treu zu dienen und ihn sowie sein Hab und Gut zu beschützen. Dieses Hab und Gut war vor allem die Papstkirche in Rom, die Stadt und das Land darum herum. Mit einem Heer zog Pippin im Jahr 754 nach Rom und vertrieb die Langobarden. Das befreite Gebiet nannte man im Mittelalter «Patrimonium Petri», das Erbe des heiligen Petrus. Daraus wurde ein eigenes kleines Reich, der Kirchenstaat. Das Oberhaupt war der Papst. Dieser konnte dank dem Bündnis mit dem Frankenkönig seine Macht als Bischof von Rom gegenüber den anderen Bischöfen ausbauen.

Karl der Grosse

Der wohl berühmteste König der Franken war Karl der Grosse. Karl wurde etwa um das Jahr 750 geboren. Nach dem Tod seines Vaters Pippin im Jahr 768 übernahm er zusammen mit seinem Bruder die Herrschaft über das Frankenreich. Schon drei Jahre später aber starb der Bruder. Karl wurde Alleinherrscher. Er begann, sein Reich zu vergrössern. Im Osten versuchte Karl das Land der Sachsen zu erobern. Das war ein schwieriges Unterfangen. Die Sachsen wehrten sich in erbitterten Kämpfen dagegen. Bis Karl die Sachsen besiegt hatte, vergingen mehr als dreissig Jahre. Die Sachsen wollten sich auch nicht zum Christentum bekehren. Sie wurden deshalb mit Gewalt getauft und gezwungen, an den Christengott zu glauben. Weiter im Süden unterwarf Karl der Grosse das Volk der Bayern, in Italien die Langobarden. Einen ebenso erbitterten Krieg führten die Franken gegen die Hunnen. Sie gewannen ihn nach etwa acht Jahren.

Das Reich Karls des Grossen war bis ins Jahr 799 gewaltig gewachsen. Karl war so mächtig wie kein anderer Frankenkönig vor ihm. Im Winter des Jahres 800 reiste Karl nach Rom. Beim Weihnachtsgottesdienst setzte ihm der Papst eine Krone auf. Die anwesenden Römer sollen gerufen haben: «Leben und Sieg für Karl, den Ehrwürdigen, von Gott gekrönten, den grossen und Frieden schaffenden Kaiser der Römer.» Zum ersten Mal seit Hunderten von Jahren gab es nun wieder einen Kaiser. Dieser Kaiser war aber kein Römer, sondern ein Franke.

Karl der Grosse als Kaiser im Prunkgewand. Karl der Grosse wurde schon früh als bedeutender Herrscher gewürdigt. Die Bezeichnung «der Grosse» wurde einige Jahre nach Karls Tod zu seinem Namen hinzugefügt. Das Gemälde ist ein Werk des Künstlers Albrecht Dürer. Es entstand im 16. Jahrhundert.

Der König vergibt ein *Lehen an einen Gefolgsmann, indem er ihm eine Fahne überreicht. Der Lehnsmann kniete nieder und legte die gefalteten Hände in die Hände des Königs. Er leistete dabei sein Treueversprechen. Der Lehnsmann musste dem König immer treu sein und ihm mit Rat und Kriegshilfe zur Seite stehen. Besiegelt wurde dieser Vorgang durch einen Schwur. Der Schwur war damals so wichtig wie heute eine Unterschrift unter einen Vertrag. Auch Bischöfe und Äbte konnten ein Lehen erhalten. Sie wurden dann zu Lehnsmännern des Königs.

Mit der Krönung Karls zum Kaiser wollten Karl und der Papst ihre Herrschaft stärken. Zwei Personen in Europa erhielten gewaltige Macht: Der Kaiser war Herrscher über alle Könige und Fürsten, der Papst gebot als Oberhaupt der Kirche über alle Bischöfe und Priester.

Herrschaft und Verwaltung

Karls Reich war riesig geworden und musste zusammengehalten werden. Als König und Kaiser beanspruchte Karl die alleinige Herrschaft in seinem Reich. Um sein Reich besser kontrollieren zu können, liess Karl für einige Volksgruppen einheitliche Rechte aufschreiben. Diese fassten die ursprünglich nur mündlich überlieferten Gesetze zusammen. Eine vollständige Kontrolle erreichte er aber so wenig wie seine Vorgänger. Karl setzte deshalb Adlige als Grafen ein. Die Grafen verwalteten ein bestimmtes Gebiet und zogen von den Bauern einen Teil der Ernte als Abgaben ein. Händler und Reisende mussten ihnen Wegzölle und Schifffahrtszölle entrichten. Zur Sicherung der Reichsgrenzen bildete Karl sogenannte Grenzmarken. Sie wurden von einem Markgraf beaufsichtigt. Der Markgraf war ebenfalls Verwalter, aber er war selbstständiger und hatte mehr Untergebene als ein normaler Graf. Das Amt des Grafen oder des Markgrafen gab dem Inhaber sehr viel Macht. Karl traute seinen Verwaltern nicht immer und liess die Gebiete kontrollieren. Er setzte einige seiner treusten Gefolgsleute als Königsboten ein. Zu zweit bereisten sie ein Gebiet und berichteten Karl von ihren Kontrollgängen.

Lehnswesen

Aber noch etwas beschäftigte Karl und dessen Nachfolger: Die Adligen konnten dem Herrscher gefährlich werden, wenn sie nach mehr Macht strebten. Der Herrscher musste darauf achten, dass die Adligen gerne in seinem Gefolge blieben. Um sich die Treue der Adligen zu sichern, verlieh er seinen treuen Leuten ein Stück Land oder ein Amt. Das nennt man ein Lehen. Die Leute, die ein solches Lehen erhielten, heissen Lehnsmänner. Sie mussten schwören, dass sie den Herrscher im Krieg unterstützten. Der Herrscher konnte auch Rat von ihnen einholen. Das Land oder das Amt, das sie erhielten, war nur «geliehen». Der König konnte das Lehen wieder zurückfordern, wenn der Lehnsmann starb oder untreu wurde. Die Lehnsmänner, die oft Grafen oder Markgrafen waren, konnten selbst auch wieder Teile ihres Landes an Leute verleihen, beispielsweise an junge Ritter. In diesem Fall waren die Grafen

Die Gefahren des Reisens. Schlechte Wege konnten auch für Päpste und Könige gefährlich sein. Hohe Fürsten und Kirchenleute ritten noch bis ins späte Mittelalter meist zu Pferd. Wagen wurden fast nur zum Transport von Waren benutzt. Wenn der König reiste, nahm er jeweils die ganze *Kanzlei mit allen Schriftstücken mit, dazu auch Kleider, Waffen und den Königsschatz.

Das Innere der achteckigen Pfalzkapelle. Dieser Teil des heutigen Doms von Aachen stammt aus der Zeit Karls des Grossen. Karl liess aus Italien Marmorsäulen nach Aachen bringen. In den folgenden Jahrhunderten wurde an der Pfalzkapelle viel an- und umgebaut. Die heutige Pfalzkapelle sieht ziemlich anders aus als damals, als Karl sie benutzte.

die Lehnsherren und die Ritter die Lehnsmänner. War ein König schwach, gehorchten ihm die mächtigen Lehnsmänner nicht.

Der König rief seine Lehnsmänner regelmässig zu einer Versammlung zusammen und beriet sich mit ihnen. Die Versammlung fand jeweils nach der Schneeschmelze im Mai statt. Dann waren die unbefestigten Strassen wieder begehbar. Manchmal zog der König von der Versammlung direkt in den Krieg. Darum brachten die Teilnehmer ihre Krieger gleich mit zur Versammlung.

Der König reist umher

Karl hatte wie alle fränkischen Herrscher vor ihm keinen festen Wohnsitz. Er zog das ganze Jahr über im Reich umher, von einem Ort zum anderen. Er tat das wegen seiner Feldzüge, aber auch, weil er sich in allen Teilen des Reiches als Kaiser zeigen wollte. So konnte er sein Reich besser kontrollieren. Sein Hofgefolge war immer mit dabei. Dazu gehörte als erstes die Königsfamilie. Karl war fünfmal verheiratet und hatte fast zwanzig Kinder. Zum Hofgefolge gehörten weiterhin seine wichtigsten Beamten und zahlreiche Knechte, Mägde und einige Krieger. Die Orte, an denen Karl und sein Hofgefolge Halt machten, nannte man Pfalzen. Eine Pfalz war eine burgähnliche Anlage aus Stein, mit einer Kirche und mehreren Lagergebäuden.

Auf einer Pfalz musste das ganze Hofgefolge des Königs verpflegt werden. Dieses umfasste insgesamt einige Dutzend, wenn nicht gar hundert Leute. Unter diesen Umständen genügend Essen bereitzustellen war nicht ganz einfach. Der Vorsteher der Pfalz musste schon weit im Voraus Vorräte anlegen. Die Bauern in den umliegenden Dörfern mussten schwer arbeiten, um den König und sein Gefolge mit Nahrung zu beliefern. Nach zwei bis drei Monaten zog der König mit seinem Gefolge weiter, nicht zuletzt, weil die Vorräte zu Ende gingen. Karl der Grosse mochte besonders die Pfalz in Aachen. Sie war prächtiger als alle anderen. Eine Kirche liess er zu einem Dom ausbauen. Dort sollten die künftigen Könige gekrönt werden.

Bildung und Wissenschaft

Karl lag sowohl die Bildung wie auch die Kunst am Herzen. Er beschäftigte gelehrte Mönche als persönliche Berater. Diese konnten ausgezeichnet Latein lesen und schreiben. Sie waren gewandte Redner und kannten sich in Musik, Dichtung, Ma-

5. Frühe Reiche im Mittelalter

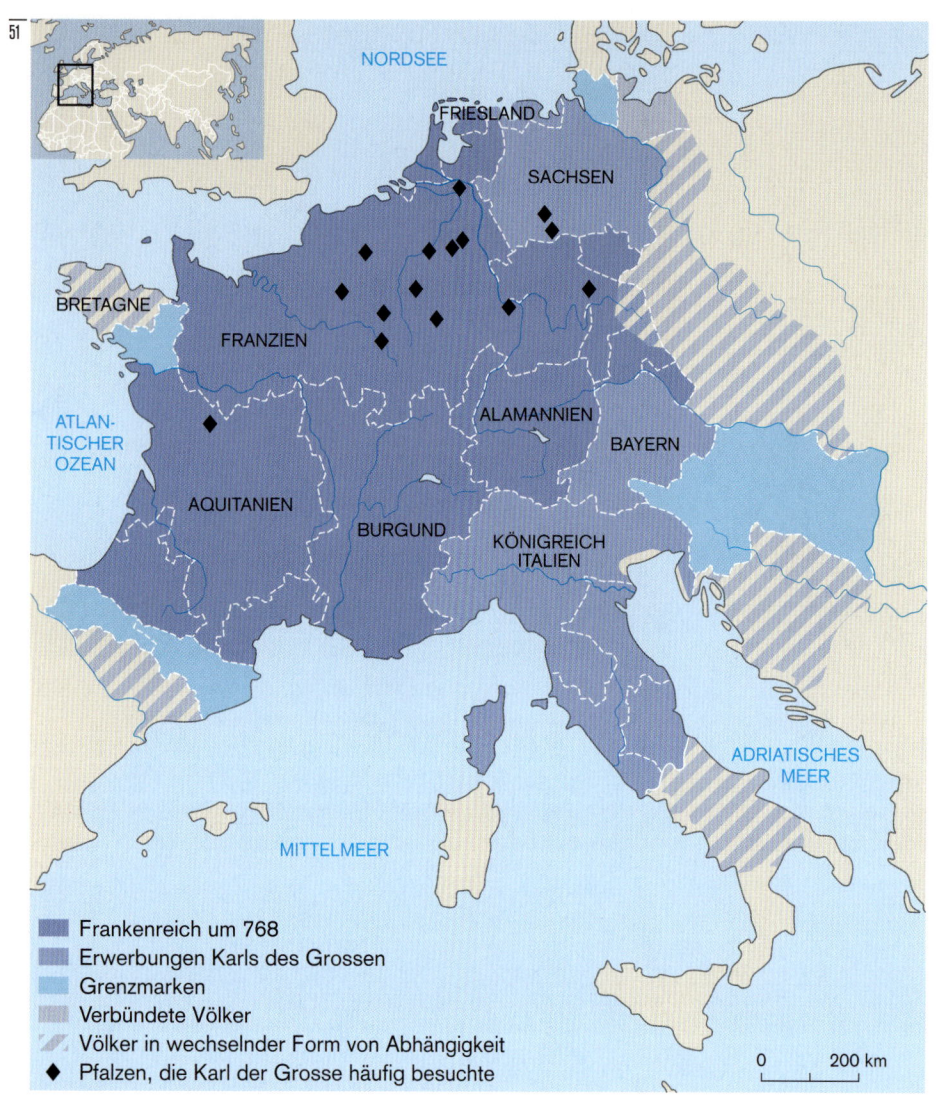

Das Reich der Karolinger im 8. und 9. Jahrhundert.

Legende:
- Frankenreich um 768
- Erwerbungen Karls des Grossen
- Grenzmarken
- Verbündete Völker
- Völker in wechselnder Form von Abhängigkeit
- ♦ Pfalzen, die Karl der Grosse häufig besuchte

thematik und Sternkunde aus. Der wahrscheinlich bekannteste Mönch am Hof Karls war Alkuin. Als Karl in Aachen eine Hofschule gründete, setzte er Alkuin als Vorsteher ein.

Karls Nachfolger

Im Januar 814 kam Karl der Grosse mit seinem Hofgefolge nach Aachen und wurde dort von hohem Fieber befallen. Er starb am 28. Januar mit über siebzig Jahren und wurde im Dom von Aachen begraben. Nach fränkischem Recht sollten alle lebenden Söhne zu gleichen Teilen erben. Von Karls Söhnen hatte aber nur einer den Vater überlebt, nämlich Ludwig. Er wurde zum Alleinerben des Frankenreiches und erbte auch den Kaisertitel. Ludwig erhielt noch während seiner Herrschaft den Beinamen «der Fromme». Er hatte seine Nachfolge schon früh geregelt. Der älteste Sohn Lothar sollte einst Kaiser werden und die Gesamtherrschaft über das Frankenreich übernehmen.

Ludwigs Nachkommen stritten sich aber bereits zu Ludwigs Lebzeiten um die Nachfolge und wandten sich auch gegen ihren Vater. Nach dem Tod Ludwigs des Frommen im Jahr 840 wurde das Frankenreich unter die drei noch lebenden Söhne aufgeteilt. Karl erhielt den Westen. Daraus entwickelte sich später Frankreich. Ludwig regierte im Osten. Er legte die Grundlage für das spätere Deutsche Reich. Das Gebiet in der Mitte zusammen mit Italien und dem Kaisertitel fiel an Lothar. Schon wenige Jahrzehnte später wurde dieses Mittelreich unter seinen Söhnen neu aufgeteilt. Übrig blieb schliesslich nur das Königreich Italien.

AUFGABEN

21 *Was war neu an der Art, wie Pippin zum König der Franken erhoben wurde?*

22 *Welche Vorteile erhoffte sich der Papst vom Bündnis mit den Karolingern?*

23 *Beschreibe, wie Karl der Grosse sein riesiges Reich zu verwalten versuchte und auf welche Probleme er stiess.*

24 *Woran erkennst du, dass Karl dem Grossen Bildung und Wissenschaft wichtig waren?*

Hörige arbeiten unter Aufsicht. Ein Aufseher des Grundherrn überwacht die Arbeit der hörigen Bauern auf dem Feld des Grundherrn. Miniatur aus England, 1310–1320.

Freie
«Grosse» (Adlige)
Freie Männer
Freigelassene

Hörige
Unfreie Bauern mit selbstständig bewirtschaftetem Hof
Spezialisierte Handwerker
Minderes Gesinde, z. B. Knechte und Mägde

Die Unterteilung der **Gesellschaft** im Frühmittelalter in Freie und Unfreie, also Hörige.

Die Gesellschaft im Frühmittelalter

Die Menschen im Frühmittelalter hatten nicht alle die gleichen Rechte. Je nach Herkunft gehörte man einem höheren oder einem niedrigeren *Stand an. Am meisten Ansehen genossen die Freien. Neben den Freien gab es viele unfreie oder hörige Leute, die zu einem Grundstück eines Freien gehörten. Die Freien nahmen oft an Kriegszügen teil. Den grössten Teil ihrer Zeit lebten sie aber als Bauern und betrieben Landwirtschaft.

Freie und unfreie Franken

Bei den Franken unterschied man ganz grundsätzlich Freie und Unfreie. Die Freien besassen Eigentum. Das konnte ein Stück Land sein oder eine Viehherde. Die Freien trugen Waffen und leisteten Kriegsdienst. Sie waren für den Schutz ihres Besitzes selbst verantwortlich. Dies war eine ehrenvolle Aufgabe. Innerhalb der Freien gab es verschiedene Gruppen. Die Adligen waren die vornehmsten Freien. Sie besassen grosse Landstücke, führten zusammen mit dem König das Heer oder übten andere wichtige Aufgaben für den König aus. Aber auch ein einfacher Bauer oder ein Handwerker konnte ein Freier sein und eine Waffe tragen. Man wurde als Sohn oder Tochter eines Freien geboren und gab die Zugehörigkeit zu diesem Stand an die eigenen Kinder weiter.

Zahlreiche Menschen im Frankenreich waren Unfreie oder sogenannte «Hörige». Die Hörigen durften keine Waffen tragen. Sie befanden sich damit am unteren Ende der fränkischen Gesellschaft. Einige Hörige bewirtschafteten zwar selbstständig einen kleinen Hof. Der Hof gehörte ihnen aber nicht. Andere Hörige gehörten als «Spezialisten» einer etwas besser gestellten Gruppe innerhalb der Unfreien an. Zu diesen zählten zum Beispiel die Eisen- und Goldschmiede oder die Winzer. Knechte und Mägde waren am schlechtesten gestellt. Sie gehörten wie eine Sache zum Hof eines Freien.

Die Hörigen waren ganz von ihrem Herrn abhängig. Nur mit dessen Zustimmung konnten sie heiraten. In den meisten Fällen bestimmte der Herr auch, wer von seinen hörigen Männern welche hörige Frau heiratete. Ihre Kinder gehörten natürlich wiederum dem Gutsherrn. Der Gutsherr hatte also ein grosses Interesse daran, dass seine Arbeitskräfte untereinander heirateten und Familien gründeten. Manchmal kam es vor, dass ein Gutsherr einem seiner Hörigen die Freiheit gab.

Ein König oder ein Rechtsgelehrter mit Stab und Gesetzestafel am Anfang einer Handschrift aus dem 9. Jahrhundert. Die Handschrift enthält das Gesetzbuch der Franken, die «Lex salica». Diese Sammlung von Gesetzen stammt aus der Zeit von König Chlodwig. Gemäss diesen Gesetzen waren die Franken bereits damals in verschiedene Stände gegliedert. Je nach Stand hatten die Menschen unterschiedliche Rechte und Pflichten.

Solche Freigelassenen genossen aber meistens nicht das gleiche Ansehen wie die Freigeborenen. Frei wurden auch Männer, die Mönch oder Priester wurden.

Jeder Stand hat einen Wert

Welchen «Wert» ein Mensch im Frankenreich hatte, konnte dem fränkischen Gesetz, der «Lex salica», entnommen werden. Darin wurde das Wergeld geregelt. Das Wergeld oder Menschengeld war eine Entschädigung für einen getöteten, verletzten oder geraubten Menschen. Es setzte sich aus einer Entschädigung für die betroffene Familie und einer Busse für die Verletzung des Königsfriedens zusammen. Die Franken wollten mit dem Gesetz verhindern, dass sich die Familien für ein getötetes Mitglied selber rächten. Vor allem die Adligen hatten oft Rache genommen und damit jahrelange Kleinkriege verursacht. Manchmal waren ganze Regionen von einer Rache betroffen. Dörfer wurden geplündert und die dort lebenden Hörigen getötet. Racheakte waren eine Gefahr für den Frieden im ganzen Reich. Sie wurden entsprechend gebüsst. Eine freie Familie bekam für ein getötetes Mitglied etwa sechsmal mehr Geld als eine hörige Familie. Wer eine schwangere Frau tötete, musste sehr viel Wergeld bezahlen. Mit dem Gesetz versuchten die Franken also auch, die schwächeren Menschen zu schützen, die sich nicht mit einer Waffe verteidigen konnten.

Die Grundherrschaft

Wenn ein mächtiger Mann im Mittelalter über ein Stück Land herrschte, dann nannte man ihn den Grundherrn. Das heisst, er durfte über alle dort lebenden Menschen richten. Die Hörigen mussten ihm gehorchen und für ihn arbeiten. Der König war der grösste Grundherr. Hunderte Adlige walteten als kleinere und grössere Grundherren. Drei bis vier Tage in der Woche arbeiteten die hörigen Bauern auf dem Feld oder auf dem Hof ihres Grundherrn. Sie leisteten damit Herrendienst oder *Frondienst. Die Grundherren lebten also von der Arbeit der Hörigen. Dafür musste der Grundherr seine Hörigen beschützen, Streit unter ihnen schlichten oder sie bei einer Hungersnot mit zusätzlicher Nahrung versorgen. Je nachdem, welchem Herrn sie gehörten, mussten die Hörigen ein sehr hartes Dasein ertragen. Ihr Leben lag ganz in den Händen des Grundherrn. Wenn der Grundherr mit den Hörigen nicht zufrieden war, konnte er sie mit Prügeln bestrafen. Er konnte sie sogar hinrichten lassen. Im Unterschied zu den antiken Sklaven

Wissen erarbeiten

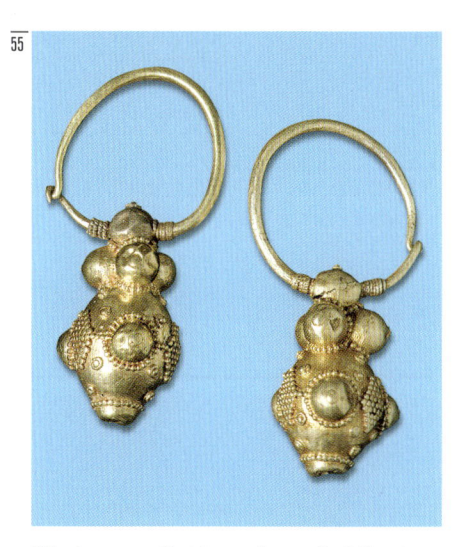

Ohrringe aus Gold aus einem Grabfund.

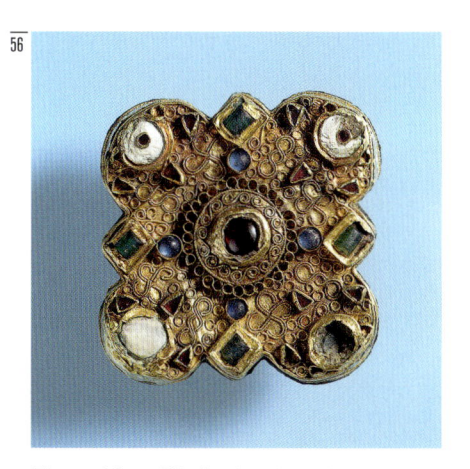

Eine goldene Fibel, mit Edelsteinen und Glas verziert.

Die Tracht einer fränkischen Frau. Anhand der Kleidung und dem Schmuck konnte man feststellen, ob eine Frau aus einer adligen oder einer einfachen Familie kam. Eine adlige Frau besass schön gefertigte, vergoldete Fibeln, Ohrringe, Armringe oder Halsketten. Sie trug reich verzierte Gürtel. Rekonstruktion von Andreas Schmickler.

Halskette, Fibeln, Armreif und Fingerring, wie sie von einer Frau aus einer reichen Familie getragen wurden.

konnte der Grundherr die Hörigen aber nicht verkaufen. Wenn die Hörigen Glück hatten, erhielten sie vom Grundherrn eine einfache Hütte und Werkzeug.

Dorfgemeinschaften und Höfe

Verschiedene Höfe bildeten zusammen eine kleine Dorfgemeinschaft, die zu einer Grundherrschaft gehörte. Auf den Höfen lebten Familien. Deren Oberhaupt war der Vater. Die Führung von Haus und Hof oblag auf den Höfen von freien Franken den Frauen. Zur «Familie» gehörten in reicheren Haushalten auch noch Gefolgsleute, Bedienstete, Mägde und Knechte. Das männliche Familienoberhaupt führte im Notfall die Waffen. Deshalb hatten die Entscheide des Mannes mehr Gewicht als die seiner Ehefrau. Die Familien darf man sich nicht allzu gross vorstellen. Zwar brachte eine Frau mehrere Kinder zur Welt. Meistens erreichten aber nur zwei oder drei das Jugendalter. Viele Frauen starben bei der Geburt eines Kindes. Manchmal lebten auch die Grosseltern auf dem Hof. Wegen der bescheidenen Ernährung und wegen Krankheiten und Krieg wurden die Erwachsenen jedoch nicht sehr alt. Wer mehr als vierzig Jahre alt wurde, galt schon als sehr alt.

AUFGABEN

25 *Erstelle eine Liste mit Unterschieden zwischen einem freien und einem hörigen Franken.*

26 *Was gehörte genau zum «Frondienst»?*

27 *Beschreibe die Stellung einer freien Frankenfrau in der Familie.*

28 *Lies in Kapitel 3 den Abschnitt über die Menschen in Griechenland zur Zeit der athenischen Demokratie. Welche Unterschiede stellst du im Vergleich zu den Franken fest?*

Benedikt von Nursia gilt als der Vater des Mönchtums im Abendland. Das erste Kloster errichtete er in Monte Cassino in Italien.

Mönchtum und Klosterherrschaft

Im Frankenreich entstanden im 6. und 7. Jahrhundert zahlreiche Klöster. Die Menschen in den Klöstern lebten in Abgeschiedenheit. Sie widmeten ihr Leben dem Gebet. Unter den Karolingern entstanden zahlreiche Klöster, in denen gelehrte Mönche grosse Bibliotheken anlegten. In den Klöstern trafen sich Gelehrte und tauschten ihr Wissen aus. Die Klöster wurden von Adligen und Königen mit Land beschenkt. Dadurch wurden sie mit der Zeit sehr reich.

Der Ursprung des Mönchtums

Mönche und *Nonnen sind Menschen, die ihr Leben ganz dem Gebet zu Gott widmen. Damit sie nicht vom Gebet abgelenkt werden, leben sie meistens abgeschieden und sehr bescheiden. Einige leben ganz alleine, andere in kleinen Gruppen. Christliche Mönche hat es im Entstehungsgebiet des Christentums schon sehr früh gegeben, beispielsweise in Palästina, Ägypten und Syrien. Mönche und Nonnen bauten *Klöster und lebten dort nach bestimmten Regeln. Dem Kloster stand ein Abt oder eine Äbtissin vor. Äbtissinnen hatten, im Unterschied zu den Frauen aus dem Volk, beträchtlichen politischen Einfluss. In Zürich beispielsweise war die Äbtissin des Benediktinerinnenklosters Fraumünster bis ins 13. Jahrhundert die Stadtherrin. Äbte und Äbtissinnen kamen in dieser Zeit ausschliesslich aus vornehmen Familien.

Die ersten Klöster in Europa

Zur Zeit der Merowinger und Karolinger wanderten manche Mönche von Ort zu Ort. Andere lebten das ganze Jahr über am gleichen Ort. Zu diesen gehörten die Benediktiner. Sie lebten nach den Regeln, die ihnen Benedikt von Nursia gegeben hatte. Benedikt wurde um 480 in einem kleinen Ort in den Bergen Italiens geboren und zur Schule nach Rom geschickt. Schon mit vierzehn Jahren soll Benedikt es in Rom nicht mehr ausgehalten haben. Er fand das städtische Leben zu ausschweifend. Benedikt lebte danach jahrelang als *Einsiedler in den Bergen. Einige Mönche in der Nähe fragten ihn, ob er nicht ihr neuer Abt werden wolle. Benedikt stellte für diese Mönche sehr strenge Regeln auf, nach denen sie leben sollten. Sie sollten viel beten, hart arbeiten und wenig sprechen. Immer mehr Leute schlossen sich Benedikt an. Sie legten ein *Ge-

Die Regeln des Benedikt

Siebenmal am Tag singe ich dein Lob. Diese geheiligte Siebenzahl erfüllen wir dann, wenn wir in der Morgenfrühe sowie zur ersten, zur dritten, zur sechsten, zur neunten Stunde des Tages und zum Abendgebet und dem Schlussgebet schuldigen Dienst leisten. [...]

Müssiggang ist der Feind der Seele. Deshalb sollen sich die Brüder zu bestimmten Zeiten mit Handarbeit, zu bestimmten Stunden dagegen mit heiliger Lesung beschäftigen. Wir glauben also, dass durch folgende Ordnung die Zeit für beides geregelt werden kann: Von Ostern bis zum Oktober verrichten die Brüder in der Frühe nach dem Gebet der ersten bis etwa zum Gebet der vierten Stunde die notwendigen Arbeiten. Von der vierten Stunde bis zum Gebet der sechsten Stunde sind sie frei für die Lesung. Wenn sie nach dem Gebet vom Tisch aufstehen, ruhen sie unter völligem Schweigen auf ihren Betten. Falls aber einer für sich lesen will, lese er so, dass er keinen anderen stört. Das Gebet zur neunten Stunde wird etwas früher gehalten, etwa um die Mitte der achten Stunde des Tages. Dann verrichtet man bis zur Vesper die anfallenden Arbeiten. [...] Wenn die Brüder jedoch wegen der Ortsverhältnisse oder der Armut die Ernte selber einbringen müssen, dürften sie nicht verdrossen sein, denn erst dann sind sie wirklich Mönche, wenn sie von der Arbeit ihrer Hände leben.

Benedikt: *Regula Monachorum*. Die Regeln des Benedikt wurden teilweise während der Essenszeit der Mönche vorgelesen. Die Mönche mussten beim Essen schweigen und durften nur dem Vorleser zuhören.

Ein Mönch trinkt Wein von einem Fass. Die Klöster stellten Lebensmittel und Dinge für den täglichen Gebrauch selbst her. Deshalb findet man in grösseren Klöstern Werkstätten, Gärten, Ställe und Lagerräume. Die schweren Arbeiten verrichteten manchmal auch die zum Kloster gehörenden Bauern. Die Mönche und Nonnen konnten sich dann den schöneren Arbeiten widmen, zum Beispiel der Buchmalerei. *Initiale aus dem späten 13. Jahrhundert.

lübde ab, eine Art Versprechen. Die Benediktiner mussten die Regeln des Klosters befolgen. Sie durften nicht heiraten und auch keinen Besitz haben.

Das Leben im Kloster

Adlige Familien schickten ihre Kinder zur Erziehung oft in ein Kloster. Ob ein Knabe Mönch oder ein Mädchen Nonne wurde, entschieden die Eltern. Manchmal nahmen die Klöster auch Kinder von ärmeren Familien auf. Nicht wenige gingen ins Kloster, damit sie ein Dach über dem Kopf und etwas zum Essen hatten. Das Kloster gab ihnen Sicherheit.

Die Klöster waren lange Zeit die einzigen Orte, wo die Menschen lesen und schreiben konnten. Dies war aber nicht der einzige Unterschied zum Leben in einer Familie. Im Kloster lebte ein Knabe nur noch unter Männern, ein Mädchen nur noch unter Frauen. Schon vor Sonnenaufgang mussten die Mönche und Nonnen zum ersten Gebet des Tages aufstehen. Danach arbeiteten und beteten sie abwechselnd den ganzen Tag, bis zum Sonnenuntergang. Das Gebet wurde von Gesang begleitet. Im Frühmittelalter entwickelten sich mehrstimmige Gesänge. Die Mönche begannen auch, die Musik in Notenschrift aufzuschreiben.

Im Kloster wurden die Lebensmittel und die Dinge für den täglichen Gebrauch selbst hergestellt. Zusammen mit den Klosterbewohnern, die kein *Gelübde abgelegt hatten, bearbeiteten Nonnen und Mönche die umliegenden Felder. Sie hielten Tiere, zum Beispiel Schweine, Schafe, Kühe und Hühner. Zum Kloster gehörte auch ein Kräuter- und Gemüsegarten. In einem grossen Keller wurden die Vorräte aufbewahrt. Einige Klöster wurden berühmt für das Bier, das die Mönche selber brauten. Wein und Bier waren Alltagsgetränke. Wasser war oft zu schmutzig und verursachte Krankheiten.

Benedikt hatte die Regel aufgestellt, dass die Klosterbewohner nicht laut reden und lachen sollten. Das hielte sie nur von ihrer Aufgabe, dem Beten, ab. Deshalb verständigten sich die Mönche oft mit Handzeichen, wenn sie miteinander sprachen. Auf diese Weise störten sie die anderen Mönche nicht.

Klösterliche Grundherrschaft

Die Klöster besassen manchmal sehr viel Land. Reiche Familien oder auch Könige und Königinnen schenkten den Mönchen und Nonnen Land oder stellten es als Lehen zur Verfügung. Darauf bauten die Mönche ein Kloster oder vergrösserten es. Für die Gebäude erhielten sie ebenfalls Geld. Reiche

Nonnen beim gemeinsamen Gebet in ihrer Klosterkirche. Buchmalerei aus Frankreich, 1400–1410.

Eine Frau tritt neu ins Kloster ein. Die Äbtissin schneidet ihr das Haar ab. Buchmalerei, Frankreich, um 1316.

Ein Mönch erhält seine Tonsur. Dabei wird ihm das Haar auf dem Kopf teilweise geschoren. Wie die einfache Kleidung war auch die Tonsur ein Kennzeichen der Mönche.

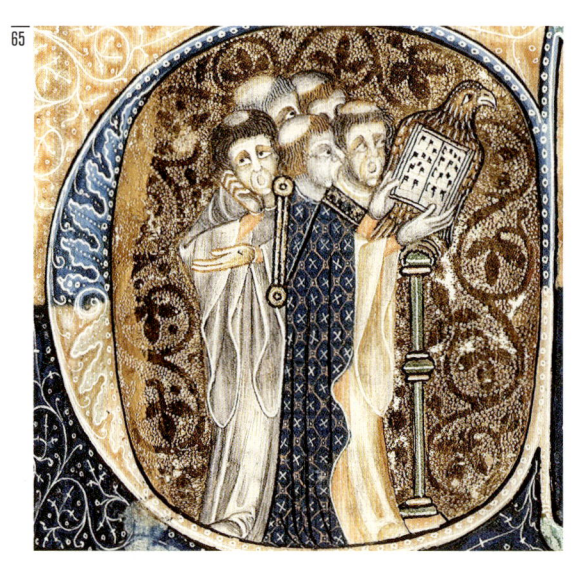

Singen gehörte zum Gottesdienst. Oft wurden die Gebete singend vorgetragen. Zur Zeit der Franken entstand in den Klöstern die erste Notenschrift. Initiale des Buchstabens C aus dem Jahr 1335.

Familien und Könige glaubten, dass sie zu solchen guten Taten als Christen verpflichtet seien. Sie hofften, dass sie und ihre Familien auf diese Weise von begangenen Sünden befreit würden. Die Mönche und Nonnen dankten den Familien für die Geschenke, indem sie für sie beteten.

Natürlich beteten die Mönche und Nonnen auch für andere Menschen in der Umgebung. Die Menschen in den Dörfern rund um das Kloster sollten den Mönchen und Nonnen aber vor allem bei der Arbeit helfen. Sie arbeiteten auf den Feldern des Klosters und hüteten das Vieh. Die Bauern mussten einen Teil ihrer eigenen Ernte abgeben, damit die Klosterbewohner genug zu essen hatten. Die Klöster waren Grundherren, wie die Adligen. Sie konnten über die Menschen bestimmen, die auf ihrem Land lebten. Die Menschen rund um das Kloster waren dem Kloster hörig. Es ist nicht sicher, ob die Hörigen eines Klosters ein besseres Leben hatten als die Hörigen eines *Herrenhofs. Denn die Klöster versuchten, von den Bauern so viele Nahrungsmittel zu erhalten wie nur möglich. Dann konnten die Mönche und Nonnen ein sehr angenehmes Leben führen. Einige Klöster wurden mit der Zeit prachtvoller und grösser als jeder Königssitz und besassen mehr Land als mancher Adlige. Diese Klöster folgten längst nicht mehr der ursprünglichen Idee des Mönches Benedikt.

AUFGABEN

29 *Nenne Gründe, weshalb im Mittelalter Menschen als Mönche oder Nonnen ins Kloster gingen.*
30 *Wofür wurde Benedikt von Nursia berühmt?*
31 *Wie kam es, dass viele Klöster die grössten Grundbesitzer wurden und die prächtigsten Gebäude besassen?*
32 *Welche Rollen konnten Frauen im Kloster übernehmen? Worin unterschieden sie sich von Frauen ausserhalb der Klöster?*

Wissen erarbeiten

Von der Karte zum Landschaftsbild

Portfolioauftrag

Auch das Gebiet der heutigen Schweiz gehörte im 8. Jahrhundert zum Reich Karls des Grossen. Bischof Tello, von etwa 759 bis 765 im Amt, war ein wichtiger Grundbesitzer. Land besass er unter anderem im Vorderrheintal in Graubünden. Halbfreie und hörige Bauern bearbeiteten seine Güter. Sagogn gehörte zu den wichtigen Gütern und hatte ein Herrenhaus. Im Testament des Bischofs wird das damalige Gut Sagogn beschrieben. Ausserdem hat man Ausgrabungen gemacht und zahlreiche Gebäude aus der Zeit gefunden. In diesem Portfolioauftrag versuchst du, dir ein Bild von der dortigen Grundherrschaft zu machen.

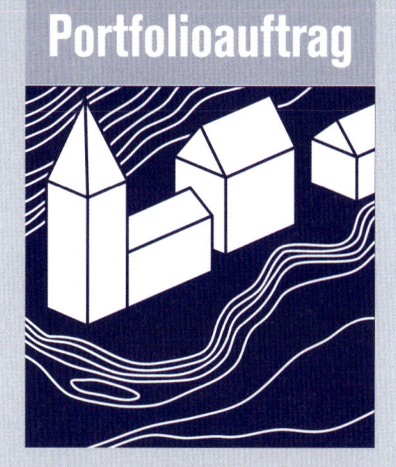

Aufgabe

Aus Beschreibungen weiss man, dass Sagogn zur Zeit von Bischof Tello aus einem Hof bestand, auf dem seine Hörigen lebten. Zum Gut gehörten Äcker, Wiesen, Weinberge, Obstgärten und ein Gemüsegarten. In diesem Portfolio zeichnest du ein Bild der Landschaft von Sagogn und seiner Umgebung. Du entwickelst eine Vorstellung, wie das Gut Sagogn wohl zu jener Zeit ausgesehen hat.

Vorgehen

1. Suche mit Google Maps (http://maps.google.ch) den Ort Sagogn (Sagens) im Vorderrheintal im Kanton Graubünden. Mach dir anhand der Satellitenaufnahme oder der Karte ein Bild von der heutigen Landschaft. Suche zusätzliche Informationen über die Gegend im Internet oder in einem Wanderbuch. Kläre dabei Folgendes ab: Gibt es Berge? Ist es flach? Wo gibt es Wald, Flüsse und Felsbänder?
2. Erstelle eine Liste der landwirtschaftlichen Nutzungen auf Gut Sagogn. Überlege dir, wie diese Nutzungsarten heute aussehen und wie sie wohl früher ausgesehen haben.
3. Überlege dir, wie sich die damalige Landschaft von der heutigen Landschaft unterschieden haben könnte. Einige Hinweise hast du im Kapitel 5 bekommen.
4. Besorge dir Material zum Malen, am besten Wasserfarbe und Farbstifte, ein bis zwei grosse, sowie mehrere kleinere Papierblätter, Schere und Leim.
5. Male die Landschaft von Sagogn auf dem grossen Papier so, wie du sie dir aufgrund deiner Untersuchungen im Internet vorstellst.
6. Zeichne auf den kleinen Papierblättern die auf der Liste notierten Gebäude, Gärten, Äcker usw. auf. Überlege, welche Gebäude dem Grundherrn gehören und welche den einfachen Bauern. Sie werden entsprechend verschieden aussehen.
7. Schneide diese Zeichnungen aus und platziere sie auf deiner Landschaft. Du hast nun eine mittelalterliche Landschaft vor dir. Ergänze das Bild mit Zeichnungen von Menschen und Tieren.

Hinweise

▶ Falls dir kein Internetzugang zur Verfügung steht, kannst du Sagogn auch auf einer Landeskarte im Massstab 1 : 25 000 suchen.
▶ Dieses Portfolio eignet sich gut, um in einer Gruppe zu arbeiten. Vor allem das Zeichnen der Gebäude und Gärten geht schneller, wenn man die Arbeiten in der Gruppe aufteilt und nachher Kopien von allen Objekten anfertigt.

Die Karolinger in der Schweiz

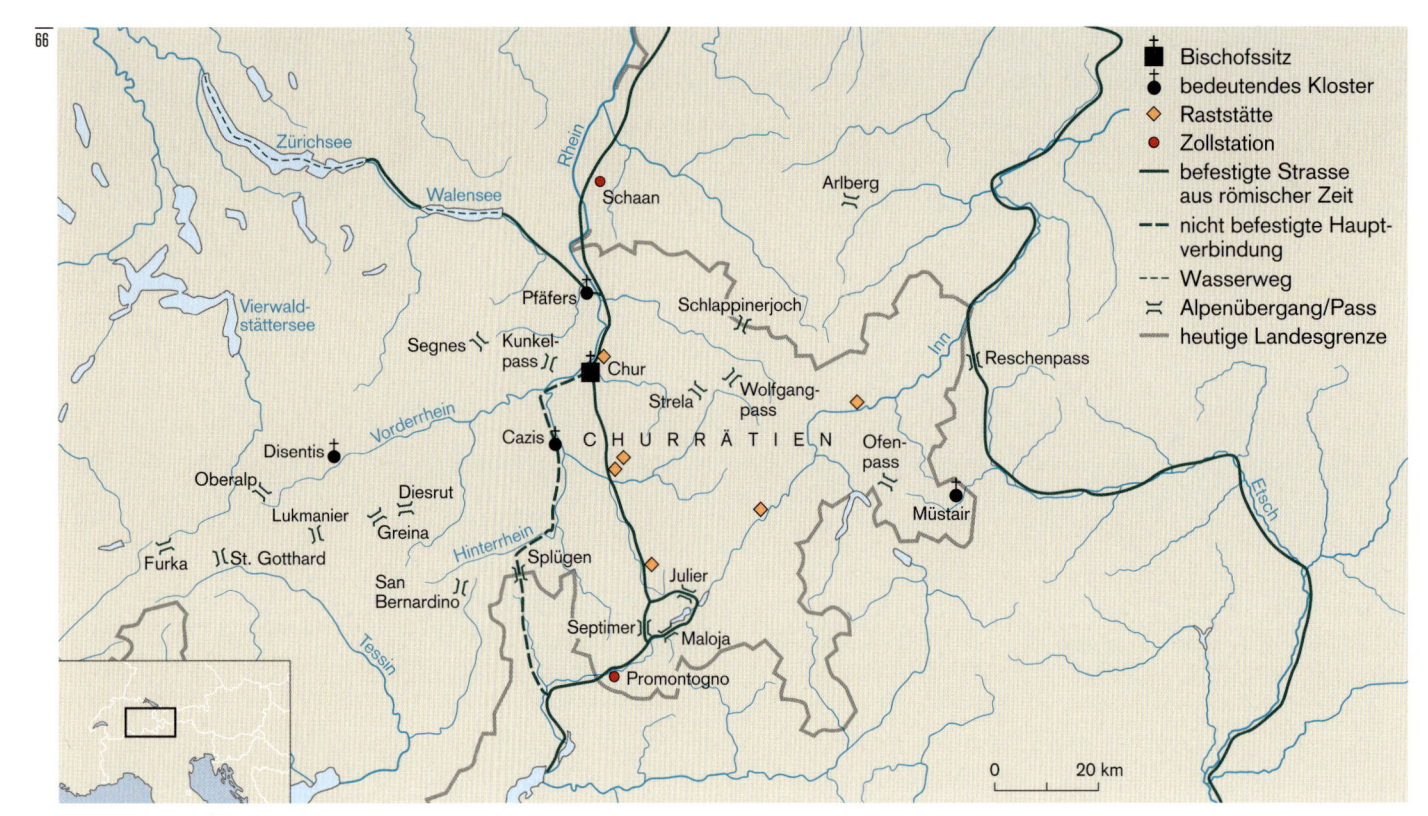

Churrätien im Frühmittelalter.

Der Ursprung Churrätiens

Zur Zeit Karls des Grossen hiess die Region des heutigen Kantons Graubünden «Churrätien». «Raetia» war der Name der ehemaligen römischen Provinz, zu der dieses Gebiet gehörte. Bis heute sind Teile der damaligen Provinzgrenzen erhalten geblieben. Diese verliefen entlang von Bergketten, Flüssen und Tälern, also natürlichen Grenzen. Der Ort Chur, lateinisch «Curia», war Ausgangspunkt für die Überquerung der Alpen in Richtung Süden. Als Übergänge dienten der Julier-, der Septimer-, der Splügen- und der San-Bernardino-Pass. Der Julier- und der Septimerpass waren mit Wagen befahrbar. Die anderen Übergänge konnte man nur zu Fuss oder mit Reit- und Lasttieren begehen.

In Chur gab es schon zu spätrömischer Zeit einen Bischof. Die merowingischen Könige setzten häufig Bischöfe als Verwalter ein. Auch der Bischof von Chur übte dieses Amt aus. Er waltete als Richter und musste für die Sicherheit des Gebietes sorgen. Ausserdem zog er Zölle ein, die die Händler beim Überqueren der Pässe zu bezahlen hatten. Dem Bischof gehörte viel Land. Er war Herr über viele Freie und Hörige in dieser Region. Die Bauern lieferten einen Teil der Ernte, den Zehnten, als Steuer an den Bischof ab. Die Bischöfe von Chur konnten vom 6. Jahrhundert bis ins frühe 8. Jahrhundert ihr Amt in der Familie vererben. Denn damals konnte ein Bischof noch heiraten und Kinder haben. Das Amt erbte jeweils einer seiner Söhne.

Karls Herrschaft über Churrätien

Karl der Grosse interessierte sich vor allem für die Alpenpässe, die aus früherer Zeit Zoll- und Raststätten aufwiesen und gut ausgebaut waren. Als Karl das Langobardenreich in Italien zu erobern begann, wurden die Bündner Alpenpässe immer wichtiger. Deshalb wollte Karl die Gegend stärker unter seine Kontrolle bringen. Zugleich wollte er den Bischof von Chur und seine Untertanen vor anderen Machthabern schützen. Also stellte er den Churrätiern einen besonderen Schutzbrief aus. Der Bischof und das Volk hätten Karl aufgrund des Schutzbriefs jederzeit um militärische Hilfe bitten können.

Da der Bischof von Chur sehr viel Macht hatte, wollte Karl nach einigen Jahren dessen Einfluss einschränken. Sonst wurde der Bischof ihm zu gefährlich. Im Jahr 807 nahm Karl dem Churer Bischof einen Teil seiner Besitztümer weg. Er gab sie einem Grafen aus einer vornehmen fränkischen Familie zur Verwaltung und Nutzung. Das war ein übliches Vorgehen im Reich Karls des Grossen. Der Bischof sollte nicht mehr gleichzeitig für das Seelenheil der Bevölkerung und für die Rechtssprechung zuständig sein. Natürlich war der Bischof damit nicht zufrieden. Er hatte sehr viel weniger Einnahmen. Noch Jahre später beklagte sich der Churer Bischof deswegen beim Nachfolger Karls des Grossen. Die Klagen nützten aber nichts. Die Churer Bischöfe erhielten ihre frühere Macht nicht mehr zurück.

Das Kloster St. Johann im Dorf Müstair im Münstertal. Teile der Anlage, auch die Kirche, wurden in karolingischer Zeit gebaut. Das Kloster wurde Johannes dem Täufer geweiht und wird noch heute von Nonnen des Benediktinerinnenordens bewohnt. Es wurde zum Unesco-Weltkulturerbe ernannt.

Karolingische Fresken in der Klosterkirche von St. Johann in Müstair. Die Wandbemalungen zeigen Bilder aus der Bibel und aus der Kirchengeschichte. Im Bild zu sehen ist die Weihe eines Bischofs.

Goldmünzen aus der Zeit Karls des Grossen. Die Münzen wurden in Chur geprägt.

Kirchen, Kunst und Kultur

In einem abgelegenen Winkel Churrätiens, im Münstertal, entstand am Ende des 8. Jahrhunderts das Kloster St. Johann. Das Kloster lag an einem Alpenübergang, dem Ofenpass. Deshalb nimmt man an, dass das Kloster auch als *Hospiz diente, wo sich Reisende verpflegen und ausruhen konnten. Wahrscheinlich wurde das Kloster nicht von Karl dem Grossen selbst gegründet, sondern vom Churer Bischof. Karl der Grosse war aber ein wichtiger Förderer. Um 850 lebten etwa 45 Mönche im Kloster. Sie befolgten die Regeln des Mönchs Benedikt. Gegen Ende des 9. Jahrhunderts zählte das Kloster weniger als zehn Mönche. Warum es dem Kloster so schlecht ging, weiss man nicht. Im 12. Jahrhundert liess der Churer Bischof das Kloster erneuern und wandelte das Männerkloster in ein Frauenkloster um. Noch heute leben und arbeiten einige Nonnen in Müstair. Sie beherbergen Gäste in ihrem Kloster. Die Kirche ist berühmt für ihre wertvollen Wandzeichnungen. Da es aus der Zeit der Karolinger nur noch ganz wenige Kirchenbauten gibt, ist das Kloster besonders geschützt.

Wirtschaft und Verkehr

Die Menschen in Churrätien betrieben umfangreichen Handel. Sie lebten nahe bei den Alpenpässen und transportierten Waren nach Süden und nach Norden. Da der Handel immer wichtiger wurde, legten die Karolinger Königsstrassen durch das Gebiet an. In regelmässigen Abständen gab es auch Raststätten. Diese dienten dem König und seinem Gefolge als Unterkunft und zur Verpflegung. Die Raststätten wurden aber auch von seinem Heer und von Händlern häufig genutzt.

Dort, wo die Strassen gut kontrollierbar waren, hatten schon die Römer Zollstationen eingerichtet. Wahrscheinlich waren diese Zollstationen auch im Frühmittelalter noch in Betrieb. Eine wichtige Station befand sich bei Promontogno im Bergell. Das Tal ist an dieser Stelle sehr schmal. Ein Felsrücken, auf dem eine Burg aus frühmittelalterlicher Zeit steht, engt das Tal zusätzlich ein. Über die Zollstation bei Promontogno gelangte man in die italienische Stadt Chiavenna und schliesslich nach Mailand. Wenn man von Süden aus durch Churrätien reiste, musste man aber noch an weiteren Orten Zoll bezahlen: in Chur, Zizers, Maienfeld und schliesslich in Walenstadt. Dort wurden die Güter auf Schiffe geladen und über den Walensee transportiert. Auf diese Weise gelangten die Waren ins schweizerische Mittelland.

6. Europa im Hoch- und Spätmittelalter

Welche Gebäude fallen dir beim Betrachten des Bildes zuerst auf?

Welche Möglichkeiten gibt es, um in die Stadt zu gelangen?

Wie viele Türme kannst du auf dem Bild erkennen? Zu welchen Gebäuden gehören sie und welche Funktion haben sie?

Vergleiche die Stadt auf dem Bild mit einer heutigen Stadt, die du kennst. Welche Unterschiede siehst du?

BASILEA

Suche im Internet Bilder von Städten, die an einem Fluss liegen. Stelle sie auf einer Seite zusammen und schreibe dazu, welche Bedeutung der Fluss für diese Städte hat.

Diskutiert in kleinen Gruppen Folgendes: Stellt euch vor, ihr müsst eine Stadtführung durch die abgebildete Stadt machen. Welchen Weg wählt ihr?

Erstelle mit Bildern und Texten ein Poster, auf dem du deinen Wohnort porträtierst.

Sucht im Internet oder in Büchern Informationen über Basel. Spielt jetzt eine Stadtführung nach und erzählt etwas zu verschiedenen Orten, an denen ihr in Gedanken Halt macht. Wechselt dabei ab.

Siedlungen im Mittelalter

Bauern bringen ihre Waren zum städtischen Markt.

2 Vom Mattishof in die Stadt

Die Ruder stechen ins Wasser, es gibt ein gurgelndes Geräusch, dann bleiben die Ruderblätter einen Augenblick in der Luft stehen. Wie Perlen glitzern die Tropfen im Morgenlicht.

Grossvater Matti stemmt sich in die Riemen, immer und immer wieder. Hannes sieht seinen breiten Rücken, die schwieligen Fersen über den Holzschuhen.

Der See ist ganz ruhig. Hannes beugt sich über den Bootsrand, hält seine Hand ins kühle Wasser und schaut zu, wie es Wirbel gibt. Dazwischen tätschelt er immer wieder einem der Schafe den Hals. Sie müssen stillstehen, damit das Boot nicht kippt.

Wenn ihr wüsstet, denkt Hannes.

Die Schafe sollen heute in der Stadt verkauft werden. Grossvater Matti braucht Geld, er hat Schulden beim Grundherrn, der Zehnt war zu mager ausgefallen, der Roggen war nach einem nassen Herbst in den Säcken verfault. Und dann muss Matti auch noch den Bader bezahlen, denn die Anna ist krank. Seit Wochen schon, seit der Fastenzeit, hustet sie. Sie ist bleich, und ihre Haut ist durchsichtig geworden. Arme Anna [...] Hannes schiebt die Gedanken an seine kranke Mutter schnell beiseite, er möchte jetzt gar nicht darüber nachdenken.

Vorne im Boot steht eine *Kiepe mit drei Käselaiben für die Klosterbrüder. Auf dem Korb liegt ein Bündel mit einem grossen Brot und einem Körbchen mit sechs Eiern. Das ist für Grete, Mutters Base, die in der Stadt unten am Graben wohnt. Ihr Mann ist Glasbläser. Und sie haben eine Tochter, die Lena.

Lena mit den schönen blonden Zöpfen und den blauen Augen. Hannes wird es ganz warm ums Herz, wenn er an sie denkt, obwohl ihn eigentlich fröstelt. Die Sonne steht noch tief über den Hügeln, und das Hemd aus Flachstuch schützt nicht gegen die Morgenkühle.

In der Ferne tauchen jetzt am Ufer die Umrisse der Stadt auf, Hannes sieht die Umfassungsmauer mit den Türmen und jenseits der Flussmündung die Benediktinerabtei. Noch weiter im Norden, über dem Hohen Fels, blinken die hellen Mauern der Burg.

Ein Fischreiher zieht tief über dem See mit kräftigen Flügelschlägen dem Ufer zu. Am Himmel segeln die Schwalben mit dem Wind.

Ein Dorf im Mittelalter. Noch im 15. Jh. lebten schätzungsweise 90 Prozent der Menschen in Europa auf dem Land in kleineren oder grösseren Dorfgemeinschaften. Die Häuser in den Dörfern waren meist aus Holz gebaut, nur die Kirche bestand aus Stein. Ein Zaun aus Holz sollte den Dorfbewohnern etwas Schutz vor wilden Tieren bieten. Aus der amtlichen Luzerner Chronik des Diebold Schilling, 1513.

Städte und ihr Umland. Die Städte schützten sich mit einer festen Mauer. In vielen Fällen gab es aber schon damals so genannte «Vorstädte». Diese bestanden aus kleinen Holzhäusern und wurden von ärmeren Leuten bewohnt. Aus der Stadtgemeinschaft ausgeschlossene Menschen wie Aussätzige, lebten vor den Stadtmauern. Mit der Zeit entstanden sehr viele Städte, die auch über das Land und die Dörfer um sie herum bestimmten. Aus der Chronik des Diebold Schilling, 1513.

Wie schön wäre es, mit ihnen zu fliegen! denkt Hannes. Alles von weit oben anzuschauen, die Stadt, den See, die Wälder! Wie weit würde man wohl sehen?

Er freut sich auf den heutigen Tag in der Stadt. Gestern, als Grossvater ihn fragte, ob er mitkommen mochte, hat sein Herz einen Augenblick gehüpft vor Freude. Aber er musste dann zur Vorsicht doch noch fragen, ob sie zu Fuss gehen oder das Boot nehmen würden.

Zu Fuss vom Mattishof in die Stadt – das mag Hannes nicht. Der Weg ist weit. Zuerst geht es lange durch den Wald. Die Bäume stehen dicht, es ist immer so still. Der Wald ist gross, unendlich gross, und wer weiss, ob nicht hinter den Baumstämmen Waldgeister und Kobolde stehen und die Menschen beobachten [...] Später geht es über Felder und Brachland. Und dann, kurz bevor man zur kleinen Holzbrücke beim südlichen Vorstadttor kommt, führt der Weg ganz nahe am *Siechenhaus vorbei. Hannes fürchtet sich jedes Mal. Mit erloschenen Augen sitzen dort die Aussätzigen und strecken einem ihre mit schmutzigen Lappen umwickelten Armstümpfe entgegen. Wenn Hannes das Lärmen ihrer Holzklappern hört, springt er immer schnell davon.

Ja – wären nicht dieser grosse dunkle Wald und das Siechenhaus, der Weg würde ihm eigentlich gefallen. In den Gärten der Vorstadt blühen im Sommer Blumen in allen Farben, und Kräuter duften wunderbar, und auf der anderen Seite der Strasse quaken die Frösche im Sumpf.

Im Herbst hingegen findet man Äpfel und Birnen am Boden, die man auflesen kann, in den Hecken glänzen Brombeeren. Rote, gelbe und ockerfarbene Kürbisse verstecken sich unter breitgefächerten Blättern.

Und gleich hinter dem Südtor ist seit einiger Zeit eine Baustelle, wo es immer etwas zu schauen gibt. Die Mönche eines Bettelordens bauen dort ein neues Kloster. Sie helfen auch beim Ausbessern und Erweitern der Stadtmauer. Die Steine dafür holen sie mit Ochsenkarren vom nahen Steinbruch, und gleich neben der Brücke gibt es eine Lehmgrube. Überhaupt wird in der Vorstadt viel gebaut. Jedes Mal, wenn man vorbeikommt, ist irgendwo ein neues Haus am Entstehen [...]

Jörg Müller, Anita Siegfried, Jürg E. Schneider: *Auf der Gasse und hinter dem Ofen. Eine Stadt im Spätmittelalter.* Aarau: Sauerländer, 1995.

Karte: Siedlungsentwicklung

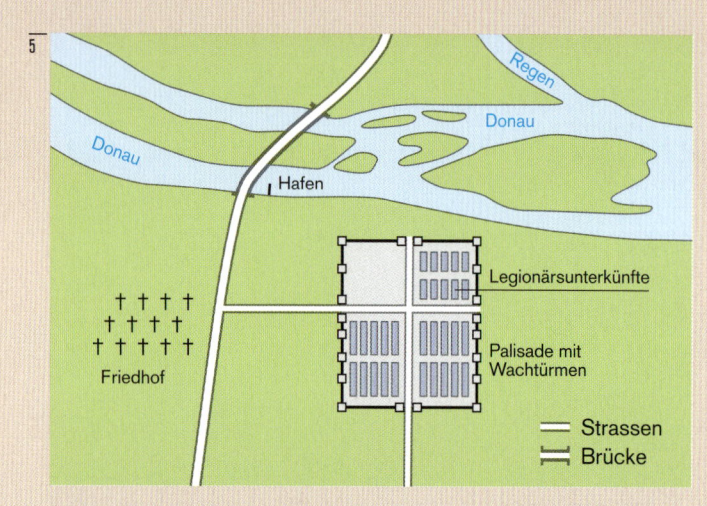

Antike römische Siedlungen, wie hier Castra Regina (Regensburg), dienten im Hochmittelalter oft als Ausgangspunkt für den Ausbau zu einer Stadt. Römische Siedlungen waren meist Militärstützpunkte oder kleine zivile Städtchen mit rechteckigem Grundriss. Sie lagen meist verkehrsgünstig, z. B. an einem Fluss.

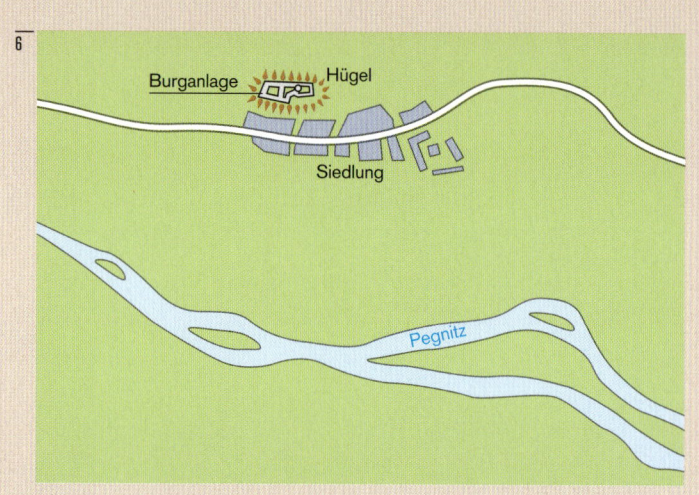

Die Königspfalz Nürnberg. Adlige errichteten Burgen meist an erhöhten Orten, die einen guten Überblick und somit gute Verteidigungsmöglichkeiten boten. Auch Königs- und Bischofpfalzen waren im Frühmittelalter so angelegt worden. Am Fuss der Burganlagen entstand meist eine Siedlung, die man je nach Gelände ausbaute.

Möchte man etwas über die Anfänge eines Dorfes oder einer Stadt wissen, gibt es dafür verschiedene Quellen. Chroniken und Urkunden erzählen von der Gründung und dem Ausbau einer Stadt. Es lassen sich daraus auch Erkenntnisse über Handwerker, Kaufleute, Märkte und Lagerhäuser gewinnen. Wie sich eine Stadt entwickelt hat, kann man auch mit Hilfe von Stadtplänen erarbeiten. Manchmal können Forschende den Plan einer alten Stadt aufgrund von Informatioenen aus Schriftstücken oder Ausgrabungen rekonstruieren. Hin und wieder hat man das Glück, einen alten Stadtplan von einem damaligen Gelehrten zu finden.

Städte haben sich auf verschiedene Art entwickelt. Dies hat im Grundriss der Stadt meist bis heute Spuren hinterlassen, falls die Stadt nicht irgendwann einmal in ihrer Geschichte vollständig zerstört und wieder aufgebaut worden ist.

Anleitung

Anhand des heutigen Stadtplanes von Florenz kannst du die Entwicklung der Stadt nachvollziehen. Arbeite schrittweise Angaben zur ursprünglichen Stadt und zu ihrer Entwicklung heraus (mögliche Antworten sind angefügt):

1. Überlege, warum dieser Ort für eine Stadt günstig war.
   Florenz liegt am Fluss Arno, der hier ziemlich schmal zu sein scheint. Möglicherweise bauten die Menschen an der engsten Stelle schon früh eine Brücke (Ponte Vecchio).
2. Wo liegt das alte Zentrum der Stadt? Versuche, mit Hilfe der Abbildungen 5 und 6 den Ursprung der Stadt zu erkennen.
   Nahe des Flusses kann ich ein Rechteck erkennen. Die Strassen in diesem Bereich sind parallel angelegt. Dieser Grundriss deutet auf eine ehemalige römische Siedlung hin.
3. Lies die Legende und suche die Gebäude auf dem Plan. In welcher Reihenfolge sind sie entstanden? Lege eine durchsichtige Folie auf den Plan und zeichne ein, in welche Richtungen sich die Stadt entwickelt hat.
   Das Rathaus im Südosten und das Kloster Santa Maria Novella (Nordwesten) bilden eine Diagonale, entlang derer sich die Stadt im 13. Jh. ausgedehnt hat. Innerhalb des Rechtecks entstanden im 13. Jh. der Getreidemarkt und der Dom, weiter im 14. Jh. im Südosten Santa Croce und im 15. Jh. im Norden San Lorenzo. Es ist anzunehmen, dass auch das Gebiet zwischen Stadtkern und Fluss relativ früh bebaut wurde.
4. Welche Bedeutung hatten wohl diese Orte und Gebäude im Leben der mittelalterlichen Stadtbewohnerinnen und -bewohner?
   Für das Wirtschaftsleben waren sicher die Plätze (Piazza della Repubblica, Piazza del Duomo), die Getreidehalle, die umliegenden Strassen und das Flussufer wichtig. Für den Glauben hatten die verschiedenen Kirchen und Klöster grosse Bedeutung, insbesondere der mächtige Dom. Das politische Leben spielte sich im Rathaus und vermutlich auch auf dem Platz davor ab.

Beantworte die gleichen Fragen anhand des Stadtplanes von Bern.

Methoden erlernen

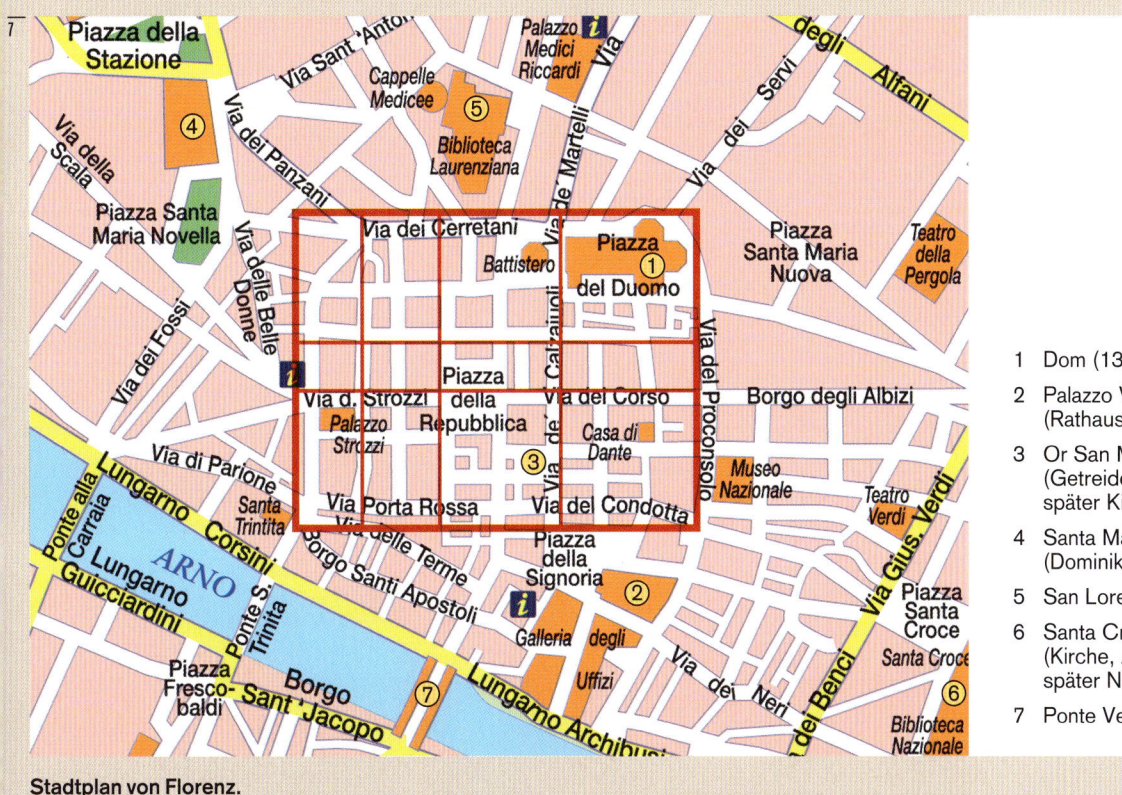

Stadtplan von Florenz.

1 Dom (13./14. Jh.)
2 Palazzo Vecchio
  (Rathaus, Ende 13. Jh.)
3 Or San Michele
  (Getreidemarkthalle 13. Jh.,
  später Kirche)
4 Santa Maria Novella
  (Dominikanerkloster, 13. Jh.)
5 San Lorenzo (Kirche, 15. Jh.)
6 Santa Croce
  (Kirche, Anfang 14. Jh.,
  später Nationalbibliothek)
7 Ponte Vecchio (Alte Brücke)

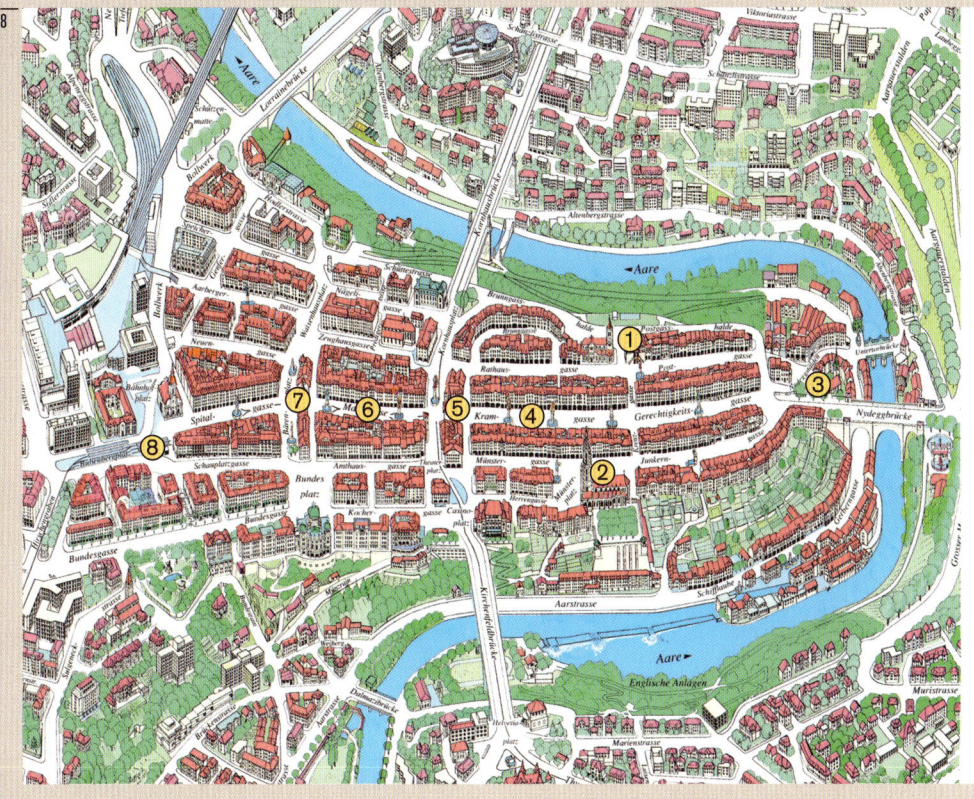

Stadtplan von Bern.

1 Rathaus
2 Leutkirche/Münster (13./15. Jh.)
3 Standort der ehemaligen
  Burg Nydegg (2. Hälfte 12. Jh.)
4 Kramgasse
5 Zytglogge (Turm, Ende 12. Jh.)
6 Marktgasse
7 Käfigturm (Vorgängerbau 1256)
8 Überreste Christoffelturm (1344)

Europa im Hoch- und Spätmittelalter

Im Hochmittelalter versuchten die Könige und der Papst ihre Macht zu stärken. Unzählige Kriege und Konflikte zwischen Adelsfamilien trafen die einfachen Leute hart. Sie waren gezwungen, sich unter den Schutz eines adligen Grundherrn zu stellen, dem sie dafür Abgaben leisten mussten. Dank neuen Ackerbautechniken kam es zugleich aber auch zu einer Blüte in der Landwirtschaft. Die Menschen konnten sich besser ernähren. Die Bevölkerungszahl nahm zu, ebenso stiegen mit den besseren Ernten die Einnahmen der Grundherren. Es entstanden Städte, deren Bewohnerinnen und Bewohner den Handel und das Handwerk belebten. Geld wurde immer wichtiger. Die Städte mit ihrer selbstbewussten Bürgerschaft entwickelten sich zu wichtigen wirtschaftlichen und kulturellen Zentren. Damit wurden die Städte für die adligen Grundherren zu Konkurrenten. Im Spätmittelalter kam es zu wirtschaftlichen Krisen, zahlreichen Kriegen und grossen Katastrophen wie der *Pest. Das Spätmittelalter steht für eine wechselvolle Übergangszeit.

LERNZIELE

1. Du gewinnst einen Überblick über die Entwicklung der Herrschaftsgebiete in Europa nach den Karolingern.
2. Du kannst die wichtigsten Neuerungen im Wirtschaftsleben des Hochmittelalters nennen.
3. Du kennst die Gründe für die Auseinandersetzung zwischen den höchsten weltlichen und geistlichen Herrschern.
4. Du kannst dir ein Bild vom Leben der einfachen Menschen auf dem Land und in der mittelalterlichen Stadt machen.
5. Du weisst um die Bedeutung der christlichen Religion und um den Einfluss der Kirche auf das Denken und Handeln der Menschen im Mittelalter.
6. Du kennst Ursachen und Folgen der Pest.
7. Du kennst die Gründe für die Verfolgung der Juden im Mittelalter.
8. Du kannst einige der Kritikpunkte an der mittelalterlichen Kirche aufzählen und kennst wichtige Folgen dieser Kritik.

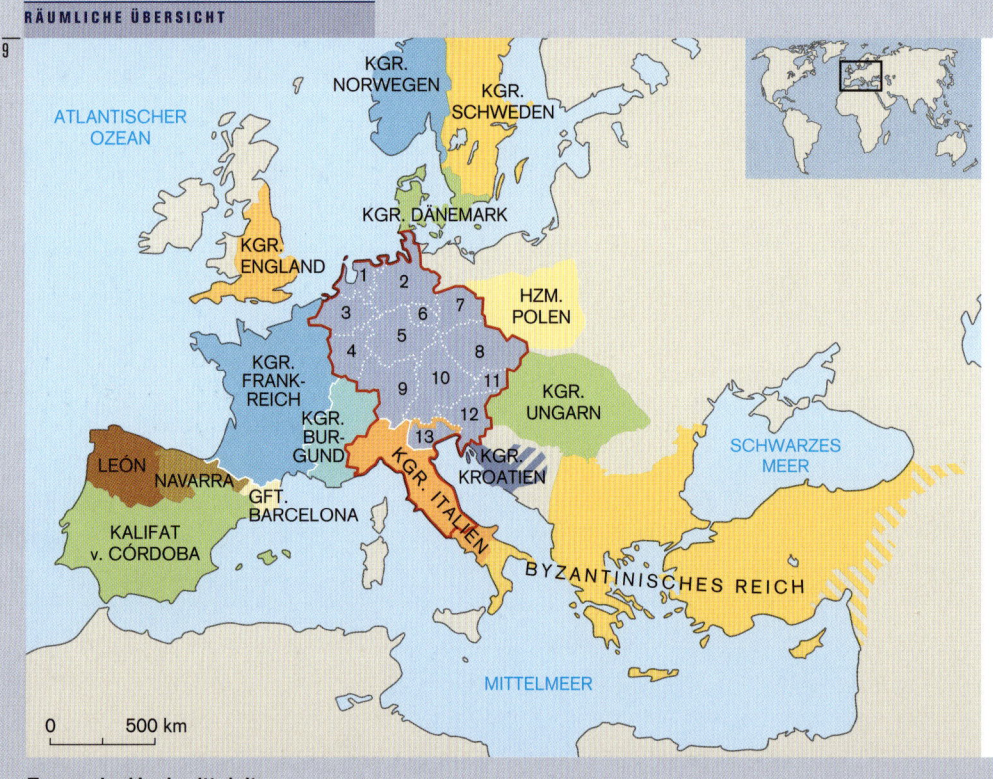

ZEITLICHE ÜBERSICHT

843	Teilung des Frankenreiches in West-, Mittel- und Ostfränkisches Reich
910	Gründung des Klosters Cluny als Ursprungsort wichtiger Kirchenreformen
962	Krönung von König Otto I. zum Kaiser
1077	Gang von König Heinrich IV. nach Canossa, Lösung des Kirchenbannes
1099	1. Kreuzzug und Eroberung Jerusalems durch die Kreuzritter
12. Jh.	Beginn der Städtegründungen
1158	Gründung der ersten Universität Europas in Bologna, Italien
1223	Anerkennung des von Franz von Assisi gegründeten Bettelordens
1348	Erste grosse Pestwelle in Europa, Judenverfolgungen

RÄUMLICHE ÜBERSICHT

— Reichsgrenze zur Zeit Ottos des Grossen

1 Friesland
2 Hzm. Sachsen
3 Hzm. Niederlothringen
4 Hzm. Oberlothringen
5 Franken
6 Thüringen
7 Ostmark
8 Hzm. Böhmen
9 Hzm. Schwaben
10 Hzm. Bayern
11 Mark Österreich
12 Hzm. Kärnten
13 Markgrafschaft Verona

HZM. Herzogtum
KGR. Königreich
GFT. Grossfürstentum

Europa im Hochmittelalter.

Die Eroberung Englands durch die Normannen unter Wilhelm dem Eroberer, dargestellt auf einem bestickten Leinentuch. Dieses fast 70 Meter lange Kunstwerk, genannt der Teppich von Bayeux, zeigt die Geschichte der Eroberung Englands. Der Teppich entstand um 1070 und es hat fast zehn Jahre gedauert, bis die Stickereien aus verschiedenfarbigen Wollfäden fertiggestellt waren.

Die Erben des Frankenreiches

Die Reichsteile, die die Nachkommen Karls des Grossen geerbt hatten, entwickelten sich im Hochmittelalter zu eigenständigen Gebieten weiter. Im Westen entstand Frankreich und im Osten bildete sich aus dem Ostfränkischen Reich das Deutsche Reich heraus. Mit Otto dem Grossen krönte der Papst in Rom erstmals einen Sachsen und nicht mehr einen Franken zum Kaiser. Insgesamt wurde die Landkarte nach dem Untergang des Frankenreiches komplizierter. Der Adel entwickelte an seinen Höfen eine ganz eigene Kultur. Dichtkunst, Gesang und Festlichkeiten standen im Zeichen der heldenhaft kämpfenden Ritter.

Neue Königreiche entstehen

Nach dem Tod Karls des Grossen wurde das riesige Frankenreich aufgeteilt. Die Enkel Karls einigten sich im Jahre 843 auf eine Dreiteilung. Es entstanden das Westfränkische, das Mittelfränkische und das Ostfränkische Reich. Daraus entwickelten sich allmählich die heutigen Länder Frankreich, Italien und Deutschland. Noch hatten sie ganz andere Grenzen als heute, aber die Namen der Länder verwendete man schon im Mittelalter. In der Mitte des neu entstandenen Königreiches Italien befand sich zudem noch der Kirchenstaat; dieses Gebiet gehörte dem Papst. Im Vergleich zur fränkischen Zeit wurde die Landkarte durch diese neuen Königreiche um einiges komplizierter.

Frankreich und England

Die Normannen, ein Volk aus Skandinavien, nutzten die innere Schwäche Frankreichs aus. Sie eroberten Nordfrankreich. Bald vermischten sie sich mit der ansässigen Bevölkerung und wurden zu Lehnsmännern des französischen Königs. Noch heute heisst ein Teil Nordfrankreichs «Normandie».

Einer dieser normannischen Lehnsmänner, Herzog Wilhelm, setzte 1066 nach England über und eroberte grosse Teile der Insel. Deshalb wird er auch Wilhelm der Eroberer genannt. Er bestieg den Thron von England, behielt aber gleichzeitig seine Besitztümer in Frankreich und vergrösserte sie noch zusätzlich. Zeitweise war der Landbesitz des Königs von England in Frankreich grösser als sein Inselreich. England und sein König wurden Frankreichs grösste Gegner.

Zu Beginn des 13. Jahrhunderts gelang es dem französischen König aber, den Engländern Teile ihrer Gebiete in Frankreich abzunehmen. Die französische Bevölkerung zeigte sich begeistert von den Siegen des Königshauses und des erfolgreichen Heeres. In Paris sollen die Leute nach der entscheidenden Schlacht gegen die Engländer sieben Tage und Nächte gefeiert haben. Man sagt, dass sich in dieser Zeit ein starkes Verbundenheitsgefühl der Menschen in Frankreich herausbildete.

Einer der französischen Könige des 13. Jahrhunderts, Ludwig IX., bescherte dem Land für längere Zeit Frieden und Wohlstand. Ebenso förderte Ludwig die Kunst und die Wissenschaft. Der Handel blühte auf. Es gab grosse Jahrmärkte, sogenannte Messen, wo sich Händler aus ganz Europa trafen. Ludwig hatte in Frankreich die zahlreichen Münzen vereinheitlichen lassen, was den Handel vereinfachte. Die Regie-

Die Kirche Notre-Dame in Paris. «Notre Dame» heisst «unsere Frau», damit ist die Jesusmutter Maria gemeint. Ihr wurde die Kirche geweiht. Der Bau der Kirche dauerte von 1163 bis 1345. Sie ist eine der ersten Kirchen im Baustil der Gotik, der ab dem späten 12. Jh. vor allem in Frankreich und Deutschland aufblühte. Die in dieser Zeit entstehenden Kathedralen sind von beeindruckender Grösse. Manchmal fand die ganze Bevölkerung einer solchen Domstadt in der Kirche Platz.

Otto der Grosse bestätigt einen hohen Geistlichen im Amt. Otto versuchte, die Vertreter der Kirche in die Verwaltung seines Königreiches einzubinden. Das Bildfragment zeigt Otto um das Jahr 969 mit Krone, Purpurmantel und Tunika. Links hinter ihm steht sein Sohn und Mitkaiser, Otto II. Es war in jener Zeit üblich, dass die Väter ihre Söhne noch zu Lebzeiten als Nachfolger einsetzten und dies von den wichtigsten Adelsfamilien bestätigen liessen.

rungszeit Ludwigs IX. gilt als das «goldene Zeitalter» Frankreichs. Schon kurz nach Ludwigs Tod sprach der Papst ihn heilig. In der Mitte des 14. Jahrhunderts kam es erneut zu Krieg zwischen den beiden Königreichen England und Frankreich. Er dauerte fast hundert Jahre, bis 1456. Anlass für diesen langen Kampf war ein Streit um die Nachfolge auf dem französischen Königsthron.

Das Deutsche Reich

Im Ostfrankenreich hatte der König wie in Frankreich viel Macht eingebüsst. Die mächtigsten Adligen im Land wählten nach dem Tod eines Königs den neuen Herrscher. Das Erbe eines Königs sollte nicht mehr unter seine Söhne verteilt werden, sondern als Ganzes an den neu gewählten König gehen.

936 wurde Otto, ein Fürst aus Sachsen, zum König gewählt. Wie einst die karolingischen Könige liess sich Otto von einem Bischof zum König salben. Damit war er König von Gottes Gnaden und erhaben über alle anderen Menschen. Schon bald musste er das Land und seine Untertanen gegen Feinde verteidigen. Im Jahr 955 drang ein ungarisches Reiterheer weit ins Deutsche Reich ein. Otto gewann mithilfe der Fürsten gegen die Ungarn. Otto musste aber auch im Innern des Landes kämpfen. Immer wieder versuchten Fürsten, ihm die Macht streitig zu machen.

Otto versuchte der Lage Herr zu werden, indem er Macht und Herrschaftsgebiete an Bischöfe und Äbte verlieh. Als Geistliche durften diese laut den Gesetzen der Kirche keine Familie haben. Damit hatten sie keine Nachkommen, für die sie mehr Einfluss gewinnen wollten. Allerdings mussten die Bischöfe und Äbte als Lehnsmänner Königsdienst leisten und Krieger für das königliche Heer stellen. Genau genommen gehörte das nicht zu den Aufgaben eines Geistlichen.

Die Verbindung von Kirchen und Klöstern mit dem Königreich nennt man Reichskirche. Im Jahr 962 wurde Otto vom Papst in Rom zum Kaiser gekrönt, nachdem er versprochen hatte, den Papst in Rom zu schützen. Für viele Jahrhunderte sollte damit das Ostfränkisch-Deutsche Reich mit Italien und dem Papst in Rom verbunden sein. Ganz offiziell hiess dieses Reich nun «Heiliges Römisches Reich Deutscher Nation».

Wissen erarbeiten

14 Ottos Bund mit der Reichskirche

[...] Den Markt und die Münze einzurichten und zu besitzen sowie künftig den Zoll dort zu erhalten. [...] Niemand soll künftig in diesem Ort eine Befugnis haben, irgendein Recht auszuüben, ausser der Äbtissin und ihren künftigen Nachfolgerinnen [...].

Lorenz Weinrich (Hrsg.): *Quellen zur Deutschen *Verfassungs-, Wirtschafts-, und Sozialgeschichte bis 1250*. Darmstadt: Wissenschaftliche Buchgesellschaft, 1977. Otto III., ein Nachfolger Ottos des Grossen, verleiht seiner Tante Gerberga, der Äbtissin des Klosters Gandersheim, weit reichende Rechte.

15 Adlige als Minnesänger

Waz hilfet mich diu sumerzît
und die vil liehten langen tage?
Mîn trôst an einer frouwen lît
von der ich grôzen kumber trage.
Wil sî mir geben hôhen muot,
dâ tuot si tugentlîchen an,
und daz mîn frôide wirdet guot.

Was hilft mir die Sommerzeit
und die so hellen, langen Tage?
Mein Trost hängt ab von einer Frau,
um die ich grossen Kummer leide.
Will sie mir hohen Mut geben,
dann tut sie, wie es sich geziemt,
und macht, dass meine Freude wächst.

Deutsche Lyrik des Mittelalters. Zürich: Manesse, 2001.

Konradin der Junge bei der Jagd mit Falken, einer typischen Beschäftigung adliger Männer.

Ritterlichkeit und Minnesänger

Die adligen Familien und *Dynastien prägten die Politik im Hochmittelalter. Wegen verschiedener Herrschaftsansprüche führten sie sehr oft Krieg gegeneinander. Seit dem 10. Jahrhundert bildeten die schwer bewaffneten Reiter eine wichtige Stütze in den Heeren der französischen und deutschen Könige. Da jeder Krieger selber für Ausrüstung und Nahrung während eines Kriegszuges sorgen musste, konnten sich nur reiche Adlige ein gutes Pferd und eine schützende Rüstung leisten. Sie erlangten als Ritter eine besondere Stellung im Heer im Vergleich zur Masse der einfachen Fusssoldaten.

Die Adligen setzten sich aber auch in ihrer Lebensweise von den anderen Menschen ab. Die heldenhaften Ritter wurden zum Vorbild einer ganz eigenen Kultur, fernab von Schlachtfeldern. Obwohl es grosse Unterschiede innerhalb des Adels gab, fühlten sich die Ritter über ihre gemeinsame Lebensweise verbunden. Dazu gehörten die Ritterwettkämpfe, die Jagd, das Leben auf der Ritterburg, das Führen eines Familienwappens und der Minnegesang. Die adligen Männer besangen in Minneliedern die Frauen, deren Schönheit und die manchmal unmögliche Liebesbeziehung. Minne ist ein altes Wort für Liebe. Sogar Könige übten sich als Dichter. Besungen hat man in den Liedern nicht nur die Liebe, sondern auch die heldenhaften Taten der Ritter.

AUFGABEN

1. *Warum konnten der König in Frankreich und auch der König im Deutschen Reich ihre Macht nur beschränkt ausüben?*
2. *Was hatte König Ludwig der IX. von Frankreich Besonderes getan, dass man seine Regierungszeit «goldenes Zeitalter» nannte?*
3. *Warum erlangte die Kirche im Hochmittelalter immer mehr Macht und Einfluss, obwohl eigentlich Fürsten und Könige regierten?*
4. *Erkläre, wer oder was Ritter genau waren und was sie im Mittelalter für eine Bedeutung hatten.*

Der Tag einer Bauernfamilie begann mit dem Sonnenaufgang. Auf diesem Bild aus dem frühen 15. Jahrhundert trägt Aurora, die antike Göttin der Morgenröte, die Sonne in den Händen und bringt damit einen neuen Tag. Der Bauer zieht sich auf dem Weg in einen Hühnerstall seine Beinhosen an. Dazu trägt er eine Art Mantel und eine Mütze aus Stoff oder Leder. Französische Miniatur, um 1410.

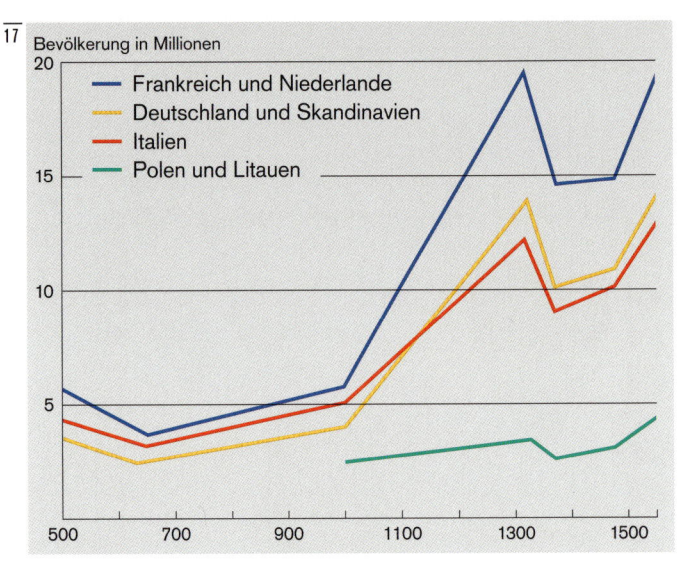

Bevölkerungsentwicklung im mittelalterlichen Europa. Bei den Zahlen handelt es sich um Schätzungen.

Das Leben auf dem Land

Die Landbevölkerung litt auch im Hochmittelalter unter harten Lebensbedingungen. In der Zeit zwischen 1000 und 1250 gab es aber einige Neuerungen in der Landwirtschaft. Dadurch konnte mehr Nahrung produziert werden und die Menschen waren besser versorgt. Die Bevölkerung wuchs stetig an. Trotz des beschwerlichen Alltags genossen die Menschen auf dem Land immer wieder Feiertage. Sie feierten mit Prozessionen religiöse Feste und das ganze Dorf nahm an Familienfesten wie Hochzeiten teil. Aber auch Spiele und sportliche Anlässe wie Schützenfeste kamen mit der Zeit auf.

Im Grossen und Ganzen lebten die Menschen im Hochmittelalter unter ähnlichen Bedingungen wie in der Zeit des frühen Mittelalters. Die meisten gehörten als Leibeigene zu einem Grundherrn und dessen Land. Sie arbeiteten für ihren Herrn oder bezahlten ihm Abgaben. Manchmal durften sie für den Eigengebrauch ein kleines Stück Land bepflanzen. Seit der Frankenzeit hatten sich immer mehr freie, unabhängige Bauernfamilien unter den Schutz eines Adligen gestellt. Dies war notwendig geworden, weil die Adligen gegeneinander oft Krieg führten, um ihr Herrschaftsgebiet auszubauen. Die freien Bauern konnten sich und ihren Hof nicht genug schützen. Als Gegenleistung für die Arbeit der hörigen Bauern sollte der adlige Grundherr diese vor Überfällen schützen. Wenn auch der Herr seiner Verpflichtung nicht immer nachkam, so war dies für viele Bauern doch die einzige Möglichkeit, einigermassen sicher zu leben.

Dreifelderwirtschaft

Für die Menschen in Europa nördlich der Alpen war die Nahrung meistens knapp. Hunger bedrohte sie fast in jedem Jahr.

Wissen erarbeiten

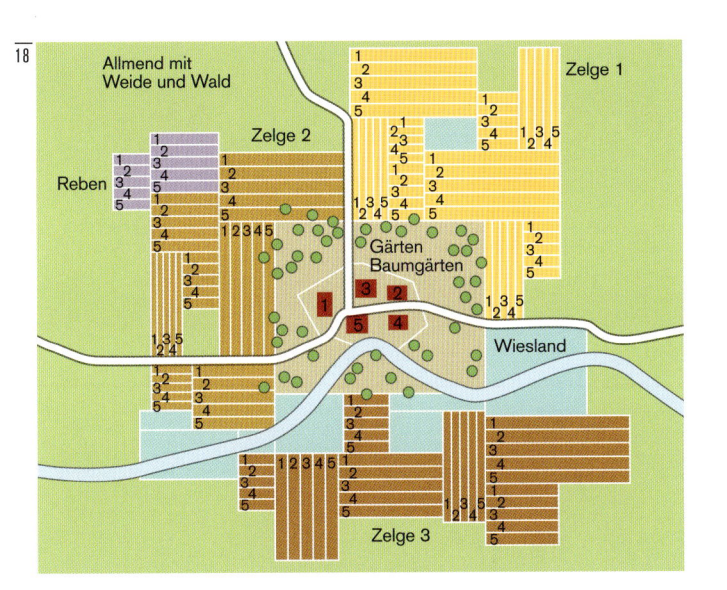

Die *Dreifelderwirtschaft führte zu einem wirtschaftlichen Aufschwung und veränderte auch das Leben der Menschen auf dem Land. Es entstanden Dorfgemeinschaften, die die Arbeit auf den Feldern gemeinsam organisieren mussten. Jede Bauernfamilie (1 bis 5) bekam in einer Zelge einige Streifen Land zum Bearbeiten zugeteilt.

Ein Bauer pflügt mit einem Räderpflug und einem Pferd das Feld. Das Pferd zieht den Pflug mit einem Kummet, das eine viele bessere Zugleistung bewirkte. Holländisches Kalenderbild für den Monat März aus dem 15. Jahrhundert.

Die Menschen konnten nicht einfach grössere Flächen bewirtschaften, um höhere Ernten einzufahren. Dazu fehlten die Arbeitskräfte. Man musste also versuchen, auf der gleichen Fläche eine bessere Ernte zu erzielen. Die Dreifelderwirtschaft machte diese Ertragssteigerung möglich.

Bisher waren die Felder wie noch zur Zeit der Römer je zur Hälfte bepflanzt und brach gelassen worden. Die unbepflanzte Fläche konnte sich so erholen. Das neue System sah vor, dass nur ein Drittel des Landes brach lag, man also eine Drei- anstelle einer Zweifelderwirtschaft betrieb. Die so eingeteilten Felder wurden *Zelgen genannt. Die erste Zelge lag brach, auf der zweiten wurde das Korn im Spätherbst ausgesät, sodass es im Frühsommer geerntet werden konnte. Auf der dritten Zelge wuchs nach der Aussaat im Frühling sogenanntes Sommergetreide, das im Herbst reif wurde. Im folgenden Jahr verlagerte sich das ganze System um eine Zelge. Bebaute nicht ein einzelner Hof, sondern ein ganzes Dorf die Äcker, erhielt jeder Bauer des Dorfes pro Zelge einen oder mehrere Streifen Land zugeteilt. Die Bauern mussten sich organisieren, um gemeinsam die Zelgen zu bearbeiten.

Verbesserte Ackerbautechnik

In dieser Zeit verbesserten die Menschen ihre landwirtschaftlichen Geräte. Diese vereinfachten die Feldarbeit und ermöglichten bessere Ernten. Dazu gehörte die Erfindung eines Pfluges mit eiserner Pflugschar. Damit wurden die aufgebrochenen Schollen gewendet. Pflanzenreste von der Oberfläche wurden so untergepflügt und lieferten durch das Verrotten Nährstoffe für die neue Saat. Die Pflüge wurden von Ochsen, bei reicheren Bauern auch von Pferden gezogen. Allmählich kam der Kummet auf, eine Art Halsreif für das Zugtier. Er ruhte auf den Schultern des Pferdes und übertrug die Kraft viel besser als das Joch, das bei Kühen und Ochsen verwendet wurde.

Vermehrt nutzten die Leute den anfallenden Mist von Menschen und Tieren, um damit die Felder zu düngen. Nach und nach gelang es den Menschen, bessere Ernten zu erzielen. Sie konnten Vorräte anlegen. Sie mussten weniger Hunger leiden und Kinder überlebten häufiger die ersten Lebensjahre. Durch die bessere Ernährung waren die Menschen auch weniger anfällig für Krankheiten. Sie wurden älter. Mehr Menschen

Der lebensgrosse, auf einem Esel reitende Jesus aus Holz stammt aus dem 13. Jh. aus dem Dorf Steinen bei Schwyz. Er wurde während des Umzugs am Palmsonntag mitgezogen. Die Menschen sollten damit nachempfinden, wie laut der Geschichte in der Bibel Jesus und seine Jünger in die Stadt Jerusalem einzogen.

Armbrustschiessen. Zu den wichtigsten Vergnügen am Rande von kirchlichen Festen gehörte im Gebiet der Schweiz und Süddeutschlands das Armbrustschiessen. Das Bild zeigt einen Wettkampf nahe der Stadt Konstanz am Bodensee. Die Wettkämpfer schossen von einem gedeckten, fahrbaren Häuschen aus auf die Zielwand im Hintergrund. Dort zeigte ein Mann die Treffer an. Dass es bei solchen Anlässen manchmal auch zu Streit unter den Wettkampfteilnehmern kam, kann man rechts im Bild sehen. Aus der Chronik des Diebold Schilling, 1513.

brauchten mehr Platz und so begann man, Waldstücke zu roden und neue Siedlungen mit Feldern anzulegen.

Feste und Feiern

Zwar hatten die einfachen Leute auf dem Land ein hartes Leben. Sie mussten mit schwerer Feldarbeit, oft wenig Nahrung und bescheidenen Unterkünften zurechtkommen. Abwechslung in diesen oft eintönigen Alltag brachten verschiedene Feste. Der Anlass war meist ein kirchlicher Feiertag oder ein Familienfest wie eine Hochzeit oder eine Taufe. Ein Festmahl, Tanz und Musik spielten dabei eine wichtige Rolle.

Nebst den wichtigsten christlichen Feiertagen wie Weihnachten, Ostern und Pfingsten feierte man im Mittelalter eine Vielzahl zusätzlicher Heiligenfeste. Begleitet wurden diese manchmal von Theaterspielen. Die Kirche wollte auf diese Art dem einfachen Volk die biblischen Geschichten verständlich machen. An anderen Kirchenfeiern nahm das ganze Dorf an einer grossen Prozession teil. Dieser Umzug zu einem besonderen Ort, beispielsweise einer Kapelle ausserhalb des Dorfes, verlief nach klaren Regeln. Die wichtigsten Menschen und die Geistlichen gingen voran, die Ärmeren folgten nach. Dabei konnte man sehen, wer in einem Ort von Bedeutung war.

Beliebt waren bei der Landbevölkerung auch Schützenfeste. Männer und Knaben massen ihr Können beim Armbrustschiessen. Zu jedem Fest gehörte auch Speis und Trank.

AUFGABEN

5 *Wodurch gelang es den Menschen im Hochmittelalter, ihre Ernährungslage zu verbessern?*

6 *Warum wurden die Bauern eines Dorfes durch die Dreifelderwirtschaft zu besserer Zusammenzuarbeit gezwungen, und wie wirkte sich dies auf das Leben im Dorf aus?*

7 *Welche Bedeutung hatten Feste in den mittelalterlichen Dörfern?*

8 *Wie erklärst du dir die Zunahme der Bevölkerung im Mittelalter, wie sie die Abbildung 17 zeigt?*

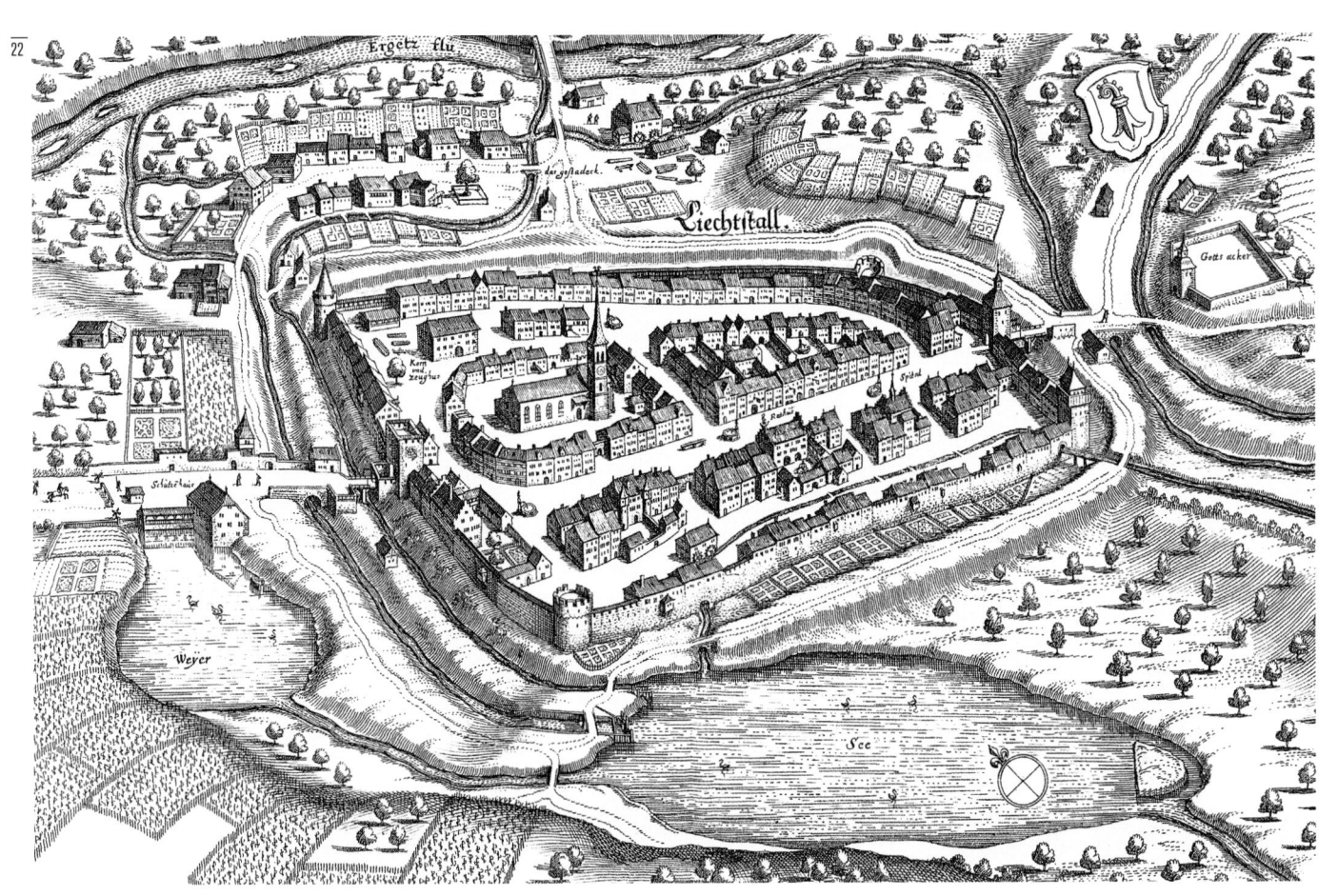

Hinter den Mauern der Stadt Liestal. Gut sichtbar sind die verschiedenen Stadttore und Wachtürme. Eine Steinmauer schützt die Bewohner und ihre Häuser vor Übergriffen. Die Tore wurden nachts geschlossen. Oft sind die Rückwände der äussersten Häuserreihe selber Teil der Stadtmauer. Um die Stadt herum wurde ein Graben angelegt. Dieser war manchmal mit Wasser gefüllt. Einige Städte verfügten nebst dem Graben noch über eine zweite, äussere Mauer. Kupferstich von Matthäus Merian aus dem Jahr 1653.

Der Aufstieg der Städte

Im 9. und 10. Jahrhundert begannen die adligen Grundherren vermehrt Burgen zum Schutz ihrer Hörigen zu bauen. Mit der Zeit entstanden um diese Festungen kleine Märkte. Händler wie Handwerker liessen sich mit der Erlaubnis des Grundherrn nieder und so wuchsen allmählich kleine Städte heran. An der Mittelmeerküste, vor allem in Italien, hatten Städte seit der Antike überlebt. Durch das Bevölkerungswachstum und die Nachfrage nach Produkten gewannen Handel, Handelswege und Geldwirtschaft an Bedeutung und damit lebten die Städte in ganz Europa wieder auf.

Von der Burg zum Städtchen

Im 9. Jahrhundert durchlebten die Menschen in Europa unruhige Zeiten. Von der Mittelmeerküste her drangen immer wieder muslimische Krieger, die man Sarazenen nannte, tief ins Landesinnere ein. Im Osten Europas kämpften die Herrscher des Ostfränkischen Reiches gegen ungarische Reiterheere. Die Menschen lebten vorwiegend in kleinen Dörfern und Weilern, in denen sie vor Überfällen schlecht geschützt waren.

Oft flüchteten sich die Menschen in die Überreste ehemaliger römischer Siedlungen und Wehranlagen. Wo dieses Erbe der Römer fehlte, errichteten die adligen Grundherren zusätzliche Festungen oder Burgen. Noch im 10. und 11. Jahrhundert waren die Burganlagen nördlich der Alpen sehr klein. Trotzdem bildeten sich darum herum kleine Märkte, zu denen auch Händler aus anderen Gegenden kamen. Handwerker errichteten dort ihre Werkstätten. Die anfänglich bescheidene Befestigung wurde verstärkt. Allmählich entstanden an solchen Orten Städtchen. Nach wie vor gehörten sie zu einer Grundherrschaft und damit ihrem adeligen Grundherrn, der nun zusätzlich Stadtherr war. Ob ein solcher Ort weiter wuchs, hing vor allem von einer günstigen Lage entlang von Handelswegen und dem Interesse des Stadtherrn ab.

Aufstieg der Fernhandelsstädte

Etwas anders sah die Entwicklung im Mittelmeerraum aus. Zwar hatten im Vergleich zur Antike die Städte an Pracht und Grösse eingebüsst. Aber die Stadtkultur – Steinbauten, Strassenzüge, Märkte und Handwerk sowie Badeanlagen – hatte die Jahrhunderte seit dem Untergang des Römischen Reiches überdauert. Die Menschen in den Orten an den Küsten Italiens und des Balkans trieben Handel mit Produkten aus dem Nahen und Fernen Osten. Konstantinopel, die Hauptstadt

23

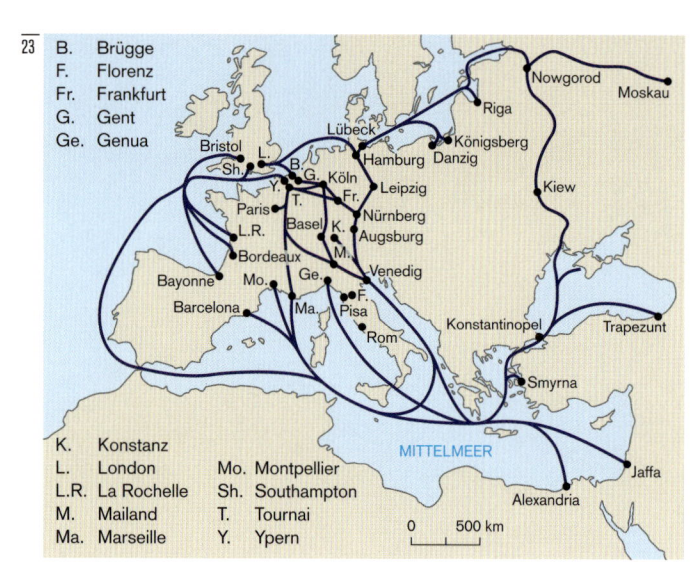

B. Brügge
F. Florenz
Fr. Frankfurt
G. Gent
Ge. Genua
K. Konstanz
L. London
L.R. La Rochelle
M. Mailand
Ma. Marseille
Mo. Montpellier
Sh. Southampton
T. Tournai
Y. Ypern

Fernhandelswege und Städtewachstum. Entlang der wichtigen Handelsrouten erlebten die Städte einen Aufschwung.

24 Schutz für die Händler

Ihr sollt wissen, dass wir allen Kaufleuten aus Italien und aus anderen Ländern, die zur Messe unserer geliebten Gräfin von Troyes kommen, auf dem Hin- und Rückweg Schutz und Geleit gewähren – so wie wir es den Kaufleuten unseres Landes gewähren, die nach Gewohnheit und Schuldigkeit ihre richtigen Abgaben zahlen. Wenn wir aber nicht wollen, dass sie weiterhin zu der Messe kommen, lassen wir ihnen dies auf der Messe verbieten und nach unserem Verbot haben sie drei Monate Zeit mit ihren Waren in ihre Länder zurückzukehren.

M.J. Monicat (Hrsg.): *Receuil des Actes de Philippe Auguste.* Paris: 1966.

25 Gründungsurkunde

Aller Nachwelt und Mitwelt sei kundgemacht, dass ich, Konrad, an dem Platz, nämlich Freiburg, einen Marktort gegründet habe, [...]. Nachdem angesehene Geschäftsleute von überall her zusammengerufen worden waren, habe ich angeordnet, diesen Marktort durch eine Art Schwurbund anzufangen und auszubauen. Daher habe ich jedem Geschäftsmann für den Hausbau zu Eigengut in dem angelegten Marktort eine Hofstätte zugeteilt und angeordnet, dass mir und meinen Nachkommen von jeder Hofstätte ein Schilling gängiger Währung als Zins jährlich am Fest des heiligen Martin zu zahlen ist.

Arno Borst: *Lebensformen im Mittelalter.* Frankfurt: Nikol Verlagsgesellschaft, 1973. Herzog Konrad von Zähringen verlieh 1120 den Dienstleuten und Handwerkern von Freiburg im Breisgau das Marktrecht.

des Byzantinischen Reiches und Sitz des Ostkaisers, war Ausgangspunkt für den Orienthandel mit Getreide, Salz, Gewürzen, Seidenstoffen und anderen Kostbarkeiten. Ob eine Stadt wie Venedig oder Genua in diesem Geschäft erfolgreich war, hing davon ab, ob die Stadtbewohner all ihre Kräfte nach eigenem Gutdünken für den Handel einsetzen konnten. Sie mussten selbstständig Beschlüsse fassen können, um auf Veränderungen zu reagieren. Dazu war eine gewisse Unabhängigkeit vom Grundherrn nötig. Bereits im 9. Jahrhundert wählten die wichtigsten Familien in Venedig ihr Stadtoberhaupt, den Dogen, selbst. Die Bürger einer Stadt wie Venedig, allen voran die Fernkaufleute, wurden schon bald reicher als mancher Fürst oder König. Denn mit der Zunahme des Fernhandels wuchs die Bedeutung des Geldes. Für Fernkaufleute wäre Tauschhandel zu umständlich gewesen. Die Städte und ihre Bürgerschaft wurden zu wirtschaftlichen und politischen Verbündeten der Könige und Päpste, manchmal aber auch zu harten Konkurrenten.

Der Ausbau der Handelswege

Allmählich ergriffen auch Orte abseits der Mittelmeerküste Massnahmen zum Ausbau des Handels. Vermehrt übten Orte im Landesinnern von Italien und auch Frankreich Selbstverwaltung aus. Verschiedene Alpenpässe und an den Handelswegen liegende Siedlungen erlangten mehr Bedeutung. Dazu gehörten Genf, Chur, Schaffhausen, Zürich und Basel. Als man um 1200 die Route über den Gotthardpass und durch die Schöllenenschlucht zum Vierwaldstättersee erschloss, war die kürzeste Verbindung von Italien über die Alpen hergestellt. Eine weitere wichtige Handelsroute führte von Marseille entlang der Rhone durch die Provence und das Königreich Burgund in die Champagne. Da befanden sich bis um 1400 die wichtigsten Handelsplätze, sogenannte Messen. Kaufleute aus ganz Europa trafen sich zu bestimmten Zeiten im Jahr zum Waren- und Informationsaustausch in den Messestädten.

Städte werden neu gegründet

Im 12. Jahrhundert entstanden an günstigen Stellen immer mehr Kaufmanns- und Handwerkssiedlungen. Die Händler und Handwerker bezahlten dem Grundherrn Zölle und Steuern für das Recht, ihre Waren auf seinem Grund zu verkaufen. Für die Grundherren war dies bald ein gewinnbringendes Einkommen. Um 1200 machten sich deshalb viele der mächtigen Adelsfamilien daran, Städte bewusst an mehr oder weniger günstigen Stellen anzulegen. Die Siedlungen erhielten von ihren Grundherren eine sogenannte Handfeste ausgestellt. Das war ein Dokument, in dem der Stadtherr die Rechte

Prozession auf der Piazza San Marco in Venedig. Im Hintergrund ist die prächtige Kirche San Marco zu sehen. Sie war der Stolz dieser Handelsstadt und ihrer Bürger. Sie ist im Stil der östlichen Kirchen gebaut, weil Venedig lange Zeit zum *Byzantinischen Kaiserreich gehört hatte. Das Ölgemälde von Gentile Bellini stammt aus dem späten 15. Jahrhundert.

Drei Münzer sitzen in der Münzprägewerkstatt an der Arbeit. Im Hintergrund ist ein Doppelblasbalg zu sehen, mit dem die Glut für das Schmelzen des Metalls geschürt wurde. Der Mann in der Mitte schlägt mit einem Hammer eine Münze. Er hat dazu ein Metallstück auf einen Prägestempel gelegt und schlägt von oben das Gegenstück darauf. So werden auf einen Schlag Vorder- und Rückseite der Münze eingeprägt. Aus der Spiezer Chronik von Diebold Schilling dem Älteren, 1485.

und Pflichten der Stadtbewohner festhielt. Dieses Dokument machte eine Siedlung zur «Stadt», ganz unabhängig davon, ob sie auch wie eine Stadt aussah. Viele Städte hatten noch keine Mauer und zum Teil nur wenige Hundert Einwohner. Manche gegründete Stadt lag ungünstig und ihr Markt erlangte kaum Bedeutung. Deren Bevölkerung lebte weiterhin von der Landwirtschaft; man nannte die Bürger einer solchen Stadt etwas verächtlich «Ackerbürger».

Städte erlangen Freiheiten

Mit der Zeit erlangten die Städte immer mehr Rechte von ihren Grundherren, meist gegen Geldzahlungen. Bei den reich gewordenen Kaufleuten machten die Adligen immer öfter Schulden, sei es um Kriegszüge zu bezahlen oder um sich einen «angemessenen» Lebensstil leisten zu können. Als Gegenleistung verkauften sie der Stadt ihre grundherrlichen Rechte. Dazu gehörten beispielsweise die Rechte, Gericht abzuhalten, Münzen zu prägen oder Zoll einzuziehen. Bis zum 15. Jahrhundert hatten sich so zahlreiche Städte ihre «Freiheit» erkauft. Stolz der Stadt und Zeichen der Selbstständigkeit war das Rathaus. Von dort aus leitete ein Rat oder ein Stadtherr die Geschicke der Stadt. Verschiedene Städte betrieben selber Machtpolitik und hatten durch Kauf oder Krieg Gebiete um die Stadt dazugewonnen. Der Stadtrat und die Bürgerschaft herrschten nun, wie früher die Adligen, als Grundherren über Land und Menschen. Die Stadt Bern beispielsweise herrschte bis im 15. Jahrhundert über ein Gebiet, das den heutigen Kanton Bern und Teile der Kantone Waadt und Aargau umfasste.

AUFGABEN

9 Welche Voraussetzungen mussten erfüllt sein, damit man im Mittelalter einen Ort als eine «Stadt» bezeichnete?
10 Warum gehörten die italienischen Kaufleute zu den ersten, die im Fernhandel erfolgreich waren?
11 *Die Städte im Mittelalter unterschieden sich sehr voneinander. Wann spricht man von einer «freien Stadt» und wann von einer «Ackerbürgerstadt»?*
12 *Welche Rolle spielte das Geld bei der Entstehung von Städten im Mittelalter?*

Ausgrenzung. Zu den ausgegrenzten Menschen in den mittelalterlichen Städten gehörten auch viele Kranke. Insbesondere die Aussätzigen hatten es schwer. Der Aussatz, auch *Lepra genannt, war im Mittelalter nebst der Pest eine der am meisten gefürchteten Krankheiten. Ausserhalb der Stadt gab es Siechenhäuser, wo die Kranken ihr eher trauriges Dasein fristeten. Ausschnitt aus einer Illustration aus der Luzerner Chronik des Diebold Schilling, 1513.

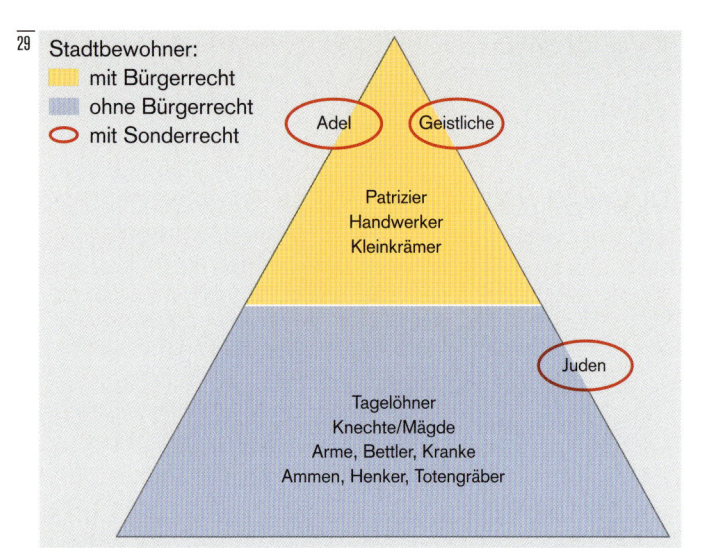

Strenge Regelungen

Hühnermarkt. So sollen all diejenigen, welche Hühner verkaufen, unter Rapoltz' Haus und unter der beiden Wetzwiler Häuser stehen, und nirgendwo anders, und zwar so, dass den Leuten die Strasse bei Wetzwilers Haus offen ist um zum Fischmarkt zu gelangen. [...] Markt für Plunder und Hausrat. Auch sollen die, welche den Leuten Plunder anbieten [...] oben an dem Markt beim Rothen Haus das anbieten.

Vereinfacht nach H. Zeller-Werdmüller (Hrsg.): *Die Zürcher Stadtbücher des 14. und 15. Jahrhunderts.* Leipzig: Verlag S. Hirzel, 1899. Diese Regelung wurde im Jahr 1344 durch den Stadtrat von Zürich erlassen. Der Warenverkauf auf den städtischen Märkten war durch den Stadtrat streng geregelt. In den grösseren mittelalterlichen Städten gab es nach Produkten aufgeteilte Märkte.

Die Gliederung der Bevölkerung in den mittelalterlichen Städten.

Das Leben in der Stadt

Das Zusammenleben der Menschen in den mittelalterlichen Städten war durch die Stellung der einzelnen Stadtbewohner geprägt. Sie unterschieden sich voneinander durch Vermögen, Beruf und Ansehen. Die Stadtbürger und ihre Familien waren am besten gestellt. Sie waren als Händler oder selbstständige Handwerker tätig und gehörten auch einer Handwerker- oder Händlerzunft an. Viele Menschen aber waren arm und besassen kein Bürgerrecht. Noch weniger angesehen waren Angehörige eines «unehrlichen» Berufes, etwa *Prostituierte. Zusammen mit den Juden gehörten sie zu den Randgruppen in den mittelalterlichen Städten.

Die Menschen in der Stadt

Die Stadtbewohner unterschieden sich in den Möglichkeiten, über das Geschehen in der Stadt zu bestimmen. Am besten gestellt waren die Stadtbürger. Sie genossen je nach Vermögen ein gewisses Ansehen, durften frei ihren Geschäften nachgehen und sich politisch betätigen. Dafür mussten sie die Stadt verteidigen, Steuern bezahlen und den Ruf der Stadt wahren. Je nach Stadtrecht wurde nur Bürger, wer sich ein Grundstück mit einem Haus leisten konnte. Doch auch unter den Bürgern gab es grosse Unterschiede. Meist hatten nur einige wenige sehr reiche Familien das Sagen. Diese bildeten den Stadtrat und meistens auch das höchste Gericht.

Die Leute ohne Bürgerrecht nannte man «Ausburger» oder «Hintersassen». Dies waren die ärmeren Stadtbewohner. Auch sie mussten von ihrem geringen Lohn Steuern bezahlen und im Notfall die Stadt verteidigen. Zu den Hintersassen gehörten die *Gesellen eines Handwerks, Tagelöhner, Mägde und Knechte, die gegen einen sehr geringen Lohn Haushaltsar-

Händler und Marktfahrer lebten zuweilen gefährlich. Abgebildet ist ein Schiffsunglück bei Dettligen bei Wohlen/BE im Jahr 1311. Im Juni jenes Jahres wollte eine grössere Gruppe von Menschen zum Berner Markt fahren. Das Schiff brach auf dem Fluss auseinander. 72 Menschen sollen dabei ertrunken sein. Der Schweizer Chronist Diebold Schilling erzählt in seiner Spiezer Chronik über die Geschichte Berns von diesem Ereignis.

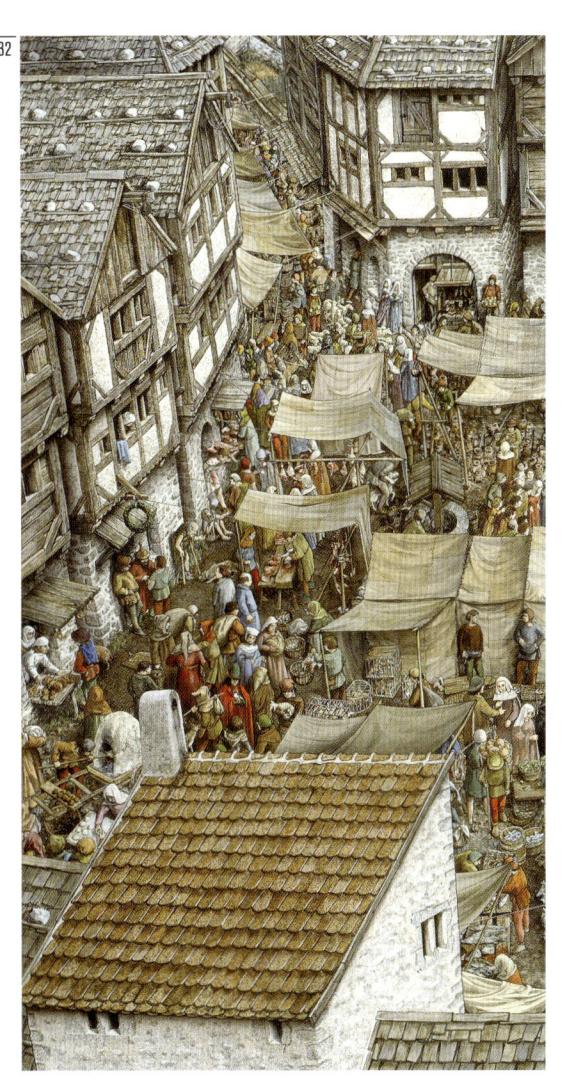

Rekonstruktion einer Marktstrasse in einer mittelalterlichen Stadt. Die Marktstände wurden zum Schutz gegen Regen und Sonne mit Tüchern überdeckt. Im Gegensatz zu den Städten im Süden Europas, wo Marktplätze üblich waren, fand man nördlich der Alpen eher Strassenmärkte. Illustration von Jörg Müller.

beiten und Botengänge verrichteten. Zudem gab es zahlreiche Bettler, die von *Almosen der Kirche lebten. Ihre Stellung innerhalb der Stadtbewohnerschaft war entsprechend gering. Tiefes Ansehen hatten auch die Menschen, die nach mittelalterlichen Vorstellungen «unehrliche» Berufe ausübten. Dazu gehörten z. B. Prostituierte, Henker und Totengräber.

Der Markt

Der Markt war für die Entstehung einer Stadt von grosser Bedeutung. Die Bewohner hatten sich im Lauf der Zeit auf eine bestimmte Tätigkeit spezialisiert. Damit hatten sie mehr Übung und Wissen in dieser Tätigkeit, beispielsweise im Weben oder Schmieden. Ihre Produkte waren besser und begehrt, auch bei Leuten auf dem Land. Auf der anderen Seite hatten die Handwerker in der Stadt keine Möglichkeit, genügend Esswaren herzustellen und sie mussten Lebensmittel von den Bauern kaufen. So entstand ein Austausch von Produkten zwischen Stadt und Land.

Handwerk und Handel

Bis zum fertigen Produkt waren mehrere Verarbeitungsschritte notwendig. Jeder wurde durch einen spezialisierten Handwerker ausgeführt. Für die Herstellung eines Lederschuhs benötigte man eine Tierhaut, die von einem Rind oder Schaf stammte, das ein Viehhändler in die Stadt gebracht hatte. Ein Metzger schlachtete es und gab dessen Haut an einen Gerber weiter. Dieser machte aus der Haut geschmeidiges Leder. Ein Färber brachte Farbe ins Leder und der Schuhmacher fertigte daraus den Schuh.

Auch im Handel gab es eine Spezialisierung. In den grösseren Städten traf man auf die eigenständige Gruppe der Fernkaufleute. Sie gehörten zu den angesehenen und wohlhabenden Stadtbewohnern und organisierten den Handel mit Luxusgütern über grössere Distanzen. Ihre Zahl war im Vergleich zu den Krämern und Kleinhändlern aber eher klein. Die Kleinhändler sorgten für den Warenaustausch einer Stadt mit der näheren Umgebung.

Ein Färber ist dabei, eine Stoffbahn in einen Kessel mit heisser *Lauge einzutauchen. Die Färber brauchten zum Ausspülen der gefärbten Stoffbahnen viel Wasser. Sie gehörten zusammen mit den Gerbern zu den grössten Wasserverschmutzern der damaligen Zeit, denn sie spülten ihre Tücher direkt im Fluss. Damit ihre Abwässer nicht durch den ganzen Flussabschnitt in der Stadt gespült wurden, lagen ihre Werkstätten möglichst flussabwärts am unteren Ende der Stadt.

Zechen in einer Schenke. Schenken waren wichtige Treffpunkte. Fast jede Zunft hatte ihre eigene Trinkstube, in der manchmal auch gespielt wurde. Da die Gäste dann und wann zu viel tranken, gab es für das Verhalten in der Stube strenge Regeln. Zeichnung aus dem späten 14. Jahrhundert.

Handwerker und Händler prägten den Aufbau einer Stadt mit. Viele Handwerker verkauften ihre Erzeugnisse direkt ab ihrer Werkstatt. Meist waren mehrere Handwerker einer Berufsgattung in der gleichen Gasse zu finden. Die Werkstätte befand sich mit den Wohnräumen zusammen im gleichen Haus. Ehefrau und Kinder halfen mit. Manchmal gaben diese Berufe den Strassen ihre Namen, wie sie heute noch verwendet werden: Färbergasse, Metzgergasse, Pelzgasse usw. Gewisse Handwerker benötigten direkten Zugang zum Wasser und siedelten ihre Werkstätten direkt am Fluss oder Stadtbach an. Auch so entstanden bestimmte Handwerksquartiere.

Gilden und Zünfte

Die Kaufleute gingen auf ihren Reisen grosse Risiken ein. Zum gegenseitigen Schutz und zum besseren Informationsaustausch schlossen sie sich zu Genossenschaften zusammen. Ähnlich verfuhren die Handwerker in den Städten. Je nach Region bezeichnete man diese Verbindungen von Kaufleuten und Handwerkern als Bruderschaft, Gilde oder Zunft. Die Zunft legte für ihr Gewerbe Löhne, Preise, Qualität und die Höchstzahl der Lehrlinge fest. Ohne die Mitgliedschaft in einer Zunft konnte sich kein Handwerker oder Händler in einer Stadt niederlassen. Ein Schwur sollte die Mitglieder dazu anhalten, die Regeln der Bruderschaft zu befolgen. Sie boten sich Schutz und waren zu gegenseitiger Hilfe verpflichtet. An Feiertagen besuchten die Zünfter gemeinsam den Gottesdienst oder feierten in der zunfteigenen Trinkstube. Es kam vor, dass eine Zunft der Witwe eines Zünfters erlaubte, das Handwerk selbstständig oder bis zur Volljährigkeit eines Sohnes weiterzuführen. Die Zunftmitglieder halfen, die Verteidigung der Stadt oder die Brandbekämpfung zu organisieren. Mit der Zeit gelang es den Zünften, politische Macht zu erringen und sie konnten sich an der Stadtregierung beteiligen.

Menschen unter besonderem Recht

In der mittelalterlichen Stadt lebte eine beachtliche Zahl Menschen, die speziellem Recht unterstanden. Das heisst, nicht

Jüdische Stadtbewohner. Viele Städte schrieben ihren jüdischen Bewohnern vor, wie sie sich zu kleiden hatten. Wichtig war ihnen, dass man Juden auf einen Blick erkennen konnte. Zur Kleidung gehörten spezielle Spitzhüte und gelbe Kreise, die die jüdischen Stadtbewohner auf ihrer Kleidung anbringen mussten. Aus der Spiezer Chronik von Diebold Schilling dem Älteren, 1485.

36 Aus der Zunftordnung der Schneider

Wenn einer von der Gilde in Armut fällt – was Gott verhüten möge – und nicht die Mittel zum Lebensunterhalt hat, soll er jede Woche, solange er lebt, aus dem Gildenvermögen sieben Pfennig bekommen; [...] Wenn jemand innerhalb der Stadt stirbt, ohne die Mittel für ein Begräbnis zu hinterlassen, wird die Gilde die Mittel je nach Rang des Verstorbenen bereitstellen.

Arno Borst: *Lebensformen im Mittelalter.* Frankfurt: Nikol Verlagsgesellschaft, 1973.

37 Aus der Zunftordnung der Krämer

Wenn ein Geselle Meister werden will in diesem Beruf, so soll er drei Jahre gelernt haben und einen Lohn empfangen haben. [...] Auch soll kein Krämer mehr als einen Lehrknecht haben.

Vereinfacht nach *Quellen zur Zürcher Zunftgeschichte. 13. Jahrhundert bis 1798.* Herausgegeben von der Zunft-Gesellschaft zur Constaffel. Zürich: 1936.

38 Dass man die Juden schützen soll

Der Bürgermeister und der Rat und die Bürger sind übereingekommen, dass man die Juden schützen soll, dass ihnen niemand Schaden zufügt noch Unfug mit ihnen treibt. Und wer es, ob alt oder jung, trotzdem tut, den soll der Rat büssen [...].

Vereinfacht nach H. Zeller-Werdmüller (Hrsg.): *Die Zürcher Stadtbücher des 14. und 15. Jahrhunderts.* Leipzig: Verlag S. Hirzel, 1899. Wenn eine Stadt vom Kaiser das Recht erhalten hatte, die Judensteuer einzuziehen, so mussten die Juden in der Stadt auch geschützt werden.

39 Kontakt zwischen Juden und Christen

Man schrieb den Räten wegen des Juden Vinnelin, dass der 10 Mark bezahlen soll, da er in der Nacht bei einer Christin aufgegriffen wurde. Man soll ihn im Turm behalten bei Wasser und Brot, damit er die 10 Mark bezahle.

Vereinfacht nach H. Zeller-Werdmüller (Hrsg.): *Die Zürcher Stadtbücher des 14. und 15. Jahrhunderts.* Leipzig: Verlag S. Hirzel, 1899. Im Jahr 1323 erliess der Rat strenge Regeln, die den Kontakt zwischen Juden und Christen verhindern sollten.

---

der Stadtrat und die Bürgerschaft richteten über sie, sondern der König oder die Kirche. Zu diesen Stadtbewohnern gehörten die Geistlichen und die wenigen Adligen in einer Stadt. Sie machten zehn bis 15 Prozent der Stadtbevölkerung aus.

Eine weitere besondere Gruppe stellten die Juden dar. Sie lebten seit Jahrhunderten als Minderheit über ganz Europa verstreut. Seit dem Hochmittelalter unterstanden alle Juden im Deutschen Reich dem besonderen Schutz des Kaisers und entrichteten dafür eine Steuer. Mit der Zeit hatte der Kaiser dieses Privileg aber weitergegeben, unter anderem an die Städte. Diese konnten nun die Steuern einziehen, mussten die Juden aber auch schützen. Anfänglich waren die Stadtherren daran interessiert, eine jüdische Gemeinde zu haben. Juden waren oft geschickte Händler. Mit der Zeit schränkte man die Juden in ihrer Berufsausübung aber immer mehr ein. Oft blieb ihnen gar nichts anderes übrig, als sich der Geldgeschäfte anzunehmen.

Diese waren laut den Kirchengesetzen den Christen verboten und besassen deshalb einen schlechten Ruf. Die wachsende Geldwirtschaft verlangte aber nach Kredit- und Geldwechselgeschäften, darum duldete man die Juden. Das Wechseln und Ausleihen von Geld galt aber im Mittelalter als unehrenhaft. Deshalb und wegen ihres anderen Glaubens und ihrer fremden Bräuche brachte man den Juden viel Misstrauen entgegen und grenzte sie zunehmend aus.

AUFGABEN

13 *Auf welche Art bestimmten die Zünfte und Gilden die Tätigkeiten der Menschen in den Städten mit?*

14 *Wie unterschieden sich die Stadtbewohner von den Landbewohnern und welche Unterschiede gab es zwischen den Städtern?*

15 *Überlege, wie man in einer mittelalterlichen Stadt zu mehr Ansehen gelangen oder umgekehrt Ansehen verlieren konnte.*

16 *Warum duldete man die jüdische Bevölkerung in den Städten, machte ihr aber gleichzeitig das Leben schwer?*

40 Lebensbericht eines Kaufmanns

Ich, Anton Tucher, bin am Mittwoch, dem 9. Februar 1474, verheiratet worden. [...] Am 23. August 1480, eine Stunde vor Mittag, ist meine Frau niedergekommen und hat einen Sohn geboren, Bartholomäus genannt. Er starb am 21. Oktober. Am Mittwoch, 17. April 1482, ist meine Frau niedergekommen und hat einen Sohn, Paulus, geboren. [...] Gestorben am 11. November. [...]. Am Mittwoch, 10. Dezember 1483 ist meine Frau niedergekommen und hat einen Sohn, Sebastian, geboren. Sebastian ist verstorben am 29. September 1494. [...] Am Montag, den 27. April 1489, ist meine Frau mit einem Kinde niedergekommen. Es ist ein Sohn, Wolfgang, der alsbald verstarb. Am Samstag, den 29. Januar 1491, ist meine Frau mit einem Kind niedergekommen. Es ist eine Tochter gewesen, Ännlein genannt. Am 9. April 1505 ist diese Anna verstorben. Am 21. März 1492 ist meine Frau niedergekommen mit Zwillingen, zwei Jungen. Benedikt und Wolfgang genannt. Benedikt ist sogleich nach der Taufe gestorben.

Evamaria Engel, Frank-Dietrich Jacob: *Städtisches Leben im Mittelalter*. Köln: Böhlau, 2006. Ein Kaufmann erzählt von seiner Familie, und davon, dass sechs seiner insgesamt elf Kinder vor dem 15. Lebensjahr gestorben sind.

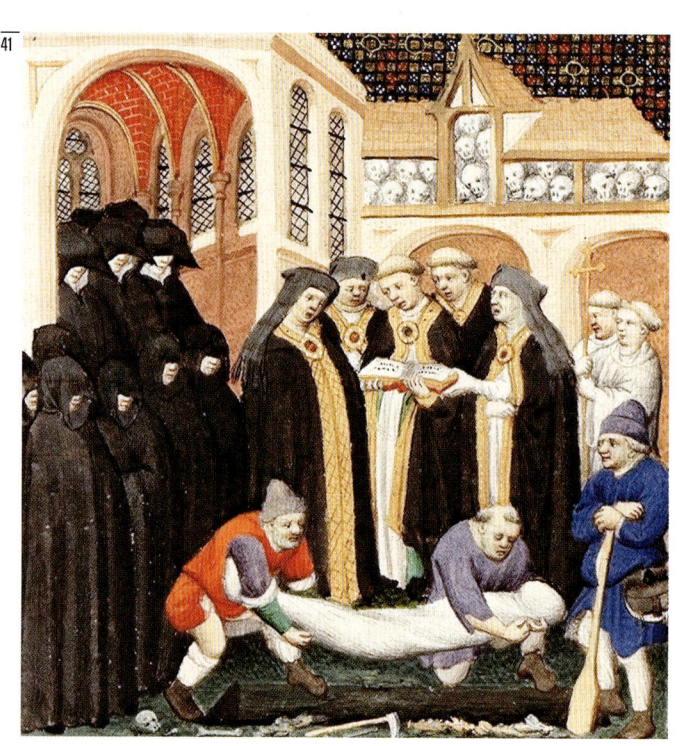

Begräbnisfeier. Im Mittelalter wurden die Verstorbenen noch nicht in Särgen begraben. Diese wurden höchstens dazu verwendet, die Toten zum Friedhof zu tragen. Den Leichnam hüllte man in ein Tuch und legte ihn ins Grab. Ein Priester sprach ein letztes Gebet. Zeichnung aus einem französischen *Stundenbuch, um 1429.

Die Macht der Kirche

Der Tod war im Mittelalter ein ständiger Begleiter der Leute. Das oft beschwerliche, entbehrungsreiche Leben liess die Menschen auf ein besseres Leben nach dem Tod hoffen. Weil der Glaube für die Menschen sehr wichtig war, hatte die Kirche grossen Einfluss. Sie geriet aber immer wieder in Verruf, weil sie ihre seelsorgerischen Aufgaben zugunsten von Macht und Reichtum oft vernachlässigte. Lange Zeit stritten sich der Papst und der Kaiser um die Führung im christlichen Europa. Gleichzeitig kämpften sie gemeinsam gegen Andersgläubige. Mit Hilfe von Kreuzrittern unternahmen Päpste und Könige aus ganz Europa Kriegszüge nach Palästina, um die heiligen Stätten der Christen unter ihre Kontrolle zu bringen.

Tod und Jenseits

Für Menschen im Mittelalter war der Tod sehr viel gegenwärtiger als für uns heute. Die schlechtere Ernährung, die oft mangelhafte Hygiene und die schlechte medizinische Versorgung der Kranken und Verletzten setzten den Menschen zu. Man nimmt an, dass nur die Hälfte der Neugeborenen das zweite Lebensjahr erreichte. Für die Menschen im Mittelalter war nicht so sehr der Tod selbst ein Problem, sondern vielmehr die Frage, was mit der Seele nach dem Tod geschah. Sie sehnten sich nach Erlösung nach dem Tod und nach dem ewigen Leben im Paradies. Die Kirche erinnerte mit Bildern vom Tod und Erzählungen von unermesslichen Qualen in der Hölle die Menschen stets daran, dass sie für ihre Seele im Jenseits sorgen mussten. Sie sollten im Leben möglichst viel Gutes tun und sich an die Lehre der Kirche halten.

Da nur die Priester die Sakramente spenden konnten, die nötig waren, um dereinst ins Paradies zu gelangen, erhielt die Kirche viel Einfluss auf das Leben der Menschen. Sie spielte eine wichtige Rolle in der Vorbereitung der Menschen auf das Jenseits. Die Leute spendeten zugunsten ihrer Seele beispiels-

42 Kirchenleute als Kriegsführer?

Bischof Erkanbald soll 100 Panzerreiter schicken;
der Abt von Murbach soll selbst 20 anführen,
der Abt von Weissenburg 50 schicken.

_{Lorenz Weinrich (Hrsg.): *Quellen zur Deutschen Verfassungs-, Wirtschafts-, und Sozialgeschichte bis 1250.* Darmstadt: Wissenschaftliche Buchgesellschaft, 1977. Kaiser Otto II. ruft seine *Vasallen zum Kriegszug nach Rom auf. Dazu gehören auch Bischöfe und Äbte.}

43 Streit um die Führung der Christenheit. Das Bild zeigt die Sicht des Papstes im Streit um die Führung des christlichen Abendlandes. Der Kaiser hilft dem Papst beim Aufsitzen auf sein Pferd und führt es. Diese Tätigkeit führte normalerweise der Stallmeister aus, der ein Untergebener des Königs war. Damit wollte der Maler die Ansicht des Papstes zum Ausdruck bringen, dass der Papst über dem Kaiser steht.

weise Kerzenwachs für die Beleuchtung eines Heiligenaltares in der Kirche. Sie bezahlten die Priester und Mönche, damit diese für verstorbene Verwandte beteten, um sie schneller aus dem *Fegefeuer zu erlösen. Damit erlangte die Kirche grossen Reichtum. Die Kirchen und Klöster wurden zu Ehren Gottes und der zahlreichen Heiligen prächtig geschmückt. Gut lebten aber auch zahlreiche Bischöfe, Äbte, Mönche und Nonnen. Ihnen flossen die Spenden der Menschen letztlich zu. Schon im Mittelalter kritisierte man immer wieder den Reichtum der Kirche. Die Menschen sahen aber keine andere Möglichkeit, als sich dieser Kirche und ihren Geboten zu fügen, um nicht in der Hölle zu enden.

Kirchenreformen

Um das Jahr 1000 herum war es vielerorts um die Moral der Kirche nicht gut bestellt. Viele Geistliche führten eher das Leben von Adligen anstatt in Bescheidenheit Gottesdienst zu verrichten. Sie waren durch Landschenkungen selber zu Grundherren geworden. Sie hatten daher auch ihre weltlichen Pflichten gegenüber dem König zu erfüllen und mussten beispielsweise Könige im Krieg unterstützen. Auf der anderen Seite machten die Adligen als Grundherren von ihren Rechten Gebrauch und gründeten eigene Klöster und Kirchen. Sie bestimmten, wer Abt oder Äbtissin wurde und setzten in ihrem Herrschaftsgebiet den Bischof ein und redeten bei der Papstwahl mit. Kritiker dieses Systems wollten die Kirche von Grund auf erneuern oder «reformieren».

Kampf um die Führung der Christenheit

Die Reformanhänger setzten sich für eine «Befreiung» der Kirche vom Einfluss der weltlichen Machthaber ein. Papst Gregor VII., der im Jahr 1073 zum Kirchenoberhaupt gewählt worden war, gehörte zu diesen Erneuerern. Der König oder Kaiser sollte laut Gregor bei der Einsetzung von Bischöfen und Äbten nicht mehr mitbestimmen. Papst Gregor hatte dafür neue Bestimmungen erlassen. Zudem stellte sich der Papst über alle weltlichen Herrscher. Damit begann ein langer Streit zwischen Papst und Kaiser. Diese Auseinandersetzung wird *Investiturstreit genannt. Gegner des Papstes Gregor war König Heinrich IV., der sich nicht an die neuen Bestimmungen

Aufruf zum Kreuzzug

Ihr Volk der Franken, ihr Volk nördlich der Alpen, ihr seid, wie viele eurer Taten erhellen, Gottes geliebtes und auserwähltes Volk, herauszuheben aus allen Völkern [...]. Aus dem Land Jerusalem und der Stadt Konstantinopel kam schlimme Nachricht an unser Ohr: Das Volk im Perserreich, ein fremdes Volk, ein ganz gottfernes Volk, [...] hat die Länder der dortigen Christen besetzt, durch Mord, Raub und Brand entvölkert [...]; es hat die Kirchen Gottes gründlich zerstört oder für seinen Kult beschlagnahmt. [...] Wem anders obliegt nun die Aufgabe, diese Schmach zu rächen, dieses Land zu befreien, als euch? [...] Tretet den Weg zum heiligen Grab an, nehmt das Land dort dem gottlosen Volk, macht es euch untertan! [...] Schlagt also diesen Weg ein zur Vergebung einer Sünde; nie verwelkender Ruhm ist euch im Himmelreich gewiss.

Arno Borst: *Lebensformen im Mittelalter.* Frankfurt: Nikol Verlagsgesellschaft, 1973. Am 27. November 1095 rief Papst Urban II. nach einer Zusammenkunft ranghoher Kirchenleute in Frankreich zu einem Kriegszug zur Befreiung Palästinas auf. Von diesem Ereignis erzählt ein Benediktinermönch, Robert von Reim. Er hatte selber an dieser Versammlung teilgenommen und die Rede des Papstes gehört.

Plündernde und mordende Kreuzritter. Erkennbar waren die Teilnehmer eines Kreuzzuges am roten Kreuz, das sie auf ihre Kleidung genäht hatten. Da die Ritter sich auf dem Weg nach Jerusalem selber versorgen mussten, kam es oft zu Plünderungen. Dies geschah auch in Gebieten, wo noch Christen lebten. Auf christlicher wie muslimischer Seite töteten die Krieger in ihrem missverstandenen Eifer, alle «Ungläubigen» zu beseitigen, viele unschuldige Menschen.

hielt. Der Papst drohte darauf König Heinrich mit der höchsten Strafe, dem Kirchenbann. Damit wären der König und seine Gefolgsleute *exkommuniziert und aus der kirchlichen Gemeinschaft ausgeschlossen worden. Für viele Menschen war dies eine verwirrende Situation. Sie waren führungslos und wussten nicht, auf wessen Seite sie sich stellen sollten. Erst Jahrzehnte nach dem Tod der beiden Machthaber fand man einen halbherzigen Kompromiss. 1122 hielt man in einer Vereinbarung, dem Konkordat von Worms, fest, dass künftig Bischöfe und Äbte von geistlichen Würdenträgern gewählt werden sollten. Der König oder sein Vertreter konnte nicht mehr mitbestimmen, durfte jedoch anwesend sein. Dieser Kompromiss hinderte aber beide Seiten nicht daran, weiterhin um Macht und Einfluss zu kämpfen.

Die Kreuzzüge ins «Heilige Land»

Das späte 11. Jahrhundert war in verschiedener Hinsicht eine unruhige Zeit. Der Investiturstreit hatte die Menschen nördlich der Alpen und in Italien verunsichert. Aus Asien stammende Reiterheere, die *Seldschuken, hatten zur selben Zeit das östliche Kaiserreich Byzanz erobert und in Kleinasien einen eigenen Staat errichtet. Man befürchtete, dass die neuen Herrscher den Pilgerweg nach Jerusalem und damit den Zugang zu den heiligen Stätten der Christen blockieren könnten. Viele Christen nahmen jedes Jahr die beschwerliche Reise nach Palästina auf sich und erhofften sich dadurch Erlösung im Jenseits. Jerusalem und ganz Palästina befanden sich seit dem 7. Jahrhundert unter islamischer Herrschaft. Die Muslime duldeten die christlichen Pilger. In Europa aber fürchtete man die Muslime und deren Herrschaft über die heiligen Stätten der Christen. Im Jahr 1095 traf sich Papst Urban II. mit den obersten Kirchenführern im französischen Ort Clermont. Der Papst rief dazu auf, den Byzantinern mit einem Heer zu Hilfe zu kommen und gleich auch noch die von den «ungläubigen» Muslimen beherrschten Heiligtümer des Christentums zu befreien. Wer an diesem *Kreuzzug teilnahm, dem sollten laut dem Papst seine Sünden vergeben werden.

1096 brach ein Kreuzfahrerheer in mehreren grossen Zügen auf. Bis die Heere Jerusalem erreichten und 1099 auch erobern konnten, hatten sie eine Spur der Verwüstung hin-

Wissen erarbeiten

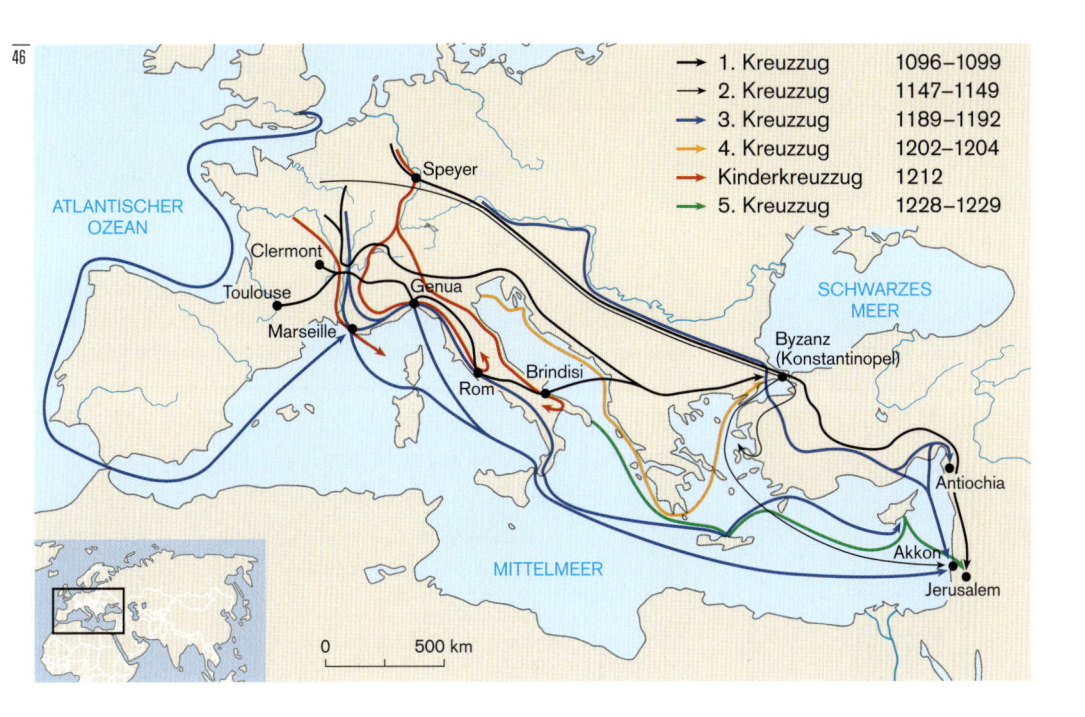

46

→	1. Kreuzzug 1096–1099
→	2. Kreuzzug 1147–1149
→	3. Kreuzzug 1189–1192
→	4. Kreuzzug 1202–1204
→	Kinderkreuzzug 1212
→	5. Kreuzzug 1228–1229

Kreuzzüge. Man unterscheidet verschiedene Kreuzzüge. Die letzten Züge fanden in den Jahren 1265 bis 1291 statt. Danach wurden die Kreuzritter völlig aus Palästina vertrieben. Beim Kinderkreuzzug sollen Scharen von Kindern und Jugendlichen durch Westeuropa nach Frankreich gezogen sein, um ins Heilige Land zu gelangen. Sie gingen alle zugrunde.

47 Bericht über ein *Inquisitionstribunal

Im Jahre des Herrn 1231. Es begann die Verfolgung der *Häretiker in ganz Deutschland, während dreier Jahre wurde eine sehr grosse Zahl verbrannt. Der Eifer allenthalben war gross. Wenn jemand auch nur angeschuldigt war, wurde kein entschuldigender Grund mehr zugelassen. Man konnte den Richter nicht wegen Befangenheit ablehnen, man konnte sich nicht gegen die Belastungszeugen wehren, durfte selbst keine entlastenden Beweise vorbringen. Es gab keine Gelegenheit zur Verteidigung, auch nicht die Zeit, um den Inhalt der Anklage zu prüfen. Es ging so zu, dass der Angeklagte entweder seine Schuld zugab und zur Busse kahl geschoren wurde – oder leugnete und verbrannt wurde. Der Geschorene musste dann seine Komplizen preisgeben, andernfalls wurde er selbst verbrannt. Daher glaubte man, dass auch etliche Unschuldige verbrannt wurden. Viele haben nämlich gestanden, was sie gar nicht waren.

Aus: *Gestorum Treverorum Continuatio*. Deutsches Institut für Erforschung des Mittelalters, Monumenta Germaniae Historica.

terlassen. Die Europäer errichteten in Syrien und Palästina christliche Fürstentümer und fingen an, das Gebiet zu besiedeln und zu befestigen. Die Kreuzritter trafen im Nahen Osten auf eine ihnen fremde Kultur.

Die Menschen aus den muslimischen Gebieten waren den europäischen Christen in wissenschaftlicher, wirtschaftlicher und technischer Hinsicht oft überlegen. Vieles konnten die Kreuzritter lernen, einige brachten das neue Wissen über Mathematik, Belagerungstechnik, Medizin und Astronomie nach Europa. In einigen Gebieten gelang ein einigermassen friedliches Nebeneinander von Christen und Muslimen. Oft kam es aber zu heftigen Auseinandersetzungen. Bis zum Ende des 13. Jahrhundert gab es weitere Kreuzzüge, die aber alle misslangen.

Ketzerverfolgungen

Zur Zeit der Kreuzzüge wurde immer heftigere Kritik an der Kirchenpolitik laut. Einige Klöster wie auch die *Weltgeistlichen nahmen sich verschiedene Reformen vor. Die meisten Versuche scheiterten jedoch und führten den Menschen immer wieder vor Augen, dass auch Priester und Mönche nur Menschen waren. Andere gingen mit den Reformen so weit, dass sie die Kirche als Ganzes in Frage stellten und hofften, ohne Priesterstand und Papst zu einem reinen und besseren Christentum zu finden. Dagegen wehrte sich die offizielle Kirche mit allen Mitteln. Wer den Papst und die Kirche mit ihrer Lehre nicht anerkannte, wurde als Ketzer, also als Irrgläubiger verurteilt und musste mit dem Tod auf dem Scheiterhaufen rechnen.

Um Ketzer erfolgreich zu bekämpfen, richtete die Kirche spezielle Gerichte ein. Sie veranlasste die weltlichen Machthaber, scharf gegen ketzerische Gruppen vorzugehen. Diese wurden in Befragungen durch spezielle Untersuchungsrichter, sogenannte Inquisitoren, ausfindig gemacht. Auch Hinweise aus der Bevölkerung führten zu Verhaftungen. Oft wurde ein Geständnis erzwungen, nicht zuletzt durch Folter.

Neue Mönchsorden

Nach den brutalen und schliesslich misslungenen Kreuzzügen fragten sich die Menschen immer öfter, ob der Kampf für

Klara trauert um Franziskus. Franziskus starb im Jahr 1226 in Assisi. Fresko von Giotto die Bondone, um 1300.

Das Leben des Franziskus

Und nachdem mir der Herr Brüder gegeben hatte, zeigte mir niemand, was ich tun sollte, sondern der Höchste [Gott] selbst hat mir gesagt, dass ich nach der Form des heiligen Evangeliums leben sollte. Und ich habe es mit wenigen Worten und in Einfalt schreiben lassen, und der Herr Papst hat es mir bestätigt. Und jene, die kamen, Leben zu empfangen, gaben alles, was sie haben mochten den Armen. Und sie waren zufrieden mit einem *Habit, innen und aussen geflickt, samt Gürtelstrick und Hosen. Und mehr wollten wir nicht haben.

Wolfgang Lautemann und Manfred Schlenke (Hrsg.): *Testament des Franz von Assisi. Geschichte in Quellen.* München: Bayerischer Schulbuch-Verlag, 1978. Franziskus diktierte kurz vor seinem Tod im Jahr 1226 einem seiner Mitbrüder ein Testament. Darin gab er Auskunft über sein Leben, die Entstehung des Ordens und seine wichtigsten Anliegen für die weitere Entwicklung des Ordens.

das Christentum mit dem Schwert, so wie es die Kirche in diesem Moment predigte, der richtige Weg sei. Das Christentum sprach doch auch von Nächstenliebe und Vergebung. Ab dem 13. Jahrhundert wuchs die Kritik am Papsttum und am Reichtum der Kirche.

Franziskus von Assisi, Sohn eines reichen italienischen Kaufmanns, gründete in seiner Heimatstadt Assisi einen sogenannten Bettelorden. Franziskus sagte sich von all seinen Besitztümern los, um fortan als Wanderprediger durch das Land zu ziehen. Er pflegte Arme und Kranke. Als Dank erhielten er und seine Anhänger von den Menschen etwas zu essen oder einen Platz zum Schlafen. Bald kam die Frage auf, ob nicht die ganze Kirche, auch der Papst, auf allen Prunk und Reichtum verzichten sollte. Diese Forderung aber wurde von den Kirchenführern strikt abgelehnt. 1210 begab sich Franziskus nach Rom, wo ihm der Papst die Gründung eines neuen Ordens erlaubte. Franziskus hatte sich einer Frau namens Klara angeschlossen. Er gründete mit Klara den Ordenszweig der «armen Frauen». Fast zur gleichen Zeit gründete in Spanien der Priester Dominikus einen Bettelorden, um im Kampf gegen die Ketzer in Südfrankreich die Menschen zur offiziellen Kirche zurückzugewinnen.

AUFGABEN

17 *Wie stellten sich die Menschen im Mittelalter das Leben nach dem Tod vor?*
18 *Mit welchen Mitteln versuchten der Papst und die Geistlichen den für sie «wahren» Glauben zu schützen?*
19 *Überlege, welche Auswirkungen das Vorgehen der Inquisitoren bei der Suche nach Ketzern auf die Stimmung in der Bevölkerung gehabt haben könnte.*
20 *Wurden die Regeln der Kirche von den Geistlichen befolgt?*
21 *Weshalb stellte der Bettelmönchsorden von Franziskus von Assisi eine grundlegende Neuerung gegenüber den bisherigen Mönchsorden dar?*

Wissen erarbeiten

Die vier *apokalyptischen Reiter. Im 14. und 15. Jahrhundert hatten die Menschen einige Krisen zu überstehen. Albrecht Dürer, ein Künstler dieser Zeit, stellte dar, was viele Menschen glaubten: Das Ende der Welt wäre nah und Gott würde die Menschen für all ihre Sünden bestrafen. In einer Bibelstelle ist beschrieben, wie dieses nahe Weltende vonstattengehen würde. Die vier todbringenden Reiter würden die Welt betreten und den Menschen Hunger, Krieg, Krankheit und Tod bringen. Holzschnitt aus dem Jahr 1511.

Der reiche Mann. Auch ein reicher Mann musste sterben; seinen irdischen Reichtum konnte er nicht mitnehmen. Mit solchen Bildern wurde den Menschen vor Augen geführt, dass nach wie vor Bescheidenheit und Demut wichtige Werte waren. Nur sah die Realität anders aus. Prächtige Bürgerhäuser und Kirchen waren der Stolz der Städte. Auch die Kirchen und Klöster glichen eher Palästen als Gotteshäusern. Holzschnitt von Hans Holbein dem Jüngeren, um 1525.

Krisen im Spätmittelalter

Die Menschen im Mittelalter lebten tagtäglich in Furcht und Unsicherheit. Dies prägte ihre Lebensweise, ihr Denken und ihren Glauben. Das Spätmittelalter zwischen 1300 und 1500 war aufgrund verschiedener Begebenheiten eine schwierige, krisenhafte Zeit. Die Menschen waren von schlechten Ernten und der Pest bedroht. Die Kirche war in Verruf geraten und die Menschen suchten verzweifelt nach Erklärungen für diese Zustände. Dabei mussten häufig Menschen am Rand der Gesellschaft als Sündenböcke hinhalten.

Krisen und Ungewissheit

Die Städte hatten ab dem 12. Jahrhundert das traditionelle Lebenswesen aufgebrochen. Risikofreudige Kaufleute waren zu viel Reichtum gelangt und stellten diesen hemmungslos zur Schau. Das alte Verbot der Kirche, mit Geldgeschäften Gewinn zu machen, wussten geschickte Geschäftsleute längst zu umgehen. Geld spielte eine immer wichtigere Rolle. Und auch die kirchlichen Würdenträger – der Papst, Bischöfe und Äbte – konnten dem Reichtum nicht widerstehen und lebten alles andere als bescheiden.

Ab dem 14. Jahrhundert hatte sich zudem das Klima zu verschlechtern begonnen. Die Ernten waren mager, es gab viele sehr kalte Winter. Verarmte Bauern zogen in der Hoffnung auf Arbeit in die Städte, wo sie oft als Bettler endeten. Aber kaum jemand gab ihnen noch Almosen. Man fürchtete, das sonst schon knappe Geld an falsche Bettler, die nur die Arbeit scheuten, zu verschenken. Viele Menschen verstanden in dieser Zeit die Welt nicht mehr. Kaum jemand hatte eine Erklärung für die vielen Widersprüche, denen die Leute in ihrem Alltag begegneten. Es war verständlich, dass manche Zeitgenossen in diesen Unsicherheiten und Krisen Vorboten für ein nahendes Weltende sahen.

Der Schwarze Tod

Die wohl grösste Katastrophe ereignete sich in der Mitte des 14. Jahrhunderts. Eine Pestwelle brach über Europa herein. Aus Asien über den östlichen Mittelmeerraum kommend, breitete sich der «Schwarze Tod» entlang der wichtigen Handelsstrassen in ganz Europa aus. Die Pest raffte innert Kürze bis zu 30 Prozent der Bevölkerung dahin. Die Menschen, die in den engen Städten lebten, waren dabei stärker betroffen als jene auf dem Land. Die Krankheit trat in zwei Formen auf, der Beulenpest und der Lungenpest. Beide Formen wurden von Bakterien verursacht, die in bestimmten Flocharten und Klei-

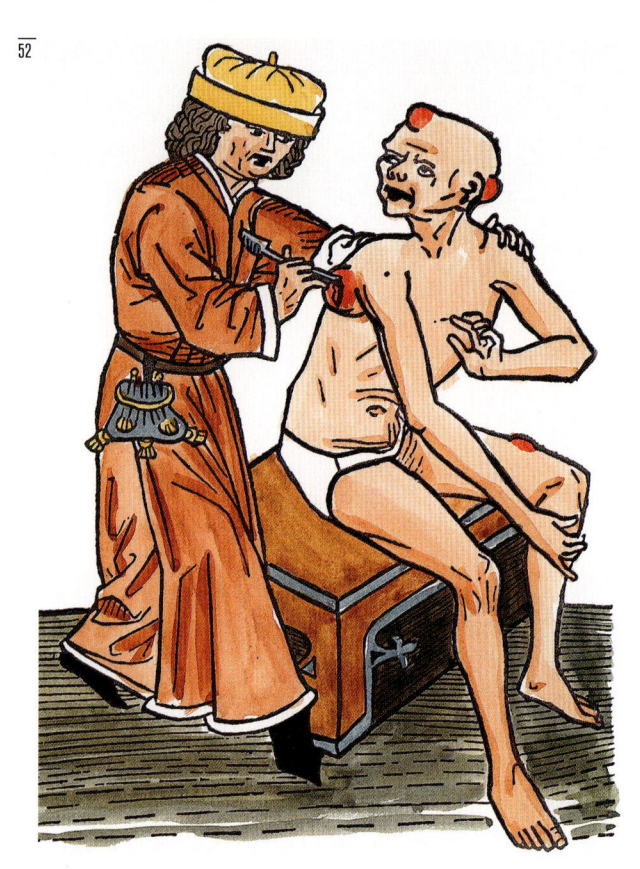

Ein Arzt versucht mittels einfacher Mittel einem Pestkranken zu helfen. Er säubert die Beulen, die sich im Verlauf der Krankheit an den Stellen gebildet haben, wo sich die *Lymphknoten befinden. Die Menschen hatten nur sehr wenige Möglichkeiten, gegen die Krankheit zu kämpfen, da sie deren Ursache nicht kannten. Später kolorierter Holzschnitt aus dem Jahr 1482.

Die Zeit der grossen Pest

Wegen dieses Sterbens wurden die Juden in der Welt verleumdet [...], dass sie es mit Gift gemacht, das sie in Wasser und Brunnen getan hätten [...] Und darum wurden die Juden verbrannt. Da verbrannte man sie in vielen Städten und schrieb die Geschichte nach Strassburg, Freiburg und Basel, damit sie ihre Juden auch verbrennen sollten. Da meinten die Mächtigsten in diesen drei Städten, man sollte den Juden nichts tun. Zu Basel machte sich die Bürgerschaft vor das Ratshaus auf und zwang den Rat, sodass die Ratsherren schwören mussten, die Juden zu verbrennen, und dass sie in 200 Jahren keine Juden in die Stadt lassen. [In Strassburg], an dem Samstag, da verbrannte man die Juden in ihrem Kirchhof auf einem hölzernen Gerüst [...] Die sich aber taufen lassen wollten, liess man leben [...] Und was man den Juden schuldig war, das war alles abgegolten [...] und das bare Geld, das sie hatten, das nahm der Rat und teilte es unter die Handwerker [...] Das war auch der Grund, aus dem die Juden getötet wurden; wenn sie arm gewesen wären, wären sie nicht verbrannt worden. [...] So wurden die Juden verbrannt, in allen Städten am Rhein, [...] in einigen mit Urteil, in einigen ohne.

Aus der *Chronik der Deutschen Städte, Band 9: Strassburg.* Göttingen: 1961.
In der Zeit der grossen Pest kam es in ganz Europa zu Aufständen und zu Massenmorden an Juden. Ein Chronist aus Strassburg berichtet über diese Ereignisse.

---

derläusen lebten. Beide *Parasiten kamen in den dicht besiedelten, schmutzigen Städten zuhauf vor. Die Menschen, auch gebildete Ärzte, standen dem Krankheitsbild hilflos gegenüber. Bakterien waren unbekannt. Meist blieb den Gesunden nichts anderes als die Flucht aus einer Siedlung oder Stadt, wobei sie oftmals die Krankheit weiter ins Land hinaustrugen.

Die Folgen der Pest

Unter den Folgen der Pest hatten insbesondere die jüdischen Menschen zu leiden. Sie stellten das Fremde, Unbekannte dar und hatten zudem den «falschen» Glauben. Weil man sie seit Längerem argwöhnisch beobachtete, machte man sie an einigen Orten für die Pest mitverantwortlich. Sie wurden beschuldigt, die Brunnen und Quellen vergiftet zu haben, um so die Christen zu vernichten. Diese Anschuldigungen waren aus der Luft gegriffen, die Pest hatte auch das Leben vieler Juden und Jüdinnen gefordert. Trotzdem vertrieb man die Juden aus den meisten Städten in Europa oder tötete sie gar. Nur wenn sie sich taufen liessen, konnten sie dem Schicksal entgehen.

Zahlreiche Städte, aber auch Dörfer und Höfe waren nach den Pestjahren entvölkert. Da im Verhältnis zur noch vorhandenen Bevölkerung zu viel Nahrungsmittel angeboten wurden, sanken die Preise. Davon betroffen waren vor allem die Bauern. Sie konnten ihre Produkte kaum mehr verkaufen und schuldeten gleichzeitig dem Grundherrn ihren Pacht- oder Grundzins. Entrichteten sie ihre Abgaben noch immer in Naturalien, hatten auch die adligen Grundherren Verluste zu erleiden. Kaum einer der einfacheren Landadligen konnte sich noch Luxusgüter leisten. Viele Herren versuchten ihren Verlust auszugleichen, indem sie die Abgaben erhöhten und die Bauern noch stärker unter Druck setzten.

Auf der andern Seite mangelte es in den Städten an gut ausgebildeten Arbeitskräften. Um die verwaisten Geschäfte und Werkstätten wieder in Schwung zu bringen, warben die Städte und Zünfte mit günstigem Bürger- und Zunftrecht. Es sollte aber Jahrzehnte dauern, bis diese schwere Krise überwunden war und sich die Bevölkerung und die Wirtschaft wieder erholt hatten.

AUFGABEN

22 *Weshalb glaubten viele Menschen im Spätmittelalter in einer «verkehrten Welt» zu leben?*

23 *Warum zählte die Pest im 14. Jahrhundert zu den grössten Katastrophen des Spätmittelalters?*

24 *Wieso verfolgte man die Juden in der Zeit der Pest besonders hart?*

Wissen erarbeiten

Grafik zur Pest im Mittelalter

Portfolioauftrag

Seit jeher müssen Menschen mit grösseren und kleineren Katastrophen umgehen. Dazu gehören Naturkatastrophen wie Erdbeben und Unwetter, aber auch *Pandemien. Im Mittelalter war eine der grössten Katastrophen der Ausbruch der Pest. Die Krankheit verbreitete sich in ganz Europa. Die Menschen versuchten auf ganz verschiedene Weise, die Pest mit ihrem damaligen Wissensstand zu erklären und sich zu schützen. Damit sich ein erstes Auftreten einer Krankheit zu einer Pandemie entwickeln kann, ist ein ganzes Wirkungsgeflecht von Ursachen, Folgen und Reaktionen nötig. Dieser Portfolioauftrag soll dir helfen, die Zusammenhänge dieses Ereignisses besser zu verstehen. Du stellst die Ursachen und Folgen der Pandemie grafisch dar und überlegst dir, welche Gegebenheiten sie verstärken oder auch mildern.

Aufgabe

Für dein Portfolio erstellst du ein Wirkungsgeflecht zu Ursachen und Folgen der grossen Pest im 14. Jahrhundert. Mit Hilfe einer Grafik erläuterst du, warum die Menschen in Europa so schwer von diesem Ereignis getroffen wurden. Pfeile sollen den Ablauf und die Wirkungsrichtungen anzeigen.

Vorgehen

1. Nimm ein grosses Blatt weisses Papier (A3) und zwei verschiedene Farbpapiere. Schneide das farbige Papier in schmale Streifen, auf die du einzelne Stichworte oder Sätze schreiben kannst. Schreibe auf einen Papierstreifen den Titel «Die Pestwelle von 1348/49» und platziere diesen in der Mitte des A3-Blattes.
2. Bestimme, welche Farbe du für Stichworte verwenden willst, die die Ursachen der Pest festhalten und nimm die andere Farbe für Begriffe, die die Folgen betreffen.
3. Lies den Text im Buch zur Pest noch einmal durch. Suche im Internet nach zusätzlichem Material zur Art und Weise, wie die Krankheit übertragen wird. Schreibe dir wichtige Begriffe zu den Ursachen der Pest heraus. Verwende pro Begriff jeweils einen Papierstreifen. Ordne diese Begriffe drei groben Kategorien zu, nämlich Bedingungen, Übertragungswege und Alltagsumfeld der Menschen.
4. Suche auf die gleiche Weise nach Begriffen, die zu den Auswirkungen und Folgen gehören.
5. Ordne die Papierstreifen mit den Ursachen oberhalb des Titels auf dem Blatt so an, dass ein Ablauf der Katastrophe sichtbar wird. Platziere danach die Papierstreifen mit den Folgen unterhalb des Titels in einer logischen Abfolge.
6. Prüfe deine Anordnung nochmals und kontrolliere, ob die Begriffe in ihrer Reihenfolge Sinn ergeben. Du sollstest zwischen zwei Begriffen immer «darauf folgt ...» sagen können. Klebe die Zettel auf und verbinde sie mit Pfeilen. Dabei entsteht ein ganzes Netz von Ursachen und Folgen.

Hinweise

▶ Falls du einen Text vor dir hast, den du mit farbigen Stiften bearbeiten darfst, kannst du bereits eine Art Skizze von den Zusammenhängen im Text erstellen. Du verwendest einfach zwei Farben und kennzeichnest damit die wichtigsten Stichworte zu Ursachen und Umständen sowie Wirkung und Folgen eines Problems. Danach verbindest du mit Pfeilen die im Text markierten Stichworte und erhältst damit einen ersten Eindruck von den Abläufen.

▶ Achte bei der Entwicklung deines Wirkungsgeflechts darauf, möglichst präzise, passende Stichworte zu notieren.

Zeit und Raum im Mittelalter

Zeit- und Raumvorstellungen waren im Mittelalter hauptsächlich von der christlichen Lehre bestimmt. Aus der Bibel leitete man die Geschichte und Zukunft der Menschen her, genauso wie den Ablauf eines Menschenlebens. Ebenso prägte der Glaube die Vorstellung, die sich die Menschen von der Erde und dem Weltall machten.

54

Das Paradies, die Verführung der Eva und die Vertreibung von Adam und Eva aus dem Paradies. Viele Maler schufen fantasievolle Bilder zu diesem Thema. Sie zeigen uns, welche Vorstellungen sich die Leute im Mittelalter vom Beginn der Menschheit gemacht haben. Buchmalerei von Jean Colombe um 1485.

Der Tag des Jüngsten Gerichts. Über dem Haupteingang des Berner Münsters ist diese Szene von einem Bildhauer Ende des 15. Jahrhunderts festgehalten worden. In der Mitte ist als goldene Figur Jesus mit einer Waage zu sehen. Auf dieser werden die Sünden gewogen. Links unten in weissen Gewändern sind die Auserwählten abgebildet, sie dürfen durch die goldene Himmelspforte ins Paradies eintreten. Unter ihnen sind einfache Bauern und Handwerker, aber auch Königinnen und hohe Geistliche. Auf der rechten Seite sind in düsteren Farben die Verdammten zu sehen. Sie werden von Teufeln zusammengetrieben und in die Hölle geschickt.

Weltzeitalter

Die Geschichte der Menschheit ist laut der Bibel eine Geschichte, die genau nach Gottes Plan abläuft. Im Mittelalter hatte sich die Vorstellung verfestigt, dass die Menschheitsgeschichte aus sechs Zeitaltern bestehe. Das erste begann mit der Vertreibung von Adam und Eva aus dem Paradies, das zweite nach der Sintflut mit Noah, das dritte mit Abraham, danach folgten Moses und König David. Sie alle mussten den vielen Prüfungen durch Gott standhalten. Mit der Geburt von Jesus hat laut dem Neuen Testament Gott den gläubigen Menschen einen Retter geschickt. Damit begannen das sechste Zeitalter und die christliche Zeitrechnung.

Irgendwann aber, so die Erzählungen in der Bibel, würde das Böse auf der Welt überhandnehmen. Am Tag des Jüngsten Gerichts würde Gott über das ewige Schicksal aller Menschen seit der Schöpfung der Welt entscheiden. Alle Toten würden für kurze Zeit wieder lebendig, von Gott gerichtet und für ihre Taten im Leben entweder belohnt oder bestraft. Das Ende der Welt wurde in den Bibelerzählungen durch verschiedene schreckliche Ereignisse angekündigt. Die Menschen im Mittelalter hatten zahlreiche Erfahrungen mit Katastrophen machen müssen, sodass sie glaubten, ihre Zeit sei die des nahen Weltendes.

Raum und Zeit im Jenseits

Zu Beginn des Mittelalters gab es im Jenseits zwei Orte: Himmel und Hölle. Am Tag des Jüngsten Gerichts würden die Auserwählten in den Himmel, die Verdammten in die Hölle eintreten. Mitte des 12. Jahrhunderts verfestigte sich unter den Theologen die Ansicht, dass die Seelen der Toten schon vor diesem Jüngsten Tag ein erstes Mal persönlich gerichtet würden. Zu Himmel und Hölle kam ein Übergangsort hinzu, das Fegefeuer. Dort sollten die Menschen für ihre nicht gar so schlimmen Sünden bis zum endgültigen Gericht am Jüngsten Tag büssen. Im Fegefeuer sollten die Seelen zwar leiden wie in der Hölle, konnten aber auf Erlösung und den Eintritt ins Paradies hoffen.

Laut den Vorstellungen der Menschen im Mittelalter war ungetauften Menschen der Eintritt ins Paradies nach dem Tod zum Vornherein verwehrt. Manchmal aber starben Neugebo-

Eine Räderuhr aus dem 14. Jahrhundert. Bevor man grosse Uhrwerke an Gebäuden anbrachte, befanden sich solche Uhren im Innern der Kirchen. Sie zeigten dem Läutmeister an, welche Stunde er durch Glockenläuten anzuzeigen hatte.

Kalenderbild für den Monat Juni, in dem die Felder gepflügt werden mussten. Die Malerei auf Tuch entstand um 818.

rene wenige Tage nach der Geburt, bevor ein Priester sie taufen konnte. Da sie auch noch nichts Schlechtes getan hatten, gab es laut dem Glauben der Leute einen speziellen Ort neben dem Paradies, den Limbus.

Jene Menschen, die eine Todsünde wie Mord begangen hatten, kamen in die Hölle und waren für immer verloren. Nur ganz wenige hatten ein so sündenfreies Leben geführt, dass sie direkt in den Himmel gelangten. Am Tag des Weltendes würden alle von ihren Plätzen im Jenseits nochmals vor das Jüngste Gericht treten und dann ein letztes Mal gerichtet. Das Fegefeuer würde erlöschen, es gab dann nur noch Himmel und Hölle. Dann war die «Zeit» im Jenseits die Ewigkeit; man «schmorte» ewig in der Hölle oder genoss ewiges Glück im Himmel.

Tages- und Jahreszeit

Die Tageszeiten bestimmte im Mittelalter die Sonne. Mit dem Sonnenaufgang begann die erste Stunde des Tages, mit deren Untergang endete die letzte Tagesstunde. Eine wichtige Einrichtung war das Läuten der Kirchenglocken, das die jeweilige Tages- und Nachtstunden angab. Die Menschen hörten also die Zeiteinheiten. Die Mönche brauchten die genaue Stundeneinteilung für ihre Gebete.

Im Hochmittelalter erfand man die Räderuhr. Diese ermöglichte auch das Anzeigen der Zeit mittels Stundenzeigern. Die Zeigeruhren waren bald der Stolz von reichen Bürgern und schmückten Kirchtürme und Rathäuser. Obwohl im Lauf des Mittelalters immer mehr technische Hilfsmittel zum Bestimmen der Tageszeit vorhanden waren, spielten doch die Sonne und die Jahreszeiten eine entscheidende Rolle. Die Landwirtschaft hing davon ab und bestimmte daher den Jahresrhythmus der meisten Menschen im Mittelalter. Die Monatsnamen hatten auch Beinamen, die auf landwirtschaftlichen Tätigkeiten zurückgingen. Auch im Jahreslauf nahmen die Religion und die Kirche einen wichtigen Platz ein. Jeder Heilige hatte seinen Jahrestag, genauso wie die hohen kirchlichen Feste wie Weihnachten, Ostern und Pfingsten das Jahr unterteilten. Je nach Region fiel der Jahresanfang auf Weihnachten (25. Dezember) oder die Ankündigung von Jesu Geburt (25. März).

Mit der Taufe begann das Leben eines Kindes im Mittelalter. Neugeborene starben in dieser Zeit sehr oft. Manchmal musste eine Nottaufe vorgenommen werden, wenn schon bei der Geburt Schwierigkeiten aufgetreten waren. Mit einer raschen Taufe wollte man verhindern, dass die Kinder ohne dieses wichtige Sakrament starben. Sonst wäre ihnen der Eintritt ins Paradies verwehrt geblieben. Initiale des Buchstabens C, England, 1360–1375.

Um das Datum eines Wochentages zu bestimmen, benutzte man nicht wie heute Nummern und den Monat, sondern vor allem den Geburts- oder Todestag eines bestimmten Heiligen.

Lebenszeit

Wie der Jahreslauf war auch die Lebenszeit eines Menschen von der Kirche geprägt. Die heiligen Sakramente, die die Menschen brauchten, um nach dem Tod in den Himmel zu kommen, zogen sich wie ein roter Faden durch ihr Leben. Möglichst schnell nach der Geburt wurden die Kinder getauft. Sie wurden so Mitglieder der Kirchengemeinschaft. Am Ende der Jugendzeit erhielten die Knaben und Mädchen die Firmung. Damit traten sie ins Erwachsenenleben ein. In diesem Abschnitt stellten die Heirat oder der Eintritt ins Kloster ein weiteres Sakrament dar. Die letzte Salbung durch einen Priester, der auch die letzte *Beichte abnahm, bildete den Übergang vom irdischen Leben ins Jenseits. Damit war auch der Lebenslauf eines Menschen ganz «verchristlicht».

Das Weltbild

Weltkarten aus dem Mittelalter zeigen, dass sich die Menschen kein wissenschaftliches Bild ihrer Umgebung oder der Erde machten. Ihre Raumvorstellungen waren durch die Bibel geprägt. Die Weltkarten jener Zeit enthalten eher ungenaue geografische Informationen und verzeichnen vor allem wichtige Orte des Christentums wie Jerusalem. Die Betrachtenden sollten eine Art «Einsicht» in den göttlichen Bauplan erhalten. Man nennt solche Karten auch Bedeutungskarten.

Jerusalem war das Zentrum der Erde und weil Gott die Erde mit allen Lebewesen erschaffen hatte, konnte nur die Erde das Zentrum des Universums darstellen. Um sie drehten sich dann Sonne, Mond und Planeten. Gott hätte sicher nicht ein so wichtiges Werk wie die Erde an den Rand gestellt. Vor allem die Kirche hielt noch über das Mittelalter hinaus an diesem Weltbild fest.

Glossar

Im Glossar erklärte Wörter sind im Text, wenn sie das erste Mal vorkommen, mit einem Asterisk (*Sternchen) markiert. Ein Pfeil (→) verweist auf einen anderen Eintrag im Glossar. Im Glossar wird aus Gründen der Lesbarkeit und Verständlichkeit darauf verzichtet, neben der männlichen jeweils auch die weibliche Form aufzuführen. Die Ausführungen beziehen sich selbstverständlich immer auch auf weibliche Personen.

A

Aas *das*: Körper von erlegten oder natürlich gestorbenen Tieren, die bereits einige Zeit tot sind; die Verwesung hat teilweise schon eingesetzt. Relativ frisches Aas war eine wichtige Nahrungsquelle für einige Vormenschenarten.

Abri *der* (französisch, Unterstand, Schutz): Felsüberhang. Diese natürlichen Schutzdächer wurden in der Alt- und Mittelsteinzeit häufig als Unterschlupf genutzt. Wahrscheinlich wurden darunter zusätzlich zeltartige Konstruktionen aufgestellt.

Abt *der*: Vorsteher eines Mönchsklosters (→ Mönch, → Kloster). In einem Frauenkloster ist die Vorsteherin eine Äbtissin.

Achäa: Homer bezeichnet in seinen Werken Griechenland als Achäa. Heute trägt eine Präfektur in Westgriechenland diesen Namen.

Achäer *der*: Einwohner von → Achäa.

Agora *die*: Versammlungs- und Marktplatz im Zentrum einer griechischen Stadt.

Akropolis *die*: Festung, die meist auf dem höchstgelegenen Teil einer griechischen → Polis lag. Oft entwickelte sich die Festung zu einem Kultplatz mit den wichtigsten Heiligtümern. Die bekannteste Akropolis befindet sich in Athen.

Akustik *die*: Lehre vom Schall.

Alamannen *die (Plural)*: Gruppe westgermanischer Stämme (→ Germanen), die sich im 3. Jh. n. Chr. in einem Gebiet zwischen Rhein, Main und Lech zu einem Stammesverband zusammenschlossen. Später siedelten sie im Gebiet der heutigen Schweiz, Süddeutschlands und Westösterreichs.

Almosen *das*: Gabe an Arme. In vielen Religionen (Judentum, Christentum, → Islam) werden Almosen als religiöse Verpflichtung oder als Gebot der Nächstenliebe gesehen. Sie kommen entweder Armen zu oder → Mönchen, die ohne Besitz leben.

Amphore *die* (von griechisch «amphoreús», Doppelträger): bauchiger, enghalsiger Krug mit zwei Henkeln, hergestellt vorwiegend aus Ton. Es sind aber auch Exemplare aus Metall (Bronze, Silber, Gold) erhalten. Es handelt sich um die häufigste Gefässform der → Antike. Die Amphore fasste zwischen 5 und 50 Liter. Sie diente als Speicher- und Transportgefäss für Öl und Wein, wurde aber auch als Urne für die Asche von Verstorbenen verwendet.

Anekdote *die*: kurze, meist witzige Geschichte, die ein Thema oder eine Person treffend charakterisiert.

Anomalität *die*: Ausnahme, Abweichung.

Anthropologe *der*, **Anthropologie** *die* (von griechisch «ánthropos», Mensch, und «lógos», Lehre): Wissenschaft vom Menschen. Einige Anthropologen befassen sich mit der Erforschung von menschlichen → Fossilienfunden und der Entstehung und Entwicklung des Menschen.

Antike *die*, **antik**: → Epoche des Altertums im Mittelmeerraum, von der Bildung griechischer Staaten bis zum Ende des weströmischen Reichs.

Apokalypse *die*, **apokalyptisch**: Offenbarung des Johannes im Neuen Testament, die sich mit dem angeblich kommenden Ende der Welt befasst.

Apostel *die (Plural)* (von griechisch «apóstolos», Gesandter, Bote): im Verständnis der christlichen → Tradition die Augenzeugen der Auferstehung Jesu Christi, die von ihm zur Verkündigung der Botschaft vom Reich Gottes berufen wurden, insbesondere seine zwölf Jünger.

Aquädukt *der* (von lateinisch «aqua», Wasser, und «ductus», Führung): Wasserleitung, die römische Städte mit Wasser aus oft weit entfernten Gebieten versorgte.

Aquitaner *die (Plural)*: keltische Stammesgruppe.

Archaik *die*, **archaisch**: → Epoche in der Geschichte Griechenlands. Archaisch bedeutet ausserdem altertümlich, nicht mehr zeitgemäss.

Archäologie *die*: Wissenschaft, die sich mit der kulturellen Entwicklung der Menschheit beschäftigt.

Aristokrat *der*: Mitglied einer adligen Oberschicht (→ Schicht) mit besonderen Vorrechten.

Astronomie *die*: Wissenschaft der Stern- und Himmelskunde.

Atreus: sagenhafter → König der → Mykener, Vater von Agamemnon und Menelaos.

Attila: → König der → Hunnen, eines zentralasiatischen Reitervolks. Auch bekannt unter dem Namen Etzel, bedrängte Attila im 4. Jh. n. Chr. mit seinem Heer Europa von Nordosten her und errichtete ein Grossreich, das aber nur kurze Zeit existierte.

Audienz *die*: feierlicher Empfang bei einer hochgestellten politischen oder kirchlichen Persönlichkeit.

Autorität *die*, **autoritär**: keinen Widerspruch duldend, Gehorsam fordernd.

B

Barbar *der*, **barbarisch** (von griechisch «bárbaros», der Stammelnde, der unverständlich Redende): bei den Griechen und Römern der → Antike Bezeichnung für Ausländer, Angehörige eines fremden Volkes. Heute Bezeichnung für einen rohen, ungebildeten Menschen.

Baumbast *der:* dünne Schicht von Fasern zwischen der Rinde und dem Holz gewisser Bäume (z. B. Linden). Bast kann man zu Fäden verspinnen. Daraus können Matten, Körbe und anderes geflochten werden.

Beichte *die:* Bekenntnis der eigenen Sünden vor einem → Geistlichen oder im Gottesdienst. Die Sünder zeigen Reue und erhalten darum die Vergebung ihrer Sünden (Absolution). In der katholischen Kirche wird die Beichte geheim, im Beichtstuhl oder in einem Aussprachezimmer, einem Priester vorgetragen.

Bergsporn *der:* Teil eines Berges, der deutlich vorsteht und eine Art Spitze bildet. Meist bietet ein Sporn eine gute Rundsicht.

Birkenteer *der:* in der Urgeschichte beliebter Klebstoff. Er wurde aus Birkenrinde hergestellt, indem diese in einem geschlossenen Gefäss erhitzt wurde. Der entstandene «Dampf» wurde aufgefangen und ergab eine schwarze, klebrige Masse, die leicht nach Teer roch.

Bischof *der:* in christlichen Gegenden Verwalter eines Gebiets, genannt Bistum oder Diözese. Der Bischof steht den Priestern und Gläubigen vor. Die Bischöfe gelten laut der römisch-katholischen Lehre als Nachfolger der → Apostel.

Boule *die* (von griechisch «bouleúo», beraten): nach der Reform des Kleisthenes in Athen neu gegründeter Rat der Fünfhundert.

Brache *die*, **brach**: unbebautes Ackerland, Schonzeit für den Ackerboden. Damit sich der Acker erholte und seine Fruchtbarkeit erhalten blieb, wurde der Acker meist für ein Jahr nicht bestellt.

Burg *die:* befestigter Wohnsitz, meist auf einer Anhöhe angelegt, von wo aus ein guter Überblick auf das umliegende Land bestand. In einer Burg fanden bei Gefahr auch die in der Umgebung ansässigen Bewohner Zuflucht. Im Hochmittelalter wurden die Burgen zu regelrechten Verteidigungsanlagen. Ab dem 10. Jh. entstanden um Burgen kleine Siedlungen, deren Bewohner «burgari» genannt wurden. Daraus entwickelte sich das Wort «Bürger».

Bürgerkrone *die* (lateinisch «corona civica»): eine der höchsten militärischen Auszeichnungen in der Römischen → Republik. Die Bürgerkrone war aus dem Laub der Steineiche gefertigt und wurde einem römischen Bürger verliehen, der einem Mitbürger in der Schlacht das Leben gerettet und den Feind getötet hatte und den Platz des Geretteten halten konnte. Mit der Bürgerkrone waren bestimmte Sonderrechte verbunden.

Burgunden *die:* Stamm von Ostgermanen (→ Germanen). Die Burgunden besiedelten während der Völkerwanderungszeit ein Gebiet an der Rhone unterhalb des Genfersees. Dieses wurde später in das entstehende Reich der → Franken aufgenommen.

Büste *die:* Darstellung eines Menschen vom Kopf bis zu den Schultern durch einen Bildhauer (→ Skulptur).

Byzantinisches Reich *das:* das Oströmische Reich. Es entstand 395 bei der Teilung des Römischen Reiches. Hauptstadt war → Konstantinopel (Byzanz). Das Byzantinische Reich endete um 1453, als die osmanischen Türken Konstantinopel eroberten.

C

Christianisierung *die:* Bekehrung zum Christentum.

Collage *die:* Klebebild, das aus verschiedenen Gegenständen zusammengefügt ist.

Colonia *die:* Siedlung ausserhalb Roms, meist in einem Gebiet, das vorher im Krieg erobert wurde, planmässig angelegt. In der römischen → Kaiserzeit wurde manchen bereits bestehenden Städten das Recht der Colonia verliehen.

Curia Iulia *die:* Sitzungsgebäude des Senats in Rom. Der von Caesar begonnene Bau wurde unter → Kaiser Augustus im Jahr 29 v. Chr. fertiggestellt. In anderen Städten des Römischen Reichs war die Kurie der Versammlungsort des Ältestenrates. Im Unterschied zum «comitium», dem Versammlungsort des Volkes unter freiem Himmel, befand sich die Kurie auf einem Grundstück, das der Gemeinde oder einem Gott gehörte. Sie stand meist am → Forum der Stadt oder in seiner Nähe.

D

Diktator *der:* Ein Herrscher, der allein bestimmt, was im Staat geschieht. Er «diktiert» den Menschen in seinem Staat, was sie zu tun oder zu lassen haben, und setzt dies häufig mit Gewalt durch.

Diorama *das:* «Durchschaubild», also ein real wirkendes Schaubild, bei dem Gegenstände vor einem gemalten oder fotografierten Hintergrund aufgestellt sind und teilweise in diesen übergehen.

DNS *die* (Abkürzung für Desoxyribonukleinsäure): Fast jede Zelle eines Lebewesens enthält dessen Erbinformation in Form von verschiedenen Säuren, die in langen Ketten angeordnet sind. Die Abfolge der Säuren ist bei jedem Lebewesen unterschiedlich. Lebewesen derselben Art besitzen aber lange Abschnitte, die gleich sind. Deshalb reichen auch kleinste Gewebeproben eines Lebewesens, um zu bestimmen, zu welcher Art es gehört. Während im deutschen Sprachraum die Abkürzung DNS gebräuchlich ist, verwendet man im Englischen den Ausdruck DNA (Deoxyribonucleic Acid).

Drachme *die*: → antike Gewichts- und Münzeinheit; moderne Währungseinheit, die in Griechenland bis zur Ablösung durch den Euro im Jahr 2001 verwendet wurde.

Dreifelderwirtschaft *die*: landwirtschaftliches System, das sich vom Mittelalter bis ins 19. Jh. in Mitteleuropa hielt. Die Ackerfläche wurde in einem dreijährigen Wechsel bewirtschaftet. Dabei wurde ein Drittel der Ackerfläche mit Sommergetreide bestellt und ein weiteres Drittel mit Wintergetreide, während das letzte Drittel → brachlag und in der Regel als Viehweide genutzt wurde. Die Brache wechselte jedes Jahr, wodurch eine ausreichende Schonung des Bodens gewährleistet war. Häufig wurde die Dreifelderwirtschaft auf dem gesamten Ackerland eines Dorfes angewendet, das dafür in drei grosse → Zelgen aufgeteilt wurde.

Druide *der*: Angehöriger der Adelsschicht (→ Schicht), der sich dem Studium der → Philosophie und Religion widmete und in der keltischen Gesellschaft eine Art Priesterrolle übernahm.

Dschihad *der*: im → Islam allumfassender Einsatz für die Sache Gottes (Allahs); auch Einsatz im Rahmen des «heiligen Krieges» gegen erklärte Feinde des → Islams; wird von verschiedenen extrem → islamistischen Gruppierungen auch im Namen verwendet.

Dynastie *die* (von griechisch «dynástes», Machthaber, Herrscher): Herrscherhaus bzw. -familie; ein Geschlecht, dem es gelungen ist, über mehrere Generationen die Macht innerhalb eines Gemeinwesens auf sich zu vereinen.

E

Einsiedler *der*: Mensch, der mehr oder weniger abgeschieden von der übrigen Gesellschaft lebt.

Eiszeit *die*: → Epoche der Erdgeschichte, die durch Vereisung grosser Gebiete in Polnähe sowohl auf der Nord- als auch der Südhalbkugel gekennzeichnet ist.

Epoche *die*: Zeitalter, also ein längerer Abschnitt in der Geschichte. Der Beginn einer Epoche ist oft durch einen einschneidenden Wandel gekennzeichnet.

Etrurien: → antike Landschaft in Mittelitalien, im heutigen Gebiet der Toskana. Ursprungsgebiet der Etrusker.

evakuieren: räumen, entleeren.

Evangelienbuch *das*: Buch mit dem Text der vier → Evangelien des Neuen Testaments. Die Evangelienbücher waren oft kunstvoll geschmückt. Einige Evangelienbücher wurden speziell für → Könige und Fürsten hergestellt und gehören zu den kostbarsten Büchern überhaupt.

Evangelium *das* (lateinisch, die gute Nachricht, die frohe Botschaft): die Verkündigung des Reiches Gottes durch Jesus Christus. Überliefert ist diese Verkündigung durch die Werke von vier Autoren. Matthäus, Markus, Lukas und Johannes werden als Evangelisten und ihre Schriften als Evangelien bezeichnet.

exkommunizieren: aus der Gemeinschaft ausschliessen, speziell aus der Gemeinschaft der gläubigen Christen. Der Papst oder stellvertretend ein → Bischof sprach diese schwere Strafe aus, falls jemand schwerwiegend gegen das Kirchenrecht und gegen Glaubensvorschriften verstossen hatte. Damit durfte der Bestrafte keinen Gottesdienst mehr besuchen und die Sakramente nicht mehr empfangen, sodass sein Seelenheil direkt gefährdet war.

F

Fachwerkbauweise *die*: Bauweise, bei der die Wand eines Hauses durch eine Konstruktion von Holzbalken getragen wird. Die Zwischenräume werden mit einem lehmverschmierten Rutengeflecht oder mit Steinen ausgefüllt.

Fegefeuer *das*: in der christlichen Religion eine Zwischenstation auf dem Weg ins Paradies. Da nichts Unreines in den Himmel kommen kann, gelangen die Menschen erst ins Fegefeuer, wo sie Busse tun, bis sie rein in den Himmel eintreten dürfen.

Fibel *die* (von lateinisch «fibulare», zusammenheften): Schnalle, Klammer zum Zusammenhalten von Stoff und Gewändern.

Finanzen *die*, **finanziell**: Geldangelegenheiten; in der Umgangssprache auch allgemein die wirtschaftliche und materielle Lage einer Person, eines Haushalts oder einer Organisation.

Flint *der*: → Silex.

Forum *das*: Zentrum des politischen, wirtschaftlichen, kulturellen und religiösen Lebens einer römischen Stadt (analog zur → Agora der griechischen Städte). Das Forum Romanum, also das Forum in Rom, gilt als ältester derartiger Platz. Ursprünglich befand sich an seiner Stelle eine sumpfige Ebene, die sich zwischen den Hügeln → Palatin und Kapitol erstreckte. Die frühen latinischen Siedler legten dort eine Begräbnisstätte an. Im 6. Jh. v. Chr. wurde das Gebiet durch den Bau der Cloaca Maxima, eines unterirdischen Abwassersystems, trockengelegt. Von da an wurde das Forum Romanum zum Zentrum der Stadt Rom und der politischen Macht des Römischen Reiches.

Fossil *das* (von lateinisch «fossilis», [aus]gegraben): Überrest vergangenen Lebens auf der Erde. Fossilfunde können versteinerte Tier- und Pflanzenreste sein, aber auch Fussspuren und andere Nachweise für Lebewesen.

Franken *die (Plural)*: Gruppe von westgermanischen Stämmen (→ Germanen). Aus Teilen ihres Herrschaftsgebietes bildete sich das Frankenreich.

Fresko *das*: bestimmte Art der Wandmalerei. Bei der Technik des Freskos wird mit Wasserfarben ohne jegliches Bindemittel auf den frischen, noch feuchten Verputz gemalt. Die Farbe hält sehr stark auf der Wand, da der Verputz beim Austrocknen an der Oberfläche eine harte Schicht bildet.

Frondienst *der*: Arbeit, die ein unfreier, höriger Bauer auf dem Hof seines Grundherrn leisten musste.

Fundamentalismus *der*, **fundamentalistisch**: geistige Haltung, die die eigene Überzeugung als einzig richtige ansieht und keine Toleranz gegenüber Andersdenkenden duldet.

Fürstengrab *das*: Grab, das besonders reich ausgestattet ist. Man nimmt an, dass dem Verstorbenen so viele aussergewöhnliche Gegenstände mit ins Grab gelegt wurden, weil er eine besondere Rolle im gesellschaftlichen Leben gespielt hat. Viele Fürstengräber stammen aus der Eisenzeit.

G

Gallia Cisalpina (lateinisch, das diesseitige Gallien): jener Teil Galliens, der südlich, von Rom aus gesehen also diesseits der Alpen lag. Westlich davon lag die Provinz Gallia Transalpina (später Narbonensis), jener Teil Galliens, der, von Rom aus gesehen, jenseits der Alpen lag.

Gefolgschaft *die*: bei den → germanischen Völkern schlossen sich meist jüngere Krieger einem sehr angesehenen adligen Kriegsherrn an. Ein Schwur besiegelte die gegenseitige Verpflichtung zur Treue. Der Gefolgsherr bot Schutz, die Gefolgsleute standen dem Herrn im Krieg bei.

geistlich: kirchlich, die Kirche betreffend (Gegenteil von → weltlich).

Geistlicher *der*: Inhaber eines religiösen Amtes.

Gelübde *das*: Versprechen; speziell das Versprechen eines → Geistlichen (Priester, → Mönch) oder einer → Nonne, sich an die Regeln der Kirche oder des Ordens zu halten. Im kirchlichen Sinn bedeutet das ein Leben in Keuschheit (keine Heirat, kein intimer Kontakt zum anderen Geschlecht) und ohne persönlichen Besitz.

Germanen *die (Plural)*, **germanisch**: Sammelbegriff für verschiedene Stämme in Mitteleuropa und im südlichen Skandinavien. Manche von ihnen hatten Kontakt mit dem Römischen Reich. Iulius Cäsar beschreibt ihre Lebensweise in seinem Buch «de bello gallico». Germanische Stämme zogen in der Völkerwanderungszeit bis nach Griechenland und Italien. Je nach ihrem ursprünglichen Herkunftsgebiet spricht man auch von West- und Ostgermanen.

Geselle *der*: ausgelernter Handwerker, der bei einem Meister arbeitet und keinen eigenen Betrieb besitzt.

H

Habit *das*: Kleidung oder Tracht eines → Mönchs oder einer → Nonne, aufgrund der man die Ordenszugehörigkeit erkennen kann.

Hades *der*: Ort der Toten, Unterwelt in griechischen → Mythen; zugleich auch der Gott, der über dieses Totenreich herrscht.

Häretiker *der*: Ketzer; nach den Gesetzen und Regeln der Kirche «Falschgläubiger».

Harnisch *der*: Rüstung eines Ritters.

Hellespont *der*: antike Bezeichnung für die Dardanellen; Meerenge zwischen dem Marmarameer und der Ägäis. Als Teil der Verbindung zwischen Mittel- und Schwarzem Meer kam dem Hellespont in der → Antike grosse Bedeutung für den Handel zwischen diesen Gebieten zu.

Heros *der*: Held; in der griechischen Mythologie (→ Mythos) zwischen Göttern und Menschen stehender Halbgott.

Herold *der*: offizieller Bote eines Lehnsherrn (→ Lehen). Herolde waren Vorläufer der heutigen Diplomaten und besassen ähnliche Rechte, wie beispielsweise den Schutz vor Strafverfolgung.

Herrenhof *der*: herrschaftlicher Gutshof im System der Grundherrschaft.

Historiker *der*: Wissenschaftler, der die Geschichte erforscht.

Holozän *das*: jüngste geologische → Epoche der Erdgeschichte, also das Zeitalter, in dem wir heute leben. Das Holozän begann vor rund 11 500 Jahren mit dem Ende der → Eiszeit.

Holzschaft *der*: Griffteil einer Waffe oder eines Werkzeugs. Der Schaft war oft aufwendig verziert.

Hominidenarten *die (Plural)*: Arten, die von den Forschern zu den «Menschen» oder «Vormenschen» gezählt werden. Zu den Hominiden gehören die Australopithecinen und alle Arten der Gattung «Homo», auch der moderne Mensch. Ein gemeinsames Merkmal der Hominiden ist der aufrechte Gang.

Hülsenfrucht *die*: botanische Bezeichnung für Pflanzen, deren Samen in einer Fruchthülse heranwachsen. Zu den Hülsenfrüchten gehören unter anderem Erbsen, Bohnen und Linsen.

Hunnen *die (Plural):* Gruppe von zentralasiatischen Stämmen. Sie lebten als → Nomaden und Halbnomaden. Einige westwärts wandernde Gruppen lösten im 4. Jh. n. Chr. die sogenannte Völkerwanderung aus.

Hymne *die:* Lobgesang; Lied oder feierliches Gedicht, das als Ausdruck hoher Begeisterung für jemanden oder etwas vorgetragen wird.

I

Ideal *das:* ein als höchster Wert erachtetes Ziel, Wunschbild, Vorbild.

Iden *die (Plural):* bestimmte Tage im römischen Kalender. Im März, Mai, Juli und Oktober handelte es sich um den 15., in den anderen Monaten um den 13. Tag des Monats. Die Iden gehörten neben den Kalenden, Nonen und Terminalien zu den vier feststehenden Feiertagen, die jeder Monat des römischen Kalenders hatte. Ursprünglich bezeichneten diese vier Feiertage die Mondviertel, wobei zur Zeit der Iden Vollmond war.

Initiale *die:* schmückender Anfangsbuchstabe. In alten Schriften wurde oft der erste Buchstabe eines Kapitels oder eines Abschnitts speziell hervorgehoben und reich verziert.

Inquisition *die:* seit dem Mittelalter betriebene Verfolgung von Ketzern (→ Häretiker), Hexen und Andersgläubigen durch kirchliche Institutionen, meist mit staatlicher Hilfe.

Inquisitionstribunal *das:* Inquisitionsgericht, vor dem sich die Angeklagten der → Inquisition zu verantworten hatten.

Invasion *die:* feindliches Einrücken von Truppen in fremdes Gebiet.

investieren: Gelder langfristig in Sachgütern anlegen.

Investiturstreit *der* (von lateinisch «investere», bekleiden, Einkleidung): Investitur ist die Einsetzung einer Person in ein Amt. Investiturstreit bezeichnet den Kampf zwischen → Kaiser und Papst in der Frage, wer hohe Kirchenämter besetzen darf.

Islam *der:* Weltreligion, vom Propheten Mohammed zwischen 622 und 632 in Medina gestiftet; Anfang 21. Jh. weltweit über 1,1 Milliarden Anhänger.

J

Jäger und Sammler *die (Plural):* Bezeichnung für Menschen, die von gesammelter Nahrung und gejagtem Wild leben. Sie bauen kein Getreide und andere Ackerfrüchte an und halten keine Haustiere, von denen sie Milch oder Fleisch verwenden.

K

Kaiser *der:* ranghöchster, noch über den → Königen stehender Herrscher über mehrere Reiche oder Staaten. Dieser Herrschertitel entwickelte sich aus dem Namen des Iulius Cäsar.

Kalif *der:* Nachfolger Mohammeds. Kalifen herrschten ähnlich den Fürsten Europas über eine Bevölkerungsgruppe oder ein Gebiet. Ein Kalif entschied sowohl über religiöse wie politische Angelegenheiten.

Kältesteppe *die:* baumlose Vegetation der → Tundra.

Kanzlei *die:* Behörde des Königs. In karolingischer Zeit wurden wichtige Schriftstücke wie Verträge oder Gesetze von schriftkundigen → Geistlichen angefertigt. Da die → Könige im Mittelalter umherreisten, zogen auch diese für den König wichtigen Leute mit und führten die dazu notwendigen Schreibutensilien und Schriftstücke mit.

Kapitulation *die,* **kapitulieren:** sich dem Feind ergeben, sich für besiegt erklären.

Karthago: → antike Grossstadt in Nordafrika, nahe dem heutigen Tunis. Hauptstadt der karthagischen See- und Handelsmacht. Die Karthager wurden von den Römern Punier genannt. Karthago wurde in den drei Punischen Kriegen von den Römern erobert.

Katakombe *die:* unterirdisches Leichengewölbe, Grabkammer in frühchristlicher Zeit.

Keramik *die:* Gegenstände und Gefässe, die aus Ton geformt und dann im Feuer oder einem Ofen gebrannt werden. Dadurch wird der Ton hart, wasserfest und kann nicht mehr verformt oder umgeformt werden.

Kiepe *die:* auf dem Rücken getragener Korb.

Kloster *das:* Gebäude oder Gebäudekomplex, in dem → Mönche oder → Nonnen in einer Gemeinschaft, meist in Abgeschiedenheit, unter der Leitung eines → Abtes oder einer Äbtissin leben. Gemeinsam werden Gottesdienste, Gebete und die lebensnotwendigen Arbeiten verrichtet.

Knebelbart *der:* Kombination von Kinnbärtchen und aufgezwirbeltem Schnurrbart. Besonders in Mode war diese Barttrageweise im Spanien des 16. Jh. n. Chr.

König *der:* höchster Würdenträger eines Reiches oder Staates; Oberhaupt der Regierung, oberster Richter und Gesetzgeber in einer Person (→ Kaiser).

Kolonie *die:* Gebiet, das von einem anderen Staat oder Volk erobert und manchmal auch besiedelt wird. Die Bevölkerung der Kolonie ist politisch und wirtschaftlich abhängig von der fremden Macht. In römischer Zeit → Colonia.

Konstantinopel: an der Meerenge zwischen Schwarzem Meer und Mittelmeer gelegene Stadt, heute Istanbul. Schon in der → Antike hatte Konstantinopel grosse Bedeutung erlangt, nachdem der römische → Kaiser Konstantin sie im 4. Jh. zur Hauptstadt Ostroms gemacht hatte. Nach dem Untergang des Weströmischen Reiches blieb Konstantinopel «Weltstadt» und blühte im Gegensatz zu Rom durchs ganze Mittelalter hindurch weiter. Prachtvolle Bauten, aber auch die Bedeutung als Handelsstadt für Güter aus Arabien und Asien machten es berühmt. Als Sitz des Kaisers zur Zeit des → Byzantinischen Reiches und später als Hauptstadt des Osmanischen Reiches war Konstantinopel bis ins 18. Jh. von grosser politischer Bedeutung.

Konsul *der*, **Konsulat** *das:* oberstes und somit mächtigstes Amt der Römischen → Republik. Zu den Befugnissen eines Konsuls zählten: Strafgewalt, Kommando über das römische Heer, das Recht, gegen alle noch nicht vollzogenen Amtshandlungen des Amtskollegen und der Inhaber der tieferen Ämter Einspruch zu erheben, Antragsrecht bei Gesetzen, Wahlvorschlagsrecht bei Ämterwahlen gegenüber der Volksversammlung, Einberufungs-, Rede- und Antragsrecht für Senatssitzungen sowie das Recht, im Notfall einen ausgefallenen Amtskollegen zu ersetzen und einen → Diktator einzusetzen. Begrenzt war die Konsulgewalt durch das Einspruchsrecht des jeweiligen Amtskollegen oder eines Volkstribuns. Zudem konnte jeder römische Bürger gegen in Leben und Freiheit eingreifende strafrechtliche Entscheidungen eines Konsuls an die Volksversammlung appellieren. Die Begrenzung der Amtsgewalt und die Beschränkung der Amtsdauer auf ein Jahr dienten dazu, übermässige Machtanhäufung durch die Konsuln zu verhindern.

Koran *der:* heilige Schrift der → Muslime. Im Koran sind die Aussprüche des Propheten Mohammed gesammelt, der die Anweisungen Gottes (Allahs) an die Muslime weitergab.

Kreuzzug *der:* religiös motivierter Feldzug. Die Kreuzzüge sollten eigentlich der Befreiung Jerusalems und des Heiligen Landes Palästina aus der Hand der «ungläubigen» → Muslime dienen, wurden aber tatsächlich schnell zur reinen Machtpolitik genutzt. Der Begriff Kreuzzug wurde bald auf Kriege gegen Nichtchristen anderer Länder und gegen von der Kirche als Ketzer betrachtete Menschen ausgeweitet.

Kulturkreis *der:* eine Region, in der gewisse Dinge des täglichen Lebens ähnlich sind; zum Beispiel wurde die → Keramik ähnlich verziert oder es wurde ähnliche Kleidung getragen.

Kynesier *die (Plural):* Volksstamm, der vom antiken Schriftsteller Herodot erwähnt wird. Er soll ganz im Westen Europas gelebt und an das Stammesgebiet der Kelten angegrenzt haben.

L

Lauge *die:* Mischung aus Wasser und einer Substanz, z. B. Seifenpulver, Farbpulver, Salz usw. Laugen werden häufig zur Reinigung gebraucht.

lauter: durch nichts beeinträchtigt, rein, ungetrübt; zum Beispiel lauteres Gold.

Legion *die* (von lateinisch «legere», auslesen, sammeln): ursprünglich die Aushebung der Bürger als Soldaten. Nach Ablösung der starren → Phalanxformation durch kleinere und beweglichere Einheiten, sogenannte Manipel, gegen Ende des 4. Jh. v. Chr. bezeichnete Legion einen selbstständig handelnden Truppenverband, bestehend aus 30 Manipeln. Zur Zeit der Kriege gegen → Karthago zählte das römische Heer vier Legionen, wurde aber im Notfall wesentlich verstärkt. Die normale Legionsstärke betrug 4200 Mann, stieg bisweilen aber auf über 5000. Im Laufe der Zeit wandelten sich Anzahl, Zusammensetzung, Stärke und Ausrüstung der Legion.

Legionär *der:* Angehöriger einer → Legion, also ein römischer Soldat. Es gab in der Armee der Römischen Republik vier Arten von Legionären. Triarii: altgediente, schwer bewaffnete → Veteranen in der dritten Schlachtreihe. Sie galten als Elitesoldaten und kamen zum Einsatz, wenn die Schlacht ungünstig verlief. Principes: standen mit Wurfspeer, Schwert und Schild bewaffnet in der zweiten Reihe. Hastati: standen mit Wurfspeer, Schwert und Schild bewaffnet in der ersten Reihe. Velites: Leichtbewaffnete, die ausserhalb der Schlachtordnung mit mehreren leichten Wurfspiessen kämpften und den Kampf eröffneten.

Lehen *das:* Grundstück, das ein Lehnsherr dem → Vasallen zur Nutzung «auslehnt». Der → Vasall verpflichtet sich im Gegenzug, dem Lehnsherrn Abgaben zu leisten und ihm persönlich zu Diensten zu stehen.

Leier *die:* Zupfinstrument mit kastenförmigem Schallkörper. Eine leicht veränderte Version dieses Instruments war die Kithara, aus der sich die heutige Gitarre entwickelte.

Lein *der:* Flachs; eine der ältesten Kulturpflanzen. Die Fasern des Leins wurden zu Stoffen verwoben (Leinen), die Leinsamen dienten als Nahrung oder zur Ölgewinnung.

Lepra *die:* chronische Infektionskrankheit, die schon seit der → Antike bekannt ist und bis in die heutige Zeit vorkommt. Die Krankheit dauert ohne Behandlung Jahre oder gar Jahrzehnte und führt zu Verstümmelungen an Haut und Gliedmassen. Bevor man die Krankheit behandeln konnte, wurden Leprakranke ausgesetzt, damit sich Gesunde nicht ansteckten. Die Kranken verbrachten den Rest ihres Lebens als Bettler und hausten, wenn vorhanden, in speziellen Unterkünften (→ Siechenhäusern).

Liktor *der:* Amtsdiener der höheren römischen Amtsinhaber. Aufgabe der Liktoren war es zum Beispiel, dem → Konsul in der Öffentlichkeit Platz zu verschaffen, ihm bei einer Rede zur Seite zu stehen oder anzuklopfen, bevor er in ein Haus eintrat. Ähnlich wie heutige Leibwächter waren sie auch für den Personenschutz zuständig.

Lymphknoten *der:* Teil des Abwehrsystems (Immunsystems) des Menschen. Es handelt sich um etwa bohnengrosse «Filterstationen», in denen Fremdstoffe aus dem Gewebswasser ausgesondert werden, das aus den Organen abtransportiert wird.

M

Magistrat *der:* ein in der Regel durch Volkswahl verliehenes staatliches Amt; Inhaber eines solchen Amtes, der mit besonderen Vollmachten versehen war. Die wichtigsten Magistraten der Römischen → Republik bildeten den sogenannten «cursus honorum»: Quästur, Ädilität/Volkstribunat, Prätur, → Konsulat. Wer die Ämter in dieser Reihenfolge durchlief, gehörte zur Elite der römischen Führungsschicht (→ Schicht).

Milizsoldat *der:* Soldat in einem Volksheer (im Gegensatz zur Berufsarmee), in dem alle erwachsenen Bürger Militärdienst leisten.

Minarett *das:* Turm für den Gebetsausrufer (→ Muezzin) bei oder an einer → Moschee.

Miniatur *die:* im Mittelalter Bildschmuck in Büchern, beispielsweise verzierte → Initialen. Später auch kleines Bild auf Gebrauchs- oder Ziergegenständen (Miniaturmalerei).

Mobilität *die,* **mobil:** Beweglichkeit; räumlich-regionale (z. B. Binnen-, Ein- und Auswanderung) und auch → soziale Bewegung (z. B. beruflicher und → sozialer Aufstieg) von Personen in einer Gesellschaft.

Modell *das (hier):* vereinfachte Darstellung des Ablaufs eines Sachverhalts, die eine Untersuchung oder Erforschung erleichtert oder erst möglich macht.

Moder *der:* faulende Erde.

Monarchie *die:* Staats- und Regierungsform, bei der eine Einzelperson (→ König) die Herrschaft ausübt.

Mönch *der:* Mann, der aus religiösen Gründen allein oder in einer → Klostergemeinschaft mit anderen Mönchen lebt. Die Mönche verpflichten sich, nach bestimmten Regeln zu leben und ihr Leben ganz den religiösen Pflichten zu widmen. Im Mittelalter erlangten die Mönche und Klöster nebst der religiösen grosse wirtschaftliche, politische und kulturelle Bedeutung. (→ Nonne)

Moschee *die:* Gebetshaus, Treffpunkt und Zentrum des religiösen und politischen Lebens der → Muslime.

Muezzin *der:* Ausrufer, der die → Muslime fünfmal am Tag vom → Minarett aus zum Gebet aufruft.

musisch: künstlerisch, die Künste (Musik, Dichtung, Tanz) betreffend

Muslim oder **Moslem** *der:* Anhänger des → Islams.

Mutterland *das:* Staat, der → Kolonien besitzt, die von ihm abhängig sind.

Mykener *die (Plural),* **mykenisch:** frühe Kultur im Ägäisraum, etwa 1600 bis 1200 v. Chr.

Myrmidonen *die (Plural):* in den griechischen → Mythen ein Volk aus Thessalien im nördlichen Teil Griechenlands. Unter Achilleus zogen die Myrmidonen in den Trojanischen Krieg und zeichneten sich dort durch uneingeschränkten Gehorsam gegenüber ihrem Anführer sowie überragende Kampfkraft und Tapferkeit aus.

Mythos *der:* Erzählung, Sage, Überlieferung über die Götter, die Entstehung der Welt und die Erschaffung des Menschen oder die Vorgeschichte eines Volkes.

N

Nobilität *die* (von lateinisch «nobiles», die Vornehmen): Führungsschicht (→ Schicht), die im 4. Jh. v. Chr. in Rom entstand, als die → Plebejer den Zugang zum → Konsulat erkämpft hatten und damit Oberhäupter plebejischer Familien in den Senat aufgenommen wurden. Ihr gehörten die → Patrizier und wohlhabende Plebejer an. Die Zugehörigkeit zur Nobilität beruhte seitdem wesentlich auf der Abstammung von Senatoren, die die Ämter bekleidet hatten. Es existierte allerdings niemals eine offizielle Liste mit den Namen derjenigen, die zur Nobilität zählten. Im politischen Leben hatten Nobiles grössere Vorteile, vor allem bei der Wahl in die höheren Ämter. Die Kandidaten, deren Vorfahren kein solches bekleidet hatten, wurden allgemein als «novi homines», also neue Männer bezeichnet. Die Abstammung von einem Konsul wurde vermutlich in der Zeit zwischen 350 und 200 v. Chr. zu einer entscheidenden Voraussetzung für eine erfolgreiche politische Karriere und damit für die Zugehörigkeit zur politischen Elite.

Nomade *der:* Mensch, der keinen festen Wohnsitz hat und mit seiner Viehherde von Ort zu Ort zieht, um den Tieren Futterplätze zu erschliessen. Mit dem Nomadismus ist auch eine ganz spezielle Lebensweise verbunden.

Nonne *die:* Frau, die aus religiösen Gründen allein oder in einer → Klostergemeinschaft mit anderen Nonnen lebt. (→ Mönch)

O

Olymp *der:* höchstes Bergmassiv in Griechenland; in griechischen → Mythen Sitz der Götter.

Oppidum *das:* befestigte Siedlung zur Zeit der späten Eisenzeit. Als Befestigung diente ein Erdwall oder ein Holzzaun.

Optimat *der* (von lateinisch «optimus», der Beste): Mitglied der → Nobilität in der späten Römischen → Republik. Die Optimaten waren der Ansicht, der Senat müsse der → Tradition entsprechend im Zentrum der Regierung des Staates stehen. Sie wollten, dass der Senat Anträge beraten und in seinem Sinne abändern konnte, bevor die Volksversammlung darüber abstimmte. Dieses Vorgehen ermöglichte ihnen die Sicherung der eigenen Macht.

Orient *der* (von lateinisch «oriens», der Osten): frühere Bezeichnung für die gesamte asiatische Welt, später dann nur noch für die Länder des Nahen Ostens beziehungsweise die arabisch-islamische Welt (→ Islam). Statt Orient wird manchmal auch der Begriff Morgenland verwendet (→ Vorderer Orient).

P

Palatin *der:* einer der sieben Hügel Roms.

Pan: griechischer Hirtengott. Er wurde als Mischwesen zwischen Mensch und Ziegenbock gesehen. Deshalb hatte er einen Ziegenunterleib und Ziegenfüsse. Den → Mythen nach spielte er oft Flöte (= Panflöte) und liebte den Tanz und die Fröhlichkeit. Ausserdem erschreckte er gern Herdentiere, die dann in «panischem» Schrecken davonrannten.

Pandemie *die:* sich über verschiedene Länder und Kontinente ausbreitende Seuche; sehr ansteckende Krankheit.

Pankration *das:* altgriechischer Zweikampf, eine Mischung aus Ringen und Boxen. Beim Pankration war beinahe alles erlaubt. Nur beissen, kratzen und mit den Fingern in die Augen des Gegners stossen war verboten. Ziel war es, den Gegner zum Eingeständnis seiner Niederlage durch Heben der Hand zu zwingen. Der Kampf wurde gewöhnlich unter Wälzen auf dem Boden entschieden. Kam einer der Kämpfer ums Leben, wurde der andere disqualifiziert und für den Rest seines Lebens von den Spielen, an denen dieser Kampf stattgefunden hatte, ausgeschlossen.

Parasit *der:* Schmarotzer; Lebewesen, das aus dem Zusammenleben mit anderen Lebewesen einseitig Nutzen zieht, diese oft auch schädigt und bei ihnen Krankheiten hervorrufen kann. Häufige Parasiten beim Menschen sind Zecken, Flöhe oder Läuse.

Parther *die (Plural):* → antikes iranisches Volk, das vom 3. Jh. v. Chr. an im heutigen Iran ein Reich aufbaute.

Patrizier *der* (von lateinisch «patres», Väter, Vorfahren): Angehöriger einer Adelsfamilie im → antiken Rom. Die Patrizier nahmen für sich in Anspruch, Nachfahren der mythischen Gründungsväter Roms zu sein. (→ Plebejer)

Pelide *der:* Achilleus; Sohn von Peleus, dem → König der → Myrmidonen, und dessen Ehefrau, der Göttin → Thetis.

Pest *die* (von lateinisch «pestis», Seuche): eine von Bakterien übertragene, ansteckende Krankheit, die seit der → Antike bekannt ist und sehr häufig zum Tod führt. Als Überträger der Krankheit gelten → Parasiten wie Rattenflöhe und auch Kleiderläuse. In der Antike und im Mittelalter waren immer wieder grosse Teile der Bevölkerung von der Pest betroffen. Viele Menschen starben daran. Bei den Erkrankten bricht nach 1 bis 7 Tagen hohes Fieber aus und es bilden sich an den → Lymphknoten blaue bis schwarze Beulen (Beulenpest). Eine zweite, noch viel ansteckendere Form ist die Lungenpest.

Pflugschar *die:* Teil des Pfluges, der aus Metall besteht und mit dem die Erde aufgebrochen wird.

Phalanx *die:* Schlachtordnung, in der mit Schild und Lanze bewaffnete Fusssoldaten in einer dichten Reihe auf den Feind zugehen.

Philosoph *der* (griechisch, Freund der Weisheit): jemand, der sich mithilfe der menschlichen Vernunft, also mit rationalen Argumenten, bemüht, die Welt als Ganzes und die Stellung des Menschen darin zu verstehen.

Phönizier *die (Plural):* Bewohner Phöniziens, des heutigen Küstengebietes Syriens und des Libanon. Die Phönizier waren grosse Seefahrer und Händler. Sie errichteten Handelsplätze von Kleinasien und Ägypten über Kreta, Nordafrika, Sizilien, Sardinien und die Balearen bis nach Spanien. Die Griechen übernahmen im 8. Jh. v. Chr. die phönizische Schrift und passten sie ihrer Sprache an, wodurch das griechische Alphabet entstand.

pittoresk: malerisch, friedvoll, hübsch.

Plastilin *das:* Knetmasse, die zum → Modellieren und Spielen verwendet wird.

Plebejer *die (Plural;* von lateinisch «plebs», Menge, Volk): Teil der Bevölkerung des → antiken Rom, der nicht dem alten Adel, den → Patriziern, angehörte. Es handelte sich vor allem um die grosse Menge der Bauern und Handwerker. Davon zu unterscheiden sind die → Sklaven.

Polis *die (Plural: Poleis):* ursprünglich die → Burg, dann die in deren Schutz entstandene Siedlung, schliesslich die Stadt mit der umgebenden Landschaft. Jede Polis besass eine eigenständige Wirtschaft und bildete eine eigene politisch unabhängige und religiöse Gemeinschaft. Im Gegensatz zum modernen Staat verstand sich die Polis als Personenverband. Der Staat war die Gemeinschaft der Bürger. So sprachen die → antiken → Historiker zum Beispiel nie vom Staat oder der Stadt Athen, sondern stets von «den Athenern».

Popular *der* (von lateinisch «populus», Volk): Mitglied der → Nobilität in der späten Römischen Republik. Die Popularen förderten eine Politik, die von der Volksversammlung und nicht vom Senat dominiert wurde. Anträge sollten nicht mehr wie üblich durch den Senat vorberaten und nach Belieben abgeändert, sondern direkt der Volksversammlung zur Abstimmung vorgelegt werden.

Portfolio *das:* Mappe oder Ordner mit einer Sammlung von Arbeiten und Materialien.

Primaten *die (Plural):* eine Ordnung (= Gruppe) von Säugetieren. Zu ihnen zählen unter anderem Lemuren, Makis, Gibbons und Menschenaffen. Auch der Mensch (homo sapiens) gehört zu den Primaten.

Primitivität *die,* **primitiv:** Einfachheit, Urtümlichkeit; oft abwertend.

Prokonsul *der:* Verwalter einer römischen Provinz (→ Konsul).

Prostituierte *die,* **Prostitution** *die:* Hingabe des eigenen Körpers zu sexuellen Zwecken gegen Entgelt. Prostituierte können Männer und Frauen sein. Von lateinisch «prostituere» aus pro und statuere, nach vorn stellen, zur Schau stellen, preisgeben.

Prozession *die:* feierlicher (kirchlicher) Umzug.

Pyrit *der:* häufig vorkommendes, eisenhaltiges Mineral. Es wird wegen seiner glänzenden, goldenen Farbe auch «Katzengold» genannt. Zusammen mit → Silex wird es in der Urgeschichte zum Feuermachen verwendet.

R

Rekrut *der:* Soldat in der ersten Ausbildung.

rekrutieren: → Rekruten ausheben, mustern; zusammenstellen, zahlenmässig aus etwas ergänzen, beschaffen.

Republik *die*: Staatsform, an deren Spitze nicht ein Alleinherrscher steht.

roden: abholzen; dauerhaftes Beseitigen von Vegetation.

S

Satyr *der:* Waldgeist in den griechischen → Mythen. Meist werden Satyrn mit struppigem Haar, Bart und spitzen Ohren dargestellt. Oft werden sie mit → Panen verwechselt.

Säulen des Herakles *die (Plural):* Damit meinte der antike Schriftsteller Herodot wahrscheinlich die Felsen von Gibraltar und die Meerenge vom Mittelmeer in den Atlantik. Segelte man von dort nach Norden, erreichte man die britischen Inseln und Westeuropa. Die dort ansässigen Volksgruppen wurden von den antiken Historikern mit dem Sammelbegriff Kelten belegt.

Savannenlandschaft *die:* Landschaft, die hauptsächlich mit Gras bewachsen ist und zwischendurch weit auseinanderstehende Bäume oder Baumgruppen aufweist. Savannen finden sich zwischen tropischen Regenwäldern und Wüstengebieten.

Schicht *die:* auf die Gesellschaft bezogen die Gesamtheit von Menschen, die durch gemeinsame Merkmale wie Beruf, Einkommen und Bildung, aber auch Zugehörigkeitsgefühl miteinander verbunden sind. Es wird häufig nach Ober-, Mittel- und Unterschicht unterschieden.

Schöpfungsmythos *der:* Erzählung zur Entstehung der Welt, der Tiere, der Menschen und des Universums. Viele Religionen gründen auf einen Schöpfungsmythos (→ Mythos).

Schraper *der:* Rhythmusinstrument mit Rillen in der Oberfläche. Mit einem Stab wird über die Rillen gestrichen und so ein Geräusch erzeugt.

Schutzpatron *der:* ein Heiliger, unter dessen Schutz ein Ort oder eine ganze Stadt steht.

Schwirrholz *das:* Musikinstrument, das aus einem dünnen Holz oder Knochen besteht. Dieser wird an einer Schnur schnell im Kreis in der Luft gedreht – dadurch entsteht ein lauter, «schwirrender» Ton.

Seiher *der:* altmodischer Ausdruck für Sieb.

Seldschuken *die (Plural):* → muslimische → Dynastie von Fürsten, die ursprünglich aus der Gegend des heutigen Kasachstan und Usbekistan stammte. Die Seldschuken gehörten der muslimischen Gruppe der Sunniten an und brachten im 11. Jh. den → Islam nach Kleinasien.

Seleukidenreich *das:* Nach dem Tod Alexanders des Grossen 323 v. Chr. zerfiel das von ihm eroberte Weltreich in die sogenannten Diadochenreiche. Eines davon war das Seleukidenreich, gegründet von Seleukos I. Nikator, einem Feldherrn Alexanders. Das Reich mit dem Kernland Nordsyrien und Babylonien schwankte stark in seinem Umfang. Um 303 v. Chr. reichte es vom Ostrand des Mittelmeers bis nach Indien. Seit der Mitte des 3. Jh. v. Chr. nahm der Umfang des Reiches ständig ab, bedingt durch die Loslösung Baktriens, die Erstarkung der → Parther, Streit innerhalb der → Dynastie und Kriege mit Ägypten und Rom. Seit 129 v. Chr. war das Seleukidenreich auf Nordsyrien beschränkt. Im Jahr 63 v. Chr. wurde es von Pompeius zur römischen Provinz Syria gemacht.

sesshaft: Bezeichnung für eine Lebensweise, bei der die Menschen das ganze Jahr über am selben Ort wohnen. Die sesshafte Lebensweise setzte sich im Laufe der Jungsteinzeit durch, als die Menschen begannen, Vieh zu halten und Ackerbau zu betreiben.

Siechenhaus *das:* im Mittelalter Unterkunft für Menschen mit ansteckenden Krankheiten ausserhalb der Städte und Siedlungen. Das Wort «Siech» bezieht sich auf «Seuche». Die Unterkünfte wurden anfänglich von der Kirche unterhalten, später von den Städten und Gemeinden. Zusätzlich bestritten die Siechenhäuser ihre Ausgaben aus Spenden und Stiftungen.

Silex *der:* Feuerstein, Flint oder Hornstein. Der harte Stein, der vorwiegend aus dem Element Silizium besteht, kommt in Knollen- oder Plattenform vor. In der Urgeschichte wurden aus ihm Werkzeuge gearbeitet. Ein steinzeitliches Feuerzeug bestand aus einem Feuerstein, Zunder (sehr leicht brennbares Material) und → Pyrit, aus dem Funken herausgeschlagen wurden.

Sklave *der:* Mensch, der Eigentum eines anderen Menschen ist. Er hat seine Freiheit verloren. In der → Antike gelangten Menschen oft durch Raubzüge oder Kriegsbeute in Gefangenschaft und wurden weiterverkauft. Manche Sklaven wurden aber auch schon in Gefangenschaft geboren. Sie dienten im Haushalt, in der Landwirtschaft, in Handwerksbetrieben oder als Ruderer auf Schiffen.

Skulptur *die:* Werk der Bildhauerkunst.

Sophist *der:* von Stadt zu Stadt ziehender Gelehrter, sogenannter Wanderlehrer. Die Sophisten kamen aus allen Teilen der griechischen Welt und trafen vor allem in Athen zusammen. Dort versammelten sie die besten und zahlungskräftigste Schüler um sich. Sie unterrichteten sie in allen Disziplinen, die zum Erfolg im Leben und in der Politik beitrugen. Deshalb waren die Schüler auch bereit, dafür viel Geld auszugeben, sodass die Sophisten als die ersten → Philosophen, die gegen Bezahlung unterrichteten, betrachtet werden können. In einer Demokratie wie Athen, wo vieles durch die Reden in der Volksversammlung entschieden wurde, war es vor allem die Rhetorik (Redekunst), die bei den Schülern auf grosses Interesse stiess.

sozial: die Gesellschaft betreffend, gemeinnützig, selbstlos.

Stand *der:* Gruppe von Menschen mit gleichen Rechten und Pflichten in einer nach einer Rangordnung gegliederten Gesellschaft. Die Zugehörigkeit zu einem Stand kann z. B. durch die Abstammung bestimmt sein (Geburtsstand) oder durch den Beruf (Berufsstand).

Statthalter *der:* Vertreter der Regierung oder des Staatsoberhauptes in einem Teil des Landes.

Statue *die:* Standbild, in der Regel von einem Bildhauer geschaffen.

Steinmetz *der:* Handwerker in der Stein verarbeitenden Branche.

Strandplatte *die:* Teil des Seeufers, der zwischen dem eigentlichen Land und dem tieferen Wasser liegt und relativ flach ist. In der Zeit der Seeufersiedlungen lag die Strandplatte meistens trocken, bei Hochwasser konnte sie aber auch überflutet werden. Auf der Strandplatte wuchsen wenige Bäume und Sträucher. Heute sind die Seespiegel meist höher als in der Zeit der Seeufersiedlungen, deshalb liegen die urgeschichtlichen Strandplatten heute unter Wasser.

Strategie *die,* **strategisch:** genauer Plan des eigenen Vorgehens, der dazu dient, ein militärisches, politisches, wirtschaftliches, psychologisches oder ähnliches Ziel zu erreichen. Man versucht, diejenigen Faktoren, die in die eigene Aktion hineinspielen könnten, von vornherein einzukalkulieren.

Stundenbuch *das:* Gebets- und Andachtsbuch für Laien und Angehörige der Kirche.

Sultan *der* (arabisch, Macht, Herrscher): alter, in der → islamischen Welt häufiger Herrschertitel.

Symbol *das,* **symbolisieren:** Kennzeichen, Zeichen, Sinnbild; verkörpern, darstellen.

Systematik *die* (hier): Fachgebiet der Biologie, das sich mit der Benennung und Einordnung der Lebewesen befasst. Ausserdem beschäftigt es sich mit der Stammesgeschichte der Arten.

T

Tagelöhner *der:* Arbeiter, üblicherweise in der Landwirtschaft, der keine feste Arbeitsstelle hat. Deshalb muss er sich immer wieder bei neuen Arbeitgebern um Hilfsarbeiten bemühen. Er wird nicht stunden-, sondern tageweise bezahlt.

Thermopylen *(Plural):* → strategisch wichtige Stelle zwischen dem Meer und dem Kallidromosgebirge in Mittelgriechenland.

Thetis: Tochter des Meeresgottes Nereus und Ehefrau des → Königs Peleus. Gemeinsam mit Peleus zeugte sie den Sohn Achilleus.

Thrakien: Landschaft auf der östlichen Balkanhalbinsel, die heute zu den Staaten Bulgarien, Griechenland und Türkei gehört.

Tradition *die:* Übernahme und Weitergabe von Sitte, Brauchtum und Wissen.

Tribut *der:* Abgabe in Form von Geld, Wertgegenständen oder Nahrungsmitteln, unter anderem von besiegten Völkern an den Sieger.

Triumvirat *das* (von lateinisch «tres viri», drei Männer): Bündnis von drei Personen, die gemeinsame Interessen verbinden. Caesar, Pompeius und Crassus schlossen 60 v. Chr. ein Bündnis, das der Durchsetzung der eigenen Interessen diente. 56 v. Chr. wurde das Bündnis auf Initiative Caesars erneuert. In der Forschung spricht man vom ersten Triumvirat, weil 43 v. Chr. Octavian, Marcus Antonius und Marcus Aemilius Lepidus ein weiteres Bündnis schlossen, das als zweites Triumvirat bezeichnet wird.

Tundra *die:* baumloser Landschaftsgürtel mit sehr kurzer Vegetationszeit von zwei bis vier Monaten. In dieser Zeit vermag der ständig gefrorene Boden nur oberflächlich aufzutauen.

Tyrannis *die:* Herrschaftsform im antiken Griechenland. Das wichtigste Merkmal einer Tyrannis ist, dass der Tyrann (Alleinherrscher) durch Gewalt an die Macht gekommen ist. Er regiert durch Gewalt und wird meist auch durch Gewalt gestürzt.

U

Ultimatum *das:* Aufforderung, innerhalb einer Frist eine schwebende Angelegenheit befriedigend zu lösen, unter der Androhung von Massnahmen, falls der Aufforderung nicht entsprochen wird.

V

Vasall *der:* Lehensempfänger, Gefolgsmann.

Venus: lateinischer Name für Aphrodite, die Göttin der Liebe und der weiblichen Schönheit, Mutter des Aeneas.

Verfassung *die:* schriftliche Grundlage jedes modernen Staates, in der die grundlegenden Rechte und Pflichten der Bürger und der Regierungsorgane festgehalten sind; Gesamtheit der Regeln über die Staatsform, die Leitung des Staates, die Bildung und die Aufgaben der Behörden und die Regelung von Konflikten.

verhütten: aus Erz in einem mehrstufigen Prozess Metalle wie Eisen, Kupfer oder Gold gewinnen. Dazu wird das Erz, also das metallhaltige Gestein, in einem Ofen zusammen mit verschiedenen Zusätzen erhitzt und so ausgeschmolzen.

Veteran *der* (von lateinisch «vetus», alt): Bezeichnung für einen altgedienten, erfahrenen Soldaten. Die in der Römischen Republik üblicherweise für eine Zeit von 20 Jahren verpflichteten Soldaten erhielten nach Beendigung ihrer Dienstzeit Ackerland zugeteilt. Die Veteranen bildeten einen innenpolitischen Machtfaktor, der vor allem in den Bürgerkriegen des 1. Jh. v. Chr. an Bedeutung gewann.

Viereckschanze *die:* Befestigungswerk aus Erde, Steinen und auch Holz. Eine Viereckschanze hat einen quadratischen oder rechteckigen Grundriss und dient in Notzeiten als Verteidigungsanlage.

Vorderer Orient *der:* Naher Osten, Nahost. Früher meinte man damit die Länder des Osmanischen Reiches. Heute umfasst der Vordere Orient die arabischen Staaten Westasiens sowie Israel und Ägypten. Zum Teil werden auch der Iran und die Türkei dazugezählt (→ Orient).

W

Wehrgang *der:* Gang, der sich oft im obersten Teil einer Wehrmauer befindet und in dem die Verteidiger hin und her laufen können.

Weltgeistlicher *der:* → Geistlicher, der nicht einem Mönchsorden (→ Mönch) angehört. Die Weltgeistlichen stehen im Dienst eines → Bischofs und sind für die Seelsorge zuständig.

weltlich: nicht kirchlich (Gegenteil von → geistlich).

Wisent *der:* europäischer Bison; Rinderart, die durch den Menschen praktisch ausgerottet wurde. In letzter Zeit versucht man in Europa, Wisente durch Auswilderung wieder anzusiedeln.

Z

Zelge oder **Zelg** *die:* alte Bezeichnung für Feld; häufig in der → Dreifelderwirtschaft für die drei grossen Gemeinschaftsfelder des Dorfes angewendet. Jede Zelge setzte sich aus den Parzellen zahlreicher Besitzer zusammen und wurde mit derselben Frucht bebaut.

Zensor *der* (von lateinisch «censere», schätzen): Beamter der Römischen → Republik, dessen wichtigste Aufgabe die Schätzung des Vermögens der Bürger war. Die Höhe des Vermögens entschied nicht nur, wie viel Steuern ein Bürger zu zahlen hatte, sondern auch, ob er dienstpflichtig war oder nicht. Zur Zeit der Republik wurden gewöhnlich alle fünf Jahre zwei Zensoren gewählt. Sie waren während eineinhalb Jahren im Amt, um in dieser Zeit die Vermögensschätzung durchzuführen. Weil diese Aufgabe nur den vertrauenswürdigsten Personen überlassen werden konnte, galt die Zensur in der Rangordnung der Ämter als das vornehmste Amt. Deshalb wählte die Volksversammlung meistens nur ehemalige → Konsuln zu Zensoren.

Zeremonie *die:* feierliche, in vorgeschriebenen Formen ablaufende Handlungen.

Bildnachweis

Die Zahlen bezeichnen das Kapitel und die Nummer der Abbildung.

Umschlag: Korporationsgemeinde Luzern, Diebold Schilling Chronik, Folio-77v-156
Illustrationen Portfolios: Brigitte Gubler, Zürich
Hinteres Vorsatz: bpk/SBB/Ruth Schacht, Berlin

1-0: Illustration «Der Junge vom Turkanasee», aus: Auf den Spuren des Menschen, Claudia Schnieper und Udo Kruse-Schulz, © Patmos Verlag GmbH & Co. KG/Sauerländer Verlag, Düsseldorf
1-2: André Houot, Saint-Antoine, l'Abbaye
1-3: Le origini dell'uomo e l'evoluzione culturale di Facchini Fiorenzo, © Jacabook, 2006
1-4: Keystone/SPL/Publiphoto/Christian Jegou, Zürich
1-5: © The Natural History Museum, London
1-6: Neanderthal Museum/H. Bidault, Mettmann
1-7: Neanderthal Museum/P. Plailly/Eurelios, Mettmann
1-8: Neanderthal Museum, Mettmann
1-9: Interfoto/Mary Evans, München
1-10: Kennis & Kennis, Arnhem
1-12: Bildarchiv Steffens/Bridgeman Art Library, Mainz
1-13: BnF, Banque d'images, Paris,
1-16: akg-images, Berlin
1-17: Interfoto/Sammlung Rauch München
1-18: akg-images, Berlin
1-19: National Geographic Image Collection/Chris Johns
1-20: naturepl.com/Anup Shah
1-21: © The Natural History Museum, London
1-22: Kennis & Kennis, Arnhem
1-23: Aus: Wie der Mensch zum Menschen wurde, Seite 42/43. ZB Zürich, Signatur F 2777
1-24: Bilderberg, Hamburg/Thomas Ernsting. Rekonstruktion W. Schnaubelt & N. Kieser
1-25: naturepl.com/Karl Ammann
1-26: Aus: Auf den Spuren des Menschen, Claudia Schnieper und Udo Kruse-Schulz © Patmos Verlag GmbH & Co. KG/Sauerländer Verlag, Düsseldorf
1-27: Archiv Archäologie Baselland, Liestal
1-28: Planet Poster Edition/Ralph Krätzner, Göttingen
1-29: Neanderthal Museum, Mettmann/Dominique Osuch
1-30: Forschungsinstitut Senckenberg, Frankfurt a. Main. Foto: Dr. E. Neubert, Malakologie.
1-31: Neanderthal Museum, Mettmann/Christian Creutz
1-32: Neanderthal Museum, Mettmann/Dieter Auffermann
1-34: Libor Balák
1-35: Kantoansarchäologie Schaffhausen. Foto: Res Eichenberger
1-36: Kantoansarchäologie Schaffhausen. Foto: Res Eichenberger
1-37: Büro für Erlebnisarchäologie und Kulturvermittlung, Haan. Illustration: Ulrich Stodiek
1-38: © Ulmer Museum, Ulm. Foto: Thomas Stephan
1-39: Bildarchiv Steffens/H. Stierlin, Mainz
1-42: National Geographic Image Collection/Kenneth Garrett
1-43: Richard Ross, Santa Barbara, Kalifornien
1-44: Aus: Auf den Spuren des Menschen. Claudia Schnieper und Udo Kruse-Schulz, © Patmos Verlag GmbH & Co. KG/Sauerländer Verlag, Düsseldorf
1-45: Jay H. Matternes, Fairfax
1-46: Jean-Paul Tibbles, East Sussex
1-47: Aus: Dinosaurier und Frühgeschichte. Beverly Halstead, Studienbibliothek Irchel S.M 562 Nr 142
1-48: Aus: J. Jelinek, Primitive Hunters, London 1989
2-0: Lehrmittelverlag des Kantons Aargau, Buchs. «Blick in eine eisenzeitliche Siedlung», Illustration des Ateliers Bunter Hund, 2008
2-12: Benoît Clarys, Baisy-Thy
2-13: Kelvin Wilson, Ridderkerk
2-14: Aus: Handbuch der Vorgeschichte, Zweiter Band, Tafel 270, von Hermann Müller-Karpe. ZB Zürich, Signatur FN 157:2:2
2-16: Fotoagentur Sutter/Eric Dragesco, Lupsingen
2-17: Kantonsärchologie der Stadt Zürich
2-18: Pfahlbaumuseum/Schöbel, Uhldingen-Mühlhofen
2-19: naturepl.com/Nick Garbutt
2-20: Foto links und Mitte: Landesamt für Denkmalpflege, Gaienhofen-Hemmenhofen. Foto: Rekonstruktion und Montage: Monika Erne. Foto rechts: Amt für Kantonsarchäologie des Kantons Thurgau, www.archaeologie.tg.ch
2-21: Kantonsarchäologie Zürich, Foto: Martin Bachmann
2-22: Muséum d'Histoire Naturelle de la Ville de Genève. Foto: Jacqueline Studer
2-23: AAFR (Amt für Archäologie des Kantons Freiburg/E. Garcia Cristobal, Fribourg
2-24: Philippe Schirm, Zürich
2-25: Kantonsarchäologie Zürich, Illustration: Daniel Pelagatti
2-28: Archäologische Staatssammlung, München. Foto: Manfred Eberlein
2-29: Kantonsarchäologie Zürich
2-33: Foto: Augusta Raurica, Augst
2-34: Kantonsärchologie Zürich
2-35: Conservation Musée d'Histoire, Sion
2-36: Foto: Augusta Raurica, Augst
2-38: Historisches Museum, Bern. Zeichnung: Markus Binggeli
2-38: Historisches Museum, Bern. Zeichnung: Markus Binggeli
2-45: akg-images/Nimatallah, Berlin
2-46: Bildarchiv Steffens/Bridgeman Art Library, Mainz
2-47: akg-images, Berlin
2-48: akg-images/Erich Lessing, Berlin
3-0: akg-images/Peter Connolly, Berlin. «The Battle of Salamis», Illustration von Peter Connolly, 1988
3-1: Giannis & Giorgos Zarzonis, Thessaloniki
3-4: Bildagentur Huber/Johanna Huber, Garmisch-Partenkrichen
3-5: Tate Gallery, London. John Melhuish Strudwick. A Golden Thread, exhibited 1885
3-12: akg-images/Erich Lessing, Berlin
3-13: Ullstein-Bild, Imagno, Berlin
3-14: © The Trustees of the British Museum, London
3-15: akg-images/Peter Connolly, Berlin
3-16: Bildarchiv Steffens/Bridgeman Art Library, Mainz
3-18: bpk/Antikensammlung/SMB, Berlin
3-20: Bildarchiv Steffens/Bridgeman Art Library, Mainz
3-22: akg-images/Peter Connolly, Berlin
3-23: Bildarchiv Steffens/Bridgeman Art Library, Mainz
3-25: Bildarchiv Steffens/Bridgeman Art Library, Mainz
3-27: akg-images/Peter Connolly, Berlin
3-28: akg-images/Werner Forman, Berlin
3-29: AAAC/TopFoto/Dukas, Zürich
3-30: © Trireme Trust Company, Surrey
3-31: akg-images/Peter Connolly, Berlin
3-33: akg-images/Erich Lessing, Berlin
3-34: akg-images/Peter Connolly, Berlin
3-35: Bildarchiv Steffens/Bridgeman Art Library, Mainz
3-36: Bildarchiv Steffens/Bridgeman Art Library, Mainz
3-37: akg-images/Nimatallah, Berlin
3-38: Antikenmuseum Basel/Sammlung Ludwig. Foto: J.P. Kuhn. Inv. Lu 231
3-39: akg-images/Peter Connolly, Berlin
3-40: RMN/Hervé Lewandowski, Paris (Agence photographique de la Réunion des Musées Nationaux)
3-41: © Hachette Jeunesse Paris, La Grèce Ancienne – 6 Miquel-P + Cohat-Y + Probst-P
3-42: akg-images/Peter Connolly, Berlin
3-43: akg-images/Peter Connolly, Berlin
3-44: © Hachette Jeunesse Paris, La Grece Ancienne – 6 Miquel-P + Cohat-Y + Probst-P
3-45: akg-images/Peter Connolly, Berlin
3-46: © Hachette Jeunesse Paris, La Grece Ancienne – 6 Miquel-P + Cohat-Y + Probst-P
4-0: akg-images/Peter Connolly, Berlin. «Der Triumphzug des Titus», Illustration von Peter Connolly, 1976
4-1: akg-images/Peter Connolly, Berlin
4-4: Bildagentur Huber/M. Pignatelli, Garmisch-Partenkirchen
4-5: akg-images/Bildarchiv Monheim, Berlin
4-11: akg-images/Jean-Louis Nou, Berlin
4-12: Bildarchiv Steffens, Mainz
4-13: Oben und unten links: akg-images/Peter Connolly, Berlin. Unten rechts: aus: Die Römer, Eric Morvillaz, Fleurus Verlag
4-14: Bildarchiv Steffens, Mainz
4-15: akg-images/Electa, Berlin
4-16: akg-images/Peter Connolly, Berlin
4-17: akg-images/Peter Connolly, Berlin
4-18: akg-images/Peter Connolly, Berlin
4-19: Bildarchiv Steffens/Bridgeman Art Library, Mainz
4-20: Alexander Nesbitt, Newport
4-21: BnF Banque d'images, Paris
4-22: akg-images/Peter Connolly, Berlin
4-23: akg-images, Berlin
4-24: akg-images/Peter Connolly, Berlin
4-25: RMN/Jean Schormans, Pairs
4-26: RMN/Jean Schormans, Pairs
4-28: Bildarchiv Steffens/Bridgeman Art Library, Mainz
4-29: akg-images/Peter Connolly, Berlin
4-30: Bildarchiv Steffens/Bridgeman Art Library, Mainz
4-32: Bildarchiv Steffens/Bridgeman Art Library, Mainz
4-33: akg-images/Peter Connolly, Berlin
4-35: Bildarchiv Steffens/Bridgeman Art Library, Mainz. © Walters Art Museum, Baltimore USA
4-37: © The Trustees of the British Museum
4-38: Bildarchiv Steffens/Bridgeman Art Library, Mainz
4-40: Claus Ableiter
4-41: © Hachettes Jeunesse, Paris au temps des Romains – Miquel + Cohat + Legall
4-42: akg-images, Berlin
4-43: Bildarchiv Steffens/Bridgeman Art Library, Mainz
4-44: akg-images, Berlin
4-46: akg-images, Berlin
4-51: Mohamed Ayb © APPC
4-52: www.djp.ch
5-00: akg-images, Berlin. «Die Krönungszeremonie König Ottos III.», aus dem Evangeliar

Ottos III. Buchmalerei der Reichenauer Schule, um 1000

5-1: Aus: Das Leben des Propheten Ibn Ishâq, ZB, Zürich, Sign TM 879 1
5-2: Bildarchiv Steffens/Bridgeman Art Library, Mainz
5-3: © The British Library, London
5-4: BNF / Banque d'images, Paris, Inv. Nr. F. 2V, Latin 1141
5-5: Bildarchiv Steffens / Bridgeman Art Library, Mainz © The Trustees of the Chester Beatty Library, Dublin
5-6: Stiftsbibliothek St. Gallen/Codices Electronici Sangallenses, Cod. Sang. 20, Seite 21
5-7: Katrin Brupbacher, Zürich
5-8: Lukas Frei/Cronica, Chur
5-9: Reiss-Engelhorn-Museen, Mannheim. Foto: Jean Christen
5-11: Museum Wiesbaden, Wiesbaden
5-12: © Landesmuseum Mainz, Inv Nr. FM 1939/9. Foto: Ursula Rudischer
5-14: Reiss-Engelhorn-Museen, Mannheim. Zeichnung: Andreas Schmickler
5-16: Silman Snozyk/age fotostock/Prisma, Schlieren
5-19: Michael Jenner/Robert Harding, London
5-22: Lounes Mohamed/Gamma/Dukas, Zürich
5-24: Topkapi Museum, Istanbul, Inv Nr. H 1222, folio 64a: a miniature
5-25: © The British Library, London
5-28: Bodleian Library, Oxford MS Ouseley add. 24 fol. 55b
5-29: © The British Library, London
5-30: © The British Library, London
5-31: © The British Library, London
5-33: BNF / Banque d'images, Paris, ARAB 5847 Folio 5v
5-34: BNF / Banque d'images, Paris, ARAB 5847 Folio 138
5-37: Reiss-Engelhorn-Museen, Mannheim. Foto: Jean Christen
5-38: BNF / Banque images, Paris, Inv Nr. 55460
5-43: © Domkapitel Aachen, Aachen Otto III., fol. 16r, Widmungsblatt. Foto: Pit Siebigs
5-46: Bildarchiv Steffens/Bridgeman Art Library, Mainz
5-47: bpk/Lutz Braun, Berlin
5-48: Kantonsbibliothek St. Gallen/Vadianische Sammlung, VadSlg. Ms 302, Teil, fol. 26v
5-49: Österreichische Nationalbibliothek, Wien, Bildarchiv Sign. E 22.963-B (Code 3044, fol. 34r)
5-50: Bildarchiv Steffens/R. R. Steffens, Mainz
5-52: © The British Library, London
5-54: Stiftsbibliothek St. Gallen/Codices Electronici Sangallenses, Cod. Sang. 731, Seite 234 und 235
5-55: Landesarchäologie Mainz, Mainz
5-56: Germanisches Nationalmuseum, Nürnberg, Inv. Nr. FG 15, Goldene Vierpassfibel aus Mertloch
5-57: Reiss-Engelhorn-Museen, Mannheim. Foto: Jean Christen. Vorlage Andreas Schmickler. Bad Neuenahr
5-58: Museum Wiesbaden, Wiesbaden
5-59: Württembergische Landesbibliothek, Stuttgart, Signatur Cod. Don. 654 fol. 92 v. Foto: Joachim Siener
5-61: © The British Library, London
5-62: © The British Library, London
5-63: © The British Library, London
5-64: © The British Library, London
5-65: © The British Library, London
5-67: © Stiftung pro Kloster St. Johann in Müstair. Foto: Jürg Goll, Müstair
5-68: © Stiftung pro Kloster St. Johann in Müstair. Foto: Suzanne Fibbi-Aeppli, Grandson
5-69: Rätisches Museum, Chur
6-00: Bayerische Staatsbibliothek, München. Handschriften und Alte Drucke. Schedels Weltchronik Fol. 243/244. «Die Stadt Basel von Nordosten her gesehen», Holzschnitt von Wilhelm Pleydenwurff, 1493
6-1: Aus: Holzschnitte Ulmer Aesop, Ausgabe des Johann Zainer, Zentralbibliothek, Zürich, Sign. FQ 8154
6-3: Korporationsgemeinde Luzern, Diebold Schilling Chronik, Folio-125v-254
6-4: Korporationsgemeinde Luzern, Diebold Schilling Chronik, Folio-067v-136
6-7: RB-Deskkart/Ralf Brennemann, Hamburg
6-8: Bern Tourismus
6-10: akg-images/Erich Lessing, Berlin
6-11: Bildarchiv Steffens/Bridgeman Art Library, Mainz
6-12: Aus: Otto der Grosse von Johannes Laudage, Seite 129 ZB, Zürich, Sig. GN 45479
6-13: akg-images, Berlin
6-16: © The British Library, London
6-19: © The British Library, London
6-20: Schweizerisches Landesmuseum, Zürich, Inv.Nr. LM 362
6-21: Korporationsgemeinde Luzern, Diebold Schilling Chronik Folio-062v-126
6-22: Grafische Sammlung, Museum BL Liestal, Inv. Nr. 1950.284
6-26: Bildarchiv Steffens/Bridgeman Art Library, Mainz
6-27: Diebold Schilling Spiezer Chronik, Burgerbibliothek Bern, Mss. h.h.l.16, S. 222
6-28: Korporationsgemeinde Luzern, Diebold Schilling Chronik, Folio-021v-052
6-31: Diebold Schilling Spiezer Chronik, Burgerbibliothek Bern, Mss. h.h.l.16, S. 151
6-32: Jörg Müller, Biel
6-33: Stadtbibliothek Nürnberg, Nürnberg, Sign. Amb. 317.2°, f. 37v
6-34: © The British Library, London
6-35: Diebold Schilling Spiezer Chronik, Burgerbibliothek Bern, Mss. h.h.l.16, S. 113
6-41: © The British Library, London
6-43: Herzog August Bibliothek Wolfenbüttel, Wolfenbüttel, Cod. Guelf. 3.1 Aug 2° fol. 10 r (Sachsenspiegel)
6-45: Stiftsbibliothek St. Gallen/Codices Electronici Sangallenses, Cod. Sang. 658, Seite 19
6-48: akg-images, Berlin
6-50: Vereinigung der Freunde der staatlichen Kunsthalle, Karlsruhe, Inv Nr. 1984
6-51: bpk, Berlin
6-52: akg-images, Berlin
6-54: akg-images/Erich Lessing, Berlin
6-55: Denkmalpflege der Stadt Bern. Foto: Dominique Uldry
6-56: Elmar Hahn Verlag, Veitshöchheim
6-57: Österreichische Nationalbibliothek, Wien, Bildarchiv, Sign. E-19.507-D (Cod. 387, fol. 90v)
6-58: © The British Library, London

Die Ebstorfer Weltkarte
Die Ebstorfer Weltkarte ist eine sogenannte Radkarte. So bezeichnet man eine kreisrunde Darstellung des Weltbildes aus dem Mittelalter. Das Original hatte einen Durchmesser von 3,57 Metern und bestand aus 30 zusammengenähten Pergamentblättern.

Der Ursprung dieser frühen Weltkarte ist bis heute nicht genau geklärt. Lange Zeit wurde angenommen, die Karte stamme von einem Künstler mit dem Namen Gervasius von Tilbury (1150–1235), einem englischen Rechtsgelehrten, Historiker und Geograf. Neuere Untersuchungen kommen jedoch zum Schluss, dass die Karte um 1300 im Benediktinerinnenkloster Ebstorf in der Lüneburger Heide gezeichnet wurde, ein Urheber kann in diesem Fall nicht genannt werden.

Das Problem der genauen Datierung der Karte liegt darin, dass das Original im Oktober 1943 bei einem Luftangriff auf Hannover in der dortigen Bibliothek verbrannte. Die Karte wurde zwar aufgrund früherer Faksimileausgaben rekonstruiert und von der Universität Erlangen gar digitalisiert, das Original bleibt jedoch für immer verloren.

Vermutlich sind der Ebstorfer Weltkarte verschiedene Entwürfe und Teilkarten vorangegangen, von denen jedoch bis heute jede Spur fehlt. Die Karte entstand auf der Basis von schriftlichen Quellen, von denen einige bekannt sind.

Auf der Ebstorfer Weltkarte wird die Erde als Scheibe dargestellt. Im Zentrum der Karte liegt die heilige Stadt Jerusalem als Ort der Leidensgeschichte, Kreuzigung und Auferstehung von Jesus Christus. Christus selbst erscheint auf der Karte. Sein Kopf, die Füsse und die Hände berühren den äussersten Rand der Welt. Die Karte ist so ausgerichtet, dass Osten oben ist. Dem Uhrzeigersinn folgend findet man die gesamte damals bekannte Welt: Vorderer Orient, Arabien, Teile von Afrika, Südeuropa und das Mittelmeer, West-, Mittel- sowie Osteuropa. Auf der Karte sind Städte, Tiere, Pflanzen und biblische Szenen eingezeichnet. Insgesamt finden sich auf der Karte rund 1500 Zeichnungen und Texte. Damit geht es auf der Karte nicht nur um die bekannte geografische Ausdehnung, sondern auch um die Darstellung der biblischen Geschichte.

CASPIVM MARE